KB128355

루이스 부뉴엘

Mon dernier soupir by Luis Buñuel

Copyright © Editions Robert Laffont, Paris, 1982
All rights reserved.

Korean Translation Copyright © Eulyoo Publishing Co., Ltd., 2021
This Korean edition was published by arrangement with
Editions Robert Laffont, France through Milkwood Agency, Korea

이 책은 밀크우드 에이전시를 통한 저작권자와의 독점 계약으로
(주)을유문화사에서 출간되었습니다. 저작권법에 의해 한국 내에서
보호를 받는 저작물이므로 무단전재와 복제를 금합니다.

현대 예술의 거장

루이스 부뉴엘

마지막 숨결

루이스 부뉴엘 지음 | **이윤영** 옮김

❀ 을유문화사

현대 예술의 거장
루이스 부뉴엘
마지막 숨결

발행일 2021년 11월 5일 초판 1쇄

지은이 루이스 부뉴엘
옮긴이 이윤영
펴낸이 정무영
펴낸곳 (주)을유문화사

창립일 1945년 12월 1일
주소 서울시 마포구 서교동 469-48
전화 02-733-8153
팩스 02-732-9154
홈페이지 www.eulyoo.co.kr

ISBN 978-89-324-3150-5 04680
ISBN 978-89-324-3134-5 (세트)

* 이 책의 전체 또는 일부를 재사용하려면
  저작권자와 을유문화사의 동의를 받아야 합니다.
* 책값은 뒤표지에 있습니다.
  잘못된 책은 구입하신 곳에서 바꾸어 드립니다.
* 표지 도판 ⓒ Alamy / 알라미

나의 아내, 나의 동반자 잔에게

나는 글 쓰는 사람이 아니다.
장클로드 카리에르는, 나와 오랜 대화를 나눈 후
내가 그에게 말한 것 그대로 이 책을 쓸 수 있게
도와주었다.

일러두기

1. 본문 하단에 나오는 각주는 옮긴이 주다.
2. 영화, TV프로그램, 음악, 미술 작품은 〈 〉로, 여러 곡으로 구성된
   모음곡 및 앨범은 《 》로, 단행본, 잡지, 신문은 『 』로,
   연극, 오페라, 뮤지컬, 시, 소설, 희곡은 「 」로, 표기했다.
   옮긴이가 독자의 이해를 돕기 위해 본문에 설명 글을 넣은 경우 [ ]로 표기됐다.
3. 주요 작품, 인물, 언론사명은 첫 표기에 한하여 원어를 병기했다.
   이름의 한글 표기는 국립국어원의 표기 원칙을 따랐으나,
   일부 관례로 굳어진 표기는 예외로 두었다.

차례

1
기억

어머니는 생애 마지막 10여 년 동안 기억을 조금씩 잃어 갔다. 사라고사Zaragoza에서 내 형제들과 살고 계신 어머니를 만나러 갔을 때의 일이다. 잡지 한 권을 건네 드리자, 어머니는 첫 장부터 마지막 장까지 조심스럽게 넘겨 보셨다. 이 잡지를 돌려받고 다른 잡지 한 권을 드렸는데, 이는 공교롭게도 처음과 같은 잡지였다. 어머니는 이 잡지를 다시 이전처럼 조심스럽게 넘겨 보시기 시작했다.

얼마 후 어머니는 당신 자식들도 알아보지 못했고, 우리가 누구인지, 당신 자신이 누구인지도 알지 못하게 되었다. 어머니는 신체 건강이 양호했고 나이에 비해 상당히 민첩한 편이었다. 나는 방에 들어가 어머니를 껴안아 드리고 어머니 곁에서 얼마간 시간을 보냈다. 그리고 잠시 밖으로 나왔다가 곧바로 방에 들어

갔을 때, 어머니는 똑같은 미소를 지으며 나를 맞이하셨고, 마치 나를 처음 본 사람처럼 대하면서 자리에 앉으라고 권하셨다. 내 이름도 모르는 채로.

사라고사에서 중학교에 다닐 때, 나는 스페인 서고트족Visigoths 왕들의 이름, 유럽 모든 나라의 표면적과 인구, 그리고 다른 쓸데없는 것들을 완벽하게 암기할 수 있었다. 이런 종류의 기계적 암기 훈련은 중학교에서 대개 대수롭지 않은 취급을 받았다. 스페인에서 이런 일을 잘하는 학생들은 '기억력이 비상한 사람 momorion'이라고 불렸다. 그리고 기억력이 비상한 편이었던 나 자신마저도 이런 진부한 과시에 대해 빈정거리곤 했다.

인생의 시간이 지나갈수록, 예전에는 대수롭지 않게 생각한 기억력이 어느 순간 우리에게 소중한 것이 된다. 우리 안에 많은 추억이 모르는 사이 축적되지만, 어느 날 갑자기 어떤 친구의 이름, 어떤 친척의 이름을 생각해 내려고 애쓰다가 실패한다. 잊어버린 것이다. 잘 아는 단어지만, 혀끝에서 나올 듯 말 듯 맴돌다가 끝까지 다시 떠오르지 않는 단어 하나를 붙잡는 데 결국 실패하고 일종의 분노에 사로잡히게 되는 일도 생긴다.

이런 망각, 그리고 그 뒤에 늦지 않게 이어지는 또 다른 망각과 더불어 우리는 비로소 기억의 중요성을 이해하고 인정하기 시작한다. 내가 70세 즈음의 나이가 되어서야 느끼기 시작한 기억상실증은, 고유명사와 가장 최근의 기억을 잃어버리는 데서 시작된다. 불과 5분 전 내가 라이터를 어디에 두었지? 말을 꺼내기 시작했을 때 내가 도대체 무슨 말을 하려고 했었지? 이것이 '전행성 기

루이스 부뉴엘의 어머니

억상실증'이다. 이 기억상실증에 이어 몇 달 전, 몇 년 전에 일어난 사건과 관련된 '전행성 소급 기억상실증'이 뒤따른다. 1980년 5월에 마드리드를 여행할 때 묵었던 호텔 이름이 뭐였지? 6개월 전에 내가 관심 있게 읽은 책 제목이 뭐였더라? 모르겠다. 오랫동안 떠올리려고 애써 보지만 결국 성공하지 못한다. 마지막에는, 내 어머니에게 그랬듯이 일생 전체를 지워 버릴 수도 있는 '소급 기억상실증'이 온다.

내 경우에는 아직 이 세 번째 형태의 기억상실증에는 도달하지 않았다. 나는 아주 오래된 과거, 유년 시절, 청년 시절에 대해 수많은 귀중한 추억을 간직하고 있으며, 수많은 얼굴과 이름을 품고 있다. 그중 하나를 잊어버린다고 해도 크게 걱정하지 않는다. 어둠 속에서 쉼 없이 작동하고 있는 무의식의 우연 중 하나로 갑작스럽게 그 기억이 되살아날 거라는 점을 알기 때문이다.

반면 내가 최근에 겪은 사건, 몇 달 전에 만난 사람의 이름, 어떤 것의 이름 등을 떠올리지 못할 때 나는 엄청나게 강렬한 불안을 느끼고 심지어 공포까지 느끼게 된다. 갑자기 내 인격이 가루가 되어 부서지고 무너지는 것이다. 내 온갖 노력과 분노가 무력해진다는 사실 말곤, 그 어떤 것도 생각할 여력이 없다. 전면적인 소멸의 시작인가? '탁자'라는 말을 떠올리지 못해서 비유를 사용해야 한다면 비참한 감정이 들 것이다. 그 너머에는, 살아 있지만 스스로 자신이 어디 있는지 모르고 자기가 누군지 모른다는 최악의 공포가 있다.

기억이 우리 삶 전체를 만든다는 사실을 깨달으려면, 단편적으

14

로나마 기억을 잃어 가기 시작해야만 한다. 자기를 표현할 수 없는 지성을 지성이라 할 수 없는 것처럼, 기억 없는 삶은 삶이 아니다. 우리의 기억은 우리의 일관성, 우리의 이성, 우리의 행동, 그리고 우리의 감정이다. 기억이 없다면 우리는 아무것도 아니다.

나는 종종 다음과 같은 장면을 영화에 넣으려고 생각했다. 어떤 남자가 자기 친구에게 이야기를 하려고 한다. 그러나 네 개 중 한 개꼴로 단어를 잊어버리는데 대개는 자동차, 거리, 경찰관 같은 아주 쉬운 단어다. 그는 더듬거리고 머뭇거리고 몸짓으로 표현하다가 자신이 잊어버린 단어들과 비슷한 단어들을 필사적으로 찾으려 하지만, 그의 친구는 너무 화가 나서 그의 뺨을 때리고 가 버린다. 나 역시, 어떤 정신과 의사를 방문해서 기억 장애와 공백에 불평을 늘어놓는 남자의 이야기를 할 때, 스스로 공황 상태에 빠져 웃음으로 나를 방어한 적이 있었다. 정신과 의사는 그에게 일상적인 질문 한두 개를 던지고 이렇게 말한다.

"그래서요? 환자분이 느끼시는 기억의 공백은 뭐죠?"

그 남자가 되묻는다. "기억의 공백이라뇨?"

필수 불가결하고 전능한 기억은 또한 불안정하고 위태롭다. 오랜 적敵인 망각뿐 아니라, 기억을 날마다 위협하는 오기억誤記憶 때문에도 위태롭다. 예를 하나 들어 보자. 나는 내 친구들에게 수차례에 걸쳐, 1930년대의 탁월한 마르크스주의 지식인 폴 니장Paul Nizan의 결혼식 이야기를 하곤 했는데, 이 책에서 이를 다시 언급한다. 나는 파리의 생제르맹데프레 성당, 나를 포함한 결혼식 청중, 제단, 신부, 그리고 신랑측 증인이었던 장폴 사르트르Jean-

Paul Sartre를 뚜렷하게 떠올렸다. 지난해 어느 날, 나는 갑자기 혼잣말을 했다. 이건 말도 안 돼! 신념에 찬 마르크스주의자 폴 니장과 투사 집안 출신인 그 부인이 결코 성당에서 결혼할 리는 없어! 이건 생각조차 할 수 없는 일이었다. 그러므로 내가 기억을 변형시킨 걸까? 내가 만들어 낸 기억이었을까? 혼동한 거라고? 내가 들은 장면에다, 내게 익숙한 성당이라는 장식을 스스로 끼워 넣은 것일까? 오늘날까지도 나는 잘 모르겠다.

상상과 몽상이 끊임없이 기억을 침범한다. 상상의 현실을 믿고자 하는 유혹도 있기 때문에 우리는 우리 자신의 거짓말을 결국 진실로 만들고 만다. 한편, 이마저도 상대적인 중요성을 갖고 있을 뿐이다. 이것이나 저것이나 모두 겪은 것이고 또한 개인적인 것이기 때문이다.

이 반半자서전적인 책에서 나는 피카레스크 소설 속에서처럼 길을 잃고 헤매거나, 예상치 못한 이야기를 하려는 유혹에 굴복하게 될 수도 있다. 나는 경계를 늦추지 않으려고 애썼지만, 이 책에 아직 몇몇 잘못된 기억이 남아 있을지도 모르겠다. 반복해서 말하자면, 이는 별로 중요하지 않다. 나 자신이 확신만큼이나 오류와 의심으로도 이루어져 있기 때문이다. 나는 역사가가 아니라서 어떤 기록이나 어떤 책의 도움도 받지 않고 이 책을 썼다. 내가 이 책에서 제시하는 것은 어쨌거나 나 자신의 단언, 주저, 반복, 공백으로, 내 진실과 거짓말로, 한마디로 내 기억으로 이루어진 나의 초상이기 때문이다.

2
중세 시절의 추억

내가 처음으로 아라곤Aragón 땅을 벗어난 것은 열세 살 아니면 열네 살 의 일이다. 스페인 북부 산탄데르 인근의 베가데파스에서 여름을 나던 일가친척으로부터 초대를 받아 바스크 지방을 가로질러야 했을 때, 나는 이전까지 알던 것과는 완전히 다른, 예기치 못한 새로운 풍경을 발견하며 경이를 느꼈다. 내가 본 것은 구름, 비, 안개 긴 숲, 돌 위에 긴 젖은 이끼였다. 결코 잊지 못할 감미로운 인상이었다. 나는 스페인 북부의 추위, 눈, 산에서 내려오는 거대한 급류 같은 것들을 두고두고 사랑했다.

내가 살던 아라곤 지역 저지대의 땅은 비옥했지만 먼지가 많고, 끔찍할 정도로 건조했다. 구름이 냉정한 하늘 위로 몰려드는 것을 한 번도 보지 못한 채 1년, 심지어 2년이 지나갈 때도 있었다. 무모한 뭉게구름 하나가 우연히 산 위로 모습을 드러내면 식료품점 점원이었던 이웃집 사람들이 우리 집 문을 두드리곤 했는데, 우리 집 지붕 위에는 작은 관측대 역할을 하는 박공판 하나가 솟아 있었기 때문이다. 그들은 이 위에서 몇 시간이고 구름이 천천히 다가오는 것을 지켜보다가 고개를 가로저으며 슬프게 말하곤 했다. "남풍이 부는군. 구름이 멀리 지나가 버릴 거야." 그들 말이 맞았다. 땅에 비 한 방울 떨어뜨리지 않고 구름이 멀어져 가고 있었다.

가뭄이 몹시 걱정스러운 해에는 이웃 마을 카스텔세라스에서 주임신부를 필두로 주민들이 종교 행렬rogativa을 준비해 하늘에 소나기를 내리게 해 달라고 간청했다. 이날 마을 위로 검은 구름이 몰려들었다. 그러나 삼천 기도는 거의 아무런 쓸모가 없는 것 같았다.

불행하게도 종교 행렬이 끝나기 전에 구름이 흩어져 버렸고, 타는 듯한 태양이 다시 모습을 드러냈다. 이때 어느 마을에나 있는 못된 사람들이 행렬 맨 앞의 성모상을 재빨리 낚아채서 다리 위로 달려가더니 과달루페 지역에 있는 강에 던져 버렸다.

나는 1900년 2월 22일에 태어났는데, 내가 태어난 마을에서는 제1차 세계대전까지 중세 시대가 지속되었다고 말할 수 있다. 고립되고 정체된 사회였고, 계급 간의 차이가 아주 명확하게 나뉘었다. 영주나 거대 지주를 대하며 일하는 민중의 태도인 존경과 복종은, 변함없이 예전의 관습에 아주 강하게 뿌리내리고 있었다. 필라르 성당 종소리가 인도하는 이곳의 삶은 언제나 그렇듯 수평적으로 흘러갔고, 수 세기 동안 정돈되어 있었다. 종소리가 미사, 저녁 예배, 삼종기도 등 종교 의식은 물론이고 일상적인 행사도 알려 주었다. 조종弔鐘, 그러니까 우리가 임종의 종소리toque de agonia라고 부른 독특한 종소리도 있었다. 마을 주민 한 사람이 죽음의 문턱에 이르면 그를 위해 종이 천천히 울렸는데, 생의 마지막 전투를 치를 때는 깊고 무거운 큰 종이, 아이가 임종할 때는 훨씬 가벼운 청동 종이 울렸다. 사람들은 밭에서든 길에서든 거리에서든 하던 일을 멈추고 "오늘은 도대체 누가 죽어가고 있는 거야?"라고 묻곤 했다.

나는 또한 불이 났을 때 치던 경종警鐘 소리, 큰 축제가 열리는 일요일에 울리던 영광스러운 차임벨 소리를 기억한다.

칼란다Calanda의 주민은 채 5천 명이 되지 않았다. 알카니스에서 18킬로미터 떨어진 이곳은 테루엘 지방에서는 제법 큰 마을이었지만, 갈 길이 바쁜 관광객들에게는 거의 볼 것이 없었다. 알카니스에는 사라고사로 가는 기차역이 있었다. 기차역에는 마차석 대가 대기하고 있었다. 자디네라jardinera는 가장 큰 마차였고, 갈레라galera는 덮개가 있는 마차였고, 바퀴 두 개 달린 작은 수레도 있었다. 트렁크를 잔뜩 들고 하인들까지 동반한 대가족인 우리는 이 세 대의 마차에 빽빽하게 탔다. 칼란다까지는 18킬로미터나 떨어져 있었고 아주 따가운 햇볕을 받으며 세 시간 가까이 가야 했지만, 나는 한순간도 지루했던 기억이 없다.

필라르 축제와 9월의 장터만 빼면, 칼란다에는 외부인이 거의 오지 않았다. 매일 12시 반경에, 멍에를 멘 노새가 이끄는 합승 마차가 자욱한 먼지 속에 모습을 드러내곤 했다. 합승 마차는 우편

물을 배달했고 어떤 날에는 유랑 상인 몇 명을 태우고 오가고 했다. 마을에는 1919년까지 자동차가 없었다.

루이스 곤살레스 씨는 마을에서 처음으로 자동차를 샀는데, 그는 자유주의적이고 현대적인 사람이었고 심지어 반교회주의자였다. 그의 어머니 트리니다드 여사는 장군의 미망인이었고, 세비야의 귀족 가문 출신이었다. 이 세련된 부인은 하인들이 입을 함부로 놀리는 바람에 뒷담화의 희생자가 되었다. 실제로 그녀는 뒷물을 할 목적으로 비데 기구를 사용했는데, 칼란다의 좋은 가문 출신인 정숙한 여인들이 여기에 화가 나서 큰 몸짓으로 기타와 상당히 닮은 그것의 모양을 그려 보이곤 했다. 이 여인들은 비데 때문에 한동안 트리니다드 여사와 말을 섞지 않았다.

칼란다의 포도나무가 포도나무뿌리진디의 공격을 받았을 때, 이 루이스 곤살레스 씨가 결정적 역할을 했다. 포도 줄기가 손쓸 도리도 없이 죽어 갔지만 칼란다의 농부들은, 유럽의 다른 곳에서 모두 그러는 것처럼, 포도 줄기를 뽑아 버리고 이를 미국산 묘목으로 바꿔 심기를 집요하게 거부했다. 특별히 테루엘에서 초청한 어떤 농업공학자가 칼란다 시청의 큰 회의실에 현미경을 설치하고 기생충 검사를 시연해 보였다. 그러나 아무것도 바뀌지 않았다. 농부들은 여전히 포도 줄기 바꿔 심기를 거부했다. 이때 루이스 씨가 모범을 보이려고 자기 소유의 포도밭에서 포도 줄기를 모두 뽑았다. 그는 죽음의 위험까지 받았으므로, 한 손에 소총을 들고 포도밭을 걸어 다녔다. 아라곤 지역 특유의 집단적인 완고함을 극복하는 데는 오랜 시간이 걸렸다.

아라곤 지역 저지대에서는 스페인 전체, 아니 아마도 전 세계를 통틀어 가장 좋은 올리브기름이 나온다. 올리브 수확은 가뭄에 큰 영향을 받았는데, 수확이 아주 좋은 해가 있는가 하면 나뭇잎이 모두 떨어질 만큼 잔혹한 가뭄이 드는 해도 있었다. 위대한 전문가 대접을 받은 몇몇 칼란다의 농부는 매년 코르도바와 하엔 근처의 안달루시아로 올리브 나무 가지치기를 하러 가곤 했다. 겨울 초엽에 올리브 수확을 시작했고, 농부들은 수확하면서 〈올리브 재배의 노래Jota Olivarera〉를 불렀다. 남자들이 사다리 위에 올라가서 올리브가 가득 열린 가지들을 막대기로 치면, 여자들이 땅에서 올리브를 주웠다. 올리브 재배의 노래는 부드럽고 달콤했으며 선율이 아름다웠다. 최소한 내 기억에서는 그렇다. 신기하게도 이 노래는, 동물적인 힘을 발산하는 아라곤 지역 민요와 강한 대조를 이루었다.

　이 시기 또 다른 노래 하나가 꿈결처럼 내 기억에 항상 남아 있다. 오늘날에는 이 노래가 사라진 것 같다. 그 멜로디가 세대에서 세대로 구전口傳을 통해 전승되었을 뿐 기록으로 남지 않았기 때문이다. 그것은 〈여명의 노래〉라는 이름의 곡이었다. 해뜨기 전 일군의 소년들이 거리를 뛰어다니면서 이른 아침 일터로 나가야 하는 수확꾼들을 깨웠다. '잠 깨우는 소년들' 중 일부가 살아 남아 가사와 멜로디를 기억한다면, 반쯤은 종교적이고 반쯤은 세속적이며 꽤 오래된 시대부터 전해진 이 멋진 노래가 영원히 사라져 버리는 일은 없을 것이다. 수확철이면 나는 한밤중에 깨어났다. 그리고 다시 잠들었다.

수확철이 아닌 다른 시기에도 항상 등燈과 작은 투창을 들고 다니는 야경꾼 두 사람이 우리의 잠을 깨우곤 했다. 한 사람이 "신을 찬양하시기를Alabado sea Dios!"하고 소리치면, 다른 사람이 "신을 항상 찬양하시기를Por siempre sea alabado!"하고 말을 받곤 했다. 이들은 또한 이렇게 말했다. "지금 밤 11시고, 날씨는 쾌청합니다las once, sereno." 아주 드물지만, 기쁘게도 "날이 흐립니다nublado." 그리고 가끔은 기적같이, "비가 옵니다Lloviendo!"

칼란다에는 여덟 개의 기름 방아가 있었다. 이 기름 방아 중 한 개는 수력으로 돌아가는 방아로 이미 바뀌었지만, 다른 방아들은 로마 시대에 움직이던 방식과 똑같이 작동하고 있었다. 말이나 노새가 끄는 원추형의 무거운 돌 하나가 다른 돌 위에 놓인 올리브를 빻았다. 아무것도 바뀔 것 같지 않았다. 아버지에서 아들로, 어머니에서 딸로, 예전과 똑같은 동작, 예전과 똑같은 욕망이 되풀이되고 있었다. 구름처럼 멀리서 지나가는 진보에 대해서는, 겨우 풍문이 돌았을 따름이다.

죽음, 신앙, 섹스

금요일 아침마다 열두 명 정도의 나이 든 남녀가 우리 집 정면의 성당 벽에 천천히 기대 앉곤 했다. 이 사람들은 가난한 사람 중 '가장 가난한 사람들los pobres de solemnidad'이었다. 우리 집 하인 중 한 명이 집 밖으로 나가 이들 각자에게 빵 한 조각 ─ 이들은 공손하게 빵에 입을 맞추었다 ─ 과 10상팀짜리 동전 하나씩을 주곤 했다. 이 후한 적선은 마을의 다른 부자들이 일반적으로 행하던 '1인당 1상팀'과 분명한 비교가 되었다.

칼란다는 내가 처음으로 죽음과 맞닥뜨린 곳으로, 죽음은 깊은 신앙심 및 성적 본능의 자각과 더불어 내 청소년기의 활력을 이루게 된다. 어느 날 내가 아버지와 올리브나무 경작지를 걷고 있었을 때, 들쩍지근하면서도 혐오스러운 냄새가 산들바람에 실려왔다. 우리에게서 1백 미터 정도 떨어진 곳에 죽은 당나귀 한 마리가 있었는데, 끔찍하게 부풀어 있었고 갈가리 찢겨 있었다. 열두 마리 정도의 독수리와 개 몇 마리가 죽은 당나귀로 만찬을 벌이고 있었다. 이 광경은 나를 사로잡았지만 동시에 불쾌감을 주었다. 새들은 잔뜩 포식하고 난 후 간신히 다시 날아갔다. 농부들은 죽은 동물을 땅에 묻지 않는데, 시체가 부패하면 땅이 기름지게 된다고 확신했기 때문이다. 나는 썩어 가는 물질 너머에 모호하지만 형이상학적인 의미가 있을 거라고 생각하면서 이 광경 앞에 매혹된 채 서 있었다. 아버지가 내 팔을 붙잡아 거기서 떼어놓았다.

훗날 우리 마을의 목동 한 명이 아주 어리석은 말싸움을 한 끝에 등에 칼을 맞고 죽은 일이 있었다. 남자들은 항상 넓은 혁대faja 속에 잘 드는 칼을 소지하고 있었다.

묘지의 예배당에서 마을 의사가 부검했고, 마을의 이발사이기도 한 다른 사람이 이를 보조했다. 의사의 친구들인 네다섯 명 정도의 여자들이 거기 있었고, 나도 그 틈에 끼어들었다.

증류주가 담긴 병 하나가 이 손에서 저 손으로 넘어갔고, 나도 용기를 북돋으려고 조마조마한 마음으로 그 술을 받아마셨다. 두 개골을 가르고 갈비뼈를 하나씩 하나씩 부러트리는 톱질 소리에 내 용기가 약해지기 시작했다. 결국 술에 완전히 취한 나를 사람들이 집으로 데리고 갔다. 술을 마셨고 '사디즘'이 있다는 이유로 나는 아버지에게 심한 벌을 받았다.

사람들을 매장할 때는 성당 문을 열어 놓고 그 정면에 관을 놓았다. 사제들이 노래했다. 부사제는 앙상한 장례대 주위를 돌면서 성수를 뿌렸고, 시체를 덮고 있던 베일을 잠시 들어 올리고 가슴 위에 재를 듬뿍 뿌렸다. (내 영화 〈폭풍의 언덕Abismos de pasión〉(1953) 마지막 장면에 이 동작을 떠올린 장면이 나온다.) 조종弔鐘이 육중하게 울렸다. 남자들이 팔로 관을 들어 마을에서 수백 미터 떨어진 묘지로 옮기기 시작하자, 가슴을 찢는 듯한 그 어머니의 절규가 울려 퍼졌다. "아이고, 내 아들아! 나를 혼자 두고 가다니! 너를 다시는 못 보다니!" 고인의 누이들, 이 가족의 다른 여인들, 때로는 이웃집 여인들과 여자 친구들도 그 어머니의 통곡에 합류해서 통곡하는 여자들planiras 합창단을 이루었다.

죽음은 끊임없이 자기 존재를 드러냈고, 중세 때와 마찬가지로 삶의 일부를 이루고 있었다.

신앙도 마찬가지다. 우리는 로마 가톨릭에 깊숙하게 뿌리내리고 있었기 때문에, 이 보편적인 진리를 단 한 순간도 의심할 수 없었다. 내겐 아주 온화하고 친절한 삼촌이 하나 있었다. 그는 신부였다. 우리는 그를 산토스 삼촌이라고 불렀다. 그는 여름마다 나한테 라틴어와 프랑스어를 가르쳐 주었다. 나는 성당에서 시종으로 그를 도왔고, 카르멘 성모 마리아 성당의 성가대에 참가하기도 했다. 성가대는 전부 합해서 일곱이나 여덟이었다. 나는 바이올린을, 내 친구는 콘트라베이스를, 알카니스 종교 학교 학장은 첼로를 연주했다. 우리 또래의 성가대원들과 팀을 합쳐서 우리는 스무 번도 넘게 연주하고 노래했다. 우리 성가대는 수차례에 걸쳐 카르멜회 수도회, 이후에는 도미니카 수도회에 초청을 받게 되었다.

마을 어귀에 우뚝 선 카르멜회 수도회는 포르톤인가 하는 칼란다 주민이 19세기 말경에 설립했는데, 그는 카스카하레스 가문 출신 귀족 부인의 남편이었다. 자부심이 강한 이 독실한 신도 부부는 단 하루도 미사를 빼먹지 않았다. 이후 스페인 내란 초기에 이 수도회의 도미니카 수도사들은 모두 총살을 당했다.

칼란다에는 성당이 두 개, 사제가 총 일곱 명이었다. 이 사제들 숫자에 산토스 삼촌도 더해야 하지만, 그가 사냥 중에 절벽에서 추락 사고를 당한 이후 아버지는 그를 우리 집안의 재산관리인으로 고용했다.

종교는 삶의 곳곳 어디에나 있었다. 나는 다락방에서 여동생들을 앞에 두고 미사 놀이 하는 것을 좋아했다. 내게는 납으로 된 예배 도구, 흰 미사복, 상제의 한 벌도 있었다.

칼란다의 기적

적어도 열네 살까지 우리의 신앙은 너무 맹목적이어서, 1640년

은혜의 해에 일어난 그 유명한 칼란다의 기적을 모두가 진짜라고 믿었다. 기적을 일으킨 것은 필라르의 성모Virgen del Pilar였다. 성모는 아득한 로마 점령 시대에 사라고사의 한 기둥Pilar 위에서 성 야곱에게 발현하셨기 때문에 지금의 이름으로 불린다. 스페인의 수호 성녀인 필라르 성모는 스페인의 위대한 두 성모 중 한 분이다. 다른 한 분은 당연히 과달루페 성모다. 내가 보기에 과달루페 성모는 자질이 상당히 떨어진다. (과달루페 성모는 멕시코의 수호 성녀이다.)

1640년 칼란다의 주민 미겔 후안 펠리세르는 수레바퀴에 깔려서 다리 하나가 짓이겨졌다. 다리를 잘라 내야만 했다. 그는 신심이 아주 돈독한 사람으로서, 매일매일 성당에 나와 성모 마리아상 앞에서 불타고 있는 기름 램프에 손가락 하나를 적시곤 그 기름을 잘린 다리에 문질렀다. 그러던 어느 날 밤 성모님과 천사들이 하늘에서 내려와서 그에게 새로운 다리를 만들어 주셨다.

여느 기적이 그랬던 것처럼, 당시의 수많은 종교 기관과 의료 기관이 이 기적을 입증했다. (이런 입증 과정이 없으면 기적이 될 수 없다.) 이 기적으로 인해 수많은 책이 쓰여졌고 숱한 종교화가 그려졌다. 이 굉장한 기적 앞에서라면 루르드 성모의 기적도 왜소해 보일 지경이다. '발이 으깨진 나머지 잘린 발을 땅에 묻었던' 사람이 멀쩡한 발을 되찾다니! 아버지는 칼란다의 본당 성당에 아름다운 장식 수레paso와 사람들이 종교 행렬 때 들고 흔든 초상화 중 하나를 봉헌했지만, 내전이 일어났을 때 무정부주의자들이 모두 불태워 버렸다.

마을 사람들은 왕 펠리페 4세가 우리 고장에 몸소 와서 천사들이 되돌려 준 다리에 입을 맞추었다고 말했다. 우리 중 아무도 이이야기를 의심하지 않았다.

서로 다른 성모의 기적 사이에 경쟁심이 있었다고 말할 때, 이것이 과장이라고 생각하지 마시기를. 비슷한 시기 한 신부는 사라고사에서 강론 중에 루르드의 성모를 언급하면서 이 기적에도 미덕이 있다고 인정했지만, 필라르 성모의 미덕보다는 못하다고 곧바로 덧붙였다. 청중 가운데는 사라고사의 좋은 가문에서 가정교사나 낭독관으로 일하던 열두 명가량의 프랑스 여자도 있었는데, 이들은 신부의 말에 놀라서 솔데비야 로메로 대주교에게 항의했다. (대주교도 몇 년 후 무정부주의자들 손에 죽었다.) 그 유명한 프랑스 성모를 비방하는 것을 참을 수 없었던 것이다.

1960년경 멕시코에서 나는 프랑스인 도미니카 사제에게 칼란다의 기적에 관해 이야기했다.

그가 웃으면서 내게 말했다.

"여보게, 자네는 어쨌거나 좀 과장하고 있구먼."

죽음과 신앙. 성령의 영향력과 힘.

반대로, 생의 기쁨은 이보다 훨씬 더 컸다. 우리가 항상 원했던 쾌락은 충족될수록 더 맹렬해지곤 했다. 장애물은 오히려 쾌감을 증폭시켰다.

신실한 신앙심에도 불구하고, 참기 힘든 성적 호기심과 머리를 떠나지 않는 지속적인 욕망은 그 어떤 것도 진정시킬 수 없었다.

열두 살 때까지 나는 아이들이 프랑스 파리에서 온다고 믿었다. (그러나 황새를 타고 온다고 믿은 것은 아니고 기차나 자동차를 타고 온다고 믿었다.) 나보다 나이가 두 살 더 많은 친구(그는 나중에 공화주의자들에게 총살을 당하게 된다)가 내게 심오한 비밀을 밝혀 주기 전까지는 그랬다. 세상의 모든 소년이 알고 있던 것, 즉 토론, 추측, 부정확한 정보, 자위행위의 입문 등이 시작되었고, 다른 말로 하면 전제적인 성性의 작용이 시작되었다. 우리는 동정童貞이 가장 고귀한 덕이며, 존경할 만한 모든 삶에 동정은 없어서는 안 되는 것이라고 배웠다. 단순한 생각이나 고통스러운 죄의식에 그쳤다고는 해도, 동정을 위협하는 가혹한 본능의 전투가 우리를 짓눌렀다. 예컨대 예수회 수도사들은 우리에게 말했다.

"헤롯이 예수님을 심문했을 때, 예수님이 답변하지 않은 이유가 뭔지 아세요? 헤롯이 호색한이었기 때문입니다. 우리 주 구세주님은 이 악덕에 깊은 공포를 느끼셨습니다."

나는 종종 이렇게 자문하곤 했다. 왜 가톨릭은 성에 대해 공포를 느끼고 있을까? 아마도 신학적인, 역사적인, 도덕적인 그리고 또한 사회적인 온갖 이유 때문이다.

조직화되고 위계화된 사회에서 어떤 경계, 어떤 법도 존중하지 않는 성은 매 순간 무질서의 요인이자 진정한 위험이 될 수 있다. 아마도 이 때문에 어떤 가톨릭 신부들과 성 토마스 아퀴나스는 인간의 살肉처럼 불순하고 위협적인 영역에서 눈에 띄는 엄격함을 보여 주었을 것이다. 그러나 성 토마스 아퀴나스는 남편과 부인의 성행위가 거의 항상 용서받을 수 있는 죄라고 생각하기에 이르렀다. 그의 정신에서 색욕을 전부 몰아낼 수 없었기 때문이다. 그런데 색욕은 본성상 나쁜 것이다. 욕망과 쾌락은 신이 그것을 그렇게 원하셨기 때문에 필수적이지만, (단순한 사랑의 의욕인) 색욕의 모든 이미지, 모든 불순한 생각은, 이 땅에 신을 섬길 새로운 종을 탄생시킨다는 단 한 가지 이념을 위해 육교肉交에서 몰아내야 한다는 것이다.

내가 자주 말하지만, 이 냉혹한 금지 때문에 오히려 달콤해질 수 있는 죄의식이 생겨나는 것은 분명하다. 오랫동안 내가 그랬다. 마찬가지로, 나는 알 수 없는 이유로 성행위에서 항상 죽음과의 일정한 유사성, 비밀스럽지만 변함없는 관계를 찾아내곤 했다. 나는 이 설명할 수 없는 감정을 〈안달루시아의 개Un Chien Andalou〉(1929)에서 영상으로 옮기려고 했다. 그것은 남자가 여성의 벌거벗은 가슴을 손으로 애무할 때, 그의 얼굴이 갑자기 시체의 얼굴로 바뀌는 장면이다. 유년기와 소년기 시절 동안, 내가 역사상 가장 잔인한 성적 억압의 희생자였기 때문일까?

칼란다에서 성행위를 원한 젊은이들은 일 년에 두 번 사라고사의 매음굴에 갔다. 어떤 해(벌써 1917년이었다)에는 필라르 성모 대축제를 맞이하여 행실이 나쁘기로 악명 높은 여종업원들camareras이 칼란다의 한 카페에 고용되었다. 그녀들은 꼬박 이틀 동안 고객들의 수많은 거친 꼬집기(아라곤 말로는 '엘 피스코el pizco')에 저항했지만, 결국 일을 그만두고 떠나야 했다. 견딜 수가 없었기 때문이다. 물론 고객들은 꼬집기만 했다. 고객들이 다른 짓을 시도했다면 민간인 경비가 즉시 개입했을 것이다.

대죄라고 배웠기에 아마도 더 달콤했을 이 저주받은 쾌락을 우리는 상상하려고 했고, 어린 소녀들과 성관계를 하려고 했으며, 동물들을 관찰했다. 심지어 내 동기 중 한 명은 한 뚱뚱한 여자의 사생활을 엿보려고 했다. 그러나 어렵게 올라간 나무 의자 꼭대기에서 떨어진 것 말고는 아무 소득이 없었다. 다행히 우리는 남색男色이 존재한다는 사실까지는 몰랐다.

여름 시에스타, 즉 타는 듯한 더위의 시간에 파리들이 텅 빈 거리를 윙윙거릴 때, 우리는 한 어두침침한 직물 가게에 모였다. 문을 잠그고 커튼도 다 쳤다. 그 가게의 종업원은 이때 우리에게 '에로틱한' 잡지 몇 권을 빌려주었다. (이 잡지들이 어떻게 거기까지 오게 되었는지는 신만이 아실 것이다.) 예를 들어 『오하 데 파라*Hoja de Parra*』나 『K. D. T.』와 같은 잡지들이었는데, 도판이 아주 사실적이었다. 오늘날에 이 금지된 잡지들을 보면 천사처럼 순결해 보인다. 겨우 발이나 유방을 알아보는 것만으로 우리 욕망이 뜨겁게 달궈지고 속내가 달아올랐다. 학교에서 남녀를 완전히 분리해 놓았기 때문에 서투른 충동이 더 혈기 왕성해졌다. 오늘날에도 나의 첫 성적 감흥을 다시 생각할 때면, 내 주변에 다시 직물 냄새가 난다.

산세바스티안에서 내가 열서너 살이 되었을 즈음, 여성에 대해 알 수 있는 또 다른 수단은 목욕탕의 방이었다. 이 방은 칸막이가 놓여 둘로 나뉘어 있었다. 그중 하나의 칸에 들어가기는 쉬웠고, 칸막이에 구멍을 내서 다른 칸에서 옷을 벗고 있는 여성들을 지켜보기도 쉬웠다.

그러나 이 시기에는 여성의 모자에 긴 바늘을 꽂는 게 유행이었다. 누군가 자기를 보고 있다는 것을 알아챈 여성들은 호기심 어린 눈이 바늘에 찔릴 수도 있다는 생각은 미처 못하고 구멍에 바늘을 꽂아 넣었다. (나중에 나는 〈이상한 정열情熱〉(1953)의 한 장면에서 이 디테일을 떠올리게 된다.) 우리는 바늘에 찔리지 않으려고 작은 병의 바닥 부분을 구멍에다 끼워 놓곤 했다.

칼란다의 자유사상가 중 한 명은 마을에 고작 둘뿐인 의사 중 하나인 레온시오 씨였는데, 그는 우리 양심의 문제를 들으면서 웃음을 터트렸다. 그는 완강한 공화주의자였는데, 컬러로 인쇄된 『엘 모틴El Motin』의 페이지를 자기 사무실에 가득 붙여 놓았다. 이것은 가차 없는 반反교회주의를 표방하고 있는 무정부주의 잡지였고, 당시 스페인에서 아주 인기가 있었다. 이 잡지에 실린 만화 한 점이 생각난다. 작은 손수레 위에 아주 뚱뚱한 사제 두 명이 앉아 있다. 몸소 손으로 수레를 끌고 가는 예수님은 땀을 뻘뻘 흘리고 온갖 힘을 쓰면서 얼굴을 찌푸리고 있었다.

이 잡지의 논조를 알고 싶으면, 예컨대 마드리드에서 열린 시위를 어떻게 묘사하는지 보면 된다. 시위 중에 노동자들은 성직자들을 격렬하게 공격하고 행인들에게 상처를 입혔으며 쇼윈도를 깨트렸다.

"어제 오후 일군의 노동자가 조용히 몬테라 거리를 올라가다가 같은 거리의 반대편 쪽에서 사제 두 명이 내려오고 있는 것을 보았다. 이 도발 앞에서……."

나는 '도발'의 좋은 예로 종종 이 기사를 인용하곤 했다.

우리 가족은 성 주간이나 단지 여름을 보내기 위해서만 칼란다에 갔다. 1913년까지 그랬는데, 이때 나는 스페인 북부 지방과 산세바스티안을 알게 되었다. 아버지가 새로 지은 집이 호기심 많은 사람을 불러들였다. 이 집을 보려고 몇몇 사람이 이웃 마을까지 오곤 했다. 이 집은 가구가 갖춰진 집이었고, 당시의 이른바 '나쁜 취향'으로 꾸며져 있었다. 그런데 오늘날 미술사는 바로 이 '나쁜 취향'을 오히려 적극 옹호한다. 스페인에서 이 취향의 가장 탁월한 대변자는 위대한 카탈루냐 사람 가우디Antoni Gaudi다.

누군가를 들이거나 내보내려고 우리 집 대문이 열리면, 여덟 살에서 열 살 사이쯤 된 한 무리의 가난한 아이들이 대문 앞 계단에 앉아 있거나 서 있는 것이 보였다. 이들은 '사치스러운' 집 안쪽을 놀란 눈으로 쳐다보았다. 아이들 대부분은 팔에 남동생이나 여동생을 안고 있었고, 팔에 안긴 이 아기들은 너무 어려서 눈물샘이 나오는 눈가나 두 입술이 만나는 부분에 파리가 앉아 있어도 쫓을 수가 없었다. 아기 엄마들은 집에 있지 않을 때는 농업 노동자들의 기본적이고 변함없는 음식인 감자나 강낭콩을 마련하려고 밭에서 일했다.

아버지는 마을에서 3킬로미터 정도 떨어진 강 근처에 별장을 지으셨다. 사람들은 이 집을 탑la Torre이라고 불렀다. 별장 주변에 녹색의 정원을 만들고 과실수들을 심었는데, 이 나무들은 작은 배 한 척이 있는 작은 연못과 강까지 뻗어 있었다. 그리고 정원사가 채소를 키우고 있는 정원을 관통해 작은 관개 수로가 흘렀다.

여남은 명의 우리 가족 전부가 정원사 둘이 일하는 별장에 거의 매일 갔다. 행복한 아이들이 탄 우리의 수레는 길을 따라가다가 비쩍 마르고 누더기를 걸친 아이들 몇 명과 상당히 자주 마주쳤다. 이 아이들은 이상하게 생긴 바구니에 말똥을 주워 담았다. 아이들의 아버지는 얼마 안 되는 채소밭에 말똥을 비료로 썼다. 기억에 남은 이 궁핍의 이미지는 우리와 완전히 무관해 보였다.

우리는 저녁이면 별장 정원에서 아세틸렌 램프의 은은한 조명 아래 실컷 식사를 하고, 한밤중이 되어서야 돌아오곤 했다. 아무 걱정 없는 무위도식의 생활이었다. 만약 내가 땀을 뻘뻘 흘리며 땅에 물을 주거나 말똥을 주워 담는 사람들 쪽에 속해 있었다면, 이 시기에 대한 내 기억은 과연 어떠했을까?

아마도 우리 마을 사람들은 아주 오래된 순리를 따르는 최후의 사람들이었을 것이다. 상업적인 교역은 거의 없었고, 사계절의 순환에 따른 생활을 했고, 생각은 정체되어 있었다. 식용유 제조가 그 지방의 유일한 산업이었다. 직물, 철제품, 의약품은 전부 외부에서 왔다. 의약품의 경우 기본 재료만 들어왔고, 약사가 의사의 처방에 따라 다시 조제했다.

지역의 수공업은 주민들의 시급한 필요에 따라 형성되었기에 제철공, 주물 제조업자, 병이나 화분 제조인, 마구 제조인, 석공, 제빵사, 방직공 등이 거의 전부였다.

농업 경제는 반쯤 봉건적인 구조로 남아 있었다. 지주가 소작인에게 땅을 임대하면, 소작인은 지주에게 수확물의 절반을 넘겨주었다.

나는 집안의 한 친척이 1904년과 1905년에 찍은 스무 장가량의 사진을 갖고 있다. 그 당시 카메라의 특성 때문에 이 사진들은 입체적으로 보인다. 사진에 나온 아버지는 상당히 건장한 체격에 두꺼운 흰색 콧수염을 기르고 있고, 밀짚모자를 쓴 사진 한 장을 제외하면 거의 항상 쿠바 모자를 쓰고 계신다. 스물넷이었던 갈색 머리 어머니는 미사를 마치고 나오면서 마을 유지들의 인사를 받고 웃고 계신다. 아버지와 어머니는 우산을 들고 포즈를 취한다. 어머니가 당나귀에 올라탄 사진도 있는데, 우리는 이 사진을 '이집트로의 피신'이라고 불렀다. 여섯 살 때 내가 옥수수밭에서 다른 아이들과 찍은 사진도 있다. 그리고 빨래하는 여자들, 양털 깎는 농부들, 아버지의 두 발 사이에 서 있는 아주 작은 여동생 콘치타도 있다. 이때 아버지는 마카리오 씨와 대화를 나누고 있고, 할아버지는 개에게 먹을 것을 주고 있으며, 둥지에는 아주 예쁜 새도 있다.

오늘날 칼란다에서는, 빵 한 조각을 구걸하려고 금요일마다 성당 근처에 앉아 있는 가난한 사람들을 더 이상 찾아보기 힘들다. 마을은 상대적으로 부유해졌고, 사람들은 잘산다. 넓은 허리띠, 머리에 두르는 장식물cachirulo, 꼭 끼는 바지 등과 같은 전통 의상이 오래전에 사라져 버렸다.

거리는 아스팔트로 덮이고, 가로등이 설치되었다. 상수도와 하수도, 영화관과 술집이 생겨났다. 세상 어디서나 그렇듯 텔레비전은 시청자들의 자아 상실에 효율적으로 기여하고 있다. 자동차, 오토바이, 냉장고처럼 우리 사회가 섬세하고 정교하게 발전시킨 온갖 물질적 행복이 있다. 우리 사회에서 과학기술의 진보는 인간의 도덕과 정신을 먼 곳으로 보내 버렸다. 엔트로피(카오스)는 하루가 다르게 끔찍해지는 인구 폭발로 나타났다.

　나는 중세 시대, 위스망스Joris Karl Huysmans의 표현을 빌리자면 '고통스럽고 감미로운' 시대에 유년 시절을 보내는 행운을 누렸다. 물질적 생활은 고통스러웠지만, 정신적 생활은 감미로웠다. 오늘날과는 정확히 반대다.

3
칼란다의 북

아라곤의 몇몇 마을에는 아마도 전 세계에 하나밖에 없는 풍습이 있는데, 성 금요일에 북을 치는 행사다. 알카니스에서도, 이하르에서도 북을 친다. 그러나 칼란다에서처럼 신비롭고 매혹적인 힘으로 북을 치는 곳은 없다.

18세기 말까지 기원을 거슬러 올라가는 이 풍습은 1900년경에 이르러 더 이상 남아 있지 않았는데, 그러던 것을 칼란다의 사제 중 한 명인 모센 비센테 알라네기가 복원했다.

칼란다의 북은 성 금요일 정오부터 다음 날, 즉 성 토요일 정오까지 거의 멈추지 않고 친다. 이 북은 그리스도가 숨을 거두는 순간 땅을 뒤덮은 어둠, 지진, 땅에 떨어진 바위들, 위에서 아래로 찢어진 성소의 휘장 등을 추도한다. 태어난 지 두 달째 되었을 때 나는 요람에 누워 기이하게 감동적인 이 놀라운 집단의식의 소리를 처음 들었다. 그 이래로 최근 몇 년에 이르기까지 헤아릴 수 없이 자주 이 행사에 참석했고, 수많은 친구에게 이 북소리를 알려 주었으며, 이들 모두가 나만큼이나 충격을 받았다. 1980년 내가 마지막으로 스페인을 방문했을 때, 마드리드에서 그리 멀지 않은 곳의 중세 시대 성에 상당수의 손님이 모였다. 나는 여기서 특별히 칼란다에서 온 북으로 아침 음악을 예고 없이 들려주었다. 손님 중에는 시나리오 작가 훌리오 알레한드로Julio Alejandro, 배우 페르난도 레이Fernando Rey, 그리고 호세 루이스 바로스José Luis Barros 같은 탁월한 친구들이 있었다. 모두가 특별한 이유 없이 아주 많이 감동했다고 말했다. 이들 중 다섯은 심지어 울었다고 고백했다.

무엇이 이런 감정을 불러일으키는지는 몰라도, 때때로 음악에서 생겨나는 정서와 비교할 수 있다. 아마도 신비로운 리듬의 박동 때문일 것이다. 이 신비로운 리듬은 외부에서 우리를 강타하고, 온갖 이성을 넘어 일종의 물리적인 전율을 전달해 준다. 내 아들 후안 루이스는 〈칼란다의 북Les tambours de Calanda〉이라는 단편영화를 연출했고, 나 자신도 특히 〈황금시대L'Âge d'or〉(1930)와 〈나사린Nazarin〉(1958) 같은 몇몇 영화에서 이 심오하고 잊지 못할 북소리를 사용한 바 있다.

내 유년 시절 때는 이 행사의 참여자가 겨우 2백~3백 명 정도였다. 오늘날에는 천 명이 넘는 사람이 여기에 참여하고, 6백~7백 개의 북과 4백 개의 큰북bombo도 동원된다.

성 금요일 오전이 끝날 무렵 군중들이 성당 앞 중앙 광장에 모인다. 모두가 목에 북을 매달고 완전한 침묵 상태에서 기다린다.

어떤 초조한 사람이 우연히 북채를 떨어트려 소리가 나면, 군중 전체가 이 사람에게 조용히 하라고 요구한다.

낮 12시 정각에 성당에서 정오를 알리는 첫 번째 종소리가 나자마자, 마치 거대한 천둥이 몰아친 것처럼 엄청난 소음이 마을을 덮친다. 북소리 전체가 동시에 울려 퍼진다. 뭐라고 설명할 수 없는 감정이 북 치는 사람들을 사로잡고, 이윽고 일종의 취기 같은 것으로 변한다. 이렇게 두 시간 동안 연주가 이루어지다가 이후 엘 프레곤El Pregon (공식적인 북, 공식적으로 포고하는 사람)이라 불리는 행렬이 형성되고, 행렬은 중앙 광장을 떠나 마을을 한 바퀴 돌게 된다. 군중이 너무 촘촘한 나머지, 행렬 맨 뒤에 있는 사람들이 아직 중앙 광장을 떠나지도 않았는데 행렬 맨 앞에 있던 사람들이 벌써 반대편에서 나타나곤 했다.

이 행렬에서는 가짜 수염을 달고 있는 로마 병정들(이들을 푸툰투네스pututunes라고 불렀는데, 이 말의 발음을 들으면 북소리의 리듬이 떠오른다), 백인 대장들, 로마 장군 한 명 그리고 롱기노스Longinos라고 불렸던 중세 갑옷을 입은 또 다른 사람을 볼 수 있다. 원래 신성 모독자들에 맞서 그리스도의 몸을 지켜 주는 롱기노스는 어느 순간부터 로마 장군과 대결하면서 단둘이 북을 친다. 북 치는 군중은 이 두 전사를 둘러싸고 원을 형성한다. 로마 장군은 자신을 축으로 반쯤 돌면서 그리스도의 죽음을 알리고, 롱기노스는 무덤을 봉인한 채 밤새 그 곁을 지킨다.

그리스도는 유리 상자 안에 누워 있는 작은 조각상으로 표현된다.

행렬이 나아가는 내내 예수 수난의 글을 읊조리는데, 여기에는 '불쌍한 유대인들'이라는 구절이 몇 번이나 나온다. 교황 요한 바오로 23세는 이 구절을 삭제했다.

5시 경에는 모두가 소진된다. 이때 1분간 침묵의 순간을 지키고, 북을 다시 치기 시작해서 다음 날 정오까지 멈추지 않는다.

북을 구르는 소리는 내가 잊지 못한 대여섯 개의 서로 다른 리듬에 따른다. 각기 다른 리듬을 연주하는 두 집단이 거리에서 마주치면 그대로 행렬을 멈추는데, 이때는 진정한 리듬의 대결이라 할 만한 광경이 만들어진다. 이 대결은 한 시간 동안, 아니 그 이상 지속될 수도 있다. 둘 중 약한 집단이 마침내 강한 집단의 리듬에 합류한다.

우리의 집단 무의식을 건드리는 놀랍고 강렬하고 우주적인 현상 하나는, 북소리 때문에 발밑의 땅이 흔들린다는 사실이다. 집이 떨리고 있다는 것을 느끼려면 그 집 벽에 손을 대 보기만 해도 충분하다. 자연은 북의 리듬에 제 몸을 맞춘다. 그렇게 북의 리듬이 밤새 이어진다. 누군가 북 치는 소리에 둘러싸여 잠이 든다면, 이 소리가 잦아들다가 홀연히 사라지는 순간 잠에서 문득 깨어날 것이다.

밤이 끝날 무렵에는 북 치는 사람들의 피부가 핏자국으로 뒤덮인다. 부딪치는 힘 때문에 손에 상처를 입어 피가 흐르는 것이다. 아주 거친 농부들의 손인데도 이런 일이 벌어진다.

토요일 아침, 몇몇 사람은 십자가의 길이 있는 마을 근처 한 언덕에 예수님이 십자가를 지고 올랐던 일을 추도하러 간다. 다른

칼란다의 북을 치는 루이스 부뉴엘

사람들은 계속해서 북을 친다. 7시에는 모든 사람이 델 엔티에로 del entierro라고 불리는 행렬에 참여한다. 다음 날 정오를 알리는 성당 종소리가 울리면, 그 이튿해까지 모든 것이 끝난다. 그러나 얼마 후 일상생활이 재개되어도, 칼란다의 주민 몇몇은 사라진 북의 리듬에 따라 자기도 모르게 툭툭 끊어지는 기이한 방식으로 말을 한다.

4
사라고사

내 아버지의 아버지는 '부유한 농부'였다. 이 말은 그가 노새 세 마리를 갖고 있었다는 뜻이다. 그에게는 아들 둘이 있었다. 한 명은 약사가 되었고, 다른 한 명(내 아버지)은 친구 네 명과 칼란다를 떠나 당시까지 스페인 영토였던 쿠바에서 군인으로 복무했다.

아버지는 쿠바에 도착했을 때 서류를 채우고 서명을 해야 했는데, 학교에서 잘 배운 덕에 필체가 아주 좋아서 사무실에 배치되었다. 아버지의 친구들은 말라리아에 걸려 모두 죽었다.

군 복무 기간이 끝나자 그는 쿠바에 남기로 했다. 그리고 한 상점에 상급 점원으로 취직해 아주 적극적이고 진지하게 일했다. 얼마 후 그는 자신의 철물점ferreteria을 개업했고 여기서 도구, 무기, 스펀지 등 거의 모든 것을 팔았다. 아버지를 매일 아침 찾아온 한 구두닦이는 아버지의 친구가 되었고, 그의 철물점에서 일하는 다른 직원 또한 그랬다. 아버지는 합자 회사를 이들에게 넘기고, 벌어 둔 돈을 챙겨 스페인으로 돌아왔다. 이때는 거의 쿠바가 독립하기 직전이었다. (스페인 사람들은 쿠바의 독립을 무덤덤하게 받아들였다. 사람들은 이날에도 마치 아무 일도 없는 것처럼 투우장에 가곤 했다.)

아버지는 마흔세 살의 나이로 칼란다에 돌아온 후 열여덟 살짜리 젊은 여자와 결혼했는데, 이 분이 내 어머니다. 그러면서 많은 땅을 샀고, 집과 별장을 지었다.

나는 집안의 장남으로, 부모님이 파리로 신혼여행을 갔을 때 리슐리외드루오 지하철역 근방의 롱스레 호텔에 묵는 동안 잉태되었다. 내게는 여동생 네 명과 남동생 두 명이 있다. 첫째 남동생 레오나르도는 사라고사에서 방사선과 의사로 근무하다가 1980년에 죽었다. 나보다 열다섯 살 아래인 둘째 남동생 알폰소는 건축가였는데 내가 〈비리디아나Viridiana〉(1961)를 찍고 있던 시기인 1961년에 죽었다. 여동생 알리시아는 1977년에 죽었다. 우리는 그렇게 넷만 남았다. 다른 여동생들, 즉 콘치타, 마르가리타, 마리아는 아직 살아 있다.

이베리아인들과 로마인들 이래(칼란다는 당시에 이미 로마 도시였다), 서고트족부터 아랍인들에 이르기까지 수많은 침입자가 잇달아 스페인 땅에 들어왔고, 온갖 피들이 뒤섞였다. 15세기 칼란다에서는 단 한 집만 옛 기독교 가문이었다. 그 외엔 모두 아랍인이었다. 같은 가족 내에서도 신체적으로 현저하게 다른 유전적 특징이 나타날 수 있었다. 예컨대 여동생 콘치타는 연한 머리카락에 눈 색깔도 파래서 아름다운 스칸디나비아 여자로 통할 수 있다. 이와 반대로 여동생 마리아는 하렘에서 도망친 여자로 보일 수도 있다.

쿠바를 떠날 때 아버지는 섬에 동업자 두 명을 남겨 두고 왔다. 1912년, 유럽의 전운을 감지한 아버지는 쿠바로 돌아가리라 마음먹었다. 나는 지금도 저녁마다 가족 기도문으로 읊었던 '아버지의 무사 여행을 위해'라는 말이 생각난다. 그러나 두 동업자는 그들 사업에 다시 아버지가 끼어드는 것을 받아들이지 않았고, 결국 아버지는 마음에 상처를 입고 스페인으로 되돌아왔다. 이 두 동업자는 전쟁 덕분에 수백만 달러를 벌었다. 그들 중 한 명은 몇 년 뒤 무개차를 탄 채 마드리드의 카스텔라나 지역에서 아버지와 마주쳤다. 이들은 서로 한마디 말도 주고받지 않았고 인사도 하지 않았다.

아버지는 키가 174센티미터다. 그는 건장했고 눈동자가 초록색이었다. 엄했지만 호인이었던 아버지는 누구보다 용서가 빨랐다.

1900년, 내가 태어나고 넉 달도 채 지나지 않았을 때, 칼란다가 지겨워진 아버지는 가족과 함께 사라고사로 이사하기로 마음먹었다. 부모님은 오늘날에는 사라진 거대한 부르주아 주택에 자리를 잡았다. 이 건물의 2층 전체를 차지했던 전직 도독Capitanía General의 집엔 발코니만 족히 열 개는 되었다. 칼란다와 이후 산세바스티안에서 휴가를 보낼 때만 제외하고, 대학 입학시험을 치른 뒤 1917년 마드리드로 떠날 때까지 나는 이 집에서 살았다.

사라고사 원도심은 두 번에 걸친 나폴레옹 군대의 포위 공격을 견디는 동안 거의 대부분 파괴되었다. 사라고사는 1900년 당시 아라곤 지역의 수도였고, 인구 10만가량이 거주하던 평화롭고 정돈된 도시였다. 철도의 객차를 만드는 공장 하나가 있었지만, 어느 날 무정부주의자들이 '노동조합 운동의 진주'라고 부르게 될 사건이 벌어지기 전까지 어떤 노동자 소요도 일어나지 않았다. 스페인 최초의 파업과 중대한 시위는 1909년 바르셀로나에서 일어났는데, 이때 온화한 무정부주의자 프란치스코 페레Francisco Ferrer가 총살당한다. (이유는 모르겠지만 브뤼셀에 페레의 동상이 있다.) 사라고사에서는 그로부터 얼마 후, 그러니까 스페인 최초로 사회주의자 총파업이 조직된 1917년에 이런 일이 일어났다.

사라고사는 조용하고 평평한 도시였고, 이미 마차와 전차가 어깨를 나란히 한 채 달리고 있었다. 거리 중심부에는 아스팔트가 깔려 있었지만, 주변부는 진흙에 덮여 있었다. 비가 오는 날에는 도저히 길을 건널 수가 없었다. 이 도시의 온갖 성당에서 수많은 종소리가 울렸다. 죽은 자들의 날에는 저녁 8시부터 아침 8시까지 도시의 모든 종이 울려서 밤을 종소리로 가득 채웠다. "어느 가난한 여자가 실신해서 삯마차에 치여 죽었다." 이런 종류의 뉴스가 신문에 큰 글씨로 나오곤 했다. 1914년 발발한 제1차 세계대전까지만 해도 세계는 아득하고 거대한 땅으로 보였다. 이 땅은 엄청난 사건으로 흔들리곤 했지만, 우리는 여기에 거의 관심이 없었고, 이 사건들은 우리와 큰 관련이 없었으며, 우리에게 도달할 때쯤이면 아주 미약해져 있었다. 실제로 나는 초콜릿 플레이트

속에 들어 있던 장식 그림을 보고 1905년에 러일 전쟁이 일어났다는 사실을 알게 되었다. 내 나이 또래의 많은 소년이 그랬듯, 나는 초콜릿 냄새가 나는 그림 앨범을 갖고 있었다. 열세 살이나 열네 살이 될 때까지, 아마도 서커스에서 본 것 말고는 흑인도 아시아인도 보지 못했다. 우리(여기서 우리란 아이들을 말한다)가 유일하게 집단적으로 증오한 사람들은 프로테스탄트였는데, 이는 예수회 수도사들의 사악한 선동 때문이었다. 필라르에서 큰 장터 축제가 열렸을 때, 여기서 푼돈을 받고 성경을 팔던 어떤 불쌍한 사람에게 우리가 돌을 던진 일도 있었다.

반면 반유대주의는 어떤 기미도 없었다. 내가 이런 형태의 인종주의가 있다는 것을 알게 된 것은 한참 후 프랑스에서였다. 스페인 사람들은 기도에서나 수난의 서사에서 그리스도의 박해자로서 유대인들에게 경멸을 퍼부을 수도 있었지만, 그 이전의 유대인들이 동시대 유대인들과 같은 사람들이라고는 생각하지 않았다.

코바루비아스 여사는 사라고사에서 가장 부유한 인물로 통했다. 사람들은 그녀가 6백만 페세타의 가치에 해당하는 재산을 소유하고 있다고 말했다. 참고로, 스페인에서 가장 부유한 로마노네스 백작의 재산은 1억 페스타 정도였다. 사라고사에서 아버지의 재산은 분명 세 번째나 네 번째 정도의 자리를 차지했을 것이다. 집안 사람들의 말에 따르면, 라틴 아메리카 은행이 현금 자산의 부족으로 곤경에 처했을 때 아버지가 이곳에 보통 예금을 예치한 덕분에 파산을 면할 수 있었다고 한다.

솔직히 말해 아버지는 아무 일도 하지 않았다. 일어나서 아침 식사하고 몸단장하고 일상적으로 신문을 읽었다. (나도 신문 읽는 습관을 간직하고 있다.) 그 후에는 주문한 시가 상자가 아바나에서 도착했는지 보러 갔고, 쇼핑을 했고, 가끔 포도주와 철갑상어알을 샀고, 규칙적으로 식전주를 마셨다.

조심스럽게 끈으로 묶인 철갑상어알 꾸러미는 아버지가 하인을 시키지 않고 몸소 들고 온 유일한 물건이었다. 이것이 사회에서 그가 차지한 지위에 걸맞은 사회적 관습이었다. 다시 말해서 그 정도 지위의 남자는 손에 거의 아무것도 들지 않아야 했다. 무거운 짐을 드는 것은 하인들의 일이었다. 마찬가지로 내가 음악 선생님 집을 방문할 때면, 나와 함께 간 유모가 내 바이올린 케이스를 들고 갔다.

아버지는 점심 식사 후 항상 뒤따르는 휴식 시간에 옷을 갈아입고 동호회 모임에 가셨다. 거기서 저녁 시간을 기다리면서 친구들과 브리지 게임이나 셋이서 하는 카드 게임인 트레시오tresillo를 즐겼다.

부모님은 이따금 저녁에 연극을 보러 가셨다. 사라고사에는 극장이 네 개 있었다. 그중 지금도 남아 있는 가장 큰 극장은 매우 아름다웠고 장식물로 치장되어 있었는데, 여기에 부모님은 정기 예약된 칸막이 좌석을 갖고 있었다. 부모님은 여기서 때로는 오페라, 때로는 배우들이 하는 연극이나 순회공연, 때로는 콘서트를 관람하고 손뼉을 쳤다. 이 극장만큼이나 고상한 기품이 있던 피냐텔리 극장은 오늘날엔 사라졌다. 이보다는 더 대중적인, 오페레타를 전문으로 선보였던 파리지아나 극장도 있었다. 그리고 가끔씩 연극 공연을 하는 서커스가 하나 있었는데, 부모님은 여기에 나를 상당히 자주 데리고 가셨다.

내가 경험한 가장 황홀한 기억 중 하나는 쥘 베른Jules Verne의 『그랜트 선장의 아이들Les Enfants Du Capitaine Grant』을 각색한 엄청난 스펙터클의 오페레타였다. 나는 이 공연을 대여섯 번쯤 보았지만, 무대에서 거대한 콘도르가 추락하는 장면은 나에게 매번 감동을 주었다.

사라고사 시절 가장 큰 사건 중 하나는 프랑스 비행사 베드린 Jules Védrines의 에어쇼였다. 우리는 난생처음으로 사람이 하늘을 나는 모습을 보게 될 것이었다. 도시 사람들 모두가 부에나비스타라는 언덕에 모여들었고, 사람들이 이 언덕 전체를 뒤덮었다. 높은 곳에 선 우리는 베드린의 비행기가 땅에서 20여 미터 높이로 이륙하는 것을 실제로 보았고, 군중 모두가 열화 같은 손뼉을 쳤다. 이 일은 내 관심을 그다지 끌지 못했다. 나는 도마뱀 몇 마리를 잡아 꼬리 끝을 잘랐고, 꼬리가 바위틈에서 잠시 움직였다.

아주 어릴 때부터 이미 나는 총기에 강한 애착이 있었다. 열네 살도 되기 전에 작은 브라우닝 권총을 구해서 항상 갖고 다녔다. 당연히 몰래 갖고 다녔다. 어느 날 어머니가 무슨 눈치를 챘는지, 내게 양팔을 위로 들라고 한 뒤 손으로 내 몸을 더듬다가 권총을 감지했다. 나는 잽싸게 어머니로부터 도망쳐서 우리 건물의 마당까지 뛰어 내려가 쓰레기 버리는 곳에 브라우닝 권총을 던졌다. 물론 나중에 되찾으려고 한 일이다.

어느 날 나는 친구와 벤치에 앉아 있었다. 부랑자golfos, 즉 하릴 없는 젊은 낙오자 두 명이 우리가 앉은 벤치에 앉더니 다른 쪽으로 우리를 밀기 시작했고, 내 친구가 바닥에 떨어졌다. 나는 벤치에서 일어나서 이들을 벌하겠다고 위협했다. 이때 이들 중 하나가 아직도 피가 뚝뚝 떨어지는 투우 창을 들고 나를 위협했다. (투우장을 나올 때면 투우 창을 들고 나올 수도 있었다.) 나는 거리 한가운데서 브라우닝 권총을 꺼내 들고 이들을 겨냥했다. 이들은 즉시 조용해졌다.

조금 뒤 이들이 떠날 때, 나는 이들에게 미안하다고 말했다. 내 분노는 오래 가는 법이 없었다.

어느 날 나는 심지어 아버지의 큰 권총을 훔쳐 들판에서 사격연습을 한 일도 있었다. 펠라요라는 친구에게 팔을 십자가 모양으로 벌리고 두 손에 각각 사과와 깡통을 들고 서 있으라고 말하고 총을 쐈다. 아마도 하나도 맞추지 못한 것 같다. 사과도, 손도.

이 시기 또 다른 이야기가 있다. 하루는 부모님이 독일제 식기류 세트를 선물로 받았다. (엄청난 상자가 도착하는 모습이 아직도 눈에 선하다.) 식기류 하나하나에는 어머니의 초상이 새겨져 있었다. 이후 내전 시기에 이 식기류 세트가 깨져서 사라졌다. 내전이 끝나고 몇 년 후 내 처제가 우연히 사라고사의 골동품상에서 이 식기류 세트에서 나온 접시 하나를 발견했다. 처제는 그것을 사서 내게 주었고, 나는 아직도 이 접시를 간직하고 있다.

예수회 수도사 학교에서

내 학업은 프랑스어로 Les Frères du Sacré-Cœur de Jésus라고 불렸던 예수성심 수도회Corazonistas에서 시작되었다. 이들 대부분은 프랑스인들이었고, 상류사회에서 성 나자로 수도회보다 더 좋은 평가를 받았다. 이들이 스페인어 읽는 법을 가르쳐주었고 심지어 프랑스어 읽는 법도 가르쳐 주었다. 나는 아직도 이 프랑스어 시가 생각난다.

> 시냇물이 저렇게 밀고 가는
> 저 물덩이는 어디로 가요?
> 아이가 엄마에게 말하네.
> 이처럼 소중한 강가에 서서
> 우리는 물덩이가 떠나가는 모습을 보네.
> 물덩이가 되돌아오는 모습도 보게 될까?

1년 뒤 나는 예수회 수도사에서 운영하는 살바도르 중학교에 반半기숙생 자격으로 입학했고 여기서 7년을 보냈다.

거대했던 중학교 건물은 이제 없다. 어디서나 그렇듯, 오늘날 그 자리에는 쇼핑센터가 들어서 있다. 아침이면 7시쯤 나를 데리러 집 앞으로 오는 마차 한 대가 있었다. 마차는 다른 반기숙생들과 함께 나를 중학교로 데려다주었다. (마차의 유리 창문이 잘 들어맞지 않아 삐걱거리던 소리가 아직도 귀에 선하다.) 내가 걸어서 집에 가겠다고 하지 않는 한 바로 그 마차가 방과 후에도 나를 집에 데

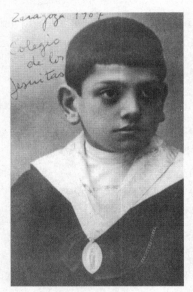

1907년 사라고사에서 예수회 수도사 학생 시절의
루이스 부뉴엘

려다주었다. 집에 걸어갈 수 있었던 것은 학교가 집에서 겨우 5분 거리에 있었기 때문이다.

매일 일과는 오전 7시 반 미사로 시작되었고, 저녁 묵주 기도로 끝났다. 기숙생들만 교복을 완전히 갖춰 입고 있었다. 반기숙생들은 장식 줄로 꾸며진 모자를 보고 서로를 알아보았다.

무엇보다 나는 뼈를 깎는 추위, 큰 스카프, 귀나 손가락이나 발가락에 걸린 동상이 생각난다. 학교에는 난방이 없었다. 추위뿐만 아니라 혹독한 옛날식 훈육도 있었다. 교칙을 조금이라도 위반한 학생은 책상 뒤편이나 교실 한가운데 무릎 꿇고 앉아서 양손에 무거운 책을 들고 두 팔을 벌려야 했다. 학습실에서는 아주 높은 연단 위에 선 사제가 모두를 감시하고 있었는데, 이 연단 양쪽에는 난간이 달린 계단이 있었다. 높은 곳에 올라선 사제는 공중에서 아래를 주의 깊게 내려다보면서 학습실 전체를 감시했다.

학교에서는 한순간도 우리를 혼자 있게 내버려 두지 않았다. 예컨대 수업 중 어떤 학생이 화장실에 가려고 교실에서 나가면(한 번에 한 명씩만 갈 수 있었기 때문에 시간이 오래 걸렸다), 감시하는 사제는 그가 문까지 걸어가는 것을 눈으로 뒤쫓는다. 학생이 문을 나가면, 그는 즉시 또 다른 사제의 시선 아래 놓이게 되는데, 이 사제는 이 학생이 복도 끝까지 걸어가는 것을 눈으로 뒤쫓는다. 복도 끝 화장실 문 앞에는 세 번째 사제가 서 있었다.

이와 반대로 학생들 상호 간의 접촉을 막기 위해 모든 조치가 취해져 있었다. 우리는 항상 서로 간에 1미터 가까운 거리를 확보한 채로 팔짱을 끼고 두 줄로 걸었다. (팔짱을 끼게 한 것은 다른 학생에게 종이 한 장도 건네지 못 하게 하기 위해서다.) 이렇게 우리는 침묵한 채로 줄을 지어서 휴식 장소인 안마당까지 갔다. 여기서 작은 종이 울리면, 우리는 비로소 마음껏 고함을 지르고 다리를 움직일 수 있었다.

지속적인 감시 아래 있을 것, 학생들 상호간에 온갖 위험한 접촉을 금할 것, 그리고 침묵할 것. 학습실과 구내식당에서도 예배당에서처럼 모두 침묵할 것.

학생들이 엄격하게 지켜야 하는 이 기본 원칙을 토대로 교육이 이루어졌는데, 이 교육에서 당연히 종교가 가장 큰 비중을 차지했다. 우리는 교리교육, 성자들의 생애, 기독교 호교론 등을 배웠다. 라틴어도 우리에게 익숙했다. 몇몇 교육 테크닉은 스콜라식 논증 방식의 공허한 잔여물에 지나지 않는 것이었다.

예컨대 데사피오desafio, 즉 '도전'의 테크닉이 그랬다. 내가 원하면, 나는 그날 배운 이런저런 교훈에 대해 다른 동기 중 한 명에게 도전을 할 수 있었다. 한 학생을 호명하고, 그가 자리에서 일어나면 그에게 질문을 던지며 도전을 시작한다. 이 싸움에서는 여전히 중세 때의 언어가 사용되었다. 즉, "Contra te! Super te!(네 말에 반대한다! 찬성한다!)", 또는 "Vis cento?(백을 원해? 다시 말해, 백을 걸고 싶어?)"에 이어지는 답은 "Volo(좋아)".

도전이 끝나면 교사가 누가 승자인지 가려내고, 이 두 전사는 자기 자리로 돌아갔다.

나는 또한 철학 수업이 생각난다. 수업 시간에 철학 교사가 자애로운 미소를 살짝 띠면서 그 불쌍한 칸트의 학설을 우리에게 설명해 주었는데, 너무나 개탄스럽게도 칸트가 형이상학적인 추론에서 오류를 범했다는 것이다. 우리는 서둘러 노트를 했다. 그후 다음 수업에서 교사는 학생 한 명의 이름을 부르더니 그에게 말했다. "만테콘 학생! 내 앞에서 칸트를 논박해봐!" 만테콘 학생은 배운 것을 잘 기억하고 있었지만, 대답은 채 2분도 못 가서 끝났다.

열네 살 즈음, 그때까지 우리를 열성적으로 감싸고 있던 종교에 대해 최초의 의심이 생겨났다. 이 의심의 기원은 지옥의 존재 여부, 그리고 특히 '최후의 심판'의 존재 여부였다. 내게 최후의 심판 장면은 상상조차 할 수 없는 것이었다. 최후의 부활을 그린 중세 그림에서처럼 모든 시대, 모든 나라에서 모든 죽은 남자와 여자가 갑자기 땅 한가운데서 일어선다니. 이는 내게 불합리하고 불가능해 보였다. 그래서 나는 자문했다. 수십억 곱절에 이르는 시신은 어디에 쌓여 있는가? 그리고 또한 최후의 심판이라는 게 있다면, 죽은 다음 즉시 이루어지며 원칙적으로 불가역적인 또 다른 심판은 도대체 왜 있는 것일까?

오늘날에는 지옥도, 악마도, 최후의 심판도 믿지 않는 사제가 많은 것이 사실이다. 이들이 중학교 때 내 의심의 말을 들었다면 즐거워했을 것이다.

엄격했고, 추웠고, 침묵을 강요당했지만 나는 살바도르 중학교에 대해 좋은 기억을 갖고 있다. 학생들 사이에서든 학생과 교사 사이에서든 교내에서는 최소한의 동성애 관련 추문도 일어나지 않았고, 그 덕에 질서가 깨지지 않았다. 꽤나 모범생이었던 나는 학교에서 가장 용납하기 어려운 소행 한 가지를 범했다. 중학교 마지막 학년 때는 휴식 시간 대부분을 안마당의 구석에 서서 벌을 받으며 보냈다. 딱 한 번 나는 눈길을 끄는 엉뚱한 짓을 범한 것이다.

대략 열세 살 때였다. 이날은 성 화요일이었고 나는 그다음 날 온 힘을 다해 북을 치려고 칼란다에 가기로 되어 있었다. 나는 걸어서 아침 일찍 학교에 갔고, 미사가 시작되기 30분 전에 학교에 도착해서 두 명의 동기를 만났다. 학교 정문 앞에는 자전거 경주장과 불결한 술집 하나가 있었다. 두 못된 녀석이 그 술집에 들어가 독한 화주 한 병을 사 오라고 나를 꼬드겼다. 마타라타스 matarratas, 즉 '쥐약'이라고 불리는 싸구려 증류주였다. 술집에서 나오자, 이 두 양아치는 작은 운하 근처에서 내게 이 술을 마시라고 부추겼다. 두 녀석 모두 내가 이런 종류의 부추김에 잘 저항하지 못한다는 사실을 알고 있었다. 이들은 입술을 겨우 적실 정도로 술을 마셨지만 나는 병째 마셔 버렸고, 갑자기 모든 것이 혼미해졌으며 이내 비틀거렸다.

두 동기는 나를 예배당까지 부축해서 데려갔고, 여기서 나는 무릎을 꿇었다. 미사의 1부가 진행되는 동안 나는 다른 학생들처럼 무릎을 꿇고 눈을 감고 있었다. 복음서를 강독하는 시간에 이르자 청중은 모두 일어나야 했다. 나는 온 힘을 다해 일어섰으나 갑자기 속이 뒤집혔고, 성소의 판석 위에 내가 마신 것을 모두 토했다.

바로 이날(내가 처음으로 내 친구 만테콘을 사귄 날이다), 나는 양호실로 실려 갔고, 그 다음엔 집으로 실려 갔다. 학교에서는 나를 퇴학시키느냐 마느냐가 문제가 되었다. 아버지는 잔뜩 언짢은 채로 다음날 칼란다 여행을 취소하라고 말씀하셨다가 곧 번복했는데, 내가 보기에 이는 호의로 그런 것이다.

열다섯 살 때, 우리는 중등교육 센터(다른 말로 하면 세속 고등학교)에서 중학교 졸업시험을 치러야 했다. 그런데 이유는 잘 모르겠지만 학생주임이 아주 모욕적으로 나를 발길질하면서 어릿광대payaso 취급을 했다.

나는 시험 대열에서 나와 혼자서 시험을 봤고, 그날 저녁 어머니께 예수회 학교가 방금 나를 퇴학시켰다고 통고했다. 어머니가 중학교 교장 선생님을 찾아가셨을 때, 그는 나를 계속 학교에 받아줄 생각이 있다고 말했다. 내가 세계사 과목에서 가장 높은 점수, 즉 '명예 명부' 점수를 받았기 때문이라는 것이다. 그러나 나는 중학교로 다시 돌아가지 않기로 했다.

이후 나는 세속 고등학교에 등록했고 여기서 대학 입학 시험을 볼 때까지 2년을 보냈다. 당시 학생들은 자신의 학업 전체에 대해 국립 고등학교와 몇몇 종교 학교 사이에서 선택할 수 있었다.

그 2년 간, 법학을 전공하는 대학생 한 명이 내게 철학, 역사, 문학 등의 저작으로 이루어진 저가의 총서 하나를 알려 주었다. 살바도르 중학교에서는 전혀 들어본 적이 없는 총서였다. 그로써 내 독서의 영역이 갑자기 확 늘어났다. 나는 스펜서Herbert Spencer, 루소Jean Jacques Rousseau, 심지어 마르크스Karl Marx까지 알게 되었다.

찰스 다윈Charles Darwin의 『종의 기원the Origin of Species』은 내게 경이로운 책이었는데, 이 책을 읽고는 내 안의 모든 신앙심이 남김없이 사라지게 되었다. 내가 사라고사의 한 작은 매음굴에서 동정을 버린 직후였다. 동시에 유럽의 전쟁이 시작될 때부터 모든 것이 바뀌었고, 모든 것이 무너졌으며, 우리 주변의 모든 것이 둘로 쪼개졌다. 제1차 세계대전을 계기로 스페인에서 이미 두 개의 진영이 완강하게 대립하고 있었는데, 이들은 20년 후 서로를 죽이게될 운명이었다. 모든 우파, 즉 이 나라의 모든 보수적 인물은 철저하게 친독파라고 선언했다. 좌파 전체, 즉 스스로 자유주의적이고 현대적이라고 공표한 사람들 모두는 프랑스와 연합군 진영에 열광했다. 시골의 고요, 느리게 반복되는 리듬, 논란의 여지조차 없던 사회적 위계의 시대는 끝났다. 19세기가 막 끝나고 있었다.

나는 열일곱 살이었다.

최초의 영화

1908년, 아직 아이였을 때, 나는 영화를 발견했다.

그 영화관의 이름은 파루시니Farrucini였다. 나무로 만든 아름다운 건물 정면에서 두 개의 문이 외부로 열렸다. 하나는 입구, 다른 하나는 출구였다. 손풍금을 든 다섯 개의 자동인형이 악기를 장착하고 요란스럽게 구경꾼을 끌어들이고 있었다. 관객들은 단출한 덮개로 뒤덮인 이 임시 건물 안으로 들어가 긴 의자에 앉았다. 물론 유모가 나와 함께 갔다. 그녀는 항상 내 곁에 있었다. 심지어 내가 거리 반대편에 사는 내 친구 펠라요 집에 갈 때도.

내가 최초로 본 움직이는 영상, 나를 완전한 충격으로 몰아넣은 영상은 바로 돼지의 영상이었다. 만화영화였다. 돼지가 삼색의 스카프를 두르고 노래했다. 스크린 뒤에 있는 축음기가 노래까지 들려주었다. 이것이 컬러 영화였다는 사실을 나는 완벽하게 기억한다. 당시 컬러 영화라는 말은 필름 하나하나를 직접 손으로 색칠했다는 뜻이었다.

이 시기 영화는 그저 시장통의 구경거리일 뿐이었고, 어떤 테크닉의 발명일 뿐이었다. 이미 생활 속으로 들어와 있던 철도와 전차를 빼면, 이른바 현대적인 기술은 사라고사에서 협소한 역할만을 하고 있었다. 내 기억에 1908년에는 도시 전체를 통틀어 자동차는 단 한 대뿐이었고, 전기로 작동했다. 중세 시대에 머물고 있던 우리의 세계에서, 영화라는 완전히 새로운 요소가 난입한 것이었다.

그다음 해부터 사라고사에 상설 영화관이 지어지기 시작했다. 이 상설관에는 입장료에 따라 소파에 앉을 수도 있고, 긴 의자에 앉을 수도 있었다. 1914년경에는 상당히 좋은 영화관 세 개가 있었다. 살롱 도레Le Salon doré, 어떤 유명한 사진사의 이름인 코이네Coïné, 그리고 에나 빅토리아Ena Victoria. 로스에스테바네스 거리에 생긴 네 번째 영화관 이름은 잊어버렸다. 이곳에 사촌 누나 한 명이 살고 있었는데, 그 집 부엌 창문으로 영화를 볼 수 있었다. 그래서 영화관 측 사람들이 이 창을 막고, 부엌에 빛이 들어올 수 있도록 유리 천장을 설치해 주었다. 그러나 우리는 벽돌로 된 칸막이에 구멍을 뚫었다. 그리고 이 구멍으로 몰래, 한 명씩 한 명씩 차례대로 영화관 깊숙한 곳에서 움직이는 무성의 영상을 보았다.

나는 이 시기 본 영화들을 잘 기억하지 못한다. 이후 내가 마드리드에서 보았던 다른 영화들과 뒤섞여 버리기 때문이다. 그러나 계속해서 넘어지던 프랑스 코믹영화 한 편을 기억한다. 스페인에서는 이 영화를 〈토리비오Toribio〉(남자 이름인가?)라고 불렀다. 막스 랭데Max Linder의 영화들과 〈달나라 여행Le Voyage dans la Lune〉 같은 조르주 멜리에스Georges Méliès의 영화들도 상영되었다. 벌레스크 영화들이나 모험극 형태를 띠고 있던 초기 미국 영화들은 약간 더 늦게 상영되었다. 눈물깨나 흘리게 했던 이탈리아의 낭만적 멜로드라마들도 생각난다. 이탈리아의 위대한 여성 스타 프란체스카 베르티니Francesca Bertini, 전성기 때의 그레타 가르보Greta Garbo도 여전히 생각난다. 그레타 가르보는 창가에 드리운 긴 커튼을 배배 꼬면서 눈물을 흘렸다. 비장했지만, 상당히 따분했다.

콘데 우고Conde Hugo(우고 백작), 루실라 러브Lucilla Love(스페인어로는 러브를 로베라고 발음한다), 그리고 미국 배우들은 이 시기 가장 유명한 사람들이었다. 이들은 통속극에서 흔히 전개되는 감상적이고 파란만장한 모험을 보여 주었다.

사라고사에서는, 영화관에서 직접 연주하는 전통적 피아니스트 외에도 영화관마다 변사explicador가 있었다. 변사란 스크린 옆에 서서 큰 목소리로 행위를 설명하는 사람이다. 그는 예컨대 다음과 같이 말한다.

"우고 백작은 자기 부인이, 자기가 아닌 다른 남자의 품에 안겨 있는 것을 봅니다. 신사 숙녀 여러분, 여러분들은 이제 그가 책상 서랍을 열고 권총을 꺼내 부정한 부인을 죽이는 장면을 보게 될 것입니다."

영화는 완전히 새롭고 익숙하지 않은 이야기 형식을 제시했기 때문에, 관객들 거의 대다수는 스크린에서 무슨 일이 벌어지는지, 사건이 어떻게 이어지는지, 배경이 어떻게 바뀌는지 이해하기가 아주 힘들었다. 이후 우리는 무의식적으로 영화 언어에 익숙해졌다. 몽타주montage, 다른 곳에서 동시에 일어나는 행위[평행몽타주]나 순차적으로 일어나는 행위, 심지어 과거로 되돌아가는 것[플래시백Flashback]에도 익숙해졌다. 이 당시 관객은 이 새로운 언어를 쉽게 해독하지 못했다.

이 때문에 변사가 필요했다.

처음으로 카메라가 피사체 앞으로 이동하면서 찍은 장면[트랙인]을 보았을 때, 내가 느꼈던 공포를 아직도 잊지 못한다. 다른 한편, 이 공포는 영화관에 같이 있던 사람들 모두가 느꼈다. 스크린에서 머리 하나가 우리에게 다가왔고, 이 머리는 마치 우리를 집어삼킬 듯이 점점 더 커졌다. 카메라가 직접 머리로 다가가는 것이라거나, 멜리에스 영화에 나오는 것처럼 트릭을 사용해서 머리가 커져 보이는 것이라곤 한순간도 생각할 수 없었다. 우리가 본 것은, 우리에게 다가오면서 터무니없이 커지는 바로 그 머리였다. 그리고 사도 성 도마가 그랬던 것처럼, 우리는 우리가 본 것을 믿었다.

내 생각에 어머니는 이보다 조금 뒤에 영화관에 가셨던 것 같다. 그러나 1923년에 돌아가신 아버지는 평생 단 한 편의 영화도 보지 않으셨다고 나는 거의 확신한다. 1909년에 팔마데마요르카에서 오신 친구분 중 한 명이 아버지를 방문해서는 대부분의 스페인 도시에 영화관을 건립하는 데 출자하라고 제안했다. 아버지는 이를 거부했다. 어릿광대 짓과 다를 바 없어 보이는 것에 경멸만을 갖고 계셨기 때문이다. 아버지가 이 제안을 받아들였다면, 나는 아마도 오늘날 스페인에서 가장 큰 영화배급업자가 되어 있지 않았을까?

영화는 발명된 이후 초기 20~30년 동안 상당히 천박한 시장통의 오락거리로, 일반 대중은 좋아할지언정 예술적 미래는 전혀 없는 것으로 간주되었다. 어떤 비평가도 영화에 관심을 두지 않았다. 1928년이나 1929년에 내가 첫 영화를 만들겠다고 어머니에게 알렸을 때, 어머니는 충격에 휩싸여 거의 울 뻔하셨다. 마치 내가 어머니에게 "엄마, 나는 광대가 될래요"라고 말하기라도 한 것처럼. 우리 가족과 친분이 있는 공증인 한 사람이 개입해 영화로도 상당한 액수의 돈을 벌 수 있으며 심지어 이탈리아에서 촬영된 위대한 고대 사극 영화처럼 흥미로운 작품들을 찍을 수도 있다고 진지하게 설명해야 했다. 어머니는 마지못해 동의했지만, 자신이 돈을 댄 영화[〈안달루시아의 개〉]를 끝내 보지 못하셨다.

5
콘치타의 추억

지금으로부터 대략 20년 전, 여동생 콘치타 또한 프랑스 영화 잡지 『포지티프*Positif*』에 자신의 추억 몇 가지를 글로 썼다. 다음은 마르셀 옴스의 프랑스어 번역으로 그녀가 우리 유년 시절에 관해 쓴 글이다.

우리 집안 형제자매는 총 7명이다. 가장 맏이인 루이스 오빠 밑으로 세 자매가 연이어 태어났는데, 이중 나는 세 번째였고 가장 바보 같았다. 오빠는 순전한 우연의 결과로 칼란다에서 태어났지만, 사라고사에서 자랐고 그곳에서 교육을 받았다.

태어나기도 전의 일을 이야기하는 버릇이 있다는 이유로 오빠는 나를 종종 비난한다. 나는 내 가장 오래된 기억을 짚어낼 수 있다. 복도에 놓인 오렌지 하나, 그리고 문 뒤에서 하얀 허벅지를 긁고 있는 예뿐 소녀. 나는 다섯 살이었다.

내 기억 속에서 오빠는 이미 예수회가 운영하는 학교의 학생이었다. 아침 일찍 어머니와 오빠 사이에 사소한 언쟁이 벌어졌다. 오빠가 학교에서 의무적으로 착용해야 하는 교모를 안 쓰고 학교에 가겠다고 우겼기 때문이다. 어머니는 당신이 가장 아끼는 아들에게 아주 관대했지만, 교모에 대해서는 아주 강경한 태도를 보였다. 왜 그랬는지는 나도 몰랐다.

이때 오빠는 이미 열네다섯 살쯤이었는데, 어머니는 딸들 중 한 명에게 루이스가 진짜 자신의 말대로 상의 속에 교모를 숨기고 있는지 아닌지 확인하라고 했다. 그리고, 과연 오빠는 교모를 숨기고 있었다.

오빠는 타고난 지능 때문에 별다른 노력 없이도 가장 좋은 성적을 받았다. 학생들 앞에서 상을 수여할 때 최고 수상자가 되는 '수모'를 피하려고 졸업하기 직전에 고의로 나쁜 짓을 저지를 정도였다.

저녁 식사 시간마다 우리 가족은 오빠가 중학교 생활에 대해 하는 얘기를 감동에 차서 들었다. 한번은 오빠가 그날 점심때 나온 자기 수프에서 검고 더러운 예수회 수도사 팬티 한 장을 꺼냈다고 말했다. 아버지가 어떤 반응을 보이셨냐고? 어떤 상황에서도 원칙적으로 학교와 선생님들 편을 드는 아버지는 오빠의 말을 믿지 않았다. 오빠가 자기 말을 고집하자 결국 밥상머리에서 쫓겨났다. 자리를 의연하게 나서던 오빠는 마치 갈릴레이처럼 말했다. '그런데 정말 팬티가 있었다니까요.'

열세 살 경에 오빠는 바이올린을 배우기 시작했다. 오빠는 맹렬하게 바이올린을 배우고자 했으며, 이 악기에 정말 재능이 있는 것처럼 보였다. 오빠는 우리 세 자매가 침대에 눕기를 기다렸다가 손에

피레네 산맥에서, 여동생 콘치타와 루이스 부뉴엘

바이올린을 들고는 우리 방에 들어왔다. 오빠는 '테마'를 제시하는 식으로 연주했는데, 지금 생각하면 그것은 아주 바그너적인 테마였다. 비록 당시에는 오빠나 우리나 모두 바그너Richard Wagner의 음악이 뭔지 몰랐지만. 그것이 진짜 음악이었던 것 같지는 않더라도, 최소한 나한테는 내 가상의 모험을 풍요롭게 해 주는 예증이었다. 오빠는 작은 오케스트라를 조직하는 데 성공했으며, 이 오케스트라는 가톨릭의 큰 축제일마다 성가대 위에 올라 넋을 잃은 군중 앞에서 페로시의 미사곡이나 슈베르트Franz Schubert의 〈아베 마리아Ave Maria〉를 연주했다.

부모님은 종종 파리에 가셨고 돌아오실 때는 장난감을 가득 사 들고 오셨다. 어느 날 오빠는 장난감 연극 무대를 선물로 받았다. 옛날로 돌아가서 크기를 짐작하자면, 대략 1제곱미터 정도 되는 것이었고 배경 막과 무대 장치가 있었다. 무대 장치 중 지금도 생각나는 두 가지가 있는데, 하나는 왕좌실이고 다른 하나는 숲이었다. 종이로 만든 인물은 왕, 왕비, 광대, 신하들이었고 이들의 키는 10센티미터도 되지 않았다. 철사를 당기면 움직였는데, 이들은 양 옆으로 움직일 때도 항상 정면으로만 이동했다. 오빠는 인물의 수를 늘리려고 펄쩍 뛰어오르는 모양의 사자상 하나를 갖다 놓았다. 아연으로 만든 이 사자는, 한창 좋았을 땐 흰 대리석 위에 있던 문진이었다. 마찬가지로 오빠는 금박의 에펠탑 모형도 가져다 놓았는데, 그전까지 때로는 거실, 때로는 부엌, 때로는 다락방에서 뒹굴던 것이었다. 이 에펠탑 모형이 장난감 연극에서 약간 냉소적인 사람을 나타낸 것인지 요새를 나타낸 것인지는 잘 기억나지 않지만, 무서운 사자의 뻣뻣한 꼬리에 묶인 채 왕좌실까지 콩콩 뛰어서 무대에 입장한 것은 분명히 기억난다.

공연 8일 전, 오빠는 준비를 시작했다. 자신이 고른 사람들과 반복적으로 연습했는데, 이들은 성경에서처럼 수가 적었다. 이들은 창고 하나에 의자들을 설치했고 마을에서 열두 살 이상의 소년, 소녀에게 초대장을 발송했다. 마지막 순간에 사탕과 달걀흰자로 이루어진 작은 회식을 준비했고, 음료로는 달짝지근하면서 식초가 가미된 물을 곁들였다. 우리는 이 음료가 이국의 나라에서 일상적으로 마시는 음료라고 믿었기 때문에, 즐겁고 경건하게 이 물을 마셨다.

오빠가 우리 자매들을 들여보냈다는 이유로 아버지는 분명 공연을 금지하겠다고 위협했을 것이다.

몇 년 후, 어떤 중대한 이유에서인지 시장은 공립 학교에서 공식축제를 준비했다. 오빠는 두 소년과 함께 반은 집시 차림, 반은 산적 차림의 의상을 입고 무대에 출연해서는 양털을 깎는 엄청난 가위를 흔들며 노래했다. 오랜 시간이 지났지만 나는 아직도 그 가사가 기억난다. '이 한 쌍의 가위와 뭐든 자르려는 내 왕성한 열정으로, 나는 스페인에서 작은 혁명을 계획할 것이다.' 이 가위가 오늘날의 〈비리디아나〉다. 관객들은 열렬하게 손뼉을 쳤고, 시가와 담배를 무대로 던졌다.

이후 오빠는 마을에서 힘센 사람 중 가장 '무능력한 사람'한테 이기고 나서 복싱 경기들을 조직했고, 스스로 자기 별명을 '칼란다의 사자'라고 붙였다. 그는 마드리드에서 경량급 아마추어 챔피언이 되었지만, 이에 대해서 나는 자세한 것은 알지 못한다.

오빠는 집에서 농업공학자가 되고 싶다고 말하기 시작했다. 아버지는 오빠가 아라곤 저지대에 있는 우리 땅을 개선하기를 바라는 마음으로 이 생각에 기뻐하셨다. 이와 반대로 어머니는 이를 아주 싫어하셨다. 사라고사에서는 공부할 수 없는 직업이었기 때문이다. 그런데 정작 학업을 선택할 때 오빠의 마음에 있었던 것은 사라고사와 가족을 떠나는 것이었다. 그는 상당히 좋은 성적을 받고 대학 입학 자격을 획득했다.

이 시기 우리는 산세바스티안에서 여름을 보냈다. 오빠는 휴가 때나, 아니면 오빠 나이 스물두 살 때 닥친 아버지의 죽음같이 불행한 일이 있을 때를 빼고는 사라고사에 다시 오지 않았다.

마드리드에서 오빠는 생긴 지 얼마 안 된 기숙사에서 대학 시절을 보냈다. 오빠와 함께 기숙사 생활을 한 학생 대부분은 이후 문학, 과학, 예술에서 두각을 나타내게 된다. 이들의 우정은 계속해서 오빠의 삶에서 가장 빛나는 것으로 남게 된다. 오빠는 곧바로 생물학에 열정을 보였고 몇 년 동안 볼리바르Ignacio Bolívar의 작업을 도와주었는데, 아마도 이 시기에 자연주의자가 되었을 것이다.

오빠의 식생활은 아마도 날마다 다람쥐가 먹는 것과 비슷할 것이다. 영하의 기온에 눈이 내리더라도 오빠는 옷을 아주 얇게 입고 양말도 신지 않은 채 수도사들이 신는 샌들을 신고 다니곤 했다. 아버지는 이를 아주 난감해 하셨다. 이런 일을 할 수 있는 아들을 둔 데 대해 마음 깊은 곳에서는 자랑스러워했으나, 결코 칭찬하시진 않았다. 오빠는 세면대에 얼음물을 채우고, 손을 씻는 것만큼 자주 한발씩 차례로 발을 씻곤 했는데 아버지는 그 모습을 보고 화를 내셨다. 당시에 (좀 더 이전인지 당시인지 잘 모르겠다. 나는 대책 없이 시간을 뒤섞어 버린다) 우리는 산토끼만한 큰 쥐 한 마리를 가족처럼 길렀다. 이 쥐는 꼬리가 까끌까끌했고 더러웠다. 우리는 앵무새용 새장에 이 쥐를 데리고 다니면서 여행을 했고, 그 때문에 우리 생활은 오랫동안 아주 복잡해졌다. 이 불쌍한 쥐는 성인聖人처럼 죽었고, 독살 당했음이 분명한 증세를 보였다. 우리 집 하인은 모두 다섯이었는데,

누가 독살을 시켰는지 찾아낼 수가 없었다. 어쨌거나 쥐 냄새가 집에서 완전히 사라지기 전에 우리는 이 쥐를 잊어버렸다.

우리 집에는 항상 동물이 있었다. 원숭이, 앵무새, 매, 두꺼비와 개구리, 독 없는 뱀 한두 마리, 커다란 아프리카 도마뱀 한 마리 등이다. 이 도마뱀은 공포에 질린 요리사가 화덕 판 위에서 부지깽이 한 방을 내리쳐 가학적으로 죽였다.

나는 그레고리오라는 양을 잊지 못하는데, 이 양은 내가 열 살 때 목욕하던 욕조에 달려들어 넓적다리뼈와 욕조를 으깨 버릴 뻔했다. 이 양은 어린 새끼였을 때 이탈리아에서 데려왔던 것 같다. 이 양은 항상 위선을 떨었고, 나는 네네라는 말 한 마리만 사랑했다.

우리 집에는 커다란 모자 상자 하나가 있었고, 여기에 작은 회색 쥐들을 키웠다. 쥐들은 오빠 것이었지만 하루에 한 번은 우리가 쥐들을 볼 수 있도록 해 주었다. 오빠는 여기서 암수 몇 쌍을 선발했는데, 이 쥐들은 잘 먹어서 멍청해졌고 끊임없이 번식했다. 오빠는 떠나기 전에 지붕 밑 다락방에 쥐들을 풀어주면서 이렇게 말했다. '잘 자라거라, 번성하거라.' 다락방 관리를 맡게 될 사람에겐 안타까운 일이었다.

우리는 식물은 물론이고 살아 있는 모든 것을 사랑하고 존중했다. 이들 또한 우리를 존중하고 사랑했을 거라고 믿는다. 우리는 어떤 위험도 겪지 않고 야생 동물이 도사리는 숲을 지나갈 수 있었다. 그러나 단 하나의 예외가 있었는데, 그건 거미였다.

거미는 언제든 우리에게서 삶의 기쁨을 빼앗을 수 있는 끔찍하고 소름 끼치는 괴물이다. 부뉴엘 집안 특유의 기이한 병적 기질 때문에 거미는 가족 간 대화의 주요 테마가 되었다. 거미에 대한 우리 이야기는 엄청나게 많았다.

사람들이 이야기하기를, 루이스 오빠는 톨레도의 여인숙에서 식사를 하다가 눈이 여덟 개 달리고 입에는 굽은 포착 돌기가 붙은 괴물 하나를 보고는 의식을 잃었으며, 마드리드에 돌아갈 때까지 정신을 차리지 못했다고 한다.

그런가하면 내 언니는 호텔에서 자신을 노리고 있던 거미의 거대한 머리와 흉부를 그리려고 큰 종이를 찾았으나 결국 찾지 못했다. 언니는 그 야수가 네 쌍의 시선으로 자신을 바라보던 장면을 우리에게 거의 울면서 이야기했는데, 그때 그 층에 있던 종업원이 불가사의할 만큼 차분한 태도로 자신을 한 팔로 부축해 객실 바깥으로 데려갔다고 한다.

언니는 늙은 거미들의 흔들리는 끔찍한 걸음을 자기 예쁜 손으로 흉내 낸다. 털이 많고 먼지가 잔뜩 묻어 있고 지나갈 때마다 자기 몸의 더러운 조각들을 뒤에 남기는, 한 발이 잘린 이 늙은 거미들은 우리 유년 시절의 기억과 내내 함께했다.

거미와 관련해서 내가 겪은 모험은 그리 오래되지 않았다. 뒤에서 고약하고 축축한 소음을 들었을 때, 나는 계단을 내려가고 있었다. 그것이 무엇인지는 예감했다. 그렇다. 부뉴엘 집안 대대로 내려오는 끔찍한 적, 거미였다. 나는 죽는 줄 알았다. 신문 배달 소년이 발로 거미를 짓밟았을 때 낭囊이 터지는 끔찍한 소리를 절대 잊을 수 없을 것이다. 나는 이 소년에게 거의 이렇게 말할 뻔했다. '애야, 너는 내 생명의 은인 그 이상이란다.' 어떤 끔찍한 섭리로 거미가 나를 그렇게 쫓아다니는지 모르겠다.

거미! 우리 형제자매들의 악몽은 우리 대화에서와 마찬가지로 모두 거미로 가득 차 있다.

앞서 언급한 거의 모든 동물은 루이스 오빠의 것이었다. 오빠처럼 동물 한 마리 한 마리를 그 생물학적 필요에 따라 키우고 돌보는 사람을 나는 한 번도 본 적이 없다. 오늘날에도 오빠는 꾸준히 동물을 사랑하고 있으며, 심지어 이제는 거미마저도 미워하지 않으려 애쓰고 있다는 생각도 든다.

〈비리디아나〉에는 마차 아래 묶인 불쌍한 개 한 마리가 마차를 따라 뛰어가는 장면이 있다. 영화 아이디어를 찾던 오빠는 이 장면을 실제로 목격하고 몹시 고통스러워했다. 그 자리에서 이를 막으려고 온갖 짓을 다 했지만, 스페인 농부에게 너무도 깊게 뿌리내린 관습이라서 그에 맞서는 일은 마치 풍차와 싸우는 꼴이었다. 이 장면을 촬영할 때 나는 오빠의 지시를 따라 영화에 출연한 개들뿐만 아니라 우연히 그곳을 지나가는 다른 개들에게 주려고 1킬로그램의 고기를 샀다.

칼란다에서 보낸 어느 여름, 우리는 유년 시절의 '위대한 모험'을 했다. 오빠는 이때 열세 살 아니면 열네 살이었을 것이다. 우리는 부모님 허락도 받지 않고 이웃 마을에 가기로 마음먹었다. 우리 또래의 사촌들도 함께 있었는데, 왜인지는 모르겠지만 우리는 축제에라도 가는 것처럼 옷을 갖춰 입고 집을 나섰다.우리 마을에서 5킬로미터 정도 떨어져 있는 포스라는 마을이었다. 그곳에 우리 토지와 소작인들이 있었다. 우리는 소작인들 집을 일일이 다 방문했고 모두가 우리에게 부드러운 포도주와 과자들을 대접해 주었다. 포도주를 마시고 너무 큰 행복감과 용기가 생겨났기 때문에 우리는 심지어 묘지에도 갈 수 있었다. 오빠가 부검하는 탁자 위에 드러누웠던 것이 생각난다. 오빠는 여기 누워서 자기 내장을 꺼내라고 말했다. 또 다른 기억은, 언니 중 한 명이 세월이 흐르면서 벌어진 무덤의 틈에 머리를 끼이는 바람에 그걸 빼느라 모두가 용을 썼던 일이다. 어찌나 머리가 꼭 끼어 있던지, 루이스 오빠는 언니를 꺼내려고 손톱으로 석고를 떼어 내야 했다.

전쟁이 끝난 후 내가 묘지를 다시 찾았을 때 이 기억이 되살아났다. 내 생각보다 훨씬 더 작았고, 훨씬 더 오래된 묘지였다. 그때 인상 깊었던 것이 하나 있다. 작고 흰 관이 부서진 채 구석에 내버려져 있었는데, 그 안쪽에 어린 아이의 시체가 바짝 말라붙어 누워 있던 모습이다. 이전에 아이의 배였던 부분을 관통해 커다란 진홍색 개양귀비 한 송이가 피어 있었다.

무의식적으로 묘지에 대한 불경을 저지른 이후, 우리는 돌아오는 길에 전설적인 동굴 몇 곳을 찾아가려고 타는 듯한 햇살이 내리쬐는 민둥산을 넘었다. 부드러운 포도주 기운이 여전히 우리를 도와주고 있었고, 그래서 우리는 다 큰 어른도 뒷걸음질 치며 물러설 만한 대담한 시도를 할 수 있었다. 어떤 좁고 깊은 동굴 아래쪽으로 뛰어내린 것, 수평으로 이어진 다른 동굴 속으로 기어간 것, 처음 들어간 동굴에 다시 도달한 것 등이 그랬다. 동굴 탐사의 장비로 우리가 가진 것은 달랑 묘지에서 주운 양초 한 조각뿐이었다. 양초의 빛이 남아 있는 동안 우리는 계속 걸었으나, 갑자기 불도, 용기도, 즐거움도 남아 있지 않은 상황이 왔다. 박쥐들이 날개를 퍼떡이는 소리가 나자 오빠는 그것이 선사시대 익수룡이라고 겁을 줬지만, 정작 그것들이 덤벼들 때는 우리를 보호해 주었다. 시간이 꽤 흐른 뒤 우리 중 한 명이 배가 고프다고 말했는데, 이때 오빠는 마치 영웅처럼 먹을 것을 주었다. 오빠는 이미 내 우상이었고, 나는 울면서 그 배고픈 사람 대신 나한테 먹을 것을 달라고 했다. 당시 나는 루이스 오빠와 우리 자매를 포함한 넷 중 가장 어렸고, 가장 허약했고, 가장 바보 같았다. 육체의 고통을 잊어버리듯이 나는 이때의 불안을 잊어버렸다. 그러나 사람들이 우리를 찾아냈을 때 느꼈던 기쁨과 벌을 받을지 모른다는 공포는 지금도 생각난다. 우리 행색이 너무 초라해서 벌을 받지는 않았다. 우리는 네네가 이끄는 마차를 타고 '포근한 집'으로 되돌아왔다. 오빠는 그때 의식을 잃었다. 일사병 때문에 그랬는지, 만취해서 그랬는지, 벌을 받지 않으려는 전략이었는지는 잘 모르겠다.

이틀이나 사흘 동안 부모님은 우리에게 삼인칭으로 말을 했다. 우리가 당신의 말을 더는 듣지 않는다고 생각했을 때, 아버지는 방문객들에게 그 모험을 이야기하면서 우리가 겪은 어려움을 과장하고 오빠 루이스의 희생을 찬미했다. 나의 희생도 최소한 그 정도는 영웅적이었지만 누구도 언급하지 않았다. 우리 가족의 삶은 항상 그런 식이었는데, 그래도 내가 가진 드문 인간적 가치를 알아보고 여기에 경의를 표한 사람은 루이스 오빠가 유일했다.

세월이 흘러갔다. 오빠는 오빠대로 학업에 바빠서, 우리는 우리대로 좋은 집안 소녀들이 받는 쓸데없는 교육 때문에 바빠서 서로 거의 보지 못했다. 두 언니들은 아주 어렸을 때 결혼했다. 오빠는 둘째 언니와 체커 놀이 하는 것을 좋아했다. 이들 둘 다 집요하게 이기려고 했기 때문에 이 놀이의 끝은 항상 좋지 않았다. 돈을 걸지는 않았지만, 일종의 신경전에 몰두했다. 둘째 언니가 이기면 오빠 코밑에 있던 채 자라지도 않은 콧수염을 비틀고 잡아당길 수 있는 권리가 있었는데, 이는 오빠가 견뎌내는 만큼 오래 할 수 있었다. 몇 시간 동안 버티다가 오빠는 공중으로 펄쩍 뛰면서 체커 놀이판과 손에 잡히는 모든 것을 멀리 집어 던지곤 했다.

오빠가 이기면, 옛 마부에게 배운 상스러운 말을 언니가 내뱉을 때까지 불붙은 성냥을 언니 '주둥이'까지 갖다 댈 수 있는 권리가 있었다. 이 마부는 우리가 아주 어릴 때 박쥐 이야기를 해 주었다. 박쥐를

잡아 주둥이를 불태웠더니 박쥐가 '꽁, 꽁'[여자의 음부를 가리키는 속
어]이라고 말하더라는 것이다. 언니는 박쥐 흉내 내기를 거부했고,
사태는 항상 안 좋게 끝이 났다.

6
이 세상의 즐거움

나는 바에서 달콤한 시간을 보냈다. 바는 내게 명상과 묵상의 공간이며, 나는 바 없는 삶을 상상하기 힘들다. 이 아주 오래된 습관은 세월이 거듭되며 더욱 강하게 굳어졌다. 기둥 위에서 고행하면서 보이지 않는 신과 대화를 나눈 성 시메온처럼, 나는 바에서 긴 몽상의 시간을 보냈다. 바텐더하고는 거의 얘기를 나누지 않았고, 끊임없이 나를 놀라게 하는 머릿속 영상의 행렬에 사로잡혀 나 자신과 가장 많은 시간을 보냈다. 오늘날, 20세기만큼 나이를 먹은 나는 거의 집 밖에 나가지 않는다. 술병들이 쌓여 있는 내 작은 방에서 식전주를 마시며 혼자 신성한 시간을 보내면서 내가 사랑했던 바들을 즐겁게 떠올리곤 한다.

내가 우선 '바'와 '카페'를 구분한다는 점을 명시해 두고 싶다. 예컨대 나는 파리에서 절대로 적당한 바를 찾을 수 없었다. 반대로 파리는 경탄할 만한 카페들로 가득 찬 도시다. 파리에서는 벨빌에 가든, 오퇴유에 가든, 앉을 만한 테이블을 찾지 못할까 봐, 종업원이 주문을 받으러 오지 않을까 봐 불안에 사로잡히는 일은 없을 것이다. 카페 없는, 아름다운 테라스가 없는, 담배 가게가 없는 파리를 상상할 수 있는가? 그것은 원자폭탄이 폭발해서 모든 것을 쓸어버린 도시에 사는 것과 마찬가지일 것이다.

초현실주의 활동의 상당 부분은 블랑슈 광장에 있는 카페 시라노Cyrano에서 전개되었다. 또한 나는 샹젤리제에 있는 카페 셀렉트Sélect도 좋아했고, 몽파르나스에 있는 카페 라 쿠폴La Coupole의 개업식 때 초대를 받기도 했다. 〈안달루시아의 개〉의 첫 상영회를 준비할 때 만 레이Man Ray와 루이 아라공Louis Aragon을 여기서 만났다. 다른 모든 카페 이름을 일일이 언급할 수는 없다. 내 말은 단지 카페가 토론, 왕래, 때로는 소란스러운 우정, 그리고 여자를 전제하는 장소라는 뜻이다.

이와 반대로 바는 고독을 실행하는 장소다.

바는 무엇보다 조용하고, 적잖이 어둡고, 매우 쾌적해야 한다. 음악을 혐오스럽게 사용하는 현상이 오늘날 전 세계에 만연해 있으나 어떤 음악이든, 심지어 멀리서 들리는 음악도 엄격하게 금지해야 한다. 테이블 개수는 최대로 쳐도 12개 정도가 적당하고, 될 수 있으면 말을 적게 하는 데 익숙한 손님들만 받아야 한다.

마드리드에서 나는 플라자 호텔의 바를 좋아한다. 건물 지하에 있어서 더 좋은데, 경치가 보여서는 안 되기 때문이다. 호텔 지배인은 날 잘 알아서, 들어가는 즉시 내가 가장 좋아하는 벽 쪽 테이블을 내어 준다. 식전주를 마시고 나면 저녁 식사 서빙을 받을 수 있다. 전체적인 조명은 아주 은근하지만, 테이블에는 각기 충분한 빛이 비친다.

또한 마드리드에서라면 나는 귀중한 추억으로 가득 찬 치코테 바를 아주 좋아한다. 그러나 이곳은 고독한 명상을 위해서라기보다는 기꺼이 친구들과 간다.

파울라 호텔은 마드리드 북부에 있으며 훌륭한 고딕 수도원의 안마당에 자리 잡고 있다. 높다란 화강암 기둥이 늘어선 이 호텔의 긴 홀에서 나는 저녁에 식전주를 마시는 습관이 있었다. 관광객과 시끄러운 아이들이 어디서나 밀려드는 끔찍한 날인 토요일과 일요일을 제외하면 사실상 나는 항상 혼자였고, 내 주변에는 내가 좋아하는 화가 중 한 명인 프란치스코 데 수르바란Francisco de Zurbarán의 그림이 복제품으로 걸려 있었다. 이따금씩 종업원 한 명의 조용한 그림자가 멀리서 지나갔고, 술을 마시면서 명상에 잠겨 있는 나를 존중해 주었다.

나는 이곳을 내 최고의 친구만큼이나 숭배했다고 말할 수 있다. 산책과 일과가 끝날 무렵, 나와 시나리오 작업을 같이 한 장클로드 카리에르Jean-Claude Carrier는 나를 45분쯤 혼자 내버려 두었다. 그가 다시 내 자리로 돌아올 때면, 나는 어김없는 시간에 석판 위로 또각또각 걸어오는 그의 발걸음 소리를 들었다. 그가 내 앞에 와서 앉으면, 나는 45분간 몽상하면서 상상한 짤막하고 간략한 이야기 하나를 해야 했다. 이것이 우리 사이의 약속이었는데, 내 생각에는 상상력도 기억처럼 훈련할 수 있고 계발할 수 있는 정신 능력이다. 이 이야기는 그 당시 우리가 함께 작업하는 시나리오와 관련이 있을 수도, 없을 수도 있었다. 벌레스크일 수도 있고 멜로드라마일 수도 있었으며, 피가 튀는 이야기일 수도 있고 초자연적인 이야기일 수도 있었다. 가장 중요한 것은 이야기를 하는 것이었다.

　수르바란 작품의 복제화와 카스티야 지방의 아름다운 화강암 기둥에 홀로 둘러싸인 나는 내가 가장 좋아하는 술(잠시 후 이 주제를 다룰 것이다)을 곁들인 채 별다른 노력 없이 시간의 흐름을 벗어나서, 이윽고 내 작품 속에 스며들 영상들을 맞이할 수 있었다. 가족의 일이나 평범한 프로젝트를 생각하는 날도 있었지만, 갑자기 뭔가가 지나가고, 종종 충격적인 행위가 구체화되고, 인물들이 나타나서 말하고, 자신들의 갈등이나 문제들을 드러내곤 했다. 구석에서 나 혼자 웃는 일도 있었다. 때때로 예기치 않게 떠오른 행위가 시나리오에 유용하다고 느낄 때면, 나는 이야기의 앞으로 돌아가 사태를 정리하려고 했고(아주 잘 될 때도, 별로일 때도 있었다), 정처 없는 아이디어들을 통제하려고 애썼다.

　나는 뉴욕 플라자 호텔의 바에 얽힌 매우 기분 좋은 추억 또한 간직하고 있다. 비록 이곳이 많은 이들이 드나드는 흔한 만남의 장소라도 그러하다(여자는 들어올 수 없다). 나는 내 친구들에게 여러 차례 이렇게 말하곤 했고, 이들은 여러 차례에 걸쳐 내 말이 맞다는 것을 확인할 수 있었다. "뉴욕에 오거든, 그리고 내가 뉴욕에 있는지 알고 싶으면, 정오에 플라자 호텔의 바로 오게. 내가 뉴욕에 있다면, 항상 거기 있을 테니까." 센트럴 파크를 한눈에 굽어볼 수 있는 이 놀라운 바는 불행하게도 지금은 식당들이 점령해 버렸다. 엄밀한 의미의 바는 두 테이블만 남았다.

내가 멕시코에서 자주 가는 바에 대해 한두 마디 하자면, 멕시코시티에서는 엘 파라도르의 바를 아주 좋아하는데 여긴 마드리드의 치코테 바처럼 친구들과 가는 편이 낫다. 또한 나는 오랫동안 미초아칸주의 산 호세 푸루아 호텔의 바에서 편안함을 온전히 누릴 수 있었다. 이곳은 내가 30년 넘게 시나리오를 쓰기 위해 피신한 곳이다.

이 호텔은 반쯤 열대 기후인 거대 협곡의 측면에 자리 잡고 있다. 덕분에 호텔 바의 창가는 굉장히 아름다운 경치를 보여 주는데, 이것은 원칙적으로는 내게 불편함을 준다. 다행히 열대 무화과나무 한 그루가 창문 바로 앞에 서 있어서 초록빛 풍경을 부분적으로 가려준다. 이 부드러운 나뭇가지들은 거대한 뱀의 매듭처럼 서로 얽혀 있다. 나는 여러 가지 이야기의 꾸불꾸불한 추이를 쫓는 것처럼 나뭇가지의 끝없는 분기점들을 넋 놓고 바라보았고, 이 가지들 위에 때때로 부엉이, 나체의 여인, 또는 완전히 다른 것이 놓여 있다고 생각하곤 했다.

불행하게도, 납득할 만한 어떤 이유도 없이 이 바는 문을 닫았다. 1980년에 세르주 실베르망Serge Siberman과 장클로드 카리에르Jean-Claude Carriere와 내가 괜찮은 장소를 찾아 이 호텔 구석구석을 절망적으로 헤매던 모습이 아직도 눈에 선하다. 애통한 추억이다. 우리 시대는 모든 것을 휩쓸어 버린다. 온갖 것을 파괴하고, 심지어는 바마저도 남겨 두지 않는다.

이제 나는 술에 대해 말해야 한다. 이 장章은 사실상 무궁무진하게 할 말이 많은 주제다. 실제로 나는 이 주제를 두고 제작자 세르주 실베르망과 몇 시간이고 대화를 계속할 수 있지만, 아주 간결하게 말하도록 애를 쓸 것이다. 이 주제에 관심이 없는 사람은 (불행하게도 실제로 그런 사람들이 있다) 몇 쪽을 건너뛰고 이 책을 읽기 바란다.

내가 최고로 치는 것은 포도주고, 특히 적포도주다. 프랑스에는 최고의 포도주와 최악의 포도주가 모두 있다. (파리의 비스트로에서 파는 '적포도주 한 잔'만큼 끔찍한 술도 없다.) 나는 염소 가죽 부대에 담아 신선하게 마시는 스페인의 발데페냐스valdepeñas와 톨레도 지방의 백포도주 예페스yepes에 애착이 있다. 이탈리아 포도주는 내가 보기에 속임수를 쓰는 것 같다.

미국에는 카베르네를 비롯해 다른 몇몇 품종의 괜찮은 캘리포니아 포도주가 있다. 나는 가끔 칠레나 멕시코 포도주를 마신다. 그게 대략 전부다.

물론 나는 바에서 절대 포도주를 마시지 않는다. 포도주는, 상상력을 어떤 식으로든 자극하지 않는 순전히 육체적인 즐거움이다.

바에서 몽상을 불러일으키고 유지하기 위해서는 영국산 진이 필요하다. 내가 선호하는 음료는 드라이 마티니다. 드라이 마티니가 내 생애에서 차지한 비중이 아주 크기 때문에 여기에만 한두쪽을 할애해 써야 한다. 다른 모든 칵테일처럼 드라이 마티니는 아마도 미국의 발명품인 것 같다. 드라이 마티니는 진을 기주로

하고 베르무트 몇 방울을 첨가해 만드는데, 이때 베르무트는 노일리 프라트를 사용하는 것이 좋다. 진짜 '건조한' 드라이 마티니 애호가는, 진이 든 잔을 건드리기 전에 그저 노일리 프라트 한 병을 햇볕에 쏘여두라고 주장하기까지 한다. 오죽하면 한때 미국에선 좋은 드라이 마티니가 성모의 무임수태와 닮아야 한다는 말이 떠돌았다. 사실상 토마스 아퀴나스의 말마따나 '햇살이 유리창을 깨트리지 않고 투과하는 것처럼' 성령의 생식 능력이 성모의 처녀막을 통과했다는 뜻인데, 노일리 프라트도 마찬가지라는 것이다. 그러나 내 생각에 약간 과도한 말이다.

또 다른 추천사항이 있다. 드라이 마티니에 사용하는 얼음은 아주 차고 단단해서 쉽게 녹지 않아야 한다는 것이다. 물을 많이 머금은 마티니처럼 최악인 것은 없다.

오랜 경험의 결실로 언제나 훌륭한 결과물을 보장하는 내 개인적인 마티니 조제법은 다음과 같다.

손님들이 방문하기 전날 필요한 모든 것, 즉 술잔과 진과 셰이커를 냉장고 속에 넣어 둔다. 온도계로 얼음이 대략 영하 20도 정도를 유지하는지 확인할 수 있다.

다음 날 친구들이 오면 나는 필요한 모든 것을 집어 든다. 아주 단단한 얼음 위로 먼저 노일리 프라트 몇 방울을 붓고, 다음에는 찻숟가락 반 개 정도의 앙고수트라 비터스를 붓는다. 그리고 빨리 흔들어서 얼음만 남기고 모두 비운다. 얼음에서는 노일리 프라트와 앙고수트라의 아주 연한 향내가 난다. 그런 뒤 얼음 위로 순수한 진을 붓는다. 다시 약간 흔들어서 서빙을 한다. 이게 전부다. 다른 건 필요 없다.

1940년대쯤, 뉴욕 현대 미술관Museum of Modern Art of New York 관장은 내게 약간 다른 조제법을 가르쳐주었다. 앙고수트라 대신 페르노를 약간 첨가한다는 것이다. 이 방식은 나한테는 이단적인 것 같고, 다른 한편 유행 또한 바뀌었다.

드라이 마티니 다음으로 내가 선호하는 것은 내가 만들어서 '부뉴엘로니'라고 이름 붙인 칵테일이다. 사실상 이 칵테일은 그 유명한 네그로니 칵테일의 순전한 표절이다. 그러나 캄파리와 진, 그리고 순한 친자노를 섞지 않고, 캄파리 대신 카르파노를 넣는다.

나는 저녁마다 식탁에 앉기 전에 되도록 칵테일 한 잔을 마신다. 여기서도 다른 두 요소를 양적으로 압도하는 진이라는 요소가 상상력이 잘 작동할 수 있도록 해 준다. 왜 그럴까? 이유는 모른다. 그러나 사실은 사실이다.

내 말을 제대로 이해했으리라 생각하지만, 나는 알코올 중독자가 아니다. 물론, 인생을 통틀어 몇 번쯤 바닥에 쓰러질 때까지 마신 일도 있었다. 그러나 음주는 대체로 만취가 아닌 가벼운 마약 효과를 내는 약간의 취기만을 불러일으키고, 나를 고요한 평안에 이르게 하는 세련된 의식이었다. 이것은 나를 살게 하고, 일하게 한다. 생애 단 하루라도 위에서 언급한 술이 전혀 없었던 날이 있었냐고 묻는다면, 나는 그런 기억이 절대 없다고 말할 것이다. 나한테는 항상 마실 것이 있었다. 이런 일이 벌어지지 않도록 신중하게 대비했기 때문이다.

예컨대 나는 금주법 시대인 1930년에 미국에서 다섯 달을 보냈다. 아마 그때만큼 술을 많이 마신 적이 없을 것이다. 내게는 로스앤젤레스의 밀주업자 친구가 있었고(그가 아주 잘 기억나는데, 그는 한 손에 손가락 세 개가 없었다), 그는 진짜 진과 가짜 진을 구별하는 방법을 알려 주었다. 일정한 방식으로 병을 흔들기만 하면 되었다. 진짜 진은 거품이 나기 때문이다.

위스키는 처방을 받으면 약국에서 구할 수 있었고, 어떤 식당에서는 포도주를 커피 잔에 넣어 팔았다. 뉴욕에는 괜찮은 스피크이지 바[주류 밀매점]가 있었다. 작은 문을 일정한 방식으로 두드리면 작은 구멍이 열렸고, 사람들이 이를 틈타 잽싸게 들어갔다. 내부는 여느 곳과 다르지 않은 어엿한 바였다. 여기서 원하는 술은 무엇이든 찾을 수 있었다.

실제로 금주법은 20세기에 가장 부조리한 생각 중 하나였다. 이 시기 미국인들은 오히려 그악스레 술을 마시고 취했다는 걸 말해둬야만 한다. 나는 미국인들이 금주법 시기가 지난 이후 비로소 술 마시는 법을 배웠다고 생각한다.

나는 또한 프랑스 식전주를 좋아했다. 예컨대 석류 시럽을 넣은 피콩 맥주(화가 이브 탕기Yves Tanguy가 좋아한 술)와 오렌지 껍질로 만든 망다랭 맥주를 특히 즐겼는데, 망다랭 맥주를 마시면 드라이 마티니를 마신 것보다 훨씬 급격하게 취했다. 이런 탁월한 조합으로 만든 식전주들이 요즘에는 불행하게도 사라져 가고 있다. 우리는 식전주가 끔찍하게 몰락하고 있는 것을 목격하는 셈인데, 이는 다른 무엇보다 이 시대의 슬픈 징후다.

물론 나는 때때로 철갑상어알을 곁들여 보드카를 마시고, 훈제 연어를 곁들여 아쿠아비트를 마신다. 나는 테킬라와 메스칼 같은 멕시코 술도 좋아하지만, 다른 것이 없을 때 대용품으로만 마실 뿐이다. 위스키의 경우 나는 아무 관심이 없다. 위스키는 내가 이해하지 못하는 술이다.

어느 날, 나는 프랑스 잡지(『마리프랑스Marie-France』였던 것 같다)의 의학 코너 중 하나에서 진이 탁월한 진정제이며, 항공 여행을 할 때 종종 생기는 불안을 아주 효율적으로 없앨 수 있다는 기사를 읽었다. 나는 이 진술이 참인지 아닌지 즉각 확인해 보기로 마음먹었다.

나는 항상 비행기가 무서웠다. 이 공포는 변함이 없었고 억제할 수도 없었다. 예컨대 조종사 중 한 명이 심각한 표정으로 우리 곁을 지나가는 것을 보면, 나는 이렇게 혼잣말을 했다. "이제 다 끝났어. 우리는 끝장이야. 그의 얼굴을 보면 다 알 수 있어." 이와 반대로 그가 웃으면서 아주 상냥하게 지나가면, 나는 이렇게 혼잣말을 했다. "뭔가 잘못되고 있어. 우리를 안심시키려고 저러는 거야." 내가 『마리프랑스』의 탁월한 충고를 들으려고 결심한 날, 이 모든 근심은 마법처럼 사라졌다. 나는 비행기 여행을 할 때마다 진을 준비하는 습관이 있는데, 신선한 온도를 유지하려고 수통을 신문지로 싸곤 한다. 탑승 대기실에서 승객들을 부르길 기다리는 동안 진 몇 잔을 몰래 마시면 즉시 안심하며 진정하게 되고, 가장 끔찍한 난기류도 웃으면서 대면할 수 있는 상태가 된다.

알코올의 효용을 모두 다 언급한다면 아마도 끝이 없을 것이다. 1978년에 마드리드에서 여배우 한 명과 전면적인 불화 상태에 빠져 〈욕망의 모호한 대상Cet Obscur Object Du Desir〉(1977)을 계속 찍어야 하는지 아닌지를 놓고 내가 절망에 빠져 있는 동안, 제작자 세르주 실베르망은 영화 촬영을 중단하기로 결정을 내렸다. 엄청난 손실을 감당해야 하는 일이었다. 어느 저녁 우리 둘은 거의 낙담한 채 어떤 바에 앉아 있었다. 드라이 마티니를 두 잔째 마시고 나서, 별안간 한 배역에 두 명의 여배우[앙헬라 몰리나Angela Molina와 캐롤 부케Carole Bouquet]를 써 보자는 아이디어가 떠올랐다. 영화사를 통틀어 이런 일은 처음이었다. 내가 농담처럼 건넨 이 아이디어를 세르주는 펄쩍 뛰면서 반겼고, 이 영화는 바 덕분에 구제되었다.

나는 1940년대 뉴욕에서 스페인 공화국 전 총리의 아들인 후안 네그린Juan Negrín과 그의 아내인 여배우 로시타 디아스Rosita Diaz를 즐겨 만났다. 우리는 어느 날 '대포 한 방Au coup de canon'이라는 이름의 바 하나를 열어서 엄청나게 비싼, 세계에서 가장 비싼 술값을 받겠다는 아이디어를 발전시켰다. 여기서는 세계 곳곳에서 온, 놀랄 만큼 세련되고 진귀한 술만을 팔기로 했다.

이곳은 친밀한 분위기를 지닌 매우 아늑한 바로, 근사한 취향을 선보이는 것은 물론, 12개 남짓한 테이블로 이루어진 공간이 될 것이었다. 문 앞에는 상호의 유래를 보여 주는 고대의 구포臼砲 하나를 설치한 뒤 검은 화약을 넣고 심지가 붙은 대포알을 장전한 채로 두었다가, 어떤 고객이 1천 달러를 지출할 때면 낮이든 밤이든 관계없이 떠들썩하게 대포 한 방을 발사할 생각이었다.

매력적이지만 전혀 민주적이지 않은 이 기획은 제대로 실현되지 못했다. 이 아이디어는 그것을 채택하는 사람은 누구나 자기 것으로 가질 수 있다. 이웃 건물에 사는 가난한 노동자가 대포 소리 때문에 새벽 4시에 잠에서 깨어, 자기 옆에 누운 아내에게 이렇게 말하는 것은 상상만 해도 즐거운 일이다. "어떤 미친놈이 방금 또 천 달러를 냈어."

담배를 안 피우고 술을 마실 수는 없다. 내 경우에는 16세 때 처음으로 담배를 피우기 시작했는데, 이후 한 번도 끊어본 적이 없다. 사실 내가 하루에 스무 개비 이상의 담배를 피우는 일은 드물다. 어떤 담배를 피웠는가? 거의 모든 담배를 피웠다. 검은 담배가 들어 있는 스페인 담배를 자주 피웠다. 대략 20년 전부터는 프랑스 담배에 애착을 갖기 시작했는데, 내가 가장 높이 치는 것은 지탄, 그리고 특히 셀틱이다.

술과 놀랄 만큼 궁합이 잘 맞는 담배는 (알코올이 여왕이라면, 담배는 왕이다) 어떤 삶에 일어나는 온갖 사건에 따뜻한 동반자가 된다. 담배는 좋은 날이든 안 좋은 날이든 아주 좋은 친구다. 기쁜 일을 축하하거나 슬픈 일을 숨기려고 담배에 불을 붙인다. 혼자 있을 때나 여럿이 함께 있을 때나 모두.

담배는 모든 감각에 즐거움을 준다. 시각에(은박지 안에 마치 행렬하는 것처럼 흰 담배들이 나란히 서 있는 모습은 얼마나 멋진 광경인가), 후각에, 그리고 촉각에. 만약 누군가 내 눈을 가리고 불붙은 담배 한 개비를 입에 물려준다면, 나는 이 담배를 안 피우려고 할 것이다. 나는 주머니 속의 담뱃갑을 만지고 이것을 열어서 두 손가락으로 담배 한 개비의 밀도를 가늠하고, 입술로 담배 종이를, 혀로 담배 맛을 느끼며, 불꽃이 분출하는 모습을 보고 불꽃이 다가와서 나를 온기로 채우는 모든 과정을 좋아한다.

대학 때 친구인 도론소로는 바스크 출신이며 멕시코에 망명한 스페인 공화주의자이고 엔지니어인데, '흡연' 때문에 폐암에 걸려 죽었다. 나는 멕시코에서 그를 만나러 병원에 갔다. 그는 온갖 곳에 튜브를 꽂고 있었는데, 몰래 담배 한 모금을 빠르게 들이마시려고 때때로 산소마스크를 벗곤 했다. 그는 자신을 죽인 바로 그 즐거움에 충실한 채 죽기 직전까지 담배를 피웠다.

이 책의 훌륭한 독자여, 풍요로운 몽상처럼 강력한 우정의 아버지인 술과 담배에 대한 이 고찰을 끝내기 위해 당신에게 두 개의 충고를 할 수 있도록 허락해 주기 바란다. 술을 마시지도 말고, 담배를 피우지도 말라. 건강에 좋지 않다.

술과 담배가 아주 기분 좋게 사랑의 행위에 어울린다는 점을 덧붙이고 싶다. 대개 술은 사랑의 행위 이전에, 담배는 그 이후에 놓인다. 나한테서 기이하게 에로틱한 비밀 이야기를 기대하시지 마시기를. 내 세대의 남자들, 특히 스페인 남자들은 조상 대대로 내려오는 여성에 대한 수줍음과, 앞서 언급했듯 아마도 세계에서 가장 강력한 성적 욕망으로 고통받았다.

물론 이 욕망은, 수 세기에 걸쳐 무기력해지도록 우리를 짓누른 가톨릭의 산물이었다. 결혼을 벗어난 모든 성관계의 금지, 직간

접적으로 사랑의 행위와 연관될 수 있는 온갖 영상과 말의 축출 등과 같은 모든 것 때문에 이례적일 만큼 폭력적인 욕망이 생겨났다. 모든 금지를 무시하고 이 욕망이 충족될 방도를 찾게 되었을 때, 전례 없는 육체적 쾌락을 얻게 되었다. 여기에는 항상 죄악이라는 은밀한 즐거움이 결부되었기 때문이다. 분명, 스페인 남자는 성교를 통해 중국 남자나 에스키모 남자가 느끼는 즐거움보다 더 큰 즐거움을 얻었다.

내 청소년 시절 스페인에서는, 아주 드문 예외를 제외하면 두 가지 방식의 성행위밖에 없었다. 매춘을 하거나, 결혼을 하거나. 내가 1925년에 난생처음 프랑스에 왔을 때, 남녀가 길거리에서 서로 껴안고 있는 모습을 보곤 몹시 놀랐고, 정말 못 볼 꼴이라고 생각했다. 마찬가지로 젊은 남자와 젊은 여자가 결혼도 하지 않고 같이 살 수 있는 것이 내게는 아주 놀라웠다. 이런 풍속은 스페인에서는 거의 상상도 할 수 없는 것이었고, 내게는 아주 외설적으로 느껴졌다.

이런 아득한 시절 이후 아주 많은 일이 일어났다. 내 성욕은, 심지어 몇 년 전 부터는 꿈에서조차 조금씩 사그라들다가, 마침내 완전히 사라져갔다. 그걸 지켜보는 동안 나는 마침내 어떤 전제 군주에게서 해방된 것처럼 만족스러웠다. 메피스토펠레스가 나타나서 성 기능의 회복을 제안한다면, 나는 이렇게 대답할 것이다. "고맙지만, 거부하겠습니다. 내가 바라지 않아요. 그 대신 간 기능과 폐 기능을 강화해 주시오. 술을 더 많이 마시고 담배를 더 오래 피울 수 있도록."

발기가 안 되는 노인들을 노리는 변태 성욕에서 벗어나서, 나는 어떤 특별한 후회도 없는 평온한 눈으로 마드리드의 매춘부들, 파리의 홍등가, 뉴욕 택시 걸들을 떠올린다. 파리에서 본 몇몇 활인화活人畵를 제외하면, 내 인생을 통틀어 나는 포르노 영화를 딱 한 번 본 것 같다. 이 영화에는 〈바셀린 자매Sœur Vaseline〉라는 매력적인 제목이 붙어 있었다. 여기서 어떤 수도원의 정원에서 수녀가 나왔다. 정원사가 그녀에게 달려드는 동안, 이 정원사를 어떤 수사가 뒤에서 겁탈하고 있었고, 이 셋이 마침내 하나의 형체가 되었다.

나는 아직도 이 수녀의 검정 면 스타킹, 즉 무릎 위에 걸려 있던 스타킹이 떠오른다. 스튜디오 28에서 일하는 장 모클레르Jean Mauclair가 나한테 이 영화의 필름을 선물로 주었지만, 지금은 잃어버렸다. 나처럼 육체적으로 아주 건장한 르네 샤르René Char와 함께, 우리는 아이들 대상의 한 영화관에 침투해서 영사기사를 붙잡아서 결박하고 재갈을 물린 뒤, 아주 어린 관객들에게 〈바셀린 자매〉를 상영할 계획을 세웠다. 오, 시대여, 오, 도덕이여O tempora o mores. 유년기를 더럽힌다는 생각은 우리에게 가장 매력적인 전복의 형태 중 하나로 보였다. 물론 우리는 아무것도 하지 않았다.

또한 실패한 난교 파티에 대해 몇 마디 말을 하고 싶다. 당시에는 난교 파티에 참여한다는 생각만으로도 우리는 상당히 흥분했다. 하루는 할리우드에서 찰리 채플린Charlie Chaplin이 나와 다른 두 스페인 친구를 위해 난교 파티를 기획했다. 패서디나 출신의 매력적인 젊은 여자 셋이 왔지만, 불행하게도 세 여자 모두 채플린과 행위를 하고 싶어 했기 때문에 서로 싸우기 시작했고, 결국 아무것도 하지 않고 집으로 가 버렸다.

한번은 로스앤젤레스에서 내 친구 에두아르도 우가르테Eduardo Ugarte와 나는 〈황금시대〉에서 연기한 리아 리스Lya Lys와 그녀의 친구들 한 명을 내 집으로 초대했다. 꽃도, 샴페인도 모든 것이 준비되어 있었다. 다시 또 실패. 이 두 여자는 한 시간도 채 안 돼서 집으로 가 버렸다.

같은 시기에, 지금 이름은 잊어버렸지만, 파리 방문 허가를 얻은 어떤 소련 감독 한 명이 파리에서 작은 난교 파티를 기획해 달라고 나에게 요구했다. 상당히 난처한 일이었다. 루이 아라공에게 방법을 물었더니, 그는 나에게 이렇게 되물었다. "가만있자, 친구. 당신이…… 당하고 싶은 거요?" 여기서 아라공은 세상에서 가장 섬세하게, 우리가 짐작할 수 있는 단어를 썼는데, 나는 여기에 쓸 수가 없다. 내게는 몇 년 전부터 작가들의 저작이나 인터뷰에서 아무 이유 없이 추잡한 말들이 늘어 가는 것보다 더 비열한 일이 없어 보이기 때문이다. 이 자칭 자유화는 자유의 비열한 왜곡이다. 이 때문에 나는 모든 성적인 불손함과 말의 노출증을 거부한다.

어쨌거나 아라공의 질문에 나는 '전혀 그렇지 않습니다'라고 답했다. 그 후 아라공은 내게 모든 난교 파티를 피하라고 충고했고, 그 러시아인은 아무 성과 없이 자기 나라로 돌아갔다.

7
마드리드 대학생 기숙사
1917~1925

나는 그때까지 마드리드에 딱 한 번 가 봤다. 그것도 아버지와 함께 갔다가 잠깐 머무른 게 전부였다. 1917년, 학업을 이어갈 곳을 찾기 위해 나는 부모님과 마드리드를 다시 찾았다. 그때 나는 내게 촌놈 티가 난다고 느껴져서 제풀에 먼저 졸아들었고 주눅이 들었다. 나는 어떻게 옷을 입고 어떻게 행동하는지 따라 할 요량으로 사람들을 조심스럽게 지켜보았다. 아버지가 알칼라 거리에서 밀짚모자를 쓴 채 지팡이를 이용해서 나한테 큰 목소리로 설명을 해 주는 장면이 여전히 생각난다. 나는 손을 주머니 속에 집어넣고 등을 약간 돌리고서 마치 내가 아버지와 서로 모르는 사람인 체하고 있었다.

우리는 고전적인 마드리드 하숙집 몇 곳을 방문했는데, 마드리드식 코시도cocido a la madrileña를 주는 곳도 있었다. 이는 병아리콩과 삶은 감자 위에 베이컨과 초리소, 이따금 닭고기나 소고기 덩어리를 곁들여 내는 음식이었다. 어머니는 이런 하숙집에서라면 내게 상당한 풍속의 자유가 주어진다는 점을 두려워했기 때문에 어떤 설명도 들으려 하지 않았다.

나는 끝내 상원의원이었던 바르톨로메 에스테반 씨의 추천으로 대학생 기숙사에 들어가게 되었고, 여기서 7년을 머물렀다. 이 시기의 기억이 너무도 풍요롭고 생생하기 때문에, 나는 한 치의 오차 없이 말할 수 있다. 대학생 기숙사 생활이 없었다면 내 삶이 완전히 달라졌을 거라고.

일종의 영국식 대학 캠퍼스로 한 사립 재단이 후원하고 있던 이 기숙사는 1인실이 하루 7페세타, 2인실이 하루 4페세타였다. 부모님이 기숙사비를 내시고 용돈도 일주일에 20페세타씩 주셨는데, 상당히 풍족한 금액이었지만 나한테 한 번도 충분한 법은 없었다. 방학 때마다 사라고사에 돌아가서는 어머니에게 3개월간 회계원이 승인한 빚을 탕감해 달라고 부탁드려야 할 정도였다. 아버지는 이에 대해 아무것도 모르셨다.

말라가 출신의 교양 있는 사내 알베르토 히메네스 씨가 사감으로 있는 이 기숙사에서 학생들은 원하는 어떤 학과도 준비할 수 있었다. 여기에 강의실, 다섯 개의 실험실, 도서관 하나, 몇 개의 운동장이 있었다. 이곳에 원하는 만큼 머무를 수 있었고, 다른 학과로 전과할 수도 있었다.

사라고사를 떠나기 전, 아버지는 내게 어떤 직업을 갖고 싶냐고 물으셨다. 무엇보다 나는 스페인을 떠나고 싶었지만, 내 꿈은 작곡가가 되는 것이라 파리에 가서 성가 학교에서 공부하고 싶다고 대답했다. 아버지는 완강하게 반대하셨다. 진지한 직업을 가져야 할뿐더러, 작곡가들이 굶어 죽을 지경이란 사실은 누구나 안다는 것이었다.

이때 나는 아버지에게 자연과학과 곤충학에 흥미를 느낀다고 말씀드렸다. 그랬더니 아버지는 "농업공학자가 되어라"라고 충고하셨다. 이렇게 해서 나는 농업공학 학사 학위를 준비하면서 공부를 시작하게 되었다. 나는 생물학에서는 최고의 점수를 받았지만, 불행하게도 수학에서는 3년 내내 치명적인 점수를 받았다. 나는 항상 추상적인 사유에서는 갈피를 잡지 못한다. 몇몇 수학적 진리는 단번에 눈에 들어왔지만, 복잡다단한 증명을 따라가면서 이해하거나 직접 증명을 할 능력이 나한테는 없었다.

아버지는 이 부끄러운 성적에 화가 나서 몇 개월 동안 사라고사에 머무르라고 엄명했고, 특별 수업을 받게 했다. 3월이 되어 내가 다시 마드리드에 갔을 땐 대학생 기숙사에 빈방이 없어서 자기와 함께 살자는 후안 센테노의 제안을 받아들였다. 그는 내 친구 아우구스토 센테노의 형이다. 그의 방에 여분의 침대를 설치했다. 나는 여기서 한 달을 살았다. 의대 학생인 후안 센테노는 아침 일찍 나갔다. 나가기 전에 그는 거울 앞에서 오랫동안 머리를 빗었지만, 머리 꼭대기까지만 빗고 머리 뒤쪽의 안 보이는 머리카락은 무질서하게 내버려 두었다. 물론 그에 대한 고마움은 여전히 간직하고 있었지만, 매일 반복되는 이 불합리한 동작 때문에 2~3주 후 나는 그를 미워하기에 이르렀다. 무의식의 은밀한 우회에서 발원된 설명할 수 없는 증오는 〈절멸의 천사l'Ange exterminateur〉(1962)의 짧은 장면에 등장한다.

나는 아버지를 기쁘게 하려고 진로를 바꾸어 산업 엔지니어 학사 학위를 따기로 마음먹었다. 이 학위는 기술, 역학, 전기자기학 등의 분과를 포괄하는 학위였고, 졸업에 6년이 걸렸다. 나는 산업 디자인 과목 시험과 (특별 수업 덕분에) 수학 시험에 합격했고, 여름 동안 산세바스티안에서 아버지의 두 친구분에게 조언을 들었다. 한 분은 당시 아랍어 전문가로 명성이 높았던 아신 팔라시오스Miguel Asín Palacios였고, 다른 분은 사라고사 고등학교 교사였다. 나는 수학에 대한 공포와 6년이라는 긴 학업 기간에 대한 근심과 혐오를 그분들에게 모두 말했다. 이들이 아버지에게 개입해 준 덕분에 아버지는 자연과학에 공감하는 내 성향을 따를 수 있도록 해 주셨다.

자연사 박물관은 대학생 기숙사에서 몇십 미터 떨어진 곳에 있었다. 나는 여기서 아주 강한 흥미를 갖고 위대한 이냐시오 볼리바르의 지도로 1년 동안 공부했다. 이냐시오 볼리바르는 그 당시 세계에서 가장 유명한 직시류 곤충학자였다. 나는 오늘날에도 수많은 곤충을 한눈에 알아보고 이들의 라틴어 이름을 댈 수 있다.

1년 후 역사학 센터 교수인 아메리코 카스트로의 인솔 하에 알칼라데에나레스로 소풍 갔을 때, 나는 외국에서 스페인어 강사를 구한다는 말을 들었다. 스페인을 떠나고 싶은 욕구가 너무 큰 나머지 즉시 내가 가겠다고 지원했지만, 자연과학 학생은 받지 않는다는 답변을 들었다. 강사로 선발되려면 문학이나 철학을 공부해야 했다.

이 때문에 아주 빠르게 내 마지막 진로 선택이 이루어졌다. 나는 역사, 문학, 그리고 엄밀한 의미의 철학, 이렇게 세 학문을 포괄하는 철학 학사 학위를 준비하기 시작했다. 나는 선택 과목으로 역사를 선택했다.

이런 상세한 이야기가 지루할 수 있다는 것을 잘 알고 있다. 그러나 어떤 인생의 우연의 궤적을, 이 인생이 어디서 왔고 어디로 가는지를 한 걸음 한 걸음 따라가려고 한다면, 여기서 여분의 것과 필수 불가결한 것을 어떻게 가를 수 있겠는가?

기숙사에서 나는 또한 스포츠를 좋아하게 되었다. 매일 아침이면, 땅이 빙판으로 덮일 때도 반바지 차림에 맨발로 민병대 기병 훈련장에서 달리곤 했다. 나는 단과대학에 운동팀을 만들었고, 대학 간 열리는 여러 시합에 이 팀으로 참여했고, 심지어 아마추어 복싱에도 참여한 적이 있다. 어쨌거나 나는 두 번의 복싱 경기에만 나갔을 뿐이다. 한 경기는 상대 선수가 경기장에 나오지 않아서 내가 운 좋게 이겼다. 다른 경기는 5라운드 경기에서 투지가 부족해서 점수 차로 졌다. 사실상 나는 경기 중에 얼굴을 방어할 생각밖에 못했다.

나는 모든 운동이 좋았다. 오죽하면 기숙사의 건물 정면을 기어서 올라가기까지 했다.

이 시기에 얻은 근육을 나는 (거의) 평생 유지했는데, 배 근육과

위가 있는 부분의 단단한 근육이 특히 그렇다. 내가 자주 하던 레퍼토리도 있었다. 내가 바닥에 눕고 친구들이 내 배 위로 뛰어 올라타는 것이다. 나의 또 다른 특기는 팔씨름이다. 나이가 아주 많이 들 때까지 나는 레스토랑이나 바의 테이블 위에서 수없이 많은 팔씨름 시합을 했다.

대학생 기숙사에서 나는 어쩔 수 없는 선택을 해야 했다. 나를 둘러싼 분위기, 그 시기 마드리드를 흔들어놓은 문학 운동, 아주 귀중한 친구들과의 만남 모두가 이 선택에 지대한 영향을 미쳤다. 정확히 어떤 순간에 내가 내 인생을 결정했는가? 오늘날에는 거의 말하기 불가능하다.

지금 돌아보면, 내전 등으로 얼룩진 이어지는 시기와 비교해 봤을 때 스페인은 상대적으로 조용한 시기를 지나고 있었다. 그 당시 큰 사건은 모로코에서 일어난 아브드 엘크림Abd el-Krim의 반란이었고, 다른 하나는 내가 군 복무를 해야 했던 해인 1921년에 스페인 군대가 아누알 전투에서 대패했던 일이다. 그즈음 나는 기숙사에서 아브드 엘크림의 친동생과 알게 되었다. 그 때문에 훗날 군대에서 나를 모로코에 파견하고자 했지만, 나는 이를 거부했다.

당시 스페인에서는 돈을 지급하고 부유한 가문의 자녀들의 군 복무 기간을 단축해 주는 법이 있었다. 그러나 그 해에는 모로코에서의 전쟁 때문에 이 법이 유예되었다. 나는 포병 연대에 배치되었는데, 포병 연대는 식민지 전쟁에서 이름을 빛냈기 때문에

마드리드에서 포병 복무 시절의 루이스 부뉴엘

모로코 파병에서 면제되었다. 그러나 어느 날은 상황이 심각해져서 우리에게 "내일 출정한다"는 공고가 내려왔다. 이날 저녁 나는 아주 진지하게 탈영 생각을 했다. 내 친구 중 두 명이 탈영했고, 그들 중 한 명은 이후 브라질에서 엔지니어가 되었다.

마침내 출발 명령이 유예되었고, 나는 내 모든 시간을 마드리드에서 보냈다. 특기할 만한 일은 없었다. 저녁마다 외출할 수 있는 권리가 보장되었기 때문에 나는 계속 친구들을 만났고, 보초 설 때를 제외하곤 집에서 잤다. 이런 생활은 14개월 동안 계속되었다.

밤에 보초를 설 때면 나는 엄청나게 강해지고 싶다는 욕구를 느꼈다. 우리는 악취 나는 보초병들 한가운데서 자기 차례를 기다리면서 심지어 탄약통까지 휴대하고 완전군장을 한 채 잠을 잤다. 그 옆 누추한 방에서는 하사들이 카드놀이를 하면서, 손이 닿는 곳에 포도주 잔을 놓고 따뜻한 난로 곁에 있는 것을 보았다. 나는 그때 세상의 그 무엇보다도 하사가 되고 싶었다.

이렇듯 나는 여느 사람들처럼 내 인생의 한 시절을 하나의 이미지로, 때로는 하나의 감정으로, 심지어는 하나의 인상으로 간직하게 된다. 후안 센테로와 제대로 빗지 않은 그의 머리에 대한 증오심, 그리고 하사들의 난로에 대한 시기심이 그것이다.

가끔은 너무 가혹한 생활 조건, 추위, 시기심에도 불구하고 나는 내 대부분의 친구들과 달리 예수회 학교에 다녔던 기간과 군 복무 기간에 대해 좋은 기억을 간직하고 있다. 내가 여기서 보고 배운 것들은 다른 어디서도 배울 수 없는 것이다.

제대 후 어떤 콘서트에서 중대장을 만났다. 이때 그는 내게 이렇게 말했을 뿐이다.

"자네는 좋은 포병이었네."

스페인은 몇 년 동안 팔랑헤당[스페인의 파시즘 정당]을 창시한 호세 안토니오 프리모 데 리베라José Antonio Primo de Rivera의 아버지 미겔 프리모 데 리베라Miguel Primo de Rivera 일족의 독재 치하에 있었다. 스페인 공산당이 소심하게 생겨나고 있던 바로 그 시기에, 조합주의적이고 무정부주의적인 노동자 운동이 발전했다. 어느 날 사라고사에서 돌아오던 길, 총리였던 다토Eduardo Dato Iradier가 그 전날 길 한가운데서 무정부주의자들에게 암살되었다는 소식을 역에서 들었다. 삯마차를 탔더니 마부가 내게 알칼라 거리에서 총알의 흔적들을 보여 주었다.

내 기억이 정확하다면, 한번은 아스카소Francisco Ascaso와 두루티 Buenaventura Durruti가 이끌던 무정부주의자들이 사라고사의 대주교 솔데비야 로메로를 암살했다는 소식을 우리는 아주 기쁘게 들었다. 이 대주교는 가증스러운 인물로서 모든 사람이 싫어했고, 심지어 참사원인 내 삼촌도 싫어할 정도였다. 이날 저녁 우리는 기숙사에서 그의 영혼이 지옥에 떨어지기를 바라면서 축배를 들었다.

그 외에도, 나는 그때까지도 둔한 상태였던 우리의 정치의식이 서서히 깨어나기 시작했다는 것을 말해야겠다. 서넛 정도를 빼면 우리 모두는 공화국이 선포되기 직전인 1927~1928년이나 되어서야 비로소 정치의식을 명확히 가질 수 있었다. 몇몇 예외를 제외하면, 우리는 그저 최초의 무정부주의 잡지들과 공산주의 잡지들을 조심스레 눈여겨보았을 뿐이었다. 이 공산주의 잡지들 덕분에 우리는 레닌Vladimir Lenin과 트로츠키Leon Trotsky의 글들을 알게 되었다.

내가 참가한 유일한 — 아마도 마드리드에서 유일한 — 정치토론들은 마요르 거리의 카페 드 플라테리아Cafe de Platerias에서 열린 페냐peña에서 이루어졌다.

페냐란 카페에서 정기적으로 열리는 소모임이다. 이 관습이 문학적인 삶뿐만 아니라 마드리드의 삶에서 중요한 역할을 했다. 우리는 직업에 따라 오후 3시부터 5시 사이에, 아니면 저녁 9시부터 항상 같은 건물에 모였다. 보통의 페냐는 여덟 명에서 열다섯 명까지 참가했고, 모두 다 남자였다. 여자들이 페냐에 참가하기 시작한 것은 겨우 1930년대 초였고, 페냐에 참가한다는 것만으로 평판이 위태로울 수 있었다.

정치적 페냐가 열리던 카페 드 플라테리아에서 우리는 예컨대 『에스파냐 누에바España nueva』와 같은 다양한 잡지에 기고하던 아라곤 출신의 무정부주의자 삼블란카트Ángel Samblancat를 자주 만났다. 그의 견해들은 너무 극단적이라고 악명이 높아서 테러가 일어난 다음 날에는 자동으로 그를 체포하곤 했다. 다토가 암살된 다음 날도 마찬가지였다.

세비야에서 무정부주의적 성향의 신문을 발행한 산톨라리아Santolaria도 마드리드에 있을 때면 이 페냐에 참가했다. 에우헤니오 도르스Eugenio d'Ors도 여기에 가끔 왔다.

내가 페드로 가르피아스Pedro Garfias라는 이름을 가진 기이하고 탁월한 시인을 만난 것도 여기서였는데, 그는 형용사 하나를 찾으려고 보름 동안 고민할 정도였다. 그를 만났을 때 나는 예컨대 이렇게 물었다.

"그래서, 그 형용사는 찾았니?"

그는 생각에 잠겨 나를 떠나면서 이렇게 대답했다. "아니, 계속 찾고 있어."

나는 「순례자Peregrino」란 제목이 붙은 그의 시 한 편을 아직도 외우고 있는데, 이 시는 『남쪽의 날개 아래서Bajo el ala del Sur』란 시집에 들어 있다.

"그의 눈에서 수평선이 흘러가네
그는 손가락 사이에 모래들의 소문을 가져왔다
깨어진 꿈의 다발도.
흔들리는 그의 어깨 위에서
산과 바다, 그의 두 마리 사냥개가
그가 지나갈 때 달려들었다
경탄한 산, 격분한 바다……"

가르피아스는 우미야데로 거리의 초라한 방을 그의 친구 에우헤니오 몬테스와 나눠 쓰고 있었다. 나는 오전 11시경에 이들을 방문하러 가곤 했다. 그는 말을 계속 하면서 무기력한 손으로 어깨 위로 기어 다니던 빈대들을 잡곤 했다.

그는 내전 중 애국적인 시들을 출간했는데, 이 시들은 그다지 내 마음에 들지 않았다. 그는 영어를 한마디도 모른 채 영국으로 이민 갔고, 스페인어를 한마디도 모르는 한 영국인이 그를 맞았다. 그러나 이들은 몇 시간이고 활기차게 대화를 이어 가는 것 같았다.

내전이 끝난 후 페드로 가르피아스는 다른 많은 공화주의자처럼 멕시코로 갔다. 그는 반쯤 노숙자 차림의 더러운 옷을 입고 아무 카페나 들어가서 큰 목소리로 시들을 읽어 주곤 했다. 그는 비참하게 죽었다.

마드리드는 당시까지 상당히 작은 도시였고, 행정과 예술의 수도였다. 도시의 한쪽 끝에서 다른 쪽 끝까지 참 많이도 걸어 다녔다. 모두가 서로를 알았고 온갖 종류의 만남이 이뤄질 수 있었다.

어느 저녁에 나는 친구와 카페 카스티야에 갔다. 카페 내부에 고립된 공간을 만들기 위해 칸막이를 쳐놓은 것이 보였다. 종업원이 우리에게 알려 주기를, 프리모 데 리베라가 두세 명과 함께 저녁을 먹으러 온다는 것이다. 정말 프리모 데 리베라가 왔을 때, 그는 즉시 칸막이를 치우게 한 후 우리를 보고 이렇게 말했다. "아이고 이런, 젊은이들. 이들에게 술 한 잔씩 주시오!" 독재자가 우리에게 마실 것을 사 주었다.

심지어 나는 스페인 왕 알폰소 13세를 만난 적도 있다. 나는 기숙사에서 내 방 창가에 서 있었다. 그때 나는 밀짚모자를 쓰고 있었는데, 머리카락은 포마드를 발라서 반들거렸다. 갑자기 내 창 아래에 왕이 탄 사륜마차가 와서 멈췄고, 마차에는 두 명의 마부와 훨씬 젊은 여자 한 명이 타고 있었다. (나는 어렸을 때 아름다운 빅토리아 왕비를 아주 좋아했다.) 왕이 차에서 내려 나한테 질문을 했는데, 길을 찾고 있었다. 나는 비록 이 당시 이론적으로 무정부주의자였지만, 어안이 벙벙해져서 그에게 아주 정중하게 대답했다. 상당히 부끄러웠던 것은 내가 대답하면서 심지어 "폐하"라는 말까지 덧붙였기 때문이다. 마차가 멀어졌을 때, 내가 밀짚모자를 벗지 않았다는 사실을 알았다. 내 명예가 완전히 짓밟힌 것은 아니었다.

나는 이 사건을 기숙사 사감에게 이야기했다. 내가 짓궂은 장난을 좋아한다는 명성이 너무도 확고했기 때문에, 사감은 왕궁의 비서 측에 내가 한 말이 맞는지 확인하기까지 했다.

페냐가 열릴 때면 가끔 모두가 갑자기 말을 멈추고 당황한 기색으로 눈을 내리까는 일이 일어났다. 누군가가 카페에 막 들어왔는데, 그 사람이 '불운을 부르는 사람gafe'으로 통했기 때문이다.

불운을 부르는 사람은 곧 백안시당하는 사람이고, 불길한 운명을 전파하는 사람이다. 마드리드에서는 어떤 사람들 옆에는 가지 않는 게 낫다는 말을 진지하게 믿었다. 콘치타의 남편인 내 처남은 사령부의 대위 한 사람을 알았는데, 그와 일하는 사람들은 모두 이 사람이 오기만 해도 무서워했다. 극작가 하신토 그라우 Jacinto Grau의 경우, 심지어 그의 이름을 부르는 일조차 피하는 게 나았다. 불운이 그의 발뒤꿈치를 끈기 있게 따라다니는 것처럼 보였다. 그가 부에노스아이레스에서 강연을 하던 중 갑자기 샹들리에가 떨어졌고, 많은 사람이 중상을 입었다.

내 영화에 출연해 촬영을 마친 배우 몇 명이 죽었다는 사실을 들어 어떤 친구들은 내가 불운을 부르는 사람이라고 비난했다. 이것은 전혀 사실이 아니라고 나는 완강하게 항의한다. 필요하다면 다른 친구들이 내 증인이 될 수도 있다.

19세기 말부터 20세기 초까지 스페인에는 아주 막강한 작가들이 출현했다. 이들은 우리의 생각을 이끄는 스승이었다. 나는 이들 중 대부분을 알았다. 네 사람만 언급하자면, 오르테가 이 가세트José Ortega y Gasset, 미겔 데 우나무노Miguel de Unamuno, 라몬 델 바예인클란Ramón del Valle-Inclán, 에우헤니오 도르스가 그들이다. 이들은 우리에게 엄청난 영향을 미쳤다. 심지어 이 네 사람보다 나이가 많고, 이들과 따로 떨어져 있는 위대한 베니토 페레스 갈도스Benito Pérez Galdós까지도 나는 알았다. (나중에 나는 그의 소설 『나사린Nazarin』과 『트리스타나Tristana』를 영화로 만들게 된다.) 솔직히 말하면 나는 갈도스를 그의 집에서 딱 한 번 만났을 뿐이다. 그는 당시 나이가 아주 많았고 거의 앞을 보지 못했는데, 화로 옆에서 무릎에 담요를 덮고 있었다.

피오 바로하Pío Baroja도 저명한 소설가였지만, 나는 개인적으로 그에게 아무 관심이 없었다. 그러나 안토니오 마차도Antonio Machado, 위대한 시인 후안 라몬 히메네스Juan Ramón Jiménez, 호르헤

기옌Jorge Guillén, 페드로 살리나스Pedro Salinas는 반드시 언급해야만 한다.

이 유명한 세대는 오늘날 이들의 모습이 스페인의 온갖 밀랍 인형 박물관에 들어갈 정도이고, 사람들은 꼼짝 않고 서서 눈을 고정한 채 찬양한다. 이 유명한 세대에 이어 나 또한 속해 있는 이른바 '27년 세대Generación del 27'가 뒤따랐다. 이 세대에는 페데리코 가르시아 로르카Federico García Lorca, 라파엘 알베르티Rafael Alberti, 시인 마누엘 알톨라기레Manuel Altolaguirre, 루이스 세르누다Luis Cernuda, 호세 베르가민José Bergamín, 페드로 가르피아스와 같은 사람들이 있다.

이 두 세대 사이에 내가 아주 잘 아는 두 사람인 모레노 비야José Moreno Villa와 라몬 고메스 데 라 세르나Ramón Gómez de la Serna가 있다.

나보다 열다섯 살가량 나이가 많은 모레노 비야는 베르가민이나 피카소Pablo Picasso처럼 안달루시아 지역의 말라가 출신으로, 우리 모임에서 떨어지려고 하지 않았다. 그는 꽤 자주 우리와 함께 외출했다. 그는 특별한 호의를 받아 기숙사에서 살기까지 했다. 1919년의 독감, 즉 수많은 사람을 몰살한 그 치명적인 스페인 독감이 퍼져가던 무렵, 대학생 기숙사에는 우리만 있었다. 타고난 화가이자 작가였던 모레노 비야는 내게 책들을 빌려주었는데, 특히 그중엔 내가 전염병 기간에 읽었던 스탕달Stendhal의 『적과 흑 *Le Rouge et le Noir*』이 있었다. 이 시기는 또한 내가 기욤 아폴리네르 Guillaume Apollinaire와 그의 『타락한 마술사*L'enchanteur pourrissant*』를 발견한 시기이기도 했다.

우리는 따뜻하게 모두 모여서 이 모든 시기를 함께 보냈다. 1931년에 스페인에 공화제가 시작되었을 때, 모레노 비야는 왕궁의 도서관 사서였다. 그리고 내전 동안 그는 프랑스의 발랑스로 갔고, 다른 중요한 모든 스페인 지식인이 그랬던 것처럼 격리되었다. 나는 그를 파리에서, 멕시코에서 다시 만났고 그는 1955년경에 멕시코에서 죽었다. 그는 자주 나를 만나러 왔다. 나는 그가 1948년경에 멕시코에서 나한테 그려준 초상화를 간직하고 있는데, 이 해는 내가 어떤 일도 없이 완전 실직 상태였을 때였다.

내가 라몬 고메스 데 라 세르나에 대해 다시 말할 기회가 있을 것이다. 몇 년 뒤 감독 경력을 시작할 때 나는 그와 함께 작업할 뻔했기 때문이다.

내 대학생 기숙사 시절에 라몬 고메스 데 라 세르나는 아주 뛰어난 사람, 아마도 스페인 문인 중에서 가장 유명한 인물이었다. 수많은 저작의 저자였던 그는 온갖 문예지에 글을 썼다. 어느 날 그는 프랑스 지식인들의 초청으로 파리의 서커스 무대에 모습을 드러냈다. 바로 이 서커스에서 프랑스의 유명한 서커스 가문인 프라텔리니Fratellini 사람들이 환호를 받았다. 라몬은 코끼리 등에 올라타서, 그의 전매특허였던 짧고 유머가 넘치는 자신의 그레게리아gregueria[기지 넘치는 단문] 몇 개를 선보였다. 그가 첫 번째 문장을 막 끝내기도 전에 청중 모두가 배꼽을 잡고 웃었다. 라몬도 자신이 거둔 성공에 약간 놀랐던 것 같다. 자신이 탄 코끼리가 무대에서 움직이다가 용변을 본 것도 몰랐으니까.

토요일마다 밤 9시부터 새벽 1시까지 라몬은 푸에르타 델 솔

광장에서 멀지 않은 카페 폼보에서 소모임을 열었다. 내 친구들 대부분과 다른 사람들이 모이는 이 모임에 나는 한 번도 빠지지 않고 갔다. 호르헤 루이스 보르헤스Jorge Luis Borges도 여기에 몇 번 왔다.

보르헤스의 누이는 시인이면서 특히 비평가였던 기예르모 데 토레Guillermo de Torre와 결혼했고, 데 토레는 프랑스 아방가르드를 심층적으로 알고 있었으며 스페인 울트라이스모ultraísmo[20세기 초 스페인에서 일어난 개혁적인 시 운동]의 가장 중요한 회원 중 하나였다. 그는 필리포 토마소 마리네티Filippo Tommaso Marinetti의 찬미자였고, 마리네티처럼 기관차가 벨라스케스Diego Velázquez의 그림보다 더 아름다울 수도 있다고 주장했는데, 그는 이렇게 쓰기도 했다.

"내가 연인으로 원하는 것은
수상비행기의 팽팽한 프로펠러······"

마드리드의 주요 문학 카페로는 지금도 있는 카페 히혼, 그랑 하 델 에나르, 카페 카스티야, 포르노스, 쿳스, 그림 그리는 사람들이 아주 많이 더럽힌 나머지 대리석 테이블을 바꿔야 하는 카페 데 라 몬타냐(나는 강의를 듣고 나서 공부를 계속하려고 오후에 여기에 혼자 가곤 했다), 고메스 데 라 세르나가 토요일 저녁마다 상석을 차지했던 카페 폼보 등이 있었다. 카페에 도착하면 서로 인사하고, 자리에 앉아서, 마실 것을 주문했다. 마실 것으로는 대개는 커피를 주문했고, 물을 많이 마셨다. (종업원들은 계속해서 물을 가져다 주곤 했다.) 그 후 두서없는 대화와 최근에 출간된 문학 작품이나 최근의 강연, 때로는 정치적인 뉴스 등에 대한 논평이 시작되었다. 책이나 외국 잡지들을 서로 빌려주기도 했다. 그 자리에 없는 친구들에 대해서는 좋지 않은 말이 오갔다. 때때로 어떤 작가가 자기가 쓴 시나 글 중 한 편을 큰소리로 읽기도 했고, 라몬은 항상 귀 기울여 듣거나 때로는 토론하면서 자기 의견을 말하기도 했다. 시간은 빨리 지나갔다. 친구 중 몇 명이 한밤중에도 계속 서로 말을 주고받으면서 거리를 헤매기도 했다.

노벨상 수상자이면서 당시 가장 위대한 학자 중 한 명인 신경학자 산티아고 라몬 이 카할Santiago Ramón y Cajal은 카페 델 프라도에 오후마다 들러서 카페 맨 안쪽 테이블에 혼자 앉아 잠시 시간을 보내곤 했다. 바로 이 카페에서 라몬 이 카할이 앉은 테이블과 약간 떨어진 테이블에서 울트라이스모 시인들의 페냐가 열렸는데, 여기에는 나도 참여했다.

우리의 친구이며 기자이자 작가인 아라키스타인Luis Araquistáin이 길거리에서 호세 마리아 카레테로José María Carretero라는 사람을 만나게 되었다. (나는 이후 파리에서 내전 당시 파리 대사가 된 아라키스타인을 다시 만나게 된다.) 호세 마리아 카레테로는 최악의 저질 소설가였는데, 키가 2m나 되는 거인이었고, '엘 카바예로 아우다스El Caballero Audaz'['대범한 기사'라는 뜻]라는 가명으로 책들을 출간하고 있었다. 카레테로는 아라키스타인의 멱살을 잡고 욕을 하면서 자신에게 불리한 기사를 썼다고 비난했다(이 기사는 아주 정당한 기사였다). 아라키스타인은 뺨을 때려서 응수했고, 결국 행인들이 이 둘을 떼어놓아야 했다.

이 사건은 좁디좁은 문학계에서 약간의 반향을 불러일으켰다. 우리는 아라키스타인을 지지하는 연회를 열고 그를 지지하는 연판장을 돌리기로 했다. 당시 나는 자연사 박물관 곤충학 분과에서 현미경 관찰을 위해 산티아고 라몬 이 카할에게 현미경 판을 준비해 주는 일을 하고 있었다. 그 때문에 울트라이스모 친구들은 내가 카할과 친한 것을 알았고, 내게 그의 서명을 받아달라고 부탁했다. 카할의 서명은 다른 그 어떤 서명보다도 더 귀중했기 때문이다.

나는 친구들 말대로 했다. 그러나 이미 아주 나이가 많았던 카할은 서명을 거부했다. 그는 내게 ABC 신문을 핑계 삼았다. 이 신문사에 자신의 회고록을 싣기로 했는데, 당시 호세 마리아 카레테로도 그 지면에 정기적으로 기고하고 있다는 것이었다. 그는 자기가 서명을 하면 이 신문이 자신과 맺은 계약을 파기할지도 모른다고 우려하고 있었다.

나 또한 다른 이유로, 사람들이 나한테 내미는 어떤 청원서에도 내 이름을 쓰지 않는다. 스스로 양심을 위안하는 것 말고는 아무짝에도 쓸모가 없다고 생각하기 때문이다. 나 역시도 이런 태도가 논란이 될 수 있다는 점을 잘 알고 있다. 나는 이 때문에 만약 어떤 일이 내게 생긴다면, 예컨대 내가 감옥에 갇히거나 실종된다면 아무도 나를 위해 서명을 하지 않을 거라고 생각한다.

알베르티, 로르카, 달리

카디스Cádiz 지방의 푸에르토데산타마리아Puerto de Santa María 출신 인 라파엘 알베르티는 우리 모임의 가장 뛰어난 인물 중 한 명이 다. 내 생각에는 나보다 아마도 두 살 어린 그를 우리는 처음에 화 가라고 생각했다. 금색이 강조된 그의 데생 중 몇 개는 아직도 내 방의 벽에 걸려 있다. 어느 날 우리가 스페인어 한림원의 현 회장 [1982년 당시]인 다마소 알론소Dámaso Alonso와 한잔하고 있을 때 알 론소가 내게 말했다.

"너는 누가 가장 위대한 시인인 줄 아니? 그게 바로 라파엘 알 베르티야!"

내가 깜짝 놀라는 걸 보고 그는 나한테 종이 한 장을 내밀었다. 나는 그 시를 읽었는데, 그 시작 부분은 아직도 외우고 있다.

기쁨이 모두 무릎 꿇은
어떤 나무의 교수대 위에서
처형당한 밤이
자기 신발에 입 맞추고 거기에 성유聖油를 바른다

이 시기 스페인 시인들은 "처형당한 밤"과 같이 종합적이면서 도 예기치 않은 형용사와, "밤의 신발"과 같은 충격적인 표현을 찾으려고 갖은 노력을 했다. 『오리손테Horizonte』지紙에 게재되었 으며 라파엘 알베르티의 초기 특징을 보여 주는 이 시는 단번에 내 마음에 들었다. 우리의 우정은 더 강해졌다. 서로 거의 떨어지지 않았던 기숙사 시절이 지난 후, 우리는 내전 초기에 마드리드에서 다시 만나게 된다. 이후 모스크바 여행을 할 때 스탈린Iosif Stalin에게 훈장을 받았던 알베르티는, 프란시스코 프랑코Francisco Franco가 지배하던 시기에는 아르헨티나와 이탈리아에서 살았다. 이제 그는 스페인으로 돌아와 있다.

아라곤 지역의 우에스카Huesca 출신으로서 마드리드 수도水道 국 국장의 아들인 페핀 베요José Pepín Bello Lasierra는 친절하면서도 예측 불능의 성격을 가졌으며, 의대생이면서 단 하나의 시험도 통과하지 못했다. 그는 시인도 화가도 아니었지만, 우리와는 떼려야 뗄 수 없는 존재였다. 나는 그에 대해 거의 할 말이 없지만 내전 초기인 1936년에 마드리드에서 그가 가짜뉴스를 퍼트리고 다닌 것만은 이야기할 수 있다. "프랑코가 온다! 그가 곧 만사나레스강을 건널 것이다!" 그의 형 마놀로는 공화주의자들에게 처형당했다. 페핀의 경우, 내전 끝 무렵을 온통 어느 대사관에 숨어서 보내야 했다.

시인 호세 마리아 이노호사José María Hinojosa는 말라가 지역의 아주 부유한 지주 집안 출신이었다. (그 또한 안달루시아 출신이다.) 그는 시 창작에서는 현대적이고 대범했지만, 정치적인 견해나 행동에서는 보수적이었는데, 라마니에 데 클라이락Lamanie de Clairac의 극우 정당에 가입했고 이후 공화주의자들에게 총살당했다. 우리가 기숙사에서 만나던 시기에 이미 그는 두세 권의 시집을 출간했다.

페데리코 가르시아 로르카는 나보다 2년 늦게 대학생 기숙사에 들어왔다. 그는 그라나다 출신이었고 자기 학교의 사회학 교사 돈 페르난도 데 로스 리오스의 추천을 받았고, 기숙사에 오기 전에 이미 산문집 『인상과 풍경 Impresiones y paisajes』을 출간했다. 그는 이 책에서 돈 페르난도, 그리고 다른 안달루시아 학생들과 함께 한 여행에 관해 이야기했다.

로르카는 매우 명석하고 매력적이었다. 우아해지고자 하는 의지가 두드러졌고, 흠잡을 데 없이 넥타이를 맸으며, 우울하지만 빛나는 눈을 갖고 있었다. 그는 사람을 끄는 힘을 행사했고, 아무도 그의 매력에 저항하지 못했다. 나보다 나이는 두 살 더 많았고, 부유한 지주의 아들이었던 로르카는 원래 마드리드에 철학을 공부하러 왔지만, 금세 강의를 팽개치고 문인의 삶을 살기 시작했다. 그는 곧 모든 사람을 알게 되었고 모든 사람이 그를 알았다. 기숙사에 있던 그의 방은 마드리드에서 사람들이 가장 많이 찾는 만남의 장소가 되었다.

아주 깊었던 우리의 우정은 첫 만남에서 비롯된다. 툽상스런 아라곤 출신인 나와 세련된 안달루시아 출신인 그는 모든 게 달랐지만, 아마도 서로 너무 다르다는 점 때문에 우리는 거의 항상 함께 시간을 보냈다. 저녁이 되면 그는 기숙사 뒤편으로 나를 데리러 왔다. 우리는 풀밭에 앉았고 (당시에는 목초지와 황무지가 수평선까지 뻗어 있었다) 그는 내게 시들을 읽어 주었다. 그는 시를 기가 막히게 읽었다. 그와 만나면서 나 역시 서서히 변해 가기 시작했다. 나는 눈앞에 열리는 새로운 세계를 보았고, 그는 내게 매일 새로운 세계를 열어 주었다.

하루는 바스크 출신으로 몸이 건장한 마르틴 도민게스Martín Domínguez라는 친구가 로르카를 두고 동성애자라고 주장했다는 말을 들었다. 나는 이 말을 믿을 수 없었다. 당시 마드리드에서는 겨우 두세 명의 동성애자만 알려져 있었고, 아무리 생각해도 로르카가 동성애자일 리는 없었다.

어느 날 구내식당에서 사감 식탁의 정면에 우리가 나란히 앉았는데, 이날 우리 테이블에는 미겔 데 우나무노, 에우헤니오 도르스, 우리의 사감인 알베르토 씨가 자리를 같이하고 있었다. 수프를 먹고 난 후, 나는 로르카에게 낮은 목소리로 말했다.

"나가자. 너한테 아주 심각한 말을 할 게 있어."

로르카는 약간 놀라서 내 말에 동의했고, 우리는 자리에서 일어났다.

우리는 식사 중에 외출할 수 있는 허락을 얻었다. 우리는 근처의 조그마한 카페에 갔고, 여기서 나는 로르카에게 바스크 출신 마르틴 도민게스와 싸우기로 마음먹었다고 말했다.

"왜 그러는데?" 로르카가 내게 물었다.

나는 잠시 주저하다가, 어떻게 말을 해야 할지 몰라서 느닷없이 그에게 물었다.

"네가 동성애자라는 게 사실이야?"

그는 아주 큰 상처를 받고 자리에서 일어나서 내게 말했다.

"이제 너와는 끝이다."

그리고 카페 밖으로 나갔다.

물론 우리는 그날 저녁에 화해했다. 로르카는 행동에서 여자 같은 모습을 보여 준 적이 없고 부자연스럽게 꾸미지도 않았다. 다른 한편, 그는 패러디나 성적인 주제로 농담하는 것을 좋아하지도 않았다. 반대로 루이 아라공은 이를 좋아했는데, 몇 년 후 마드리드에 강연하러 와서 자신과 대화를 해야 하는 기숙사 사감에게, 스캔들을 일으킬 의도로 이렇게 물었다(이 의도는 실제 엄청난 효과를 불러일으켰다). "혹시 재미 좋은 남자 화장실 하나 모르세요?"

우리끼리만 있을 때도 있고 다른 사람들과 함께 어울릴 때도 있었지만, 로르카와 나는 결코 잊을 수 없는 시간을 함께 보냈다. 로르카는 시를, 특히 그가 놀랄 만큼 잘 알고 있던 스페인 시를 내가 발견할 수 있게 해 주었고, 또한 로르카 덕분에 다른 책들도 알게 되었다. 예컨대 나는 그가 권해서 『성인전 Légende dorée』을 읽었는데, 여기서 나는 난생처음 기둥 위의 행자 성 시메온의 일생에 대한 글을 몇 줄 읽게 되었고, 이것은 이후 내 영화 〈사막의 시몬 Simon del desierto〉(1965)이 된다. 로르카는 신을 믿지 않았지만, 기독교에 대해 위대한 예술적 감각을 갖고 있었고 또 이를 계발했다.

나는 우리 둘이 함께 찍은 사진 한 장을 간직하고 있는데, 이는 1924년에 열린 마드리드의 큰 행사인 산 안토니오 축제에서 사진사가 그린 경비행기 장식 위에 우리 둘이 앉아 있는 모습이다. 이 사진 뒷면에는 로르카가 새벽 3시경 (우리 둘 다 취해서) 3분도 안 되는 짧은 시간에 내게 즉흥적으로 지어 준 시가 적혀 있다. 세월이 흐르면서 연필로 쓴 글씨가 점차 흐려진다. 나는 잃어버리지 않으려고 이 시를 다시 적어 놓았다.

　다음이 그 시다.

　"신이 보내 준 최초의 축제는
　산 안토니오 데 라 플로리다 성당의 축제
　루이스, 소박한 아침의 매력에 젖어
　항상 꽃이 핀 내 우정을 노래하라
　커다란 달이 빛을 내며 지나간다
　조용하고 드높은 구름 속으로
　내 마음이 빛을 내며 지나간다
　푸르고 노란 밤 속으로
　루이스, 열정에 찬 내 우정은
　산들바람으로 세 갈래 머리를 땋는다
　아이는 작은 오르간을 연주한다
　슬퍼서, 웃지도 않고
　종이로 된 아치 아래서
　나는 네 정다운 손을 움켜쥔다."

　나중에 1929년에 그는 내게 책 한 권을 주면서 여기에 다른 짧은 시 한 편을 적어 주었는데, 이것도 역시 출간되지 않은 시고 또 내가 아주 좋아하는 시다.

　"푸른 하늘
　노란 들판

푸른 산
노란 들판

버려진 광야에
올리브 나무 한 그루 솟아 있다

단 한 그루의
올리브 나무"

카탈루냐 지방 피게레스의 공증인 아들로 태어난 살바도르 달리Salvador Dalí는 나보다 3년 늦게 기숙사에 왔다. 그는 국립미술학교로 갈 생각이었고, 이유는 모르지만 우리는 그를 '체코슬로바키아 화가'라고 불렀다.

어느 날 아침 나는 기숙사 복도를 지나가다가 그의 방문이 열려 있는 것을 보고 방 안쪽을 들여다봤다. 그는 커다란 초상화 한 점을 막 끝낸 상태였는데, 나는 이 그림이 아주 맘에 들었다. 나는 즉시 로르카와 다른 친구들에게 말했다.

"체코슬로바키아 화가가 아주 멋진 초상화를 끝내는 중이야."

모두가 그의 방으로 갔고 그 그림을 예찬했다. 이렇게 달리가 우리 모임에 들어오게 되었다. 그렇게 달리는 로르카와 더불어 내 가장 친한 친구가 되었다. 달리는 무관심했지만 로르카가 달리에게 진지한 열정을 품고 있었기 때문에, 우리 셋은 항상 붙어다녔다.

달리는 젊고 소심한 남자였는데, 목소리가 낮고 굵었고, 머리가 아주 길었지만 당시의 생활 관습 때문에 내키지 않은 채 머리를 잘라야 했고, 아주 기이하게 옷을 입고 다녔다. 챙이 아주 넓은 모자를 쓰고, 커다란 나비넥타이를 매고, 양쪽 모두 무릎까지 내려오는 상의를 입고, 끝으로 각반을 차고 다녔다. 그의 옷차림을 보면 도발적이라는 생각이 들었지만 속내는 전혀 그렇지 않았다. 그가 그렇게 옷을 입은 건 단지 그렇게 입길 좋아했기 때문인데, 사람들은 때때로 거리에서 그를 욕하기도 했다.

달리 또한 시를 썼고, 그 시들은 출판되었다. 아마 1926년이나 1927년경, 아주 어릴 적에 그는 페이나도Joaquín Peinado나 비녜스 Hernando Viñes 같은 다른 화가들과 함께 마드리드에서 열린 단체전에 참여했다. 그가 6월에 국립미술학교 입학시험을 봐야 했을 때, 구두시험 때문에 면접관들 앞에 앉아야 했다. 이때 그는 갑자기 이렇게 외쳤다.

"이 자리에 나를 심사할 권리가 있는 사람은 아무도 없네요. 저는 가겠습니다."

그는 실제로 나갔다. 그의 아버지가 카탈루냐에서 마드리드까지 와서 국립미술학교 책임자를 만나 뒷수습을 하려고 했지만 허사였다. 달리는 쫓겨났다.

나는 학업과 만남의 시절, 우리가 나눈 대화, 우리의 작업, 우리의 산책, 우리가 취해서 한 행동, (아마도 세계 최고일) 마드리드의 홍등가, 기숙사에서 밤늦게까지 열린 파티 등등이 어땠는지 하루 단위로 상세하게 이야기할 수 없다. 나는 밴조를 연주하기 시작할 정도로 재즈에 완전히 매혹되어 축음기 한 대와 미국 음반들을 샀다. 내가 손수 럼을 넣어 만든 그로그grog[끓는 물에 럼, 설탕, 레몬을 넣어 만든 술]를 마시면서 우리는 열광적으로 이 음반들을 들었다. (기숙사에서 술은 허용되지 않았는데, 심지어 흰 식탁보를 더럽힐 수 있다는 이유로 식사 때 마시는 포도주까지 금지되었다.) 때때로 우리는 연극공연을 했는데, 대개는 호세 소리야José Zorrilla의 「돈 후안 테노리오Don Juan Tenorio」를 무대에 올렸고, 나는 여전히 이 연극을 속속들이 알고 있다. 내가 돈 후안 역을 연기하는 장면이 찍힌 사진 한 장이 나한테 있는데, 이 사진에는 로르카도 나온다. 그는 3막에서 조각가 역을 했다.

나는 또한 '봄에 물주기Mojadures de primavera'라고 부르던 행위를 창시하기도 했다. 이것은 단지 만나는 모든 사람의 머리에 물 양동이 한 통을 붓는 것이다. 라파엘 알베르티는 분명, 내 영화 〈욕망의 모호한 대상〉에서 페르난도 레이가 기차역 플랫폼에서 캐롤 부케의 머리에 물을 붓는 장면을 보면서 '봄에 물주기'를 떠올렸을 것이다.

'잘난 척하는 행동chuleria'은 공격성과 남성적인 오만방자한 태도와 자기 확신으로 이루어진 전형적으로 스페인적인 행위다. 특히 대학생 기숙사 시절에는 때때로 나 또한 이런 잘못을 저질렀고 즉시 뉘우치곤 했다. 다음이 하나의 예다. 나는 댄스홀인 팔라시오 델 이엘로의 한 여자 댄서의 걸음걸이와 우아함을 아주 좋아했는데, 그녀를 전혀 모르면서 그녀를 '금발la Rubia'이라고 불렀다. 그녀가 춤추는 모습을 보고 싶은 단순한 욕구 때문에 이 댄스홀에 상당히 자주 갔다. 그녀는 전문적인 댄서가 아니라 고객이고 단골손님이었다. 내 친구들에게 그녀에 대해 말했기 때문에 달리와 페핀 베요가 어느 날 나와 함께 갔다. 이날 금발은 작은 콧수염을 기르고 안경을 낀 어떤 진지한 남자와 춤을 추고 있었고, 나는 이 남자를 '의사'라고 불렀다. 달리는 아주 실망했다고 말했다. 내가 무엇 때문에 그를 번거롭게 했단 말인가? 그는 금발에게 어떤 매력도, 어떤 우아함도 보지 못했다. 내가 달리에게 말했다. "남자가 별로라서 그래."

나는 자리에서 일어나서 그녀가 '의사'와 막 자리에 앉은 테이블로 다가가 의사에게 건조한 목소리로 말했다.

"나는 이 여자분이 춤추는 모습을 보려고 친구 둘과 여기에 왔소. 그런데 당신이 이 여자분을 망가뜨리고 있소. 더는 이 여자분과 춤을 추지 마시오. 내 말은 이뿐이오."

나는 뒤로 돌아 우리 테이블로 걸어왔는데, 돌아오면서 병으로 머리를 맞을 줄 알았다. 당시 병으로 머리를 때리는 관습이 널리 퍼져 있었기 때문이다. 그러나 아무 일도 일어나지 않았다. 나한테 한 마디도 대꾸하지 않은 '의사'는 자리에서 일어나 다른 여자와 춤을 췄다. 너무 부끄러운 나머지, 어느새 행동을 뉘우친 나는 금발에게 다가가 이렇게 말했다.

"방금 제가 한 일에 대해 사과드립니다. 저는 저 남자보다 춤을 더 못 춰요."

실제로 그랬다. 한편, 나는 금발과 단 한 번도 춤을 추지 못했다.

여름내 스페인 사람들이 방학 때문에 기숙사를 떠나는 동안, 미국 교수들이 이따금 아주 예쁜 여자들과 함께 스페인어를 완전히 익히려고 떼를 지어 기숙사에 도착했다. 이들을 위해 강연회와 관광지 방문 등의 프로그램이 마련되었다. 예컨대, 기숙사 홀에 있는 광고판에 다음과 같은 문구가 등장했다. "내일, 아메리코 카스트로와 함께 톨레도 방문."

하루는 이런 광고가 등장했다. "내일, 루이스 부뉴엘과 함께 프라도 미술관Museo del Prado 방문." 일군의 미국인들은 이것이 속임수라고는 전혀 생각하지 않고 나를 따라왔는데, 이는 내가 미국인의 순진함을 처음으로 겪은 일이었다. 나는 미술관 전시실로 이들을 인도하면서 되는 대로 아무 말이나 떠들었다. 예컨대 고야Francisco Goya가 알베 공작부인과 불길한 관계를 유지한 투우사였다든가, 페드로 베루게테Pedro Berruguete의 그림 〈이단 재판Auto-da-fé〉*이 탁월한 그림인 이유는 여기에 150명이나 나오기 때문이라든가, 인물들의 수가 회화 작품의 가치를 만들어 낸다는 사실을 모든 사람이 다 알아야 한다든가, 등등. 미국인들은 내 말을 진지하게 들었고, 심지어 몇몇 사람은 필기도 했다.

그러나 몇 사람은 사감에게 불평을 늘어놓았을 것이다.

• 본문의 그림은 맥락상 페드로 베루게테의 〈이단 재판Auto-da-fé〉이 아니라 프라도 미술관에 소장된 프란시스코 리시Francisco Rizi의 그림 〈마드리드 마요르 광장의 이단 재판Auto de Fe en la Plaza Mayor de Madrid〉으로 보인다.

최면술

이 시기 나는 혼자서 최면술을 연마하기 시작했다. 나는 상당수의 사람을 상당히 쉽게 잠재울 수 있었다. 리스카노라는 이름을 가진 기숙사 회계 조교가 특히 그랬는데, 그에게 내 손가락을 물끄러미 쳐다보라고 하면서 그를 재우곤 했다. 한번은 그를 다시 깨우려고 온갖 애를 다 먹은 적도 있었다.

다음으로 나는 최면술에 대한 진지한 서적들을 공부했고, 다양한 방법을 시도했다. 그러나 라파엘라의 경우처럼 독특한 경우를 한 번도 경험한 적이 없다.

당시 레이나 거리에 늘어선 꽤 괜찮은 집창촌에는 수많은 매춘부들이 있었는데, 그 가운데 특히 매력적인 여인이 둘 있었다. 한 명은 롤라 마드리드, 다른 한 명은 테레시타였다.

테레시타는, 건장하고 사람 좋은 바스크 출신 의대생 페페의 연인이었다. 어느 저녁 나는 펠리고스 거리와 알칼라 거리 모퉁이에 있는 카페 포르노스에서 의대생들 페냐에 참석해 한잔하고 있었다. 그때 카사 데 레오노르Casa de Leonor[홍등가의 이름]에서 작은 사건이 벌어졌다는 소식이 전해졌다. 테레시타가 다른 고객에게 봉사하려고 잠시 자신을 떠나는 것을 천연덕스럽게 견뎌내야 했던 페페는, 그녀가 이 고객에게 돈을 받지 않고 공짜로 해 주었다는 사실을 알게 되었다. 그는 이것을 견딜 수가 없었다. 따라서 격렬한 분노에 사로잡혀 지조 없는 테레시타를 구타하기에 이른 것이다.

의대생들은 즉시 카사 데 레오노르로 달려갔다. 나도 이들과 함께 뛰어갔다. 테레시타는 눈물을 흘리고 있었고 신경쇠약 직전의 상태였다. 나는 그녀를 보고, 말을 걸고, 그녀의 손을 잡고, 진정하고 눈을 붙이라 요구했는데, 그녀는 즉시 그렇게 했다. 거의 최면에 걸린 상태에 빠진 그녀는 내 목소리만 듣고, 내 말에만 대답했다. 나는 위로의 말을 건네며 그녀를 진정시키고 잠에서 깨웠다. 그때 누군가 내게 놀라운 사실을 알려 주었다. 롤라 마드리드의 여동생인 라파엘라라는 여자가 부엌에서 일하던 중, 내가 테레시타에게 최면을 거는 바로 그 순간 갑작스레 잠이 들었다는 것이다.

나는 부엌으로 갔고 한 젊은 여자가 실제로 최면에 걸려 있는 모습을 보았다. 그녀는 키가 작았고, 상당히 기형이었고, 반쯤은 애꾸였다. 나는 그녀 앞에 앉아 손으로 몇 번 손동작을 한 후 조용히 말을 걸면서 그녀를 깨웠다.

라파엘라는 정말로 놀라운 경우였다. 어느 날 내가 단지 매음굴의 길거리를 지나가고 있었는데도, 그녀는 몸이 굳어서 쓰러졌다. 장담컨대 이 모든 것은 사실이며, 나는 가능한 온갖 방법으로 이를 검증해 보았다. 나는 라파엘라와 함께 몇 번의 실험을 했다. 배를 손으로 부드럽게 쓸어주고 말을 건네는 것만으로 내가 라파엘라의 비뇨기 체증을 치료해 준 적도 있다. 그러나 이런 경험 중 가장 놀라운 일은 카페 포르노스를 무대로 해서 벌어졌다.

라파엘라를 알고 있던 의대생들은, 내가 그들을 믿지 않는 것만큼이나 나를 믿지 않았다. 의대생들 측에서 벌일 수 있는 온갖 속임수를 피하려고, 나는 벌어질 일에 대해 이들에게 한마디도 하지 않았다. 의대생들과 함께 카페 포르노스의 테이블에 앉아 있을 때였다. 카페는 카사 데 레오노르에서 도보 10분 거리였고, 나는 아주 강하게 라파엘라를 생각했다. 말로 하지 않고 단지 생각만으로 자리에서 일어나서 나를 만나러 오라고 그녀에게 요구했다. 그로부터 십분 뒤 라파엘라는 눈에 초점을 잃고 자기가 어디 있는지도 모르는 채 카페 문을 열고 들어왔다. 나는 그녀에게 내 곁에 와서 앉으라고 요구했고, 그녀는 내 말을 들었다. 나는 말을 건네면서 그녀를 안심시켰고, 그녀는 부드럽게 깨어났다.

내가 사실이라고 보증하는 이 일이 벌어지고 7~8개월 후에 라파엘라는 병원에서 죽었다. 나는 그녀의 죽음에 큰 충격을 받았다. 나는 최면술 거는 일을 완전히 그만두었다.

반면 나는 내 인생 내내 공중부양 탁자 돌리기를 즐겼는데, 그렇다고 여기서 초현실적인 무언가를 찾는 것은 아니었다. 나는 탁자가 어떤 미지의 자기력에 이끌려 참가자들에게 벗어나 스스로 움직이고 하늘로 떠오르는 모습을 보았다. 나는 또한, 참가자 중 한 명이 무의식적으로나마 정확한 답을 알고 있다는 조건 아래서 탁자가 정확한 답을 가리키는 것을 보았다. 그것은 무의식의 물리적이고 적극적인 현시였으며, 경쾌하면서도 자동적인 움직임이었다.

나는 또한 점치는 놀이에 꽤 자주 동참했다. 예컨대 살인범 찾는 놀이를 했는데, 이는 다음과 같이 진행된다. 열두 명가량의 사람이 있는 방에서 나는 아주 민감한 여인 한 명을 고른다. (두세 번 정도 아주 단순한 시험을 해 보면 이런 사람을 알아볼 수 있다.) 그리고 나는 다른 사람들에게 살인범과 피해자를 그들 중에서 고르라고 요구하고, 살인 무기를 어딘가에 숨기라고 요구한다. 사람들이 이를 정할 때, 나는 바깥으로 나갔다가 돌아온다. 사람들이 내 눈을 가리고 나는 내가 고른 여자의 손을 잡는다. 그리고 이 여자와 함께 천천히 방을 한 바퀴 돈다. 나는 (매번 그런 것은 아니지만) 대개는 상당히 쉽게 살인범과 피해자, 살인 무기를 숨겨놓은 곳을 찾아낸다. 이것은 이 여자의 인도 덕분인데, 그녀는 전혀 모르지만 나는 내가 잡은 여자의 손에서 거의 지각할 수 없는 정도의 아주 약한 압력을 느끼기 때문이다.

조금 더 어려운 또 다른 놀이는 이렇게 전개된다. 우선 나는 위와 같은 조건에서 방을 나간다. 이 놀이에 참여한 사람들은 저마다 방에 있는 물건 — 가구, 탁자, 책, 실내장식품 — 하나를 골라서 만진다. 이때 이들은 아무거나 고르지 않도록 애를 쓰면서 이 물건과 진지한 관계, 그리고 친화력을 가지려고 애를 써야 한다. 다시 방에 돌아온 나는 누가 이런저런 물건을 골랐는지 맞힌다. 숙고와 본능, 그리고 아마도 텔레파시까지 결합해야 하는 일이다. 뉴욕에서 제2차 세계대전 때 나는 미국에 망명 중인 초현실주의자 모임의 많은 일원과 이 실험을 했는데, 앙드레 브르통André Breton, 마르셀 뒤샹Marcel Duchamp, 막스 에른스트Max Ernst, 이브 탕기 등이 그들이다. 나는 단 한 번의 오류도 범하지 않았다. 물론 다른 때에는 나도 틀렸다.

최근의 추억은 다음과 같다. 파리에서 어느 날 저녁 나는 클로

드 재거Claude Jaeger와 카페 셀렉트의 카운터 자리에 함께 앉아 있
었다. 우리는 상당히 거칠게 바에 있는 모든 손님을 밖으로 내쫓
았다. 카페에는 여자 한 사람만 남았다. 나는 약간 취해서 그녀에
게 다가갔고, 그녀 앞에 앉았고, 그녀에게 즉각적으로 당신은 모
스크바에서 태어난 러시아 사람이라고 말했다. 그리고 다른 세부
사항들을 덧붙였는데, 모두 다 맞았다. 그녀는 깜짝 놀랐고 사실
나도 놀랐다. 나는 그녀를 전혀 몰랐기 때문이다.

나는 영화가 관객에게 일정한 최면력을 발휘한다고 생각한다.
영화관에서 나오는 사람들을 쳐다보기만 해도 이를 충분히 알 수
있다. 이들은 항상 말이 없고, 고개를 숙이고, 얼이 빠진 것 같다.
연극이나 투우, 스포츠의 관객은 이보다는 훨씬 활기와 생기가
넘친다. 가벼우면서도 무의식적인 영화적 최면이 이루어지는 이
유는 아마도 영화관이 어둡기 때문이다. 또한 숏과 조명이 계속
바뀌기 때문이고, 카메라가 움직이기 때문인데, 이 모두는 관객
의 비판적 지성을 약화시키고 관객에게 일종의 강요와 매혹을 발
휘한다.

지금 마드리드의 내 친구들을 떠올리고 있으므로, 나는 또한
훗날 스페인 공화국의 총리가 되는 후안 네그린도 언급하고 싶
다. 독일에서 몇 년에 걸친 학업을 마치고 돌아와 그는 탁월한 생
리학 교수가 되었다. 어느 날 나는, 의학 시험을 볼 때마다 항상
떨어지는 불쌍한 친구 페핀 베요를 제발 좀 구제해 달라고 그에

게 청원을 시도했다. 제대로 허탕이었다.

나는 또한 카탈루냐 출신 철학자이며 바로크의 사도이기도 한 위대한 에우헤니오 도르스에 대한 기억을 떠올리고 싶다. (그는 바로크를 지나가 버린 역사적 현상으로서가 아니라 예술과 삶의 근본적 경향으로서 파악했다.) 그는 또한 내가, 어떤 수를 써서라도 독창적이고자 하는 사람들에 맞서 자주 인용하는 문장을 쓴 사람이다. 이 문장은 다음과 같다. "전통에서 나오지 않은 모든 것은 표절이다." 이 역설은 내게 항상 뭔가 심오한 진리를 담고 있는 것으로 보였다.

바르셀로나에 있는 한 노동연구소 교수였던 도르스는 마드리드에 왔을 때 스스로 약간 고립되었다고 느꼈다. 따라서 그는 젊은 대학생들과 만나려고 기숙사를 즐겨 찾았고, 때때로 카페 히혼의 페냐에 참석했다.

당시 마드리드에는 20~30년 전부터 황폐해진 묘지가 있었고, 여기에 위대한 낭만주의 시인 라라Mariano José de Larra의 무덤이 있었다. 이 묘지에는 세상에서 가장 아름다운, 백 그루가 넘는 사이프러스 나무가 있었다. 이곳이 바로 산마르틴의 공동묘지였다. 어느 날 저녁 에우헤니오 도르스와 페냐에 참석한 사람 모두는 함께 이 묘지를 방문하기로 마음먹었다. 그날 오후 나는 묘지 수위에게 10페스타를 줘서 모든 준비를 마쳤다.

어둠이 내린 시간, 우리는 달빛을 받으면서 버려진 낡은 묘지에 조용히 들어갔다. 나는 지하 묘소 하나가 열려 있는 것을 보고는 계단을 몇 걸음 내려갔는데, 여기서 밝은 달빛 아래 관 뚜껑 하나가 약간 들려 있는 것을 보았다. 그 뚜껑 사이로 더럽고 말라비틀어진 여자의 머리카락들이 삐져나와 있었다. 나는 이 광경에 너무 흥분해서 다른 사람들을 불렀고, 그러자 모두가 지하 묘지로 내려왔다.

달빛에 빛나는 이 죽은 머리카락은 이후 내 영화 〈자유의 환영 Le fantôme de la liberté〉(1974)의 한 장면에 나오는데(무덤 속에서도 머리카락이 자라는가?), 내가 살면서 만난 가장 놀라운 이미지 중 하나다.

안달루시아 지역의 말라가 출신으로, 호리호리한 체격에 꿰뚫는 듯한 눈빛을 지닌 호세 베르가민은 파블로 피카소의 가장 친한 친구였고 이후에는 앙드레 말로André Malraux와도 친구로 지냈는데, 나보다 나이가 몇 살쯤 더 많았다. 그는 이미 시인이자 에세이스트로 유명했고, 극작가 아르니체스Carlos Arniches의 딸 중 한 명과 결혼했다. (아르니체스의 다른 딸은 내 친구 에두아르도 우가르테와 결혼했다.) 베르가민은 전직 장관의 아들로서 도련님señorito이었다. 그는 이미 프레시오지테préciosité[17세기 프랑스에서 유행한 재치 있고 세련된 표현 양식], 언어유희와 역설을 즐기는 취향과 더불어, 돈 후안 같은 스페인의 몇몇 오래된 망상과 투우 술에 열중하고 있었다. 우리는 이 시기 서로 거의 만나지 못했다. 이후 우리는 내전 시기에 형제처럼 지냈다. 다시 그 이후인 1961년에 내가 〈비리디아나〉를 찍으려고 스페인에 잠시 되돌아온 이후에, 그는 내게 길고도 아주 훌륭한 편지를 보냈다. 이 편지에서 그는 나를 안타이오스에게 비기면서 조국의 땅과 내가 다시 만나게 되면 힘을 되찾을 것이라고 썼다. 여느 사람들처럼 그 또한 아주 긴 망명 생활을 했다. 최근 몇 년간 우리는 자주 만났다. 그는 마드리드에 산다. 여전히 글을 쓰고 또 싸우면서.

나는 또한 살라망카에서 철학 교수를 했던 미겔 데 우나무노를 언급하고 싶다. 그 또한 에우헤니오 도르스처럼 우리를 보러 마드리드에 자주 왔다. 그는 마드리드에서 많은 것을 충족시켰다. 그는 프리모 데 리베라 때문에 카나리아 제도에서 망명 생활을 했다. 이후 나는 파리에서 망명 생활을 하는 우나무노를 다시 만났다. 그는 진지하고 유명한 사람이지만, 상당히 현학적이고 유머라고는 눈곱만큼도 없다.

마침내 나는 톨레도에 대해 말하려고 한다.

톨레도의 기사단

나는 1921년에 문헌학자 안토니오 솔라린데Antonio Solalinde와 함께 톨레도를 발견했던 것 같다. 기차로 마드리드에서 출발한 우리는 톨레도에 도착해 이삼일 정도 머물렀다. 극장에서 「돈 후안 테노리오」 연극 공연을 봤고, 하룻저녁은 홍등가에서 보냈다. 함께 있던 여자를 만지고 싶은 욕망이 전혀 없었기 때문에 나는 이 여자에게 최면을 걸었고 문헌학자의 방문을 두드려 그녀를 그 방으로 보내버렸다.

톨레도는 관광지로서 아름답다기보다는 형언할 수 없는 분위기가 깃든 곳이었다. 그 때문에 나는 첫날부터 이 도시에 매료됐고, 이후 기숙사 친구들과 이곳을 꽤나 자주 드나들기 시작했다. 1923년 성 요셉 대축일 날, 나는 '톨레도의 기사단'이라는 단체를 창립해서 스스로 대원수Connétable가 되었다.

이 기사단은 1936년까지 운영되었고 새로운 회원들을 받았다. 보좌관은 페핀 베요였다. 창립회원 중에는 페데리코 가르시아 로르카와 그의 동생 파키토Paquito García Lorca, 산체스 벤투라Rafael Sánchez Ventura, 페드로 가르피아스, 아우구스토 카스테노Augusto Casteno, 바스크 출신 화가 호세 우셀라이Jose Uzelay, 그리고 살라망카에 있던 우나무노의 제자이자 이 모임에서 유일한 여자였고 도서관 사서였던 아주 열성적인 에르네스티나 곤살레스Ernestina Gonzalez가 있었다.

창립회원 다음에는 '기사 직위chevaliers'였다. 옛날 리스트를 넘겨보면, 기사 직위로서는 에르난도 비녜스와 그의 아내 룰루 비녜스Lulu Viñes, 라파엘 알베르티, 에두아르도 우가르테, 내 아내 잔 Jean Lucar, 리카르도 우르고이티Ricardo Urgoïti, 안토니오 솔라린데, (나중에 '기사 직위가 박탈되었다'라는 언급이 있는) 살바도르 달리, ('총살당한') 호세 마리아 이노호사, 마리아 테레사 레온María Teresa León, 알베르티의 부인, 그리고 프랑스인 르네 크레벨René Crével과 피에르 위닉Pierre Unik이 이름을 올렸다.

그 아래의 직위로는 훨씬 더 낮은 '시종écuyers'이 있었는데, 이들 중에는 조르주 사둘Georges Sadoul, 로제 데조르미에르Roger Désormières와 그의 부인 콜레트, 촬영 감독 엘리 로타르Elie Lotar, 마드리드 프랑스 문화원장의 딸 알리에트 르장드르Aliette Legendre, 화가 오르티스Manolo Angeles Ortiz, 안나마리아 쿠스토디오Anna-Maria Custodio가 있다.

'시종들의 초대 손님의 장chef des invités des écuyers'은 모레노 비야였고, 그는 이후 톨레도의 기사단에 대해 탁월한 글을 쓰게 된다. 그 아래에 있는 '시종들의 초대 손님invités des écuyers'의 수는 총 네 명이었다. 그 아래 맨 마지막 자리에 있는 '시종들의 초대 손님의 초대 손님invités des invités des écuyers'은 후안 비센스Juan Vicens와 마르셀리노 파스쿠아Marcelino Pascua였다.

'기사 직위'에 오르려면 아무 유보 없이 톨레도를 찬양해야 했고, 최소한 하룻밤 내내 거나하게 취해야 하며, 톨레도 거리를 오랫동안 방황해야 했다. 저녁 일찍 잠자리에 들고 싶은 사람은 '하인escudero'의 직위밖에 받을 수 없었다. '초대 손님'이나 '초대 손님의 초대 손님'까지도 이를 수 없었다.

모든 창립자가 그런 것처럼, 나는 어떤 환영을 보고 난 후 기사단을 창립하겠다고 마음먹었다.

두 그룹의 친구들이 우연히 만나 톨레도의 대중음식점에서 술을 마시기 시작했다. 나는 이 두 그룹 중 하나에 속해 있었다. 나는 심하게 취해서 대성당 안의 고딕 수도원을 걷고 있었는데 갑자기 수많은 새가 지저귀는 소리를 들었고, 그때 내 안의 뭔가가 카르멜 수도회로 즉시 들어가야 한다고 내게 말했다. 물론 수도사가 되기 위해서가 아니라 수도원의 금고를 털기 위해서.

나는 수도원으로 들어갔고, 수위가 내게 문을 열어 주었고, 수도사 한 명이 내게로 왔다. 나는 그 사람에게 카르멜 수도사가 되

1924년, 톨레도의 기사단. 왼쪽부터 살바도르 달리, 마리아 루이사 곤살레스, 사제복을 입은 루이스 부뉴엘, 후안 비센스, 이노호사(전쟁 중 전사함), 앞줄에 앉아 있는 모레노 비야

고 싶은 갑작스럽고 격렬한 욕망을 느낀다고 말했다. 나한테 포
도주 냄새가 난다는 점에 주목하지 않을 수 없던 그 수도사는 나
를 돌려보냈다.

그다음 날 나는 톨레도의 기사단을 창립하겠다고 결심했다.

규칙은 아주 단순했다. 각자가 공동금고에 10페스타씩 넣어야
했다. 다시 말해서 숙소와 음식을 위해 나한테 10페스타를 넣어
야 했다는 말이다. 그 후 최대한 자주 톨레도에 가서 가장 잊을 수
없는 경험을 할 상태가 되어야만 했다.

우리가 내려간 여관은 관습적인 호텔과 거리가 멀었는데, 그곳
은 거의 항상 포사다 데 라 상그레Posada de la Sangre였다. 세르반테스
Miguel de Cervantes의 『고상한 하녀La Ilustre Fregona』가 바로 여기서 전
개된다. 이 여관은 그 시절 이후 거의 변하지 않았다. 뜰에 있는 당
나귀, 마차꾼, 더러운 침대보, 그리고 대학생 등 모두가 다 똑같
다. 물론 수돗물도 나오지 않는다. 이것은 별로 중요하지 않은데,
톨레도 기사단의 회원들이 이 신성한 도시에 머무르는 동안에는
씻는 것이 금지되기 때문이다.

식사는 대중음식점에서 먹거나 아니면 도시에서 조금 벗어나
있는 식당 벤타 데 아이레스에서 해결했는데, 여기서 우리는 항
상 예페스 백포도주를 마시며 (돼지고기를 곁들여) 말고기 오믈렛
과 자고새 요리를 먹었다. 걸어서 돌아오는 길에 우리는 알론소
베루게테Alonso Berruguete가 만든 타베라 추기경의 조각상과 그 무
덤 옆에서 휴식을 취해야 했다. 순백의 조각상은 죽어서 누워 있
는 추기경의 몸과, 부패가 시작되기 겨우 한두 시간 전에 이미 꺼

지기 시작한 창백한 뺨을 그대로 포착하고 있었다. 우리는 그 조 각상 앞에서 몇 분간 묵념했다. 이 조각상의 얼굴은 〈트리스타나 Tristana〉(1970)에서 볼 수 있다. 카트린 드뇌브Catherine Deneuve는 이 고정된 죽음의 이미지를 담은 조각상에 몸을 기댄다.

그 후 우리는 온갖 종류의 모험을 호시탐탐 노리며 미로 같은 거리에서 길을 잃고 방황하기 위해 톨레도로 내려가곤 했다. 하 루는 어떤 장님이 우리를 자기 집으로 인도해서 그의 가족을 보 여 주기도 했다. 집에 빛이라고는 없고 램프도 없었다. 그러나 벽 에 온갖 종류의 묘지를 그린 그림들이 있었는데, 이 그림들은 머 리카락만 이용해서 만든 것이었다. 머리카락으로 그린 무덤, 머 리카락으로 그린 사이프러스 나무.

종종 약간의 착란증에 가까운 상태에서 (술과 포도주가 이 상태 를 잘 유지할 수 있게 해 주었다) 우리는 땅바닥을 껴안거나 성당의 종탑까지 올라가거나 우리가 사는 곳을 알고 있던 어떤 연대장의 딸을 깨우러 가거나 한밤중에 산토도밍고 수도원 벽을 통해 수도 사들과 수녀들의 노랫소리를 듣기도 했다. 우리는 하염없이 걸었 고 큰 소리로 시들을 읽었다. 이 시들은 스페인의 옛 수도였으며 이베리아인, 로마인, 서고트족, 유대인, 기독교인 등의 도시였던 이 도시의 벽을 통해 울려 퍼졌다.

어느 날 밤 아주 늦은 시각에 우가르테와 나는 눈 오는 길거리 를 헤매고 있었는데, 갑자기 박자를 맞춰 구구단을 외우는 수많 은 아이들의 목소리가 들렸다. 때때로 목소리가 멈추었고, 아이 들이 작게 웃는 소리와 이보다 더 육중한 교사의 목소리가 들렸다. 그 후 구구단 노래가 다시 시작되었다.

나는 우가르테의 어깨를 타고 올라가 창문 위까지 내 몸을 들어 올렸다. 그런데 갑자기 구구단 노랫소리가 멈추었다. 어둠 속에서 나는 아무것도 볼 수 없었고, 침묵 말고는 어떤 소리도 더는 들을 수 없었다.

다른 모험들은 환각적인 성격이 이보다 덜 했다. 톨레도에는 군사학교가 있었고, 사관학교 생도들이 있었다. 생도와 마을 주민 사이에 난투극이라도 벌어질 때면 다른 생도들이 이 생도와 연대했고, 감히 자기들과 어깨를 나란히 하려고 했던 불손한 자에게 몹시 잔인한 복수를 하러 몰려들었다. 이들은 악명이 높았다. 어느 날 우리는 길을 걷던 중 사관생도 두 명과 마주쳤는데, 이들 중 하나가 라파엘 알베르티의 부인인 마리아테레사의 팔을 움켜쥐더니 이렇게 말했다. (일종의 신체적 칭찬으로서) "발정 날 준비가 되어 있군그래." 그녀는 모욕을 당했다는 생각이 들어 격렬하게 항의했고, 나는 그녀를 구하러 가서 주먹으로 이 두 생도를 때려 눕혔다. 피에르 위닉이 나를 도우러 와서 그들 중 하나의 다리를 걸어 넘어뜨렸고, 내가 봤을 때 그는 이미 바닥에 쓰러져 있었다. 우리는 일고여덟 명이었고 그들은 둘밖에 없었지만, 우리가 거드름을 피울 여유는 없었다. 우리는 잽싸게 달아났다. 멀리서 이 격투극을 지켜보던 민병대 두 명이 다가왔고, 이들은 우리를 질책하기는커녕, 사관생도들의 복수극을 우려하며 우리에게 되도록 빨리 톨레도를 떠나라고 충고했다. 우리는 그들의 말을 듣지 않았지만, 그때는 다행히 아무 일도 일어나지 않았다.

로르카와 나눴던 수없이 많은 대화 중에서 어느 아침 포사다 데 라 상그레 여관에서 나눴던 대화가 생각난다. 나는 입이 답답해서 갑자기 그에게 이렇게 선언했다.

"페데리코, 너한테 반드시 진실을 얘기해야겠어. 너에 대한 진실을."

그는 내가 말하도록 잠시 가만히 내버려 두다가 드디어 나한테 말했다.

"말 끝났어?"

"그래."

"그럼 내가 말할 차례네. 내가 너에 대해 생각한 것을 말할게. 예컨대, 너는 내가 게으르다고 말하지. 전혀 그렇지 않아. 내가 진짜로 게으른 것은 아니야. 나는 ……."

그리고 그는 10분 동안 자신에 대해 말하기 시작했다.

프랑코가 톨레도를 장악한 해인 1936년부터 (프랑코와 전투를 치르면서 포사다 데 라 상그레가 파손되었다) 내가 1961년에 스페인에 돌아가서 순례를 재개하기까지, 나는 톨레도에 가지 않았다. 어떤 글에서 모레노 비야는 마드리드에서 내전 초기에 무정부주의자 여단이 가택수색을 하는 와중에 어떤 서랍에서 톨레도 기사단의 작위를 발견했다고 썼다. 집에서 이 양피지가 발견된 이 불쌍한 사람은 그것이 진짜 귀족 작위가 아니라는 것을 설명하려고 온갖 애를 다 써야 했다. 그는 가까스로 목숨을 건졌다.

1963년, 나는 프랑스 텔레비전 방송[〈우리 시대의 시네아스트 Cinéastes de Notre Temps〉 시리즈]에 나가게 되었기 때문에, 톨레도에서 가장 높은 언덕과 타호강 위에서 앙드레 라바르트André Labarthe와 자닌 바쟁Jeanine Bazin의 질문에 답했다. 이런 질문 중에서 가장 고전적인 질문은 당연히 다음의 것이다.

"당신 생각에는 프랑스 문화와 스페인 문화가 어떤 관계를 갖는다고 생각하십니까?"

나는 이렇게 대답했다.

"그것은 아주 단순합니다. 나와 같은 스페인인들은 온갖 프랑스 문화를 다 알고 있습니다. 반면 프랑스인들은 스페인 문화를 전혀 모르지요. 예를 들어 (그 자리에 있던) 장클로드 카리에르 선생을 보십시오. 그는 역사 교사였지만, 톨레도에 왔던 바로 그 전날까지도 '톨레도'가 오토바이 상표인 줄 알고 있었습니다."

어느 날 마드리드에서 로르카는 나한테 그라나다에서 온 작곡가 마누엘 데 파야Manuel de Falla와 점심이나 함께 하자고 했다. 로르카는 그에게 이들이 함께 아는 친구들의 안부를 물었다. 이들은 모르시요Gabriel Morcillo라는 이름을 가진 안달루시아 출신 화가에 대해 말하기 시작했다.

"며칠 전에 그를 만나러 갔지." 파야가 말했다.

그리고 다음 이야기를 전해 주었는데, 이 이야기는 우리 모두가 갖고 있던 어떤 성향을 잘 보여 주는 것 같았다.

모르시요는 화실에서 작곡가 파야를 맞았다. 작곡가는 화가가 자신에게 보여 주고 싶어 한 모든 그림을 찬찬히 훑어 보았고, 매번 어떤 유보도 없이 그림이 대단하다고 칭송의 말을 했다. 그 후 꽤 많은 그림이 바닥에 놓여 있거나 벽 쪽으로 돌려져 있는 것을 보고 그 그림들도 볼 수 있냐고 물었다. 화가의 답은 안 된다는 것이었다. 이 그림들은 자신이 좋아하는 그림들이 아니어서 보여 주고 싶지 않다는 것이었다.

파야는 계속 보여달라고 고집했고 결국 화가가 동의하기에 이르렀다. 그는 마지못해 바닥에 놓여 있던 그림 중 하나를 돌려서 보여 주면서 이렇게 말했다.

"보시다시피, 아무짝에도 쓸모가 없어요."

파야는 이 말에 항의했다. 자신이 보기에는 아주 흥미 있는 그림이었기 때문이다.

모르시요가 다시 말했다.

"아니에요. 그렇지 않아요. 전반적인 아이디어는 제 마음에 듭니다. 몇몇 디테일은 상당히 괜찮아요. 그렇지만 바탕은 완전히 망쳤어요."

"바탕이라고요?" 파야가 그림을 더 가까이 보면서 물었다.

"그래요, 바탕. 하늘, 구름. 구름은 아무 가치가 없어요. 그렇지 않나요?"

작곡가는 결국 그 말을 인정했다.

"그러네요. 당신 말이 맞을 수도 있을 것 같네요. 구름은 아마 나머지 부분의 수준에 올라 있지 않은 것 같네요."

"그렇게 보세요?"

"예."

화가는 이렇게 결론을 내렸다. "그것참, 저는 사실 이 구름을 가장 좋아합니다. 아마 몇 년 전부터 훨씬 더 잘 그리게 된 것이 지요."

나는 인생 전체에 걸쳐 내가 '모르시요주의Morcillismo'라고 명명한 이 정신적 태도가 얼마간 숨어 있는 여러 가지 경우를 만났다. 우리 모두는 약간의 '모르시요주의자'들이다. 알랭르네 르사주 Alain-René Lesage의 『질 블라스 이야기Histoire de Gil Blas de Santillane』에 그라나다 주교라는 멋진 인물과 함께 상당히 전형적인 예가 등장한다. '모르시요주의'는 끝없이 아첨을 늘어놓고자 하는 가장 심층적인 욕망에서 태어난다. 찬사 자체가 소진될 때까지 온갖 찬사를 늘어놓는 것이다. 결과적으로는 스스로 비난을 — 대개는 정당한 비난을 — 부르게 되며, 여기에는 약간의 마조히즘도 없지 않아 있지만, 거기 함정이 기다리고 있는 것을 보지 못한 경솔한 사람은 결국 꼼짝달싹도 못 하게 된다.

이 시기 동안 마드리드에 새로운 영화관들이 문을 열었고, 관객들의 관심을 끌게 되면서 점점 더 충실하게 영화관에 가는 사람들이 생겨났다. 우리는 그때 영화관에 여자와 함께 가거나 기숙사 친구들과 갔다. 여자와 함께 갈 때는 어둠 속에서 여자에게 몸을 밀착시킬 수 있었기에 어떤 영화인지는 전혀 중요하지 않았고 그저 아무 영화나 보러 갔다. 기숙사 친구들과 함께 갈 때는 우리를 매혹한 미국 벌레스크 영화를 우선 골랐다. 그것은 맥 세네트 Mack Sennett가 제작한 모든 코미디 영화, 그리고 벤 터핀Ben Turpin, 해럴드 로이드Harold Lloyd, 버스터 키튼Buster Keaton 등의 영화였다.

채플린은 그다지 좋아하지 않았다.

영화는 여전히 심심풀이에 불과했다. 우리 중 누구도 영화가 새로운 표현 수단이며, 심지어 예술이 될 수 있다고 생각하지 않았다. 시, 문학, 회화만 예술이었다. 그 당시 나는 내가 어느 날 영화감독이 될 거라고 한 번도 생각한 적이 없다.

나도 다른 이들처럼 시를 썼다. 다른 잡지 『오리손테』에 게재되지 못했기 때문에 『울트라*Ultra*』에 처음으로 게재된 내 시는 「관현악 편성Orquestación」이라는 시로서 서른 개 정도의 악기를 제시했다. 몇몇 단어, 몇 줄의 글이 각각의 악기와 결부되었다. 고메스 데 라 세르나는 이 시가 좋다고 나를 따뜻하게 격려해 주었다. 사실 그는 이 시가 자기 영향을 받았다는 것을 어렵지 않게 알아보았다.

내가 가깝게든 멀게든 관련된 운동은 '울트라이스트Les Ultraïstes'라고 불렸고, 예술적 표현에서 첨단의 아방가르드가 되고자 했다. 우리는 다다Dada도 알고 있었고, 장 콕토Jean Cocteau도 알고 있었으며, 필리포 토마소 마리네티에게 열광했다. 초현실주의는 아직 존재하지 않을 때였다.

우리 모두가 참여한 가장 중요한 문예지는 『라 가세타 리테라리아*La Gaceta Literaria*』였다. 히메네스 카바예로Gimenez Caballero가 총괄한 이 잡지는 '27년 세대' 전체를 한데 모았고, 이보다 이전 세대의 작가들도 끌어모았다. 이 잡지는 우리가 모르는 카탈루냐 시인들에게 지면을 할애했고, 우리에게는 인도보다 더 먼 나라였던 포르투갈 작가들에게도 지면을 할애했다.

나는 히메네스 카바예로에게 많은 빚을 졌고, 그는 여전히 마드리드에 살고 있다. 그러나 종종 우정이 정치와 맞서게 되는 일이 벌어진다. 기회가 있을 때마다 위대한 스페인 제국을 예찬한 이 『라 가세타 리테라리아』의 수장은 점차 파시즘적 경향을 따르게 되었다. 이로부터 십여 년 후, 즉 내전이 다가오고 각자가 자기 진영을 선택한 시기에 나는 마드리드 북 역 플랫폼에서 히메네스 카바예로를 마주쳤다. 우리는 아주 가까이 지나쳤지만, 서로 인사조차 하지 않았다.

『라 가세타 리테라리아』에 나는 다른 시들을 게재했고, 이후 나는 파리에서 마드리드로 영화 비평을 써서 보냈다.

나는 그 와중에 스포츠 훈련을 이어갔다. 아마추어 복싱 챔피언인 로렌사나의 주선으로 나는 존슨Jack Johnson이라는 탁월한 선수를 알게 되었다. 호랑이처럼 잘생긴 이 흑인은 몇 년 동안 복싱 세계 챔피언이었다. 마지막 경기를 할 때 그가 돈 때문에 링에서 쓰러졌다고 사람들은 말했다. 은퇴한 후 그는 마드리드로 와서 부인 루시야와 함께 팔라시오에서 살았다. 이들의 품행이 나무랄 데 없는 것처럼 보이지는 않았다. 아침에 나는 수차례에 걸쳐 존슨과 로렌사나와 함께 조깅을 했다. 우리는 팔라시오에서 경마장까지 3~4킬로미터의 거리를 함께 뛰었다. 그리고 나는 팔씨름에서 존슨을 이겼다.

아버지는 1923년에 돌아가셨다.

나는 사라고사에서 온 전보를 받았다. 아버지가 위독하니 어서

루이스 부뉴엘의 아버지

집에 오라는 것이었다. 나는 아버지가 아직 살아계실 때 뵐 수 있었지만 이미 상당히 쇠약해진 상태였다. (아버지는 폐렴으로 돌아가셨다.) 나는 아버지에게 곤충학 현장 연구를 하려고 사라고사 지역에 왔다고 말했다. 아버지는 어머니한테 잘하라는 말씀을 나한테 남기고 그로부터 네 시간 후 돌아가셨다.

그날 저녁 온 가족이 한자리에 모였는데, 자리가 모자랐다. 정원사와 칼란다의 종지기는 매트를 깔고 거실에서 잤다. 하인 하나가 나를 도와 임종한 아버지의 몸에 옷을 입히고 넥타이 매는 일을 했다. 장화를 신기려고 신발의 측면을 잘라내야 했다.

모두가 잠이 들었고 나는 아버지 곁에서 혼자 밤을 새웠다. 사촌인 호세 아모로스는 새벽 1시 기차를 타고 바르셀로나에서 도착하기로 되어 있었다. 나는 코냑을 꽤 많이 마셨는데, 아버지가 누운 침대 옆에 앉아서 아버지가 숨 쉬는 것을 보았다고 생각했다. 나는 역으로 사촌을 데리러 간 마차의 도착을 기다리면서 발코니에서 담배 한 개비를 피웠다. 그때는 5월이었고, 활짝 핀 아카시아 향기가 퍼져 있었다. 갑자기 나는 거실에서 큰 소리가 난 것을 또렷하게 들었는데, 의자를 벽에 던지는 것 같은 소리였다. 내가 몸을 돌리자 아버지가 똑바로 서서 상당히 공격적인 태도로 나한테 두 손을 내밀고 있는 모습을 보았다. 내가 내 인생을 통틀어 유일하게 본 이 환영은 10여 초 정도 지속되다가 사라졌다. 나는 하인들이 자는 방으로 가서 이들 곁에 누웠다. 내가 진짜로 겁을 먹었던 것은 아니다. 나는 그것이 환영이라는 것을 알고 있었지만 혼자 있고 싶지 않았을 뿐이었다.

아버지는 그다음 날 매장되었다. 그리고 그다음 날 나는 아버지가 돌아가신 침대에서 잤다. 나는 예방 차원에서 베개 밑에 아버지의 권총(아버지 이름의 첫 글자들이 금과 나전으로 새겨진 아주 아름다운 총)을 숨겨 두었다. 만약 우연하게라도 아버지가 다시 나타나면 유령을 향해 총을 쏘기 위해서였다. 그러나 아버지의 환영은 다시 나타나지 않았다.

아버지가 돌아가신 날은 내게 결정적인 날짜였다. 내 오랜 친구 만테콘, 이로부터 며칠 후 내가 아버지의 신발을 신고 서재로 들어가 아바나산 시가를 피웠다는 사실을 여전히 기억한다. 나는 한 가족의 가장이 되었다. 어머니는 기껏해야 마흔이었다. 그로부터 얼마 지나지 않아 나는 르노 자동차 한 대를 샀다.

아버지가 돌아가시지 않았다면, 나는 아마 마드리드에 훨씬 더 오래 머물렀을 것이다. 철학 학사 학위를 딴 후 나는 박사까지 이어가려던 학업을 포기했다. 나는 어떤 일이 있더라도 떠나야 했고 단지 기회만 노리고 있었을 뿐이다.

이 기회는 1925년에 왔다.

8
파리
1925~1929

1925년에 나는 국가 협회Société des Nations[UN 이전의 국제기구]의 권한으로 '지적 협력을 위한 국제 협회'라는 이름을 가진 기관이 파리에서 창립을 준비하고 있다는 소식을 들었다. 에우헤니오 도르스가 사전에 스페인 대표로 임명되었다.

나는 일종의 비서 자격으로 에우헤니오 도르스를 수행하고 싶다는 의지를 기숙사 사감에게 알렸다. 내 요청이 수락되었다. 이 기관이 아직 존재하지 않았으므로 파리에 먼저 가서 현장 대기하라는 요청을 받았던 것이다. 내가 받은 권고사항은 매일 두 개의 신문, 즉, 프랑스 일간지 『르 탕Le Temps』과 영국 일간지 『타임스The Times』를 읽으라는 것이었다. 이는 내가 약간 알고 있던 프랑스어를 완벽하게 익히고, 잘 몰랐던 영어를 틈틈이 공부하라는 뜻에서였다.

어머니가 여행 경비를 내고 내게 매달 생활비를 보내 주기로 하셨다. 나는 파리에 도착해서 어디서 묵어야 할지 몰랐으므로, 자연스레 주프루아 아케이드에 있던 롱스레 호텔로 갔다. 이곳은 부모님이 1899년 신혼여행 때 묵었던 숙소로, 나를 임신하신 곳이다.

우리, 프랑스 거류 외국인

파리에 도착하고 사흘이 지나서 나는 미겔 데 우나무노가 파리에 있다는 사실을 알았다. 프랑스 지식인들이 배 한 척을 임대해서 카나리아 제도에 유배 중인 그를 막 데려온 것이다. 그는 카페 라로통드La Rotonde에서 열리는 페냐에 매일 참석하고 있었다. 바로 여기서 프랑스 우파가 경멸적으로 '프랑스 거류 외국인métèques'이라고 부르는 사람들, 즉 파리에 살면서 카페테라스를 가득 채우는 외국인들과 나의 첫 만남이 이루어졌다.

나는 거의 매일 라 로통드에 갔고 큰 어려움 없이 마드리드의 습관을 이어갈 수 있었다. 나는 심지어 에투알 광장 근처에 있는 우나무노의 숙소까지 두세 번 정도 그와 함께 걸어가기도 했다. 족히 두 시간이 넘는 산책과 대화의 시간이었다.

파리에 도착한 지 일주일도 채 안 돼서 나는 라 로통드에서 소아학을 공부하고 있던 안굴로라는 친구를 알게 되었다. 그는 자기가 사는 호텔을 내게 보여 주었는데, 에콜드메드신 거리에 있는 생피에르 호텔이었고 생미셸 대로의 지척에 있었다. 중국 카

파리에서 프랑스 거류 외국인 시절의 루이스 부뉴엘

바레 바로 옆에 붙어 있는 검소하고 쾌적한 이 호텔이 내 마음에 들었다. 나는 여기로 숙소를 옮겼다.

그다음 날부터 나는 감기에 걸려 침대에 눕게 되었다. 저녁이면 내 방의 벽을 통해 중국 카바레의 큰 북소리가 들렸다. 맞은편이자 거리 반대편에는 내 방 창문을 통해 그리스 식당과 음료 가게가 보였다. 안굴로는 샴페인을 마시면서 감기를 치료하라고 조언했고, 나는 즉시 이 말에 따랐다. 이 기회를 통해 나는 프랑스 우파가 프랑스 거류 외국인을 경멸하는 이유, 나아가 증오하는 이유 중 하나를 알게 되었다. 이유는 모르지만, 프랑화貨의 가치가 가장 낮은 수준으로 떨어졌기 때문이었다. 외국의 통화, 특히 스페인의 페세타는 가치가 올라서 프랑스 거류 외국인은 거의 왕자나 공주 비슷하게 살 수 있었다. 이렇게 영광스럽게 감기와 싸워 이긴 샴페인 한 병 값으로 나는 11프랑을 냈는데, 11프랑이 바로 1페스타였다.

파리의 버스에 '빵을 낭비하지 마시오!'라는 광고가 붙었던 시절이다. 우리는 모엣&샹동 샴페인을 한 병당 1페스타 가격으로 마셨다.

감기가 나은 어느 날 저녁 나는 혼자 중국 카바레에 갔다. 술집 여자 한 명이 내 테이블에 앉으러 왔는데, 마치 그렇게 하는 것이 자기 일이라는 듯 내게 말하기 시작했다. 이 일은 파리에서 스페인 사람이 겪은 두 번째 충격이었다. 이 여자는 자연스럽고 섬세한 대화 감각을 갖고 있었고 자기 의사를 놀랄 만큼 잘 표현했다. 그녀가 물론 문학이나 철학에 대해 말한 것은 아니다. 그녀는 포도주, 파리, 일생 생활에 대해 말했는데 가식도 없고 현학도 없이 너무도 편안하게 말해서 나는 경탄하며 앉아 있었다. 나는 내가 전혀 몰랐던 어떤 것을 발견하게 되었는데, 그것은 언어와 삶의 새로운 관계였다. 내가 이 여자와 같이 잔 것도 아니고 이름도 모르고 다시 만난 적도 없지만, 그녀와의 만남은 나와 프랑스 문화의 진정한 첫 만남이다.

내가 자주 말하는 또 다른 충격은 길거리에서 서로 껴안는 연인들이었다. 이런 행동은 남녀가 결혼의 축복 없이도 함께 살 수 있는 가능성을 보여 주었으므로 프랑스와 스페인 사이에 가로놓인 심연을 더 넓히는 것이었다.

누구나 인정하는 전 세계 예술의 수도 파리에는 그 당시 4만 5천 명이라는, 경이로운 숫자의 화가들이 있다고들 했다. 그중 많은 이들이 몽파르나스에 자주 갔다. (제1차 세계대전 이후 유행이 바뀌어서 몽마르트르에는 가지 않았다.)

이 시기 가장 훌륭했던 잡지 『레 카이에 다르*Les Cahiers d'Arts*』는 파리에서 작업하며 내가 거의 매일 만나는 스페인 화가들에 특집 한 권을 할애했다. 이 화가 중에는, 나보다 약간 나이가 많은 안달루시아 출신 화가 이스마엘 데 라 세르나Ismaël de la Serna, 그랑 조퀴스탱 거리에 있던 피카소의 작업실 바로 앞에 르 카탈랑Le Catalan 이란 식당을 연 호안 카스타녜르Joan Castanyer, 내가 파리에 도착한 지 얼마 안 되어 세상을 떠난 후안 그리스Juan Gris 등이 있다. 나는 파리 교외에 있던 그의 집을 딱 한 번 방문한 일이 있었다. 나는 또한 판초 코시오Pancho Cossío도 봤는데, 그는 키가 작고 다리를 절룩

거렸으며 애꾸였는데, 강한 사람, 신체가 건강한 사람에 대해 악감정을 품고 있었다. 그는 나중에 팔랑헤당의 백인대장이 되었으며, 화가로서 상당한 명성을 쌓고 마드리드에서 죽었다.

반면 프란시스코 보레스Francisco Bores는 파리 몽파르나스 묘지에 묻혔다. 그는 울트라이스모 출신이었다. 그는 이미 유명하고 진지한 화가였고, 나와 에르난도 비녜스와 함께 벨기에의 브뤼헤로 여행했다. 그는 이 여행 중 정성을 들여 브뤼헤의 모든 미술관을 다 방문했다.

이 화가들은 한 페냐에 다 모였는데, 이 페냐에는 유명한 칠레 시인 비센테 우이도브로Vicente Huidobro와 키가 작고 마른 바스크 출신 작가 밀리에나도 왔다. 이후 〈황금시대〉 개봉 후에 이들 중 몇 명(우이도브로, 카스타녜르, 코시오)이 왜 나한테 모욕적인 편지를 보냈는지 모르겠다. 우리의 관계는 얼마간 팽팽한 긴장이 유지되었지만, 그 후 다시 화해했다.

이 모든 화가 중 내 가장 친한 친구는 호아킨 페이나도와 에르난도 비녜스였다. 카탈루냐 출신이고 나보다 세 살 어렸던 에르난도 비녜스는 내 평생의 친구가 되었다. 그는 나도 아주 좋아했던 룰루라는 여자와 결혼했는데, 그녀는 작가 프랑시스 주르댕Francis Jourdain의 딸이었다. 이 작가는 인상파 화가들과 아주 가까이 지냈고 위스망스와 아주 친한 친구였다.

룰루의 할머니는 19세기 말에 문학 살롱을 열었다. 룰루는 이 할머니한테 받은 놀라운 물건 하나를 나한테 선물로 줬다. 그것은 부채였는데, 그 위에는 샤를 구노Charles Gounod나 쥘 마스네Jules

Massenet 같은 작곡가가 몇 마디 말을 남기거나 악보 몇 개를 그리거나 시구 몇 개를 쓰거나 그냥 자기 이름만 써 둔 흔적이 있었다. 미스트랄Frédéric Mistral, 알퐁스 도데Alphonse Daudet, 에레디아José Maria de Hérédia, 방빌Théodore de Banville, 말라르메Stéphane Mallarmé, 졸라Émile Zola, 옥타브 미르보Octave Mirbeau, 피에르 로티Pierre Loti, 위스망스 같은 작가들, 그리고 조각가 로댕Auguste Rodin 같은 다른 사람들이 하찮은 물건이면서 한 세상의 축도이기도 한 이 부채를 앞에 두고 모여들었다. 나는 이 부채를 상당히 자주 들여다보는데, 거기에는 예컨대 다음 알퐁스 도데의 문장이 쓰여 있다. "북쪽을 향해 올라가면 눈目이 더 예리해지고 눈目의 빛이 꺼진다." 그 바로 옆에는 몇 줄에 걸친 에드몽 드 공쿠르Edmond de Goncourt의 단호한 글이 쓰여 있다. "여성을 향해서든, 꽃을 향해서든, 자질구레한 것을 향해서든, 심지어 포도주를 향해서든, 마지막으로 그 어떤 것을 향해서든 자기 안에 열정적인 사랑의 바탕이 없는 모든 사람, 한 측면이라도 약간은 비상식적이지 않은 모든 사람, 부르주아적으로 균형이 잡힌 모든 사람은 절대로, 절대로, 절대로 문학에 재능을 갖지 못할 것이다. 한 번도 표명해본 적이 없는 강력한 생각."

그리고 부채 위에 쓰인 글로 나는 에밀 졸라가 쓴 시구(그가 쓴 시구는 드물다)를 인용한다.

내가 내 왕국에 들여놓고 싶은 것은
문 앞의 초록색 오솔길
찔레나무로 만들고,

벼의 새순 세 개처럼 긴
들장미 아케이드

파리의 베르생제토릭스 거리에 있는 화가 마놀로 앙헬레스 오르티스Manolo Ángeles Ortiz의 작업실에서, 나는 파리에 도착한 지 얼마 안 돼서 그 당시 이미 유명했고 또 이론異論도 분분한 파블로 피카소를 만났다. 편안한 접대와 쾌활한 성격에도 불구하고 그는 나한테 상당히 차갑고 자아중심적 인물로 보였지만, 우리는 상당히 자주 만났다. (스페인 내전 시기 공화주의자 편으로 자기 입장을 정했을 때 그는 비로소 인간적인 사람이 되었다.) 그는 나한테 해변 위의 여인을 그린 작은 그림 한 점을 주었는데, 나는 내전 당시 이 그림을 잃어버렸다.

사람들은 피카소에 대해 다음의 이야기를 했다. 즉 제1차 세계대전 이전에 〈모나리자Mona Lisa〉가 도난당한 유명한 사건이 벌어졌을 당시의 일인데, 그의 친구 기욤 아폴리네르가 경찰 조사를 받게 되었다. 이후 피카소가 경찰서에 불려 갔을 때, 베드로가 예수를 모른다고 부인한 것처럼 이 시인 친구를 모른다고 부인했다는 것이다.

이후 1934년경 카탈루냐 출신 도예가였고 피카소의 친한 친구였던 호안 가르디 아르티가스Joan Gardy Artigas와 화상 한 사람이 피카소의 어머니를 방문하러 바르셀로나에 갔다. 피카소의 어머니는 이들을 점심 식사에 초대했고, 식사 중 이들 두 사람에게 피카소가 유년 시절과 청소년 시절 때 그린 데생으로 가득 찬 상자 하나가 창고에 있다는 사실을 알려 주었다. 이들은 데생들을 보여 달라고 부탁했고, 어머니가 이들을 창고로 데려가 상자를 열었다. 화상은 이 데생을 구매하겠다고 했고 어머니가 동의했다. 그는 서른 점가량의 데생을 가져왔다.

이로부터 약간 후 파리에서 이 화상은 생제르맹데프레의 한 화랑에서 전시회를 조직했다. 피카소는 베르니사주[개회 전날 열리는 비공식 행사]에 초청을 받았고, 전시장에 도착한 후 데생 하나하나를 눈여겨보았으며, 이 데생이 자기 그림이라는 것을 알아보았고 아주 감동한 모습을 보였다. 그러나 피카소는 베르니사주를 나와서 이 화상과 도예가를 경찰에 고발했다. 도예가는 국제 사기꾼으로 신문에 사진이 실렸다.

나한테 피카소에 대한 의견을 묻지 않기를 바란다. 아무 의견이 없기 때문이다. 내 인생에 미적인 집착은 거의 자리가 없었고, 어떤 비평가가 예컨대 내 '팔레트'에 대해 말할 때 나는 그저 웃기만 한다. 나는 말을 많이 하고 동작을 크게 하면서 화랑에 몇 시간이고 머무를 수 있는 사람이 아니다. 예컨대 피카소에 대해서 나는 그림을 아주 쉽게 그리는 그의 전설적인 재능을 목격했고, 때때로 여기에 반감을 품었다. 그저 말할 수 있는 거라곤 내가 〈게르니카Guernica〉를 미술관에 거는 것을 도와줬지만 이 그림을 전혀 좋아하지 않는다는 것뿐이다. 이 작품의 과장된 기법도, 무슨 수를 써서라도 회화를 정치화시키는 것도, 모든 것이 다 싫었다. 내가 최근에 알게 된 사실은, 나뿐만 아니라 라파엘 알베르티와 호세 베르가민도 〈게르니카〉를 혐오한다는 점이다. 우리 셋은 기꺼이

〈게르니카〉를 폭파하러 갈 것이다. 그러나 폭탄을 설치하기에 우리 셋 다 너무 늙었다.

나는 몽파르나스에서 벌써 습관이 생겼다. 그때는 카페 라 쿠폴이 아직 존재하지 않을 때였다. 우리는 카페 돔에, 라 로통드에, 셀렉트에, 그리고 그 당시 유명한 모든 카바레에 갔다.

내게 상당히 놀라워 보였던 축제 하나는 국립미술학교의 열아홉 개 작업실이 매년 주최한 무도회였다. 화가 친구들은 이 무도회가 세계에서 가장 아름다운 연회이며 이 분야에서 유일하다고 내게 말했고, 나는 여기에 참석하기로 마음먹었다. 이 축제의 이름은 '카트자르 무도회Bal des Quat'zarts'였다.

나는 자칭 주최자 중 한 명을 찾아갔는데, 그는 아주 멋진 커다란 표 네 장을 내게 상당히 비싼 값으로 팔았다. 여기에 네 사람이 나와 함께 가기로 했다. 사라고사의 친구인 후안 비센스, 위대한 스페인 조각가 호세 데 크리프트José de Creeft와 그의 부인, 내가 이름을 잊어버린 칠레인(그는 여자 친구를 데리고 왔다), 그리고 나. 나한테 표를 판 사람이 말한 대로, 우리는 국립미술학교의 작업실 중 하나, 즉 생쥘리앵 작업실에 속해 있는 것으로 되어 있었다.

무도회 날이 왔다. 저녁 파티는 한 식당에서 생쥘리앵 작업실이 주최한 식사로 시작되었다. 나는 식사 중 국립미술학교 학생 하나가 자리에서 일어나더니, 자기 고환 두 개를 접시 위에 살짝 올려놓은 자세로 식당을 한 바퀴 도는 모습을 보았다. 스페인에서 이와 비슷한 것을 본 적이 없었기 때문에 그만 겁에 질리고 말았다.

조금 후 늦은 저녁에 우리는 무도회가 열리는 바그람 홀Salle Wagram의 입구에 도착했다. 경찰이 친 경계선이 호기심 많은 무리를 통제하려고 애쓰고 있었다. 여기서 나는 또 다른 것을 보았는데, 내 눈을 믿을 수 없었다. 즉 실오라기 하나 남기지 않고 홀딱 벗은 여자 하나가 아시리아 복장을 한 남학생의 어깨 위에 목말을 타고 도착했다. 남학생의 머리가 성기 가리개 역할을 했다. 군중이 고함을 치는 가운데 그녀는 그렇게 홀에 들어갔다.

나는 대경실색하고 '내가 도대체 어떤 세상에 와 있는 거지?'라고 혼잣말을 했다.

바그람 홀의 입구는 각 작업실에서 가장 덩치 좋은 남학생들이 지키고 있었다. 입구로 다가가서 우리의 멋진 표를 제시했다. 아무짝에도 쓸모없는 표였다. 입장이 거부되었다. 누군가 우리에게 말했다.

"당신들 한 방 먹었군그래."

내가 산 표는 아무 효력이 없어서 우리는 문밖으로 쫓겨났다.

화가 난 호세 데 크리프트가 너무 고함을 크게 지른 나머지 그와 그의 아내는 입장이 허용되었다. 비센스와 칠레인과 나는 들어갈 수 없었다. 칠레인을 따라온 여자는 학생들이 기꺼이 들어가게 해 주었는데, 그녀는 모피로 된 훌륭한 외투를 입고 있었다. 그녀가 혼자 들어가기를 거부하자, 이들은 그 모피 외투의 등 위에 송진으로 큰 십자가를 그려 넣었다.

이렇게 나는 세계에서 가장 아름다운 연회에 참석하지 못했다.

이 관습은 오늘날에는 사라졌다. 그 홀 내부에서 벌어진 일에 대해 추잡스러운 소문이 떠돌아다녔다. 국립미술학교 교수들은 모두 초대를 받았고, 자정까지 자리를 지키다가 집으로 갔다. 사람들 말에 따르면 가장 센 연회는 그때부터 시작된다는 것이다. 새벽 네다섯 시경에는 눈에 띌 만큼 취한 '생존자'들이 밖으로 나와 콩코드 광장의 분수에 몸을 던졌다.

2~3주 후 나는 나를 속여 가짜 표를 판 사람을 만났다. 그는 그 근래 심각한 임질에 걸려서 지팡이에 의지한 채 힘겹게 걷고 있었고, 나는 그에게 어떤 복수도 하지 않았다.

라 클로즈리 데 릴라La Closerie des Lilas는 하나의 카페에 불과했지만, 나는 여기에 거의 매일 갔다. 그 바로 옆에 있는 발 뷜리에Bal Bullier에도 자주 갔는데, 우리는 여기에 항상 변장하고 갔다. 어느 저녁 나는 수녀 옷을 입고 있었다. 아주 정성을 들인 탁월한 변장이었고, 입술에 립스틱도 약간 칠하고 가짜 눈썹까지 붙였다. 우리는 친구 몇 명과 몽파르나스 대로까지 나아갔는데, 친구 중에는 수도사로 변장한 후안 비센스가 있었다. 갑자기 우리는 경찰관 두 명이 우리 쪽으로 다가오는 것을 보았다. 수녀 모자를 쓰고 있던 나는 몸이 떨리기 시작했다. 스페인에서 이런 식의 장난은 징역 5년의 처벌을 받았기 때문이다. 그러나 이 두 경찰관은 웃으면서 걸음을 멈추었고, 이들 중 한 명이 내게 아주 다정하게 물었다.

"안녕하세요? 수녀님. 제가 뭔가 도와드릴 일은 없을까요?"

스페인 부영사 오르베아는 가끔 우리와 함께 발 뷜리에에 갔다. 어느 저녁 그가 변장하고 싶다고 해서 나는 내 수녀복을 벗어 그에게 주었다. 나는 용의주도하게도 수녀복 속에 완전한 축구선수 복장을 하고 있었다.

후안 비센스와 얘기를 하다가 라스파이 대로에 카바레 하나를 여는 것이 어떻겠냐는 아이디어가 떠올랐다. 나는 어머니에게 필요한 자금을 요청하러 사라고사로 갔지만, 어머니가 내 요청을 거부했다. 그로부터 얼마 후 비센스는 게뤼삭 거리에 스페인 서점 하나를 인수했다. 그는 전쟁이 끝난 후 베이징에서 병으로 죽었다.

내가 예법에 맞게 춤추는 법을 배운 곳도 파리다. 나는 학원에서 춤 수업을 들었다. 나는 아코디언을 그렇게 혐오했지만, 자바춤까지 포함해서 모든 춤을 다 추었다. "블롯 게임을 한 판 했지, 여기 봐봐……"라고 시작되는 노래가 아직도 생각난다. 당시 파리는 아코디언 천지였다.

나는 항상 재즈를 좋아했고, 밴조 연주를 계속했다. 나는 최소한 60개의 음반을 갖고 있었는데, 그 당시에는 엄청난 양이었다. 우리는 막마옹 호텔로 재즈를 들으러 갔고, 불로뉴 숲속에서 〈마드리드의 성 Le Chateau De Madrid〉이라는 노래에 맞춰 춤을 추었다. 그리고 오후가 되면, 착한 프랑스 거류 외국인으로서 프랑스어 수업을 들으러 갔다.

앞서 말한 것처럼, 프랑스에 막 도착했을 때 나는 반유대주의라는 게 있다는 것조차 몰랐다. 이곳 파리에서 반유대주의를 알게 되었는데, 내게는 큰 충격이었다. 어느 날, 어떤 사람이 여러 친구들 앞에서 다음 이야기를 해 줬다. 즉 그의 동생이 그 전날 에투알 광장 근처의 어느 식당에 갔는데, 유대인 한 명이 식사하고 있는 것을 보고 다짜고짜 그의 뺨을 거칠게 때려서 의자에서 넘어뜨렸다는 것이다. 나는 순진한 질문 몇 개를 던졌고, 그는 제대로 대답하지 못했다. 이렇게 나는 스페인 사람에게는 설명할 수 없는 유대인 문제가 있다는 것을 알게 되었다.

같은 시기 왕당파들과 애국 청년단 같은 우파 단체들이 몽파르나스에서 기습을 단행했다. 이들이 트럭에서 뛰어내려 손에 노란 곤봉을 들고 가장 좋은 카페의 테라스에 앉아 있던 프랑스 거류 외국인들을 때리기 시작했다. 나도 두세 차례에 걸쳐 그들에게 주먹질을 했다.

나는 막 이사를 해서 소르본 광장 3의 2번지에 가구가 모두 갖춰진 방에 자리 잡았다. 이곳은 시골풍의 작은 광장으로서 조용했고 나무들이 심어져 있었다. 여전히 거리에 삯마차들이 있었고, 자동차는 아직 드물었다. 나는 상당히 우아하게 각반을 찼고, 주머니가 네 개 달린 조끼를 입었으며 중산모자를 썼다. 남자들은 모두 모자를 쓰거나 철모를 썼다. 산세바스티안에서는 젊은이들 몇 명이 모자를 쓰지 않고 나갔다가 공격을 받았고 '호모' 취급을 당했다. 그리고 어느 날 나는 생미셸 대로의 보도 위에 내 중산모자를 내려놓고, 두 발을 모아 모자 위로 뛰어내렸다. 모자와는 완벽한 결별이었다.

이 시기 나는 키 작은 갈색 머리 여자를 알게 되었는데, 리타라

158

는 이름의 프랑스 여자였다. 나는 카페 셀렉트에서 그녀를 만났다. 그녀는 내가 한 번도 만나지 못한 아르헨티나 남자친구가 있었고, 들랑브르 거리의 한 호텔에 묵고 있었다. 우리는 상당히 자주 데이트 했고, 카바레와 영화관을 전전했다. 그 이상의 일은 일어나지 않았다. 나는 그녀가 나한테 관심이 있다고 느꼈다. 내 경우에는, 그녀에게 무관심하지 않은 정도였다.

나는 어머니한테 돈을 부탁하려고 사라고사로 갔다. 내가 사라고사에 도착하자마자 비센스가 내게 보낸 전보를 받고, 나는 리타가 자살했다는 사실을 알았다. 수사가 다 끝난 후 (약간은 아마도 나 때문에) 아르헨티나 남자친구와 일이 나쁘게 진행되었다는 사실이 드러났다. 내가 떠나던 날, 그 남자친구는 그녀가 호텔에 들어가는 것을 보았고 방에까지 쫓아 들어갔다. 이 방에서 무슨 일이 있었는지는 아무도 모른다. 그러나 결국 리타는 자기가 갖고 있던 작은 권총을 잡았고, 남자친구에게 총을 발사한 후 자신에게도 총을 쏘았다.

호아킨 페이나도와 에르난도 비녜스는 작업실을 함께 쓰고 있었다. 내가 파리에 도착하고 일주일도 되지 않아 이 작업실을 방문했는데, 이때 그 동네에서 해부학을 공부하고 있던 매력적인 젊은 여자 세 명이 왔다.

이 세 여자 중 한 명은 잔 뤼카르였다. 그녀는 내게 아주 예뻐 보였다. 프랑스 북부 출신이었는데, 자기 재단사 덕분에 파리의 스페인 집단을 아주 잘 알고 있었고, 리듬체조를 했다. 그녀는 심지어 1924년 파리 올림픽에서 이렌느 포파르Irène Popard 코치의 지도를 받아 동메달을 따기도 했다.

우리 마음대로 이 세 여자를 굴복시키자는 마키아벨리적인 (근본적으로 아주 어리석은) 생각이 즉시 내게 떠올랐다. 사라고사에서 기병 중위 한 명이 가장 완강한 저항도 굴복시킬 수 있는 강력한 최음제, 요임빈 염산염에 대해 예전에 내게 말한 적이 있었다. 나는 페이나도와 비녜스에게, 이 세 여자를 다시 오게 해서 이들에게 샴페인을 주고 이들의 잔에 요임빈 염산염 몇 방울을 넣는 게 어떠냐는 생각을 말했다. 나는 진짜로 그렇게 믿고 있었다. 그러나 에르난도 비녜스는 자신이 가톨릭 신자이며 그런 너절한 짓에는 절대로 가담하지 않겠다고 대답했다.

바꿔 말하면, 내가 잔 뤼카르를 상당히 자주 만나게 된 것 말고는 사실상 아무 일도 일어나지 않았다. 그녀는 내 아내가 되었고 지금도 여전히 그렇다.

첫 번째 연출

내가 거의 스페인 사람들만 만났던 파리에서의 초기 몇 년 동안 나는 초현실주의자들에 대해 거의 듣지 못했다. 어느 날 저녁 나는 카페 라 클로즈리 데 릴라 앞을 지나가다가 땅바닥 위에서 깨진 유리의 잔해를 보았다. 라쉴드Rachilde라는 부인을 위해 마련한 저녁 식사 때, 정확히 누군지 모르겠으나 두 명의 초현실주의자들이 그녀에게 욕설을 퍼붓고 뺨을 때려 많은 사람의 주먹다짐이 벌어지게 된 것이다.

솔직히 말해 나는 초기에는 초현실주의에 거의 관심이 없었다. 나는 열 페이지 정도 되는 희곡을 썼고, 여기에 아주 단순하게 「햄릿Hamlet」이라고 이름을 붙여 카페 셀렉트의 지하실에서 우리끼리 공연을 했다. 이것이 내가 연출가로서 경력을 시작한 일이다.

1926년 말경 진짜 기회가 찾아왔다. 에르난도 비녜스는 작곡가 에릭 사티Erik Satie를 세상에 처음으로 알린 저명한 피아니스트, 리카르도 비녜스Ricardo Viñes의 조카였다.

이 시기 암스테르담이라는 도시에는 유럽의 가장 중요한 음악 단체 중 두 개가 자리하고 있었다. 첫 번째 단체는 스트라빈스키Igor Stravinsky의 〈병사의 이야기L'Histoire du soldat〉를 성공적으로 공연한 참이었다. 두 번째 단체는 위대한 빌렘 멩겔베르크Willem Mengelberg가 지휘했다. 다른 교향악단의 성공에 버금가는 흥행을 하기 위해서 이들은 마누엘 데 파야의 〈페드로 주인의 인형극El retablo de maese Pedro〉을 공연하고자 했다. 『돈키호테Don Quixote』의 한 에피소드에서 끌어낸 짧은 작품인 이 곡으로 공연을 끝마칠 생각이었다. 그래서 그들은 연출가를 찾고 있었다.

리카르도 비녜스는 멩겔베르크를 잘 알았다. 「햄릿」덕분에 내게도 약간의 평판이 생겼지만, 솔직히 말해서 아주 하찮은 평판이었다. 요컨대, 나에게 연출 제안이 왔고 나는 그 제안을 받아들였다.

그것은 세계적인 평판이 있는 지휘자 및 탁월한 가수들과 함께 작업하는 일이었다. 우리는 파리의 에르난도 집에서 15일간 총연습을 했다. 사실상 〈페드로 주인의 인형극〉은 인형을 조종하는 사람의 작은 연극이었다. 원칙적으로 모든 등장인물은 가수의 목소리가 더빙된 인형들이다. 내가 쇄신한 부분은 가면을 쓰고 숨어 있는 네 명의 실제 인물을 도입한 것이었다. 이들이 인형을 조종하는 사람인 페드로 주인의 공연에 참석해 때때로 공연에 개입했는데, 오케스트라 박스에 있던 가수들이 매번 이들의 목소리를 더빙했다. 물론 나는 이 네 인물의 (무성의) 배역에 친구들을 기용했다. 이렇게 페이나도는 여관 주인 역을 했고, 내 사촌 라파엘 사우라는 돈키호테 역을 했다. 또 다른 화가 코시오 역시 출연진으로 나왔다.

이 공연은 암스테르담에서 서너 번 정도 열렸고, 객석은 만석이었다. 첫날 저녁, 나는 단순히 조명 조절을 잊어버렸다. 눈앞이 캄캄했다. 두 번째 공연에는 조명 전문가의 도움을 받아 오랜 작업 끝에 모든 것이 제대로 돌아갔고, 공연은 정상적으로 진행되었다.

나는 훨씬 이후인 1960년경 멕시코에서 한 번 더 연극 연출을 하게 된다. 희곡은 호세 소리야가 8일 만에 쓴 불멸의 희곡「돈 후안 테노리오」였고 내가 보기에는 구성이 탁월한 작품이었다. 이 희곡은 천국으로 끝나는데, 결투로 죽은 돈 후안은 도냐 이네스가 자기에 대해 품고 있는 사랑 덕분에 자기 영혼이 천국에서 구제되는 것을 보게 된다.

아주 고전적인 연출이었고, 우리가 대학생 기숙사에서 하던 패러디적 재현에서 아주 거리가 먼 작품이었다. 멕시코에서는 망자의 날 축제(이것은 스페인 전통이다)가 열릴 때 사흘 동안 이 작품을 공연했는데, 엄청난 성공을 거두었다. 사람들이 서로 들어오려고 떼밀어서 공연장의 유리문이 깨질 정도였다. 루이스 알코리사 Luis Alcoriza가 돈 루이스 역을 한 이 공연에서 나는 돈 후안의 아버지 돈 디에고 역을 맡았다. 그러나 나는 청각 장애가 생겨서 대사를 따라가는 데 큰 애를 먹었다. 나는 장갑을 끼고 멍하니 연기를 했고, 결과적으로 알코리사가 자신의 무대 연기를 바꾸고 나한테 와서 팔꿈치를 쳤는데, 대사를 읽어 주는 프롬프터가 내 근처에 있다는 것을 이런 식으로 알려 주었다.

영화 만들기

파리에 온 이후 나는 빈번하게 영화를 보러 갔다. 마드리드에서보다 훨씬 자주 갔는데, 매일 세 번씩 갈 정도였다. 내 친구가 구해 준 기자증 덕분에 나는 아침마다 바그람 홀 옆에서 사적으로 상영되는 미국 영화들을 보았다. 오후에는 동네 극장에서 영화 한 편을 보았다. 저녁에는 비유 콜롱비에Vieux Colombier나 스튜디오 데 쥐르실린Studio des Ursulines에 갔다.

내 기자증이 완전히 부당한 것은 아니었다. 크리스티앙 제르보 Christian Zervos 덕분에 나는 실제로 『레 카이에 다르』의 '낱장 인쇄물' 코너에 영화 비평을 썼고, 이 글 중 몇 개를 마드리드에 송고하기도 했다. 나는 아돌프 망주Adolphe Menjou에 대해, 버스터 키튼에 대해, 슈트로하임Erich von Stroheim의 〈탐욕Greed〉에 대해 글을 썼다.

우리에게 충격을 준 영화 중에서도, 특히 관람하는 동안 잊을 수 없는 감정으로 우리를 사로잡았던 영화는 세르게이 에이젠슈테인Sergei Eisenstein의 〈전함 포템킨Bronenosets Potemkin〉이다. 영화관을 나와서 알레지아 거리 바로 옆 길에 접어들었을 때 우리는 바리케이드를 쌓을 각오가 되어 있었고, 결국 경찰이 개입해야만 했다. 나는 오랫동안 이 영화가 영화사상 가장 아름다운 영화라고 말했다. 오늘날에는 잘 모르겠다.

또한 게오르그 빌헬름 팝스트Georg Wilhelm Pabst의 영화들, 무르나우F. W. Murnau의 〈마지막 웃음Der Letzte Mann〉, 그리고 무엇보다 프리츠 랑Fritz Lang의 영화들이 생각난다.

나는 프리츠 랑 감독의 〈피곤한 죽음Der mude Tod〉을 보면서 영화를 만들고 싶다는 강렬한 감정을 분명하게 느꼈다. 나는 세 편의 이야기 그 자체에는 관심이 없었지만, 주요 에피소드, 즉 플랑드르 마을에 검은 모자를 쓴 남자(나는 즉시 이 남자가 죽음을 뜻한다는 것을 알았다)가 도착하는 장면과 묘지 장면에 관심을 가졌다. 이 영화의 무언가가 나를 깊이 흔들어 놓았고, 내 생애를 비춰 주었다. 이 감정은 〈니벨룽겐의 노래Das Nibelungenlied〉, 〈메트로폴리스Metropolis〉 같은 프리츠 랑의 다른 영화들을 보고 더욱더 공고해졌다.

영화 만들기. 그런데 어떻게? 스페인 사람이면서 비평만 가끔 하는 나는 교분이라고는 하나도 없었다.

마드리드에서 나는 장 엡스탱Jean Epstein이라는 이름을 알고 있었는데, 그는 『에스프리 누보Esprit nouveau』에 글을 썼다. 본래 러시아 출신인 이 감독은, 아벨 강스Abel Gance와 마르셀 레르비에Marcel L'Herbier와 더불어 당시 프랑스 영화계에서 가장 유명한 인물 중 하나였다. 나는 엡스탱이 그즈음 러시아 이민자 출신의 배우, 그리고 내가 이름을 잊어버린 어떤 프랑스 배우와 협력해서 일종의 배우 아카데미를 만들었다는 소식을 들었다.

나는 즉시 여기에 등록하러 갔다. 나만 빼고 모든 학생은 러시아 사람이었다. 2~3주 동안 나는 배우 훈련과 즉흥 연기 등에 참여했다. 엡스탱은 예컨대 이렇게 말했다. "당신들은 사형선고를 받았고, 오늘이 처형 전날입니다." 그는 한 학생에게 비장하고 절망적인 체하라고, 다른 학생에게 버릇없고 불손한 체하라고 요구했다. 그리고 우리는 최선을 다했다.

장 엡스탱은 우리 중 가장 뛰어난 학생들에게 자기 영화의 작은 배역을 주기로 약속했다. 내가 등록하던 시기에 엡스탱은 〈로베르 마케르의 모험Les Aventures de Robert Macaire〉을 막 끝냈고, 나한테 배역을 주기에는 너무 늦은 상황이었다. 이후 그가 다른 영화 〈모프라Mauprat〉를 준비하고 있다는 것을 알고, 나는 어느 날 버스를 타고 몽트뢰유수부아Montreuil-sous-Bois에 있는 알바트로스 스튜디오Films Albatros에 갔다. 그를 만났을 때 나는 이렇게 말했다.

"제 말 좀 들어 보세요. 저는 당신이 다른 영화를 만들 거라는 사실을 압니다. 저는 영화에 아주 관심이 많지만, 기술적으로는 아무것도 모릅니다. 제가 당신에게 쓸모없을 수도 있습니다. 저한테 돈을 주실 필요는 없습니다. 청소하든 장을 보든 무슨 일이든 저를 써주십시오."

엡스탱이 내 말을 받아들였다. 파리에서뿐만 아니라 로모랑탱Romorantin과 샤토루Châteauroux에서도 이루어진 〈모프라〉의 촬영은 내가 영화를 처음으로 경험한 일이다. 이 영화에서 나는 스턴트까지 포함해서 거의 모든 것을 다 했다. 전투 장면 중 루이 15세, 아니면 루이 16세 시기의 병사 역할을 하느라 나는 벽 위에서 총 한 발을 맞는 시늉을 해야 했고, 3미터 가까이 되는 높이에서 그대로 떨어져야만 했다. 추락의 충격을 완화하려고 바닥에 매트리스를 깔아놓았지만, 어쨌거나 아주 아팠다.

이 촬영 중 나는 배우 모리스 쉴츠Maurice Schultz와 여배우 산드라 밀로바노프Sandra Milovanov와 친분이 생겼지만, 내가 무엇보다 관심을 가진 것은 그때까지 하나도 몰랐던 카메라다. 촬영 감독 알베르 뒤베르제Albert Duverger는 보조 없이 혼자 일했다. 그는 필름 통을 혼자서 갈아야 했고, 필름을 인화까지 해야 했다. 일정하게 리듬을 유지하면서 그는 혼자서 카메라의 크랭크를 돌렸다.

이 영화들이 모두 무성영화였기 때문에 스튜디오에서는 전혀 소리에 신경 쓸 필요가 없었다. 이들 중 몇 개(예컨대 에피네 스튜디오Studios d'Épinay)는 칸막이 전체를 유리로 만들었다. 영사기와 반사경이 엄청난 강도의 빛을 발산했기 때문에 우리 모두는 눈을 보호하고 심각한 장애를 피할 목적으로 흑연 처리된 안경을 써야 했다.

엡스탱은 나에게 약간 거리를 두었는데, 아마도 배우들을 웃기는 내 성향 때문이었을 것이다. 촬영에 대한 기이한 추억은 내가 로모랑탱에서 모리스 마테를링크Maurice Maeterlinck를 만난 것이다.

그는 비서와 함께 우리와 같은 호텔에서 묵고 있었다. 우리는 함께 커피를 마셨다.

〈모프라〉를 찍은 이후 엡스탱은 에드거 앨런 포Edgar Allan Poe의 소설을 각색한 동명의 영화 〈어셔가의 몰락la Chute de la maison Usher〉을 준비하고 있었다. 그는 스타 배우인 장 드뷔쿠르Jean Debucourt, 아벨 강스의 부인 마르그리트 강스Marguerite Gance를 기용했고, 이번에는 나를 두 번째 조감독으로 고용했다. 나는 에피네 스튜디오에서 실내 미술 작업까지 다 해야 했다. 심지어 하루는 조감독인 모리스 모를로Maurice Morlot가 근처 약국에서 혈색소를 사 오라고 나를 보냈는데, 하필이면 외국인을 싫어하는 약사를 만나게 되었다. 그는 내 발음을 듣고 내가 프랑스 거류 외국인이라는 것을 알아봤다. 그러면서 내가 달라는 것을 팔지 않겠다고 거칠고 모욕적으로 소리쳤다.

실내 촬영이 모두 다 끝난 날 저녁, 모를로는 스태프 전원에게 역에서 만나기로 약속을 잡았다. 그다음 날 도르도뉴에 야외 촬영을 하러 가야 했기 때문이다. 그런데 그때 엡스탱이 내게 말했다.

"촬영 감독과 잠깐 남아주세요. 아벨 강스가 두 여자의 스크린 테스트를 하러 올 거예요. 당신이 그를 도와줬으면 좋겠네요."

평소의 불손한 태도로, 나는 당신의 조감독이지 아벨 강스 선생과는 아무 상관이 없다고 대답했다. 나는 아벨 강스의 영화를 좋아하지 않았다. (이 말은 상당히 부정확한 단언인데, 세 개의 스크린으로 영사한 〈나폴레옹Napoléon〉은 나한테 상당히 인상적이었기 때문이다.) 내가 아벨 강스의 영화에 허식이 많다고 생각했다는 것도 덧붙일 수 있다.

이때 장 엡스탱이 내게 한 말 중엔 이전에 들었던 말도 있지만, 내가 한 마디도 놓치지 않고 기억하는 것은 다음의 말이다.

"어떻게 당신 같은 머저리가 그처럼 위대한 감독에게 감히 그렇게 말할 수 있지요?"

그는 우리의 협력이 방금 전에 끝났다고 덧붙였고, 실제로 그렇게 되었다. 나는 〈어셔가의 몰락〉의 야외 촬영에 참여하지 않았다. 그러나, 우리가 대화를 마치고 얼마 후 엡스탱은 약간 진정이 되었는지 나를 자기 자동차에 태워 파리로 데려다주었다. 가는 길에 그는 내게 몇 가지 충고를 했다.

"조심해요. 당신 안에는 초현실주의적 성향이 있어요. 그런 사람들을 가까이하지 마세요."

나는 영화계의 여기저기에서 계속 일했다.

나는 몽트뢰유에 있는 알바트로스 스튜디오에서 영화 〈카르멘 Carmen〉의 작은 밀수업자 역을 맡아 라켈 멜러Raquel Meller와 함께 연기했다. 이 영화는 내가 항상 예찬하는 감독 자크 페데르Jacques Feyder가 연출한 영화다. 그 몇 개월 전 내가 배우 아카데미에서 연기를 배울 때, 나는 기이하게도 자기 이름을 아다 브라질이라 부르라고 했던 아주 우아한 백인 러시아 여자와 함께 자크 페데르의 부인 프랑수아즈 로제Françoise Rosay의 집에 방문했다. 프랑수아즈 로제는 우리를 다정하게 맞아 주었지만, 우리에게 아무 일도 해줄 수 없었다.

〈어셔 가의 몰락〉을 촬영 중인 배우들(마르그리트 강스와 장 드뷔쿠르)과 장 엡스탱 감독의
조감독이었던 루이스 부뉴엘 (사진 카이에 뒤 시네마)

〈카르멘〉에 필요한 스페인 분위기 때문에 호아킨 페이나도와 에르난도 비녜스도 기타리스트로 출연했다. 카르멘이 돈 호세 옆에서 머리에 손을 올리고 테이블 옆에서 꼼짝하지 않고 서 있는 장면을 촬영할 때, 감독 자크 페데르는 지나는 길에 나한테 뭔가를 해 달라고, 가령 여자의 환심을 사는 동작을 해 달라고 요구했다. 나는 그의 말에 따랐지만, 여자에게 환심을 사는 내 동작은 아라곤에서 하던 꼬집기pizco, 즉 진짜 꼬집기였다. 이 때문에 여배우는 큰 소리가 나게 내 뺨을 때렸다.

장 엡스탱의 촬영 감독인 알베르 뒤베르제(그는 내 영화 〈안달루시아의 개〉와 〈황금시대〉의 촬영 감독이 된다)는 나한테 두 명의 감독, 즉 앙리 에티에방Henri Etiévant과 마리오 날파스Mario Nalpas를 소개해 주었다. 그들은 조세핀 베이커Joséphine Baker와 함께 영화 〈열대의 사이렌la Sirène des Tropiques〉을 준비하고 있었다. 프랑케르 스튜디오에서 촬영한 이 영화가 내 인생의 좋은 추억은 아니다. 이와는 아예 거리가 멀다. 그 여배우의 변덕은 나한테 견딜 수 없을 정도였다. 아침 9시에 촬영 준비가 다 된 상태로 만나기로 해 놓고, 그녀는 어느 날 오후 5시에 나타나서 문을 잠그고 분장실에 틀어박혀 있다가 분장에 쓰는 병들을 깨트리기 시작했다. 누군가 왜 그렇게 화가 났냐고 물었다. 대답은 "자기 개가 아픈 것 같대요."였다.

이때 이 영화에서 함께 연기한 피에르 바셰프Pierre Batcheff가 내 옆에 있었다. 나는 그에게 말했다.

"이게 바로 영화네."

그는 아주 건조하게 내게 대답했다.

"그건 당신 영화지, 내 영화는 아니에요."

나는 이 말을 인정할 수밖에 없었다. 다른 한편, 우리는 아주 좋은 친구가 되었고, 그는 〈안달루시아의 개〉에 출연했다.

이 시기 미국에서 니콜라 사코Nicola Sacco와 바르톨로메오 반제티Bartolomeo Vanzetti가 처형당했다. 전 세계에 엄청난 반향이 일었다. 파리의 교사들이 밤을 새워 시위했다. 〈열대의 사이렌〉의 전기 기사 중 한 명과 함께 나는 에투알 광장에 갔다. 여기서 나는 남자들이 오줌을 눠서 이름 모를 병사의 옷에 붙은 불을 끄는 것을 보았다. 상점 유리가 모두 깨졌고, 모두가 흥분상태였다. 이 영화에 출연한 영국 여배우는 자기가 머무는 호텔 로비에다 누군가 기관총을 쐈다고 내게 말했다. 세바스토폴 대로는 특히 피해가 컸다. 약탈 혐의로 기소된 용의자들이 열흘 후에도 계속 체포되었다.

〈열대의 사이렌〉의 야외 촬영이 시작되기 전에 나는 나 자신의 의사로 촬영 현장을 떠났다.

9
꿈과 몽상

만약 누군가 "당신에게 20년의 시간이 남아 있다면, 매일 주어지는 24시간 동안 무엇을 하고 싶은가?"라고 묻는다면, 나는 이렇게 대답할 것이다. "두 시간의 아주 활동적인 삶, 그리고 22시간의 꿈꾸는 삶을 달라. 물론 내가 이 꿈꾸는 삶을 기억한다는 조건으로. 꿈은 자기를 어루만져 주는 기억에 의해서만 존재할 수 있으니까."

나는 꿈을 아주 좋아한다. 내가 꾸는 꿈 거의 대부분이 악몽이라고 해도 마찬가지다. 내 꿈에는 항상 장애물이 있고, 이 장애물은 내가 이미 알고 있거나 기억해 내는 것이다. 어쨌거나 다를 것은 없다.

어떤 설명으로도 불가해한 꿈꾸는 기쁨과 그 꿈에 대한 광적인 사랑은 내가 지닌 강한 애착 중 하나다. 이는 곧 내가 초현실주의에 다가서게 된 이유다. 다시 말할 기회가 있겠지만, 〈안달루시아의 개〉는 내가 꾼 꿈과 달리가 꾼 꿈이 만나면서 태어났다. 이후 나는 내 영화에 꿈을 도입했고, 대개는 그 꿈들이 생겨난 합리적이고 설명적인 측면들을 피하려고 애썼다. 어느 날 내가 멕시코의 제작자에게 이렇게 말했는데, 그는 이 농담을 거의 이해하지 못했다. "만약 영화가 너무 짧으면, 나는 거기에 꿈 장면을 넣겠소."

잠자는 동안 뇌는 외부 세계로부터 자기를 보호하고 소음, 냄새, 빛에 훨씬 덜 민감해진다고들 말한다. 반면 뇌는 내부에서 물결처럼 쇄도하는 꿈의 진짜 폭풍우로 폭격을 받는 것 같다. 이렇게 수십억 개의 이미지가 밤마다 솟아올랐다가 대부분이 즉시 사라져 버리고, 사라진 꿈의 외투가 대지를 뒤덮는다. 이런저런 사람들의 뇌가 하룻밤 사이에 모든 것, 완전한 모든 것을 상상하고 잊어버린다.

나는 충실한 동반자처럼 내 인생을 계속 따라온 열다섯 개가량의 되풀이되는 꿈을 목록으로 만드는 데 성공했다. 이중 어떤 꿈은 진짜로 진부하다. 절벽에서 황홀하게 떨어진다, 호랑이나 황소에게 쫓긴다, 나는 방 안에 있고 뒤에 있는 문을 닫았는데 황소가 문으로 돌격한다, 기타 등등.

또는, 인생의 모든 시기에 나는 갑자기 다시 시험을 봐야 하는 상황에 놓인다. 시험을 성공적으로 통과했다고 생각했는데, 전혀 그렇지 않았다. 나는 다시 시험장에 가야 하는데, 물론 내가 알아야 하는 것을 모두 잊어버린 상태다.

1928년 피게레스에서, 루이스 부뉴엘(왼쪽)과
살바도르 달리(오른쪽)

비슷한 유형이지만 또 다른 꿈은, 연극이나 영화를 하는 사람들이 자주 꾸는 꿈이다. 나는 무대에서 대사 한 마디도 모르는 역할을 몇 분 동안 연기해야 한다. 이 꿈은 아주 길 수도 있고 아주 복잡할 수도 있다. 나는 불안에 빠지고 심지어 공포에 사로잡히는데, 관객들이 참지 못하고 야유를 한다. 나는 누군가를, 즉 프롬프터나 연극연출가를 찾아가서 말한다. "이건 정말 끔찍하네요. 내가 뭘 할 수 있지요?" 그는 나 혼자 알아서 하라고 차갑게 대답한다. 막이 올라가고, 더 이상 기다릴 수 없는 상황이 온다. 나는 극도의 불안에 사로잡혀 있다. 나는 〈부르주아의 은밀한 매력Le charme discret de la bourgeoisie〉(1972)에서 이 꿈의 이미지 몇 개를 복원하려고 했다.

또 다른 불안은 군대로 돌아가는 것이다. 나는 쉰이나 예순의 나이에 낡은 군복을 입고 마드리드에서 군 복무를 했던 병영으로 되돌아간다. 나는 아주 불안한 상태여서 벽에 바짝 붙어 지나가고, 사람들이 나를 알아볼까 봐 겁을 먹는다. 내 나이에 아직도 군인이라는 점에서 약간의 수치심을 느낀다. 그렇지만 그렇게 되어버렸고, 다른 식으로는 방법이 없다. 반드시 연대장에게 말해야 한다, 그에게 내 경우를 설명해야 한다. 그런데, 인생의 모든 일을 다 겪은 후 내가 아직도 병영에 있다는 사실을 그가 어떻게 생각할 것인가?

때로는 성인인 내가, 유령이 숨어 있다는 것을 알면서 칼란다의 집으로 되돌아간다. 이 꿈은 아버지가 돌아가신 후 내게 나타난 아버지의 환영에 대한 추억이다. 나는 불도 안 켠 방으로 용감하게 들어가서 그 유령을 부른다. 그 유령이 무엇이든 나는 유령을 도발하고 심지어 유령에게 모욕을 준다. 이때 내 뒤에서 소리가 들리더니 문이 닫히고 나는 공포에 질려 잠이 깬다. 나는 아무도 보지 못했다.

대부분의 사람들이 겪는 일이 내게도 일어나는데, 바로 아버지 꿈을 꾸는 것이다. 아버지가 가족과 식탁에 앉아 계시는데, 표정이 아주 심각하다. 아버지는 천천히 아주 조금씩 식사를 하시고 말씀은 거의 하지 않는다. 나는 아버지가 돌아가셨다는 사실을 안다. 나는 어머니나 내 곁에 앉은 여동생에게 귓속말을 한다. "아버지께 절대로 말을 걸지 마."

자고 있을 때, 돈이 모자란 것도 나를 괴롭힌다. 나는 빈털터리고, 내 은행 계좌에는 한 푼도 없다. 호텔비는 어떻게 내지? 이것은 나를 가장 집요하게 따라다니는 악몽 중 하나다. 아직도 이런 꿈을 꾼다.

기차의 꿈만큼 충실하게 다시 꾸는 꿈도 없다. 나는 기차의 꿈을 백 번도 넘게 꿨다. 이야기는 항상 같지만, 세부 사항이나 뉘앙스는 매번 새롭고 섬세하게 바뀐다. 나는 기차에 타고 있는데, 내가 모르는 곳으로 가고 있고, 짐은 선반 위에 있다. 갑자기 기차가 역에 들어서서 멈춘다. 뻣뻣해진 다리를 풀고 간이식당에서 한잔하려고 나는 자리에서 일어나 플랫폼에 내린다.

그러나 나는 이때 아주 조심스럽게 움직이는데, 그것은 내가 이같은 꿈을 이미 자주 꿔서 플랫폼에 발을 딛는 순간 갑자기 기차가 떠나리라는 사실을 알고 있기 때문이다. 나한테 함정을 파놓은 것이다.

이 때문에 나는 경계를 늦추지 않은 채로 플랫폼의 시멘트 위에 한발을 조심스럽게 내려놓고, 무심한 듯 휘파람을 불면서 왼쪽 오른쪽으로 눈길을 던지는데, 기차는 전혀 움직일 기미가 없고 내 주변에서 승객들이 정상적으로 내리고 있다. 그런데, 내가 다른 쪽 발을 내딛겠다고 마음먹는 바로 그 순간, 기차가 갑자기 대포알처럼 출발해 버린다. 더 심각한 것은 기차가 내 짐을 모두 가지고 가 버렸다는 점이다. 나는 큰소리로 욕을 하고, 갑자기 사막처럼 텅 빈 플랫폼 위에 홀로 있다가 잠에서 깨어난다.

장클로드 카리에르와 함께 시나리오 작업을 할 때면, 우리는 맞붙어 있는 호텔 객실 두 개를 쓴다. 따라서 그는 벽 너머로 내가 지르는 소리를 듣게 될 때가 있다. 그는 전혀 걱정하지 않고 이렇게 말한다. "저런, 기차가 떠났군." 실제로 그렇다. 그 다음 날이면 나는 간밤에 또다시 기차 꿈을 꾸었다는 사실을 떠올리게 된다. 나를 짐도 없이 플랫폼에 혼자 내버려 두고 갑자기 떠나 버리는 꿈 말이다.

반면에 나는 단 한 번도 비행기 꿈을 꾼 적이 없다. 그 이유가 궁금하기는 하다.

사람들은 다른 사람이 꾸는 꿈에 아무 관심이 없으므로, 꿈 이야기를 너무 오래 끌지 않도록 하겠다. (그러나 은밀하고 상상적이고 비현실적인 부분을 말하지 않고, 한 사람이 어떻게 자기 인생을 말할 수 있겠는가?) 두세 개의 꿈만 더 말하고 끝내겠다.

먼저 내 사촌 라파엘에 대한 꿈인데, 나는 이 꿈을 〈부르주아의 은밀한 매력〉에 거의 그대로 옮겨 놓았다. 이 꿈은 음산하고 상당히 우울하며 달콤하다. 내 사촌 라파엘 사우라는 오래전에 죽었고 나는 이 사실을 알고 있다. 그런데 텅 빈 거리에서 갑자기 그를 만난다. 나는 놀라서 그에게 묻는다. "그런데, 도대체 여기서 뭘 하는 거야?" 그는 내게 슬프게 대답한다. "나는 매일 여기 와." 나는 갑자기 어둡고 뒤죽박죽인 집에 들어와 있는데, 온갖 곳에 거미줄이 쳐져 있고, 라파엘이 여기로 들어오는 것을 본다. 내가 라파엘을 부르지만 그는 아무 응답도 없다. 나는 다시 밖으로 나가 바로 그 텅 빈 거리에서 이번에는 엄마를 부르고, 이렇게 묻는다. "엄마, 엄마, 이 그림자들 속에서 왜 길을 잃으셨어요?"

이 꿈은 내게 아주 강렬한 인상을 주었다. 이 꿈을 꾸었을 때 나는 대략 일흔 살이었다. 얼마 후 아주 선명한 또 다른 꿈에 나는 충격을 받았다. 나는 갑자기 성모님을 보았다. 부드러운 빛으로 환히 빛나고 계셨고, 내게 두 손을 내미셨다. 의심의 여지없이 아주 강렬하게 모습을 드러낸 것이다. 성모님이 나한테, 신앙심도 없고 침울한 나한테, 세상의 온갖 부드러움을 다 담아 말씀을 하셨고, 나는 그 주변에서 슈베르트 음악을 또렷하게 들었다. 나는 이 이미지를 〈은하수La Voie lactée〉(1969)에서 복원하고 싶었지만, 영화 속의 이미지는 꿈에서 내가 겪은 즉각적인 설득력이 떨어졌다. 나는 무릎을 꿇었고, 내 눈은 눈물로 가득 찼으며, 신앙심이 갑자기 나를 사로잡는 것이 느껴졌다. 떨리는, 불굴의 신앙심이. 잠에서 깼을 때, 나는 2~3분 후 겨우 진정을 되찾을 수 있었다. 잠을 깨는 순간에도 나는 여전히 "예, 예, 성모님, 믿습니다."라는 말을 반복하고 있었다. 심장이 아주 빨리 뛰었다.

　이 꿈에 약간 에로틱한 성격이 있다는 점을 덧붙인다. 이 에로
티시즘은 플라톤적인 사랑이라는 정숙한 한계 속에 있지만, 그래
도 자명하다. 아마도 꿈이 더 오래 지속되었다면 이 정숙함이 사
라져 버렸을까? 정숙함이 진정한 욕망에 자리를 양보했을까? 나
도 모르겠다. 나는 그저 분별력을 잃고 가슴으로 감동하고 반했
다고 느꼈을 뿐이다. 이는 인생 전체를 통틀어 내가 꽤 여러 번 느
낀 감정이다. 단지 꿈에서뿐만 아니라.

　어느 꿈에서 (불행하게도 15년 정도 이전에 이 꿈을 꾼 이후 다시 꾸
지 못했다. 잃어버린 꿈을 되살리려면 어떻게 해야 할까?) 나는 상당히
자주 성당에 갔고, 기둥 뒤에 숨겨진 버튼을 눌렀다. 제단이 서서
히 회전하더니 비밀 계단이 나타났다. 나는 지하의 숨겨진 방들
을 찾아 들어가려고 설레는 가슴으로 계단을 내려갔다. 이 꿈은
상당히 길고 약간은 불안했지만, 내 마음에 들었다.

　마드리드에서 어느 날 밤 나는 웃음을 터트리면서 잠에서 깼다.
나는 계속 웃었고, 웃음을 멈출 수 없었다. 아내가 내게 그 이유를
물었는데, 나는 이렇게 대답했다. "여동생 마리아가 내게 베개를
선물하는 꿈을 꿨어." 이 말은 내가 정신분석가들에 남기는 문장
이다.

　마지막으로 갈라Gala에 대해 한마디 하기로 하자. 갈라는 내가
항상 피했던 여자이고, 나는 이를 숨길 이유가 없다. 나는 1929년
바르셀로나 국제 엑스포 때 카다케스에서 갈라를 처음 만났다.

갈라는 이곳에 그 당시 남편이었던 폴 엘뤼아르Paul Éluard와 딸 세실과 함께 왔다. 르네 마그리트René Magritte와 그의 부인, 그리고 벨기에 화랑의 주인 고에망Camille Goemans이 함께 있었다.

모든 것이 실언에서 시작되었다.

나는 카다케스에서 대략 1킬로미터 떨어진 살바도르 달리의 집에 머무르고 있었고, 다른 사람들은 호텔에 묵고 있었다. 달리는 흥분해서 나한테 말했다. "방금 대단한 여인이 도착했어." 그날 저녁 우리는 모두 술을 마시러 갔고, 그 후 그들은 달리의 집까지 걸어서 우리를 배웅하겠다고 마음먹었다. 가는 길에 우리는 이런저런 주제로 수다를 떨었고, 갈라는 내 곁에서 걷고 있었다. 나는 여자에게서 무엇보다 혐오스러운 점이 눈에 띄게 허벅지를 벌리는 행동이라고 말했다.

다음 날 우리는 해수욕을 하러 갔다. 그리고 나는 갈라의 허벅지가 정확히 내가 그 전날 혐오한다고 말한 바로 그 모습인 것을 보았다.

그날부터 그다음 날 사이 나는 더 이상 달리를 인정하지 않았다. 우리 사이에 의견의 일치는 완전히 사라졌고, 나는 심지어 〈황금시대〉의 시나리오 작업을 달리와 같이 하겠다는 생각도 완전히 접었다. 그는 갈라에 대한 이야기밖에 하지 않았고 그녀가 한 말 하나하나를 되풀이해서 말했다. 완전히 변한 것이다.

폴 엘뤼아르와 벨기에인들은 갈라와 그의 딸 세실을 남겨 두고 며칠 뒤에 떠났다. 어느 날 우리는 한 어부의 아내인 리디아와 함께 보트를 타고 바위섬 한가운데로 소풍하러 갔다. 나는 달리에게 경치의 한구석을 가리키면서, 저 풍경을 보니 호아킨 소로야 Joaquín Sorolla(발렌시아 출신의 상당히 진부한 화가)의 그림이 떠오른 다고 말했다. 달리는 화가 잔뜩 나서 내게 소리쳤다.

"너는 어떻게 저렇게 아름다운 바위섬들 앞에서 그따위 몰상식 한 말을 할 수 있지?"

달리 말이 맞다고 갈라가 끼어들었다. 첫 단추를 잘못 끼운 것 이었다.

소풍이 끝날 무렵 우리는 술을 상당히 많이 마신 상태였는데, 어떤 주제였는지는 모르겠지만 갈라가 다시 나를 공격했다. 나는 바로 자리에서 일어나서 그녀를 붙잡고 바닥에 눕힌 다음 두 손 으로 목을 졸랐다.

공포에 질린 어린 세실은 어부의 부인과 바위들 사이로 도망쳤 다. 달리는 무릎을 꿇고 갈라를 살려달라고 나한테 애원했다. 나 는 당시 머리끝까지 화가 났지만, 통제력을 잃지는 않았다. 나는 내가 그녀를 죽이지 않을 거라는 사실을 알고 있었다. 내가 원한 모든 건 그저 그녀의 혀끝이 이빨 사이로 지나가는 모습을 보는 것뿐이었다.

결국 나는 그녀를 풀어 주었다. 그녀는 이틀 뒤에 떠났다.

이후 내가 들은 이야기는, 폴 엘뤼아르가 파리에서 나전 손잡이 가 달린 작은 권총 없이는 절대로 외출하지 않는다는 말이었다. (이후 우리는 얼마간 몽마르트르 묘지 위쪽에 있는 같은 호텔에 묵었 다.) 내가 그녀를 죽일 거라고 갈라가 그에게 말했기 때문이다.

고백하자면 이 모든 일이 생각난 것은, 이로부터 50년 후 내가 여든의 나이가 되어 멕시코에서 어느 날 갑자기 갈라의 꿈을 꾸었기 때문이다.

나는 극장의 칸막이석 안에서 등을 돌리고 있는 갈라를 보았다. 나는 부드럽게 갈라를 불렀고, 그녀가 몸을 돌렸고, 자리에서 일어나서 내게 다가오더니 사랑스러운 입술로 키스를 했다. 나는 지금도 그녀의 향수와 몹시 부드러웠던 피부가 생각난다.

이 꿈은 분명 내 인생에서 가장 놀라운 꿈이었다. 성모님의 꿈보다 더 놀라운 꿈.

꿈에 대해 1978년 파리에서 일어난 흥미로운 일화 하나가 생각난다. 내 친구이자 탁월한 멕시코 화가 히로네야Alberto Gironella는 연극 무대를 장식하는 자신의 부인 카르멘 파라Carmen Parra, 그리고 일곱 살 난 아이와 함께 프랑스에 왔다. 나는 이들의 부부 생활이 그렇게 좋지는 않았을 거라고 생각한다. 부인은 멕시코로 돌아갔고 화가는 파리에 남았는데, 그는 사흘 후에 자기 부인이 이혼 절차를 밟기 시작했다는 소식을 들었다. 그는 너무 놀라서 그 이유를 물었다. 변호사가 그에게 대답했다. "부인이 꾸었던 꿈 때문이랍니다."

이 둘은 실제로 이혼했다.

실제로 나는 꿈에서 온전하고 만족스럽게 사랑을 나눌 수 없었는데, 나는 내 경우가 그다지 드물지 않다고 생각한다. 가장 빈번하게 등장하는 장애물은 시선이다. 내가 여자와 함께 어떤 방 안에 있다면, 그 방 정면에 있는 창을 통해 사람들이 웃으면서 우리를 바라보는 것이다.

우리는 방을 바꾸고 때로는 심지어 집도 바꾸었다. 허탕이었다. 호기심 많은 똑같은 시선들이 조롱하면서 우리를 따라다녔다. 마침내 삽입의 순간이 왔다고 생각했을 때, 여자의 성기는 꿰매져 있고 막혀 있었다. 때로는 심지어 성기 자체가 없었고, 어느 조각상의 매끄러운 몸에서처럼 성기가 지워져 있었다.

한편 내가 평생 달콤하게 꾸었던 백일몽에서는 아주 길고 섬세하게 준비한 에로틱한 모험이 은밀하게 그 목적에 도달할 수 있었다. 예컨대 나는 아주 어릴 때 잠에서 완전히 깬 채로 스페인의 왕 알폰소 13세의 부인인 아주 아름다운 왕비 빅토리아가 나오는 백일몽을 꾸었다. 열네 살 때 나는 〈비리디아나〉의 기원이라고 할 만한 작은 시나리오를 상상하기도 했다. 왕비가 저녁때 자기 방으로 돌아가고, 시종들이 그녀가 눕는 것을 도와준 뒤에 그녀를 방에 혼자 남기고 간다. 이때 그녀는 우유 한 잔을 마시는데, 나는 여기에 강력한 마취제를 넣어 둔다. 그리고 잠시 후 여왕이 깊이 잠들자마자, 나는 여왕과 육체관계를 가질 수 있는 여왕의 침대로 들어간다.

눈 뜬 채 하는 몽상은 아마도 꿈만큼이나 중요하고 그만큼이나 예측할 수 없으며 강력하다. 여느 사람들처럼, 나는 평생 환희에 가득 차서 내가 투명 인간이며 만질 수 없는 사람이라고 상상했다. 이러한 기적을 통해 나는 세계에서 가장 강력한 무적의 인간이 된다. 이 몽상은 제2차 세계대전 시기에 수없이 변주되면서 오랫동안 나를 따라다녔다. 무엇보다 이 몽상은 '최후통첩'이라는 아이디어에 기반을 두고 있었다. 내 보이지 않는 손이 히틀러에게 종이 한 장을 건네고, 괴링Hermann Göing과 괴벨스Joseph Goebbels와 그 도당들을 총살하라고 그에게 24시간을 준다. 안 그러면 당신 큰일나게 될 거야. 히틀러는 하인들, 비서들을 불러서 이들에게 호통을 친다. "누가 이 종이를 가져왔어?" 그의 사무실 구석에 있지만 전혀 보이지 않는 나는, 아무짝에도 쓸모없는 히틀러의 광란을 지켜본다. 그다음 날 나는 예컨대 괴벨스를 암살한다. 그리고 무솔리니Benito Mussolini에게 똑같은 짓을 하려고 이번에는 로마로 간다. (편재성은 항상 불가시성과 짝을 이룬다.) 막간에 나는 어느 매력적인 여인의 침실에 들어가, 보이지 않은 채 소파에 앉아서 그녀가 옷을 벗는 것을 오랫동안 지켜본다. 그 후 발을 동동 구르고 있는 히틀러에게 최후통첩을 되풀이하려고 돌아간다. 올 때와 마찬가지로, 아주 빨리.

마드리드에서 대학생 시절 때, 페핀 베요와 과다라마산맥에서 산책을 하던 중에 나는 탁월한 경관과 산맥들 한가운데 있는 거대한 분화구를 그에게 보여 주려고 때때로 걸음을 멈추고 말했다. "저 주변에 요새가 있다고 상상을 해봐. 방어용 요철도 있고 성곽 밖에 외호外湖도 있고 돌출 회랑도 있다고 생각해 보라고. 그 안쪽에 있는 모든 것이 다 내 거라고. 군인도 있고 노동자도 있지. 장인도, 예배당도. 우리는 평화롭게 사는 거야. 비밀 문으로 들어오려고 하는 호기심 많은 사람에게 화살이나 몇 개 날리는 데 만족하고서 말이야."

나는 중세 시대에 대해 막연하면서도 지속적인 매력을 느꼈기 때문에 세상에서 고립되어 살면서 자신의 영지를 강하게, 너끈히 지배하는 봉건 영주의 이미지를 꽤 자주 떠올리곤 했다. 그는 큰일은 전혀 하지 않고 때때로 작은 난교 파티를 벌일 뿐이다. 야생 동물을 통째로 굽고 있는 장작불 앞에서 꿀물이나 좋은 포도주를 마신다. 시간이 흘러도 상황은 전혀 변하지 않는다. 자발적으로 성안에서만 산다. 여행이란 없다.

아마도 내가 이런 꿈을 꾸는 유일한 사람은 아닐 테지만, 나는 또한 갑자기 하늘이 돕듯 쿠데타가 일어나서 내가 전 지구적 독재자가 되는 것을 상상한다. 나는 모든 권력을 다 누린다. 내 명령에 반대하는 사람은 아무도 없다. 이런 몽상이 나타나는 모든 경우 내가 하는 첫 번째 결정은 모든 불안의 근원인 정보의 확산을 막는 것이다.

다음으로, 매일매일 멕시코를 짓누르는 인구 폭발 앞에서 내가 공포에 질렸을 때, 열 명 정도의 생물학자들을 소환해서 지구에 잔혹한 바이러스를 퍼트려 20억 인구를 지구에서 없애 버리라는 명령을 내리는 상상을 한다. 우선 나는 이들에게 용감하게 말한다. "내가 이 바이러스에 걸리는 한이 있더라도." 그리고 비밀스럽게 어려운 일에 착수할 시도를 하고, 우리 가족의 몇몇 사람, 내 가장 친한 친구들, 내 친구들의 가족이나 친구들 등 구할 사람들 목록을 작성한다. 목록 작성이 한없이 이어진다. 나는 결국 포기한다.

나는 또한 최근 10년 간 최대 석유 매장 지역 지하에 75개의 원자폭탄을 터트려 불행의 또 다른 근원인 석유를 세상에서 없애버릴 상상을 했다. 나는 석유 없는 세상을 내 중세적 유토피아에 버금가는 일종의 가능한 천국으로 생각했고, 지금도 늘 그렇다. 그러나 75개의 원자폭탄 폭발은 실제적인 문제들을 일으키기 때문에, 기다려야 할 것 같다. 아마도 우리는 훗날 이에 대해 다시 얘기하게 될 것이다.

어느 날 내가 산호세 푸루아에서 루이스 알코리사와 시나리오 작업을 하고 있을 때였다. 라이플을 들고 우리 둘 다 강으로 내려갔다. 강가에 도착해서 나는 갑자기 알코리사의 팔을 잡고 그에게 강 반대편에 있는 어떤 것을 보여 준다. 그것은 나뭇가지에 앉은 당당한 새, 독수리다!

알코리사가 라이플을 잡아 어깨총을 하고 쏜다. 새는 잡목숲으로 떨어진다. 그는 어깨까지 물에 젖은 채 강을 건너고, 잡목을 헤치고 나아가 박제로 만든 새 한 마리를 발견한다. 발에 붙어 있는 딱지 하나가 내가 이 박제 새를 산 가게와 지급한 가격을 말해 준다.

또 한번은 산호세의 식당에서 나는 알코리사와 저녁 식사를 한다. 아주 예쁜 여자가 혼자 와서 바로 옆 테이블에 자리를 잡는다. 자연스럽게도 알코리사의 시선은 즉시 그녀를 향한다. 나는 그에게 말한다.

"알코리사, 우리가 여기 일하러 온 거 알죠? 저는 당신이 여자들이나 쳐다보면서 시간을 낭비하는 것을 좋아하지 않아요."

그가 대답한다. "맞습니다. 저도 압니다. 죄송합니다."

우리는 계속 식사한다.

그러나 잠시 후 디저트를 먹을 때 그의 시선은 어쩔 수 없이 다시 혼자 있는 아름다운 여인을 향해 있다. 그는 그녀를 보고 웃고, 그녀 역시 그를 보고 웃는다.

나는 그에게 심각하게 화를 내면서 우리가 산호세에 온 것은 시나리오를 쓰기 위해서라고 다시 한번 상기시켜 준다. 그리고 그의 '마초' 같은 태도, 여자 꽁무니나 쫓아다니는 태도가 맘에 들지 않는다고 덧붙인다. 이번에는 그가 화가 나서 내게 말하기를, 여자가 자기를 보고 웃을 때, 웃음을 즉시 웃음으로 돌려주는 것이 남자의 의무라는 것이다.

나는 화가 나서 자리를 뜨고 내 방으로 돌아온다.

알코리사는 조용해져서 디저트를 마저 다 먹고 옆자리의 여자와 합류한다. 그들은 서로 알게 되어서 커피 한 잔을 함께 마시고 잠시 수다를 떤다. 그 후 알코리사는 자기 방으로 여자를 데려가고, 다정하게 옷을 벗긴 후 여자의 배에 문신으로 네 마디 말이 쓰여 있는 것을 본다. "루이스 부뉴엘이 주는 선물."

이 여자는 우아한 멕시코의 매춘부다. 나는 거금을 치르고 그녀를 산호세로 불렀는데, 그녀는 내 지시를 충실하게 따랐다.

물론, 독수리 이야기나 매춘부의 이야기 모두 진짜 일어난 일이 아니라 꿈속에서 상상한 농담이다. 그러나 최소한 두 번째 경우, 알코리사 역시 여기에 굴복했으리라고 확신한다.

10
초현실주의
1929~1933

1925년과 1929년 사이에 나는 몇 번에 걸쳐 스페인으로 되돌아왔고, 내 기숙사 친구들을 다시 만났다. 스페인에 돌아온 어느 날 달리가 내게 열광적으로 말하기를, 로르카가 방금 탁월한 희곡 한 편을 썼다는 것이다. 그것이 「정원에서 벨리사와 사랑에 빠진 돈 페를림플린Amor de Don Perlimplín con Belisa en su jardín」다.

"네가 반드시 읽어 봐야 해."

로르카는 주저하는 듯 보였다. 그는 극예술의 섬세함을 이해하기에는 내가 너무 초보적이고 촌놈이라고 여러 번 말한 바 있다. 완전히 틀린 말은 아니었다. 하루는 내가 모르는 어느 귀족의 집에 찾아갈 때, 로르카는 심지어 나와 동행하기를 거부했다. 어쨌거나 달리가 고집을 피워서 로르카는 내가 자기 희곡을 읽을 수 있게 해 주었고, 나시오날 호텔의 지하 바에 우리 셋이 모이게 됐다. 나무로 된 칸막이 사이사이에는 중부 유럽의 맥주홀에서처럼 격자무늬가 그려져 있었다.

로르카가 자기 희곡을 낭독하기 시작했다. 이전에 말한 대로, 그의 낭독은 정말 탁월하다. 그러나 노인과 젊은 여자의 이야기에는 뭔가 내 맘에 들지 않는 것이 있었다. 1막 끝 무렵에 이들은 닫집이 달린 침대에 함께 눕고 커튼이 모두 닫힌다. 이 순간에 난쟁이가 환기 장치의 구멍에서 나와 관객에게 말한다. "아이참, 존경스러운 관객님들, 이것이 돈 페를림플림과 벨리즈가……."

나는 테이블을 두들겨서 낭독을 중단시키고 말했다.

"그만하면 충분해, 로르카. 개똥 같은 작품이야."

로르카는 파랗게 질려 원고를 접었고 달리를 쳐다봤는데, 달리가 굵은 목소리로 내 말을 확인해 주었다.

"부뉴엘 말이 맞아. 개똥 같은 작품이야Es una mierda."

나는 이 희곡이 어떻게 끝나는지 몰랐다. 이번 기회에 내가 로르카의 희곡을 그다지 예찬하지 않는다는 점을 고백해야 한다. 내가 보기에 그의 희곡은 상당히 수사적이고 삽화가 너무 많은 것 같다. 그의 삶, 그의 개성은 그의 작품을 훨씬 더 뛰어넘는다.

나중에 나는 마드리드의 테아트로 에스파뇰Teatro Español에서 「예르마Yerma」를 초연할 때 내 어머니, 여동생 콘치타, 여동생의 남편과 함께 갔다. 나는 이날 저녁 좌골 신경통 때문에 너무 아파서 칸막이 좌석의 발 받침대 위에 한 발을 올려놓고 있었다. 막이 올랐다. 목동 하나가 기나긴 시를 낭송할 시간을 벌어야 해서 아주 천천히 무대 위를 지나갔다. 그는 양가죽을 작은 끈들로 동여

매서 장딴지 둘레에 두르고 있었다. 낭송은 끝날 줄을 몰랐다. 이미 참기 힘들었지만, 나는 견뎠다. 장면들이 지나갔다. 3막이 시작할 때가 되었다. 시냇물 장식 근처에서 아낙들이 빨래를 시작했다. 작은 종소리를 듣고 이들이 소리친다. "양 떼다! 양 떼가 왔다!"

막을 올린 두 사람이 무대 뒤쪽에서 종을 흔들고 있었다. 마드리드의 모두가 이 연출이 독창적이고 아주 현대적이라고 생각했다. 나는 화가 나서 여동생의 부축을 받으며 극장을 나섰다.

내가 초현실주의로 넘어가면서 나는 이 자칭 아방가르드[로르카]에게서 상당히 오랫동안 멀어지게 되었다.

카페 라 클로즈리 데 릴라의 유리창이 깨진 이후, 나는 초현실주의가 제안한 훨씬 더 비합리적인 표현 형식에 점점 더 끌리게 되었다. 초현실주의는 장 엡스탱이 나한테 가까이하지 말라고 경고한 바로 그 사조였는데, 그의 충고가 결국 헛되었던 셈이다. 잡지 『라 레볼뤼시옹 쉬르레알리스트*La Révolution surréaliste*』에 "벤자민 페레Benjamin Péret가 한 사제에게 모욕을 주다"라는 설명과 함께 게재된 사진이 특히 내게는 충격이었다. 또한 같은 잡지에 실린 설문조사, 즉 초현실주의 모임에 속한 각기 다른 구성원들에게 수행한 성에 대한 설문조사에 나는 매혹되었는데, 이들은 분명 완전히 자유롭고 솔직하게 대답했다. 오늘날에는 진부해 보이지만, 그 당시 이 설문조사("어디에서 섹스하는 것을 좋아하시나요? 누구랑? 자위를 어떻게 하지요?")는 내게 놀라운 것이었다. 아마도 이 분야에서는 처음 나온 설문조사였다.

1928년에 대학생 기숙사의 강의 및 강연 동아리의 초청으로 나는 마드리드에 가서 아방가르드 영화에 대해 강의하고, 르네 클레르René Clair의 〈막간Entr'acte〉, 장 르누아르Jean Renoir의 〈물의 딸la Fille de l'eau〉, 알베르토 카발칸티Alberto Cavalcanti의 〈오직 시간만Rien que les heures〉, 그리고 구멍에서 느리게 나오는 대포알 등과 같이 극도로 느린 화면을 보여 주는 숏 몇 개를 제시했다. 듣자하니 마드리드 최고의 상류 사회 사람들도 참석했다던 이 강연은 엄청난 성공을 거두었다. 오르테가 이 가세트는 상영이 끝난 후 나한테 고백하기를, 자신이 조금 더 젊었으면 그 또한 영화 쪽으로 방향을 틀었을 거라고 했다.

강연에 앞서 나는 페핀 베요에게 귀띔했다. 이토록 근사한 관객들 앞에서 '생리 주기 콩쿠르'를 개최해 상을 수여하겠다고 공언할 절호의 기회가 바로 지금이라고 말이다. 그러나 다른 많은 기획처럼 이 초현실주의적 행위를 실행에 옮기지는 못했다.

그때만 해도 스페인을 떠난 많은 사람 중 영화에 대한 개념을 약간이라도 가진 사람은 아마도 나뿐이었을 것이다. 이 때문에 고야 서거 백 주년을 계기로 사라고사의 고야 위원회가 이 아라곤 출신 화가의 삶에 대한, 즉 그의 출생에서 죽음까지 보여 주는 시나리오를 쓰고 영화를 만들라는 제안을 나한테 했을 것이다. 나는 장 엡스탱의 여동생인 마리 엡스탱의 기술적 조언을 받아 온전한 시나리오 한 편을 썼다. 그 후 나는 마드리드의 문화예술원인 시르쿨로 데 베야스 아르테스Circulo de Bellas Artes를 찾아가 라몬 델 바예인클란을 만났는데, 이때 그 또한 고야의 생애에 대한 영화 한 편을 준비하고 있다는 것을 알았다. 바예인클란이 나한테 어떤 조언도 해 주지 않고 자리를 떴을 때, 나는 이 존경스러운 거장 앞에서 공손하게 굴복할 준비를 했다. 결과적으로 자금이 모자라서 이 기획은 실현되지 못했다. 오늘날 나는 이렇게 말할 수 있다. 참 다행스럽게도.

나는 라몬 고메스 데 라 세르나를 예찬하는 마음을 아직도 간직하고 있다. 내가 작업한 두 번째 시나리오는 이 작가가 쓴 일고여덟 개의 작은 이야기에 영감을 받은 것이다. 이 이야기들을 하나로 묶기 위해 나는 우선 신문을 제작하는 다양한 단계를 다큐멘터리 형태로 보여 주려고 생각했다. 거리에서 한 남자가 신문을 사고 벤치에 앉아 신문을 읽는다. 이때 고메스 데 라 세르나의 다양한 이야기가 시작되는데, 이야기 각각은 사회면이나 정치면, 스포츠면과 같이 신문 지면과 결부되어 있다. 마지막에 이 남자가 자리에서 일어나서 두 손으로 신문을 구겨 쓰레기통에 넣는다.

몇 달 뒤 나는 내 첫 번째 영화 〈안달루시아의 개〉를 찍었다. 고메스 데 라 세르나는 자기 이야기에서 영감을 받은 영화를 포기했다는 점에 약간 실망했다. 그러나 『라 르뷔 뒤 시네마*La Revue du cinéma*』는 그 시나리오를 출간했고, 이 작가는 그래서 위안을 받았다.

〈안달루시아의 개〉

이 영화는 두 개의 꿈이 만나면서 태어났다. 며칠간 자기 집에서 묵으라는 달리의 초대를 받고 나는 피게레스에 있는 그의 집에 가서 달리에게 내가 얼마 전에 꾸었던 꿈 얘기를 했다. 뾰족한 구름 한 점이 달 위로 흐르고, 면도날이 눈을 가르는 꿈이었다. 달리는 전날 밤 꿈에서 개미가 가득 찬 손을 보았다고 얘기했다. 그가 "여기서 출발해서 우리가 영화 한 편을 만들면 어떨까?"라고 덧붙였다.

처음에는 이 제안이 모호하다고 생각했지만, 우리는 곧 피게레스에서 작업에 착수했다.

시나리오는 일주일 안에 다 썼는데, 달리와 나의 공동 합의로 아주 단순한 규칙 하나를 도입했다. 이성적이거나, 심리적이거나, 문화적으로 설명할 수 없는 아이디어나 이미지만 받아들이자는 것이었다. 비합리적인 것에 완전히 문을 열어줄 것. 이유는 따지지 말고, 단지 우리에게 충격을 준 영상들만 수집할 것.

우리 사이에선 최소한의 이의제기도 없었다. 완벽한 동일시가 이루어진 일주일이었다. 예컨대 한 사람이 이렇게 말했다. "남자는 콘트라베이스를 당겨." 다른 한 사람은 이렇게 답했다. "아니야." 그러면 아이디어를 제안한 사람은 그 즉시 그 말이 옳다고 느끼고 상대의 부정적 의견을 받아들였다. 한편, 한 사람이 제안한 이미지를 다른 한 사람이 받아들이고 나면, 이는 곧장 우리 둘 모두에게 통찰력 있고 논란의 여지가 없는 이미지로 보였고, 바로

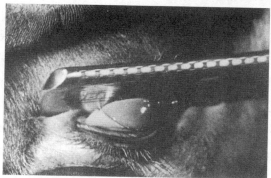

〈안달루시아의 개〉 중에서

시나리오 속으로 들어왔다.

작업이 끝난 뒤 나는 이 영화가 완전히 색다르고 도발적이어서 어떤 정상적인 제작사도 이 영화를 받아들일 수 없을 거라고 생각했다. 때문에 내가 직접 제작을 맡으려고 어머니에게 상당한 돈을 요구하게 되었다. 공증인이 개입해 준 덕분에 어머니가 결국 동의하셨고, 나한테 돈을 주셨다.

나는 파리로 되돌아왔다. 유흥으로 꽤 많은 저녁 시간을 날리고 어머니가 준 돈의 절반 정도를 써 버렸을 때, 나는 결국 좀 더 진지해져야겠다고, 무엇이든 해야겠다고 혼잣말을 했다. 나는 피에르 바셰프, 시몬 마레유Simone Mareuil 등의 배우들과 촬영 감독 알베르 뒤베르제, 그리고 15일가량 이 영화를 촬영하게 될 비양쿠르 스튜디오Billancourt Studios에 연락했다.

스튜디오에서 우리는 고작 대여섯 명 정도였다. 배우들은 자기들이 뭘 하고 있는지 전혀 몰랐다. 예컨대 나는 바셰프에게 이렇게 말했다. "바그너 음악을 듣고 있는 것처럼 창밖을 보세요. 좀 더 비장하게." 그러나 그는 자기가 무엇을 쳐다보고 있는지, 무엇이 거기 있는지 전혀 몰랐다. 이미 나는 기술적으로 상당한 지식이 있었고, 충분한 권위가 있었으며, 촬영 감독 뒤베르제와 완벽하게 의사소통을 했다.

달리는 촬영이 끝나기 겨우 사나흘 전에 현장에 왔을 뿐이다. 스튜디오에서 그는 미리 박제로 만들어 놓은 당나귀 머리의 눈에 송진을 붓는 일을 맡았다. 한 숏에서 그는 바셰프가 고통스럽게 끌고 가는 두 명의 마리아회 수도사 중 하나였지만, 최종 편집에서 이 숏은 삭제되었다. (무슨 이유로 삭제했는지는 잊어버렸다.) 달리는 주인공이 거리에서 치명적으로 쓰러진 후 내 약혼녀인 잔과 함께 멀리서 달려오는 사람으로 영화에 잠시 나온다. 촬영 마지막 날, 르아브르에서 열린 뒤풀이 자리에는 달리도 우리와 함께 있었다.

영화는 끝났고 편집도 마쳤다. 이제 어떻게 해야 하나? 하루는 카페 돔Dôme에서 〈안달루시아의 개〉에 대해 뭔가를 들은 『레 카이에 다르』의 테리아드Tériade가 내게 만 레이를 소개해 주었다. (나는 몽파르나스의 내 친구들에게는 이 영화에 관해 이야기하지 않고 비밀을 지키고 있었다.) 만 레이는 이에르Hyères 지역에 있던 노아유Noailles 가문의 성城에서 이 성과 그 방문자들에 대한 〈데 성의 신비le Mystère du château de Dé〉라는 제목의 다큐멘터리 영화 촬영을 막 마친 상태였고, 상영할 때 자기 영화를 보완할 프로그램을 찾고 있었다.

만 레이는 며칠 후 (문을 연 지 2~3년밖에 안 된) 카페 라 쿠폴의 바에서 나와 만날 약속을 했고, 내게 루이 아라공을 소개해 주었다. 나는 이 두 사람 모두 초현실주의 모임에 속해 있다는 사실을 알고 있었다. 나보다 세 살 많은 아라공은 우아한 프랑스식 예절을 갖추어 자기소개를 했다. 우리는 얼마간 떠들었고, 나는 그에게 내 영화가 어떤 면에서 초현실주의 영화라고 불릴 수 있다(내가 보기엔 그랬다)고 말했다.

만 레이와 루이 아라공은 그다음 날 스튜디오 데 쥐르쉴린 영화관에서 내 영화를 보았다. 영화를 보고 나오는 길에 그들은 확신

만 레이가 촬영한 루이스 부뉴엘의 초상
(사진 카이에 뒤 시네마)

에 가득 차서 내게 말했다. 이 작품에 생명력을 불어 넣으려면 지체 없이 영화를 상영할 시사회를 기획해야 한다고 말이다.

초현실주의는 무엇보다 일종의 호소였다. 자기도 모르게 본능적이고 비합리적인 표현 형식을 실행하고 있던 사람들이 이미 도처에 있었다. 이들은 미국에서, 독일에서, 스페인에서, 유고슬라비아에서 이 호소를 들었다. 초현실주의에 대해 듣기도 전에 내가 스페인 문예지에 게재한 시들은 이 호소의 산증인으로서 우리를 파리로 이끌었다. 마찬가지로 〈안달루시아의 개〉의 시나리오 작업을 하면서 달리와 나는 일종의 자동기술법을 실행한 것이고, 우리는 초현실주의라는 딱지 없는 초현실주의자였다.

항상 벌어지는 일처럼, 대기 중에 뭔가가 있었다. 그러나 즉시 덧붙이고 싶다. 초현실주의와의 만남이 내게는 핵심적인 사건이었고, 내 남은 인생을 결정짓는 일이었다고.

나와 초현실주의 모임의 만남은, 이들이 매일 총회를 개최한 블랑슈 광장의 카페 시라노에서 이루어졌다. 나는 이미 만 레이와 루이 아라공을 알고 있었다. 나는 막스 에른스트, 앙드레 브르통, 폴 엘뤼아르, 트리스탕 차라Tristan Tzara, 르네 샤르, 피에르 위닉, 이브 탕기, 장 아르프Jean Arp, 막심 알렉상드르Maxime Alexandre, 르네 마그리트를 소개받았다. 그 당시 브라질에 있던 벤자민 페레만 제외하고 전부였다. 이들은 나와 악수한 뒤 내게 술 한 잔을 주었고, 아라공과 만 레이는 이들에게 열렬하게 내 영화를 소개했으며, 이들은 내 영화의 시사회에 빠지지 않고 오겠다고 약속했다.

〈안달루시아의 개〉의 첫 공개 시사회는 초대를 받은 유료 관객을 대상으로 스튜디오 데 위르쉴린 영화관에서 이루어졌다. 그 당시 파리 엘리트라고 불리던 사람들, 말하자면 몇몇 귀족과 이미 유명한 작가와 화가들(피카소, 르 코르뷔지에Le Corbusier, 장 콕토, 크리스티앙 베라르Christian Bérard, 음악가 조르주 오릭Georges Auric), 그리고 말할 것도 없이 초현실주의 모임 모두가 빠짐없이 모였다.

짐작하겠지만 나는 아주 신경질적인 상태로 스크린 뒤편의 축음기 옆에 있었고, 상영 중 아르헨티나 탱고 음악과 바그너의 「트리스탄과 이졸데Tristan und Isolde」를 번갈아 가며 틀었다. 내 영화가 실패하면 관객에게 던지려고 나는 주머니마다 자갈을 가득 채워 넣고 있었다. 바로 얼마 전에 초현실주의자들은 (앙토넹 아르토Antonin Artaud가 시나리오를 쓴) 제르멘 뒬락Germaine Dulac의 영화〈조개와 성직자La coquille et le clergyman〉에 대해 야유를 퍼부었지만, 나는 사실 이 영화가 맘에 들었다. 나는 최악의 상황을 가정하고 있었다.

자갈은 쓸모가 없었다. 영화가 끝나고 나는 스크린 뒤에서 계속 이어지는 박수 소리를 들었고, 관객에게 던지려고 주머니에 담아 둔 자갈들을 조심스럽게 마루 위에 내려놓았다.

초현실주의 모임에 가입한 일은 아주 자연스럽고 간단하게 진행되었다. 나는 카페 시라노에서, 훨씬 드물게는 파리 퐁텐 거리 42번지 앙드레 브르통의 집에서 열리던 일상적인 모임에 참석하게 되었다.

시라노는 피갈Pigalle 일대의 가장 진정성 있는 카페로 인기가 많왔고, 매춘부들과 기둥서방들도 많이 왔다. 우리들은 대개 5시나 6시 사이에 모였다. 주문하는 술은 페르노에서 오렌지 껍질로 만든 퀴라소, 그리고 (소량의 석류 시럽을 넣은) 피콩 맥주 등에 이르기까지 면면이 다양했다. 피콩 맥주는 화가 이브 탕기가 좋아하는 술이었다. 그는 이 술 한 잔을 마시고 또 한 잔을 주문했다. 세 번째 잔을 마실 때는 두 손가락으로 코를 막아야 했다.

이 모임은 스페인의 페냐와 비슷했다. 소리 내서 글을 읽었고, 이런저런 글에 대해 토론했으며, 잡지에 대해, 해야 할 모범적인 행동에 대해, 써야 할 편지에 대해, 시위에 대해 말했다. 각자가 자기 생각을 제안하고 자기 견해를 제시했다. 평소보다 훨씬 비밀스럽고 구체적인 주제로 대화가 이루어질 때면, 시라노 근처에 있었던 브르통의 작업실에서 모임이 열렸다.

모임에 늦게 도착할 때 나는 주변에 있는 사람들하고만 악수하곤 했다. 앙드레 브르통이 내게서 멀리 있을 때는 그에게 동작으로만 인사하는 데 그쳤기 때문에, 어느 날 그가 다른 회원에게 "부뉴엘이 나한테 반감을 품고 있는 건가?"라고 물었을 정도였다. 그 회원은 내가 브르통에게 전혀 반감이 없고, 단지 어떤 순간에나 모든 사람과 악수해야 하는 프랑스식 관습을 혐오한다고 대답했다. (이후 나는 〈그 이름은 여명Cela s'appelle l'aurore〉(1955)의 촬영 현장에서 이 관습을 완전히 금지했다.)

초현실주의 모임의 다른 회원들처럼 나는 혁명에 대한 어떤 생각에 사로잡혀 있었다. 초현실주의자들은 스스로를 테러리스트나 무장한 행동주의자라고 여기지는 않았으며, 스캔들을 주요 무기로 사용해서 자신들이 혐오하는 사회와 맞서 싸웠다. 이들은 오랫동안 사회적 불평등, 인간에 의한 인간의 착취, 사람을 지치게 만드는 종교의 지배, 식민지를 갖고자 하는 야만적인 군국주의 등에 대항했는데, 반드시 무너트려야 하는 이 체제의 비밀스럽고 가증스러운 책략을 폭로할 수 있는 전능한 방식이 바로 스캔들이라고 생각했다. 이들 중 일부는 아주 빠르게 스캔들과 같은 형태의 행동에 등을 돌리며 이른바 정치적인 행동으로 넘어갔고, 주로 그 당시 우리에게 혁명적이라고 부를 가치가 있는 유일한 운동이라 여겨졌던 공산주의 운동으로 넘어갔다. 이 때문에 토론, 분열, 투쟁이 끊이지 않았다. 그러나 초현실주의의 진정한 목표는 새로운 문학 운동, 새로운 회화 운동, 또는 새로운 철학 운동을 만들어 내는 것이 아니라, 사회를 폭파하고 삶을 바꾸는 것이었다.

이 혁명가들 대부분은 좋은 가문 출신이었다. 이전에 내가 마드리드에서 자주 만난 '신사분'들과 비슷하다. 부르주아가 부르주아계급에 맞서 스스로 반기를 든 것이었다. 나 또한 그랬다. 내 경우에는 여기에, 모든 창조적 경향보다 항상 더 강하게 느낀 부정적이고 파괴적인 감정이 더해졌다. 예컨대, 내게 미술관을 불태워 버리자는 생각은 문화원을 열거나 병원을 열자는 생각보다 항상 더 매혹적으로 보였다.

그러나 내가 카페 시라노에서 진행된 토론에 매혹된 이유는 특히 도덕적 측면의 힘이었다. 나는 난생처음으로 어떤 틈도 어떤 균열도 없는 일관되고 엄격한 도덕을 만났다. 물론 공격적이고 명석한 이 초현실주의 도덕은 우리에게 혐오스럽게 보인 당시의 도덕과 십중팔구 충돌을 일으켰고, 우리는 기존의 가치들을 통째로 거부했다. 우리의 도덕은 전혀 다른 기준들에 근거를 두고 있었고 열정, 신비화, 모욕, 사악한 조롱, 파멸의 호소 등을 예찬했다. 그러나 매일매일 그 영역이 줄어 가는 이 새로운 영토 내부에서 우리의 모든 움직임, 우리의 모든 반사적 행동, 우리의 모든 생각은 단 한 점 의혹도 없이 우리에게 정당한 것으로 보였다. 모든 것이 제대로 서 있었다. 우리의 도덕은 다른 도덕보다 더 까다롭고 더 위험했지만, 더 확고하고 더 일관되고 더 치밀했다.

달리가 환기해 준 사실을 하나 덧붙이자면, 초현실주의자들은 참으로 아름다웠다. 단숨에 눈길을 사로잡으며 사자처럼 광채를 발하는 앙드레 브르통의 아름다움. 이보다 더 섬세한 루이 아라공의 아름다움. 그리고 엘뤼아르, 크르벨, 달리의 아름다움, 눈이 맑고 새와 같이 놀라운 얼굴을 가진 막스 에른스트, 피에르 위닉, 다른 모든 이들. 요컨대 넘치는 자신감과 타는 듯한 열정을 지닌, 잊지 못할 모임이었다.

〈안달루시아의 개〉의 성공적인 시사회 이후 스튜디오 28Studio 28의 모클레르가 이 영화를 사들였다. 그는 내게 우선 1천 프랑을 지급했고, 영화가 엄청난 성공을 거두었으므로 (8개월간 상영 중이었다) 다시 1천 프랑을 지급했고, 또다시 1천 프랑을 지급했다. 다 합쳐서 7천~8천 프랑을 받았던 것 같다. 40~50명의 고발자가 "이 외설적이고 잔인한 영화를 금지해야 한다"고 주장하면서 경찰서로 갔다. 노년에 이르기까지 나를 줄곧 따라다닌 일련의 긴 모욕과 위협의 시작이었다.

영화 상영 중에 심지어 두 건의 유산流産 신고도 있었다. 그렇지만 영화는 금지되지 않았다.

장조르주 오리올Jean-George Auriol과 자크 브뤼니위Jacques Brunius의 제안에 호응해서 나는 갈리마르 출판사Éditions Gallimard가 발간한 『라 르뷔 뒤 시네마』에 〈안달루시아의 개〉의 시나리오 게재를 수락했다. 나는 내가 무슨 일을 하고 있는지 몰랐다.

실은 그때 벨기에 잡지 『바리에테Variété』가 초현실주의 운동에 특집호 한 권 전체를 할애하겠다고 결심을 한 참이었다. 엘뤼아르는 나한테 시나리오를 『바리에테』에 게재하라고 말했다. 나는 정말로 유감스럽지만 이 시나리오를 『라 르뷔 뒤 시네마』에 주었다고 말하지 않을 수 없었다. 이것이 내 안에 아주 심각한 의식의 문제를 불러일으킨 사건의 시작이었고, 초현실주의자들의 사고방식과 정신 상태를 구체적으로 밝힐 수 있는 하나의 단초가 됐다.

엘뤼아르와 대화를 나누고 며칠 뒤 브르통이 내게 물었다.

"부뉴엘, 작은 모임을 열려고 하는데, 오늘 저녁 우리 집에 올 수 있나요?"

나는 아무것도 의심하지 않은 채 수락했는데, 그날 저녁 초현실주의자들 모임의 전부와 부딪히게 되었다. 그것은 정식 재판이었다. 아라공은 권위 있는 검사 역할을 했고, 내 시나리오를 부르주아 잡지에 넘겨주었다고 격렬한 용어로 나를 공격했다. 게다가

〈안달루시아의 개〉의 상업적 성공도 수상쩍게 보기 시작했다. 그렇게 도발적인 영화가 어떻게 객석을 꽉 채울 수 있는가? 도대체 내가 어떤 설명을 해야 할까?

혼자서 모임 전체와 맞서야 했던 나는 어렵지만 나 자신을 방어하고자 했다. 심지어는 브르통이 내게 이렇게 묻기까지 했다.

"당신은 경찰과 함께 할 거요? 아니면 우리와 함께 할 거요?"

이 과도한 비난은 지금 와서 보면 웃음이 나오지만, 나는 정말로 중대한 딜레마에 빠져 들었다. 실제 상황에서 이처럼 아주 강렬한 의식의 대립은 난생처음 겪는 것이었다. 집으로 돌아왔지만 도저히 잠이 오지 않아서 나는 혼잣말을 했다. 그래, 나는 자유롭게 행위할 수 있는 존재다. 이 사람들은 나한테 어떤 권리도 없다. 이들의 얼굴에 시나리오를 집어 던지고 가 버릴 수도 있다. 이들에게 복종할 어떤 이유도 없다. 이들은 나보다 조금도 더 나은 존재가 아니다.

동시에, 또 다른 힘이 내게 말하는 것을 느꼈다. 그들 말이 맞아, 너는 그것을 인정해야 해. 너는 네 의식이 너의 유일한 재판관이라고 생각하지만, 네가 틀렸어. 너는 이 사람들을 좋아하고, 이미 이들을 신뢰하잖아. 이들은 너를 자기들 중 한 사람으로 받아들였어. 너는 네가 주장하는 것만큼 자유롭지 않아. 네 자유는 환상에 불과해. 안개 외투를 입고 세상을 돌아다닌다는 환상. 너는 이 환상을 붙잡고 싶지만, 환상은 네게서 멀어지지. 네 손가락에 물의 흔적만 남기고서.

이 내적 갈등은 오랫동안 나를 흔들어 놓았다. 오늘날에도 나는 그 생각을 한다. 사람들이 내게 초현실주의가 뭐냐고 물으면, 나는 항상 이렇게 대답하곤 한다. 초현실주의는 시적이고, 혁명적이고, 도덕적인 운동이다.

마침내 나는 내 새로운 친구들에게 내가 뭘 하면 되느냐고 물어봤다. 대답은, 가스통 갈리마르Gaston Gallimard에게 내 시나리오를 출간하지 않겠다는 허가를 얻으라는 것이다. 그런데, 갈리마르는 어떻게 만나지? 그에게 어떻게 말하지? 나는 갈리마르의 주소조차 모르는데. 그때 브르통이 말했다. "엘뤼아르가 당신과 함께 갈 겁니다."

폴 엘뤼아르와 나는 갈리마르의 집으로 갔다. 나는 생각이 바뀌어 『라 르뷔 뒤 시네마』에 시나리오 출간을 포기한다고 말했다. 그때 누군가가 확고하게 답하길, 그건 당신이 이미 약속한 것이므로 절대 불가능하다고 했다. 인쇄소 소장은 활자판이 이미 제작되어 있다고 덧붙였다.

초현실주의자 모임으로 되돌아와서 보고를 했다. 새롭게 내려진 결정은, 내가 망치를 가지고 갈리마르의 집으로 되돌아가서 인쇄소의 활자판을 부숴야 한다는 것이었다.

나는 엘뤼아르와 함께 다시 갈리마르의 집으로 돌아갔는데, 이번에는 외투 속에 큰 망치를 숨겨 가지고 갔다. 이번에는 정말 너무 늦었다. 잡지가 발간된 것이다. 초판 인쇄본이 막 유통되기 시작했다.

마지막 결정은 『바리에테』지에도 〈안달루시아의 개〉의 시나리오를 출간하고(실제로 그렇게 되었다), 열여섯 개의 파리 일간지에 내가 부르주아계급의 비열한 음모의 희생자임을 확언하는 '분노에 찬 항의'로 편지를 보낸다는 것이었다. 일고여덟 개의 신문이 내 편지를 실어 주었다.

게다가 나는 『바리에테』와 『라 레볼뤼시옹 쉬르레알리스트』에, 이 영화는 암살에 대한 공개적인 호소일 뿐이라고 주장하는 프롤로그를 썼다.

그로부터 얼마 지나지 않아 나는 몽마르트르의 테르트르 광장에서 내 영화의 네거티브 필름을 불태우자고 제안했다. 사람들이 내 말을 받아들였으면, 나는 주저 없이 이를 실행했을 거라고 맹세할 수 있다. 심지어 나는 오늘날에도 그렇게 할 것이다. 나는 기꺼이 내 작은 정원에 장작불을 피워 놓고 여기에다 내 모든 영화의 네거티브 필름들과 복사본 전체를 태우는 것을 상상한다. 그것은 내게 아무래도 상관없는 일이다.

사람들이 내 제안을 거부했다.

벤자민 페레는 내가 보기에 가장 모범적인 초현실주의 시인이다. 어떤 문화적 노력도 없이 바로 원천에서 솟아나며, 나오는 즉시 또 다른 세계를 재창조할 수 있는, 순수한 영감의 완전한 자유를 누렸기 때문이다. 1929년에 나는 달리와 함께 『거대한 유희 Grand Jeu』에 들어 있는 시 몇 개를 큰 목소리로 읽었고, 때로는 바닥을 데굴데굴 구르면서 웃었다.

내가 초현실주의 모임에 들어가던 시기에 페레는 브라질에 있었고, 트로츠키주의 운동의 대변자였다. 나는 모임에서 그를 본

적이 한 번도 없었고, 브라질에서 추방되어 프랑스로 돌아온 이후에야 그를 알게 되었다. 특히 전쟁이 끝난 후 나는 그를 멕시코에서 다시 보게 되었다. 내가 멕시코에서 첫 번째 영화〈그랑 카지노Gran Casino〉(1947)를 찍고 있을 때 그는 나를 찾아와서 일거리와 뭔가 할 일을 부탁했다. 그를 도우려고 했지만, 나도 임시적인 상황에 놓여 있었기 때문에 어려운 일이었다. 그는 멕시코에 있을 때 내가 막스 에른스트만큼이나 존경하는 화가인 레메디오스 바로Remedios Varo와 함께 살았다. (아마도 그들이 결혼했을 수도 있지만, 모르겠다.) 페레는 모든 타협에서 벗어난 순수한 상태의 초현실주의자였고, 대개는 몹시 가난했다.

나는 초현실주의 모임에서 달리에 관해 이야기했고, 그의 그림들(그중에는 그가 나한테 그려준 내 초상화도 있었다)을 찍은 사진 몇 장을 보여 주었지만, 그리 높은 평가는 받지 못했다. 그러나 초현실주의자들은 달리가 스페인에서 가져온 그림들을 직접 눈으로 보자 생각을 바꾸었다. 즉시 달리를 회원으로 받아들였고, 달리도 모임에 참석했다. 브르통의 '편집증-비평 방법méthode paranoïa-critique'에 열광한 달리와 브르통의 첫 관계는 아주 좋았다. 그러나 갈라가 달리에게 미친 영향이 늦지 않게 나타나서 달리는 '달러를 갈망하는 사람Avida Dollars'으로 변모했다. 그는 3, 4년 후 초현실주의 운동에서 추방되었다.

초현실주의 모임 내부에는 독특한 유사성에 따라 작은 모임들이 나타났다. 예컨대 달리와 가장 친한 친구는 크르벨과 엘뤼아르였다. 내 경우에는 아라공, 조르주 사둘, 막스 에른스트, 피에르 위닉과 가장 가깝다고 느꼈다.

오늘날에는 잊었지만, 피에르 위닉은 내가 보기에는 탁월한 젊은이였고(내가 다섯 살 더 많았다), 열정적이고 똑똑하며 아주 소중한 친구였다. 그는 유대인 재단사이자 랍비의 아들이었다. 그로서는 깜짝 놀랄 만한 일이긴 했는데, 내가 유대교로 개종하고 싶다는 사실을 그는 어느 날 자기 아버지에게 알렸다. 나는 내 가족들의 분노를 불러일으키려고 태도를 분명히 밝혔다. 그의 아버지는 나를 받아주기로 했지만, 마지막 순간에 나는 가톨릭에 충실한 사람으로 남기로 했다.

나는 피에르 위닉, 그의 여자 친구 아녜스 카프리, 약간 다리를 절지만 아주 아름다운 서점 주인 욜란드 올리비에로, 드니즈란 이름의 여자 사진사와 긴 저녁 시간을 함께 보냈다. 수다를 떨면서, 성에 대한 설문조사에 되도록 솔직하게 대답하면서, 내가 정숙하게 '자유사상 놀이'라고 부른 놀이에 몰두하면서 시간을 보냈다. 위닉은 『백야의 연극 Le Théâtre des nuits blanches』이라는 시집을 출간했고, 그 사후에 다른 시집도 출간되었다. 그는 프랑스 공산당이 발행한 어린이 신문을 통솔했다. 그는 프랑스 공산당에 아주 호감을 느꼈다. 1934년 2월 6일에 파시스트들의 소요가 일어났을 때, 그는 짓이겨져서 죽은 노동자의 뇌에서 나온 잔해를 헬멧에 담고 있었다. 시위자들 그룹의 선두에서 그가 소리치면서 지하철로 들어갔다. 시위대는 경찰에 쫓겨 선로 위로 도망칠 수밖에 없었다.

전쟁 기간에 위닉은 오스트리아의 수용소에 수감되었다. 그는 소련 군대가 다가오고 있다는 말을 듣고 이들과 합류하려고 수용소를 탈출했다. 그는 산사태에 휩쓸려 절벽에서 떨어졌다고들 추정한다. 아무도 그의 시체를 찾지 못했다.

루이 아라공은 섬세한 외모 이면에 확고한 내면을 지니고 있었다. 아라공에 대한 나의 추억(1970년경에 나는 그를 다시 만났다)을 통틀어서 어떤 하루가 내게는 절대로 잊지 못할 날이다. 그 당시 나는 파스칼 거리에 살고 있었다. 어느 날 아침 8시쯤 되도록 빨리 와달라고 요청하는 아라공의 속달우편을 받았다. 그가 나를 기다리고 있으며, 아주 심각하게 할 말이 있다는 것이다.

30분쯤 뒤에 나는 캉파뉴프리미에르 거리에 있는 그의 집에 도착했다. 몇 마디 말로 그는 그의 부인 엘자 트리올레가 자기를 영원히 떠났고, 초현실주의자들이 그를 고발하는 모욕적인 소책자를 방금 발행했으며, 그가 예전에 입당한 프랑스 공산당이 그를 출당시키기로 했다는 말을 전했다. 사정이 급격하게 악화되어 그의 삶이 무너져 내렸고, 그는 중요한 모든 것을 한순간에 잃었다. 그러나 이런 불행 속에서도 그는 한 마리 사자처럼 자기 작업실 안을 이리저리 걸으면서 용기 있는 사람의 가장 아름다운 이미지를 보여 주었고, 나는 지금도 그 이미지를 떠올릴 수 있다.

다음 날 모든 것이 해결되었다. 엘자가 되돌아왔고, 프랑스 공산당은 그를 출당시킨다는 결정을 포기했다. 초현실주의자들의 경우, 그들은 이미 아라공에게 전혀 중요한 사람들이 아니었다.

나는 이날의 증언을 간직하고 있는데, 『박해하는 박해당하는 자*Persécuté Persécuteur*』에서 아라공은 내게 이런 헌사를 남겼다. "아주 오랫동안 자기 주위에 아무도 없을 거라고 느낄 때", 어느 날 문득 손을 잡아주는 친구들이 있어서 좋다고. 벌써 50년이 흘렀다.

알베르 발랑탱Albert Valentin은 내가 초현실주의 모임에 들어갈 때 이미 이 모임의 회원이었다. 르네 클레르의 조감독이었던 그는 〈우리에게 자유를À nous la liberté〉의 촬영에 참여했는데, 우리에게 끝도 없이 이렇게 말했다. "보세요, 나는 이 영화가 진짜 혁명적인 영화라고 생각해요. 당신들도 이 영화를 아주 좋아하게 될 겁니다." 초현실주의 모임 모두가 영화의 시사회에 참석했으나 작품은 몹시 실망스러웠고, 전혀 혁명적으로 보이지 않았다. 우리를 속였다는 비난을 받게 된 알베르 발랑탱은 문자 그대로 제명되었다. 아주 오랜 시간이 지난 후 그를 칸 영화제에서 다시 만났다. 그는 매우 친절했고, 룰렛을 정말 좋아했다.

르네 크르벨은 극도로 친절한 사람이었다. 그는 초현실주의 모임에서 유일하게 동성애자였다. 그는 자기 자신의 이런 성향과 싸웠고, 스스로를 이기려고 애썼다. 이 자신과의 싸움은 공산주의자들과 초현실주의자들 사이에 전개된 수많은 논쟁 때문에 더 악화되었고, 어느 날 밤 11시에 그가 자살하는 것으로 막을 내렸다. 다음 날 아침 건물의 수위가 그의 시체를 발견했다. 이때 나는 파리에 없었다. 우리 모두는 개인적 고뇌에서 비롯된 이 죽음을 애도했다.

앙드레 브르통의 경우, 아주 좋은 교육을 받아서 정중했으며 부인들의 손에 입을 맞추어 인사하는 인물이었다. 그는 숭고한 유머에 매우 민감했지만 일상적인 농담을 경멸했고, 모든 면에서 일정하게 진지한 태도를 유지하고 있었다. 그가 자신의 부인에 대해 쓴 시는, 페레의 작품들과 더불어 초현실주의 문학이 남긴 가장 아름다운 추억이다.

그는 탁월한 판단력을 갖고 있었고 말수가 많지 않았으며, 신체적으로 아름다웠고 타고난 우아함을 갖고 있었지만, 갑작스레 가공할 만한 분노를 터뜨리곤 했다. 예컨대 그는 내가 다른 초현실주의 회원들에게 약혼녀인 잔을 소개하려 하지 않는다며 나를 지나치게 자주 비난했고, 스페인 사람처럼 질투가 많다고도 덧붙였다. 그래서 나는 어느 저녁 그의 집에서 열린 식사 자리에 잔을 데려가야 했다.

그날 저녁 식사 자리에는 르네 마그리트와 그의 부인도 왔다. 저녁 식사는 상당히 음울한 분위기로 시작되었다. 앙드레 브르통은 뭔지 모르지만 눈살을 찌푸리고 식사에만 몰두하고 있었고, 단음절로만 말했다. 우리는 뭐가 잘못되었는지 자문하고 있었는데, 갑자기 브르통이 더 이상 참지 못하고 손가락으로 마그리트의 부인이 금줄로 목에 두르고 있던 작은 십자가 목걸이를 가리켰다. 그리고 그는 큰 목소리로 이것은 참을 수 없는 도발이며, 자기 집에 식사하러 오려면 다른 것을 두르고 와야 한다고 말했다. 마그리트는 그의 부인 편을 들어 반격했다. 아주 격렬한 말싸움이 상당 시간 진행되다가 진정되었다. 마그리트와 그의 부인은 저녁 식사가 끝나기 전에 브르통의 집을 떠나지 않으려고 최선을 다했다. 냉담한 분위기가 뒤따랐고 꽤 오랫동안 지속되었다.

브르통은 다른 사람이면 알아차릴 수 없는 작은 디테일에 극도로 중요성을 부여했다. 그가 멕시코에서 트로츠키 집을 방문했다는 것을 알게 된 후에, 그를 만난 자리에서 나는 트로츠키에게 어떤 인상을 받았는지 물었다. 그는 이렇게 답했다.

"트로츠키는 개 한 마리를 키우는데, 이 개를 아주 좋아해요. 어느 날 저녁 이 개가 그의 곁에 있다가 트로츠키를 쳐다봤어요. 이때 그는 나한테 이렇게 말했습니다. '이 개는 인간의 시선을 갖고 있습니다. 그렇지 않습니까?' 무슨 말인지 아시겠어요? 트로츠키 같은 사람이 어떻게 그렇게 멍청한 말을 할 수 있지요? 개는 인간의 시선을 갖고 있지 않아요! 개는 개의 시선을 갖고 있지요!"

그는 나한테 이 말을 하면서 극도로 화가 나 있었다. 한번은 그가 갑자기 집 밖으로 나가서, 길거리에서 성경을 파는 유랑 상인의 휴대용 상자를 발로 세게 차서 쓰러트리기도 했다.

그는 다른 초현실주의자들처럼 음악을 아주 싫어했고, 특히 오페라를 싫어했다. 브르통의 편견을 뿌리 뽑고 싶었던 나는 그를 겨우 설득해서 초현실주의 모임의 다른 회원들(아마도 르네 샤르와 폴 엘뤼아르)과 함께 오페라 코미크Opéra Comique에 갔다. 여기서 샤르팡티에Gustave Charpentier의 「루이즈Louise」 공연이 있는 줄은 미처 몰랐다. 막이 올라가자마자 우리는 무대 장식과 인물들 때문에 아주 많이 당황했고, 사실 내가 제일 먼저 놀랐다. 이 공연은 내가 좋아한 전통적인 오페라와 전혀 닮지 않았다. 한 여자가 수프 그릇을 들고 무대에 들어왔고, 수프의 아리아를 노래하기 시작했다. 너무 지나쳤다. 브르통은 자리에서 일어났고 자기 시간을 빼앗긴 데 너무 화가 나서 도발적으로 밖으로 나갔다. 다른 사람들도 그의 뒤를 따랐고, 나도 그랬다.

나는 제2차 세계대전 기간에 뉴욕에서 브르통을 자주 보았고, 이후 파리에서도 그랬다. 우리는 끝까지 친구였다. 내가 다양한 국제영화제에서 상을 받았지만 그는 결코 나를 내쫓겠다고 위협하지 않았다. 심지어 그는 내게 〈비리디아나〉를 보고 울었다고 고백하기까지 했다. 반면 왜 그런지 모르지만, 그는 〈절멸의 천사〉를 보고 약간 실망했다.

파리에서 1955년에 나는 브르통을 만나 둘이 함께 외젠 이오네스코Eugène Ionesco의 집에 갔다. 우리 둘 다 약간 일찍 도착했기 때문에, 우리는 이오네스코의 집에 들어가기 전에 술 한 잔을 마셨다. 나는 막스 에른스트가 베니스 비엔날레에서 그랑프리를 받았다는 죄목으로 어떻게 초현실주의 모임에서 제명되었는지 그에게 물었다.

그가 내게 대답했다. "친애하는 친구, 우리는 비참한 상인이 된 살바도르 달리와 헤어졌고, 이제 막스 에른스트가 같은 상황이 된 거요."

그는 잠시 말을 잇지 못하다가 이렇게 덧붙였다. 이때 나는 그의 얼굴에서 진정으로 깊은 고뇌를 보았다.

"친애하는 루이스, 말하자니 슬프지만, 더 이상 스캔들은 존재하지 않아요."

나는 브르통이 죽을 때 파리에 있었고, 그의 묘지에서 열린 장례식에 갔다. 내 모습을 숨기려고, 내가 40년 동안 못 본 사람들과 말을 하지 않으려고 나는 약간 변장을 했다. 안 쓰던 모자와 안경을 썼다. 그리고 약간 멀리 떨어져 서 있었다.

장례식은 아주 빨리 진행되었고 모두가 말이 없었다. 장례식이
끝나고 각자 자기 집으로 돌아갔다. 브르통의 무덤 앞에서 '영원
히 편안하시길' 같은 몇 마디 말을 하는 사람이 아무도 없어서 유
감이었다.

〈황금시대〉

〈안달루시아의 개〉를 찍은 이후, 나는 사람들이 이미 상업 영화
라고 부르던 형식의 영화 제작을 생각할 수는 없었다. 나는 무슨
일이 있어도 초현실주의자로 남아 있고자 했다. 다시 어머니에게
재정 지원을 요구하는 것은 불가능해 보였으므로 나한테는 어떤
해결책도 없었고, 이내 영화를 포기했다.

그러나 나는 스무 개 정도의 아이디어와 개그를 상상했고, 어찌
되었든 이것을 적어 놓았다. 예컨대 노동자들이 가득 탄 수레가
사교계의 살롱을 가로질러 간다든가, 자기 담뱃재를 떨어트렸다
는 이유로 아버지가 총으로 쏴서 아들을 죽인다든가 하는 것들이
었다. 스페인 여행을 하던 중 나는 이런 아이디어와 개그를 달리
에게 얘기했다. 달리는 아주 큰 관심을 표명했다. 영화 한 편이 거
기 있었다. 그런데 어떻게 만들 것인가?

나는 파리로 되돌아왔다. 『레 카이에 다르』지의 제르보가 조르
주앙리 리비에르Georges-Henri Rivière와 만나게 해 주었고, 그는 내게
노아유 가문의 사람들을 소개해 주었다. 그는 이들을 잘 알고 있

었고, 그에 따르면 노아유 가문의 사람들은 〈안달루시아의 개〉를 '숭배했다'. 물론 나는 먼저 귀족 계급에게는 어떤 것도 기대하지 않는다고 말했다. 제르보와 리비에르는 이렇게 답변했다. "당신이 틀렸어요. 이들은 아주 훌륭한 사람들이고, 당신이 반드시 알아야만 합니다." 나는 결국 조르주 오릭, 노아 오릭Nora Auric과 함께 이들의 집에서 저녁을 먹기로 했다. 에타쥐니 광장에 있는 이들의 저택은 장관壯觀이었고 거의 상상조차 할 수 없는 예술 작품 컬렉션을 갖고 있었다. 저녁을 먹은 후 벽난로의 장작불 곁에서 샤를 드 노아유Charles de Noailles는 내게 말했다.

"우리는 당신에게 20여 분짜리 영화 제작을 제안합니다. 완전한 자유를 누리시고요. 스트라빈스키와 함께 작업하시는 것 말고는 어떤 조건도 없습니다. 그가 음악을 담당하게 될 겁니다."

나는 이렇게 대답했다. "참으로 유감입니다. 그런데, 여러분들은 무릎을 꿇고 자기 가슴을 두드리는 남자와 제가 어떻게 협업을 할 수 있을 거라고 생각할 수 있습니까?"

사실 이는 스트라빈스키에 대해 사람들이 하던 말이다.

그런데 샤를 드 노아유는 내가 전혀 예상하지 못한 반응을 보였고, 그것이 내가 그를 높이 평가할 수 있는 첫 번째 계기가 되었다.

그가 전혀 목소리를 높이지 않고 내게 말했다. "당신 말이 맞습니다. 당신과 스트라빈스키는 공존할 수 없는 사람들이지요. 그렇다면 당신이 원하시는 음악가를 고르시고, 당신 영화를 만드시지요. 스트라빈스키에게는 다른 것을 찾아보도록 하겠습니다."

나는 그의 제안을 받아들였고, 심지어 내 임금의 선금까지 받았다. 나는 달리를 만나러 피게레스에 갔다.

그때가 1929년 크리스마스였다.

나는 파리에서 출발해 사라고사를 거쳐 피게레스로 갔다. (사라고사는 가족을 만나려고 내가 항상 들르는 곳이었다.) 나는 달리의 집에서 끔찍한 분노가 터져 나오는 소리를 들었다. 달리 아버지의 공증인 사무소는 1층에 있었고, 달리의 가족(그의 아버지, 고모, 여동생 안나마리아)이 2층에 살고 있었다. 달리의 아버지는 분노에 가득 차서 문을 갑자기 열었고, 아들을 하찮은 사람 취급하면서 문밖으로 몰아냈다. 달리는 반격을 하면서 자신을 방어했다. 내가 다가갔을 때 달리 아버지는 자기 아들을 가리키면서, 내 집에서 더 이상 저 돼지 새끼를 보고 싶지 않다고 내게 말했다. 그가 분노한 (이해할 만한) 이유는, 바르셀로나에서 열린 어떤 전시회에서 달리가 자기 그림 중 하나에 검은 잉크를 사용해 삐뚤빼뚤한 글씨로 이렇게 썼기 때문이다. "나는 내 어머니의 초상화에 기쁘게 침을 뱉는다."

피게레스에서 쫓겨난 달리는 나한테 카다케스의 집까지 같이 가자고 말했다. 여기서 우리는 이삼일간 함께 작업하기 시작했다. 그러나 〈안달루시아의 개〉를 함께 작업했을 때의 매력은 완전히 사라진 것 같았다. 달리의 여자 친구 갈라의 영향이 벌써 그에게 작용했기 때문이었을까? 우리는 어떤 점에서도 합의에 이르지 못했다. 우리 둘 다 상대방이 서로 제안한 것이 나쁘다고 말했고 그것을 거부했다.

우리는 다정하게 헤어졌고, 나는 샤를 드 노아유와 마리로르드 노아유Marie-Laure de Noailles의 영지인 이에르에서 혼자 시나리오를 썼다. 그들은 온종일 나를 가만히 내버려 두었다. 저녁에 나는 그들에게 그날 쓴 것을 읽어 주었다. 그들은 내게 단 한 번도 반대 의사를 표명하지 않았다. 거의 과장 없이 표현하자면, 그들은 내가 쓴 모든 것이 '세련되고 매력적이다'라고 말했다.

결국 이는 〈안달루시아의 개〉보다 훨씬 긴 한 시간의 영화였다. 달리는 내게 편지로 많은 아이디어를 보내줬지만, 어쨌든 그중 하나만 영화 속에 남았다. 그것은 한 남자가 머리에 돌을 이고 공원에서 걷는 장면이다. 그는 어떤 조각상 옆을 지나간다. 조각상 역시 머리에 돌을 이고 있다.

달리가 완성된 영화를 보았을 때, 그는 이 영화를 아주 좋아하며 내게 말했다. "미국 영화라고 해도 믿겠네."

나는 돈을 낭비하지 않도록 촬영을 신중하게 조직했다. 내 약혼녀인 잔은 회계원으로 일했다. 영화 작업이 모두 끝나고 샤를 드 노아유에게 세부 입출금 명세서를 보여 주면서, 나는 그에게 남은 돈을 돌려 주었다.

그는 살롱의 식탁 위에 세부 입출금 명세서를 놓아 두었고, 우리는 식사하러 갔다. 그날 저녁 늦은 시간에 나는 불에 탄 종이 잔재들을 봤다. 이를 통해 그가 내 세부 입출금 명세서를 불태운 것을 알았다. 그런데 그는 이 행위를 내가 보는 앞에서 하지 않았다. 그의 행위는 전혀 과시적이지 않았고, 나는 이를 무엇보다 높이 평가한다.

〈황금시대〉는 비양쿠르 스튜디오에서 촬영되었다. 바로 옆 촬영장에서 에이젠슈테인이 〈봄의 소나타Sonate de printemps〉•를 찍고 있었는데, 이 영화에 대해서는 나중에 다시 말하게 될 것이다. 나는 이미 몽파르나스에서 〈황금시대〉 남자주인공 역을 한 가스통 모도Gaston Modot를 알고 있었다. 그는 스페인을 사랑했고 기타를 연주했다. 여주인공 역을 했던 리아 리스의 경우, 러시아 작가 알렉산드르 쿠프린Alexandre Kuprine의 딸인 엘자 쿠프린Elsa Kuprine과 함께 중개인 측에서 보낸 배우다. 내가 왜 리아 리스를 캐스팅했는지는 잊어버렸다. 〈안달루시아의 개〉와 마찬가지로, 알베르 뒤베르제는 카메라를 맡았고 마르발은 제작 진행을 맡았다. 마르발은 또한 사람들이 창밖으로 던진 주교 중 한 명의 역을 했다.

러시아 세트디자이너가 스튜디오 건축을 담당했다. 실외 장면은 카탈루냐 지방의 카다케스 일대와 파리 교외에서 찍었다. 막스 에른스트는 불한당들 두목으로 나왔고, 피에르 프레베르Pierre Prévert는 병든 불한당으로 나왔다. 살롱 장면의 손님 중에는 키가 크고 잘생긴 발랑틴 위고Valentine Hugo를 알아볼 수 있고, 그 옆에는 피카소의 친구이자 유명한 스페인 도예가 아르티가스가 나오는데, 키가 아주 작은 이 인물에게 나는 엄청나게 큰 콧수염을 붙였다. 이탈리아 대사는, 이 인물이 키가 아주 작은 이탈리아의 국왕 빅토르 에마누엘을 암시했다고 고소장을 제출했다.

많은 배우들이 내게 문제를 일으켰는데, 오케스트라 지휘자 역을 맡았던 러시아 이민자가 특히 그랬다. 그는 정말이지 매우 좋

• 이 작품의 실제 제목은 〈연가Romance Sentimentale〉다.

지 않았다. 한편 나는 특별히 이 영화를 위해 제작한 조각상에 만족한다. 여기에 자크 프레베르Jacques Prévert는 거리에서 지나가는 사람으로 나온다. 지금 내 기억에, "머리를 가까이 가져와라, 베개가 여기서 더 상쾌하다"라는 보이스오버 내레이션은 폴 엘뤼아르의 목소리였다는 점을 덧붙인다. (《황금시대》는 프랑스에서 나온 두 번째, 아니면 세 번째 유성영화였다.)

끝으로 영화의 마지막 부분은 사드 후작Marquis de Sade에 대한 오마주로서, 블랑지스 공작 역을 한 배우는 리오넬 살렘Lionel Salem이었다. 그리스도 역 전문인 이 사람은, 그 당시 많은 영화에서 그리스도 역으로 출연했다.

나는 이 영화를 다시 본 적이 없다. 따라서 이 영화에 대한 지금 내 생각을 말할 수 없다. (아마도 기술적인 이유로) 이 영화를 미국 영화와 비교한 살바도르 달리는 이후, 시나리오를 쓸 때 자신의 의도가 무엇이었는지를 설명하는 글을 썼다(나는 달리의 이름을 타이틀에서 지우지 않았다). 현대 사회의 역겨운 메커니즘을 발가벗기는 것이 자신의 의도였다는 것이다.

그러나 내게 이 작품은 또한, 그 무엇보다도 광란에 가까운 사랑에 대한 영화였다. 결코 하나가 될 수 없는 두 남녀가 상황을 불문하고 상대에게 자신을 내던지는, 저항할 수 없는 충동에 대한 영화다.

이 영화를 촬영하던 시기에 초현실주의 모임은 에드거 키네 대로에 있는 카바레 하나를 공격했는데, 이 카바레가 무분별하게도 로트레아몽Lautréamon의 시 제목인 「말도로르의 노래Les Chants de Maldoror」를 카바레 이름으로 썼기 때문이다. 초현실주의자들이 로트레아몽에 대해 품고 있던 꺾이지 않은 존경심은 잘 알려져 있다.

내가 외국인이어서 공공장소를 습격했을 때 경찰서에서 문제가 된다는 이유로 나와 몇 사람은 이 습격에서 제외되었다. 이 습격 사건은 전 국민적 사건이었다. 이 카바레가 약탈당했고, 습격 중에 아라공은 잭나이프 한 방을 맞았다.

그 자리에 루마니아 기자가 있었는데, 그는 〈안달루시아의 개〉가 좋다고 했지만, 초현실주의자들이 카바레에 난입한 사건에 격렬하게 항의했다.

이틀 뒤에 그가 비양쿠르 스튜디오를 찾아왔다. 나는 그를 문밖으로 내쫓았다.

가까운 사람들만 대상으로 한 〈황금시대〉의 첫 시사회는 노아유 가문의 저택에서 열렸다. 노아유 가문 사람들의 프랑스어에는 영국 억양이 약간 섞여 있었는데, 이들은 여전히 이 영화가 '세련되고 매력적이다'라고 말했다.

이로부터 얼마 후 노아유 가문의 사람들은 아침 10시에 팡테옹 영화관Cinéma du Panthéon에서 시사회를 열었고, 여기에 '파리의 꽃'이라고 불리는 사람들, 그리고 특히 상당수의 프랑스 귀족을 초대했다. 마리로르 드 노아유와 샤를 드 노아유가 입구에 서서 웃으면서 악수를 했고, 심지어 손님 몇 명을 껴안기까지 했다. (내가 그때 파리에 없었기 때문에, 이 이야기는 나중에 후안 비센스가 내게 해준 것이다.) 상영이 끝나자 마리로르와 샤를은 다시 문 옆으로 가서, 집으로 돌아가는 손님들에게 인사하고 영화에 어떤 인상을 받았는지 파악하려고 했다. 그러나 손님들은 한마디 말도 없이 아주 빠르고 차갑게 가 버렸다.

다음 날 샤를 드 노아유는 조키 클럽Jockey Club에서 쫓겨났다. 파문破門 얘기까지 나왔기 때문에, 샤를의 어머니는 심지어 교황과 얘기하려고 로마로 가지 않을 수 없었다.

이 영화는 〈안달루시아의 개〉처럼 영화관 스튜디오 28에서 개봉되었고, 6일 동안 객석을 꽉 채운 채 상영되었다. 그 후 우파 언론은 이 영화에 분통만 터트렸지만, 왕당파들과 애국 청년단은 직접 행동에 돌입하여 이 영화를 공격하고, 영화관 입구에 걸려 있던 초현실주의 전시 그림들을 찢고, 스크린에 폭탄을 던지고, 영화관 의자를 부쉈다. 이것이 이른바 '〈황금시대〉 스캔들'이었다.

그로부터 일주일 후 경찰청장 장 키아프Jean Chiappe는 공공질서를 유지한다는 명분으로 아무 조건 없이 이 영화의 상영을 금지했다. 이 상영금지 처분은 이후 50년간 유효했다. 이 영화는 비공식 상영이나 시네마테크에서만 볼 수 있었다. 결국 1980년에 뉴욕에서, 1981년에 파리에서 영화가 다시 개봉되었다.

내 영화가 상영 금지 처분을 받았지만, 노아유 가문 사람들은 내게 앙심 같은 것은 전혀 품지 않았다. 그들은 오히려 이 영화가 초현실주의 모임에서 전적인 환영을 받았다는 점을 기뻐하기까지 했다.

나는 이후에도 노아유 가문 사람들을 자주 다시 만났는데, 사

〈황금시대〉세트에서. 맨 윗줄에 선 세 명의 사내 중 왼쪽이 막스 에른스트, 가운데가
루이스 부뉴엘이고 바닥에 앉아 있는 사람은 피에르 프레베르다.

실상 내가 파리에 머무를 때마다 이들 중 한 명을 다시 만난 셈이다. 1933년에 이들은 이에르의 영지에서 축제를 열었고, 여기에 초대받은 예술가는 각기 자신이 정확하게 원하는 것을 자유롭게 할 수 있었다. 달리와 크르벨은 여기에 참여할 의향이 있는지를 타진 받았지만, 나도 모르는 이유로 거부했다. 반면 다리우스 미요Darius Milhaud, 프랑시스 풀랑Francis Poulenc, 조르주 오릭, 이고르 마르케비치Igor Markevitch, 앙리 소게Henri Sauguet는 각기 한 소절씩 작곡하고 이에르 시립극장에서 이 곡을 지휘했다. 장 콕토는 공연 프로그램 그림을 그리고, 크리스티앙 베라르는 손님들의 의상을 도안했다. (이 극장에는 변장한 손님들만 들어갈 수 있는 칸막이 좌석이 있었다.)

누구보다 창작자들을 사랑했고, 이들이 자신을 표현하도록 격려했던 브르통의 자극을 받아 나는 한 시간 동안 「기린Une girafe」이라는 글을 썼다. (브르통은 내게 계속 물었다. "우리 잡지에 실을 것은 언제 줄 거요?")

피에르 위닉이 「기린」의 프랑스어 교정을 해 주었고, 그 후 나는 알베르토 자코메티Alberto Giacometti의 작업실로 찾아갔다. (그가 초현실주의 모임에 합류한 지 얼마 되지 않을 때였다.) 나는 그에게 합판 위에 실물 크기의 기린을 그려서 오려달라고 요청했다. 자코메티는 내 요청을 수락하고, 나와 함께 이에르로 가서 기린을 완성해 주었다. 이 작품은 관람객 각자가 경첩 위에 올라가서 기린의 얼룩무늬 하나하나를 손으로 들어 올릴 수 있도록 만들어졌다. 얼룩무늬 밑에는 내가 한 시간 동안 쓴 문장들이 있었다. 그 문장들이 요구하는 것을 끝까지 이어서 문자 그대로 실행하면, 4억 달러가 드는 엄청난 스펙터클이 만들어지게 될 것이었다. 이 글 전체가 『르 쉬르레알리슴 오 세르비스 드 라 레볼뤼시옹*Le Surréalisme au service de la Révolution*』에 게재되었다. 예컨대 이런 글이 기린의 얼룩무늬 밑에서 나온다. "백 명의 음악가로 이루어진 오케스트라가 지하에서 〈발키리의 기행Der Walkürenritt〉을 연주하기 시작한다." 다른 얼룩무늬 아래에는 이렇게 쓰여 있다. "그리스도가 폭소를 터트린다." (이후 다른 사람들이 답습하게 되는 이미지의 창조자가 나라는 점을 생각하면 우쭐해진다.)

이 기린은 어느 날 노아유 가문의 영지인 생베르나르 수도원 정원에 전해졌다. 초대 손님들에게 깜짝 놀랄 일이 있다는 공고가 나왔다. 저녁 식사를 하기 전에 손님들은 나무로 된 의자를 딛고 올라가 기린 얼룩 안에 있는 글을 읽으라는 요청을 받았다.

이들은 그 요청에 따랐고 이 과정을 즐기는 것처럼 보였다. 나는 커피를 마신 다음 자코메티와 함께 정원으로 나갔다. 그런데 기린이 없었다. 아무 설명 없이 완전히 사라진 것이다. 〈황금시대〉의 스캔들 이후 이 기린 역시 너무 추문을 불러일으킨다고 판단한 것일까? 나는 이 기린이 어떻게 되었는지 모른다. 내 앞에 있던 샤를 드 노아유와 마리로르 드 노아유는 기린에 대해 어떤 암시도 하지 않았다. 그리고 나는 기린이 갑작스럽게 축출된 이유를 감히 묻지 않았다.

이에르에서 며칠이 지난 후 오케스트라 지휘자 로제 데조르미에르는 자신이 새로운 러시아 발레단의 첫 공연을 지휘하러 몬테

카를로에 간다는 사실을 알려 주었다. 그는 내게 함께 가자고 제안했고 나는 즉시 그 제안을 받아들였다. 장 콕토를 포함한 초대 손님 몇 명이 우리를 배웅하러 역까지 나왔고, 누군가 내게 이렇게 경고를 했다. "여자 무용수들을 아주 많이 조심해야 해요. 그녀들은 아주 젊고 아주 순수하지만, 아주 비참한 임금을 받아요. 임신을 하게 되는 경우가 아니라면!"

기차에 앉은 채 두 시간 정도 이동하는데, 내게 자주 있는 일이 일어났다. 눈을 뜬 채로 꿈을 꾸기 시작한 것이다. 내 앞에 줄지어 의자에 앉은 여자 무용수들의 무리가 온통 검은 속옷을 입고 내 명령만 기다리는 하렘으로 보였다. 나는 손가락으로 그중 한 명을 가리켰고, 그녀는 자리에서 일어나 내게 고분고분하게 다가왔다. 이때 나는 생각이 바뀌었고, 그녀처럼 유순한 다른 여자를 원했다. 덜컹거리는 기차에 몸이 흔들리는 동안, 내 에로티시즘에는 어떤 장애물도 없었다.

몬테카를로에서 실제로 일어난 일은 다음과 같았다.

여자 무용수 중 한 명이 데조르미에르의 여자 친구였다. 첫 공연이 끝난 후 그는 자기 여자 친구, 그리고 무용수 중 다른 한 명과 같이 카바레에 한잔하러 가자고 내게 제안했다. 물론 나는 전혀 반대하지 않았다.

공연은 정상적으로 진행되었다. 그런데 공연이 끝날 무렵 두세 명의 여자 무용수가 기진맥진해서 쓰러졌고, 그들 중에는 데조르미에르의 여자 친구도 있었다. (그녀들이 정말 터무니없는 임금을 받거나 영양실조였을까?) 그녀는 다시 일어나더니 자기 동료 중 한 명에게 — 아주 예쁜 백인 러시아 여자에게 — 우리와 같이 가자고 요청했고, 우리 넷은 예정대로 카바레에 갔다.

모든 것이 더없이 훌륭하게 진행되었다. 데조르미에르와 그의 짝은 늦지 않게 밖으로 나갔고, 나 혼자 백인 러시아 여자와 함께 남았다. 이때, 이유는 뭔지 모르겠지만, 종종 여성들과 나의 관계의 특징이 되는 미숙함에 휩싸여서 나는 러시아, 공산주의, 혁명에 대한 정치 토론에 결연하게 몰두했다. 대뜸 그 여자 무용수는 자기가 소련에 반대한다고 확고하게 선언하고, 아무 주저 없이 공산주의 체제의 범죄에 대해 말했다. 나는 아주 솔직하게 화를 냈고, 그녀를 더러운 반동으로 취급했고, 우리의 말싸움은 꽤 오랫동안 지속되었다. 나는 그녀에게 삯마차 값으로 쓰라고 돈을 남기고 숙소로 돌아왔다.

나는 훗날 이 사건과 더불어 화를 냈던 모든 순간들에 대해 종종 후회했다.

초현실주의의 가장 아름다운 행위 중에서도 내가 각별히 매력적이라고 생각한 것이 하나 있다. 우리는 조르주 사둘과 장 코펜 Jean Caupenne에게 감사해야 한다.

1930년 어느 날, 조르주 사둘과 장 코펜은 할 일 없이 카페에서 신문을 읽고 있었다. 그곳은 시골 마을 어딘가였다. 이들은 문득 신문에서 생시르 사관학교 시험 결과를 보게 되었다. 1등을 해서 진급하고 장차 행정 장교가 될 사람은 켈러라는 이름을 가진 사내였다.

내가 이 이야기에서 좋아하는 것은, 사둘과 코펜이 할 수 있는 일이 아무것도 없다는 점이다. 이들은 시골에 있었고 자기 둘밖에 없었다. 그들은 약간 지루했다. 갑자기 아이디어 하나가 떠올라 빛을 발하기 시작했다.

"우리가 만약 이 백치한테 편지를 쓴다면?"

이들은 즉시 편지를 썼다. 이들은 종업원에게 필기구를 달라고 부탁한 다음 초현실주의 역사에서 가장 아름다운 모욕의 편지를 썼다. 그들은 편지에 서명하고 지체 없이 생시르 행정장교에게 보냈다. 여기에는 잊을 수 없는 문장들이 있다. "우리는 프랑스 삼색기에 침을 뱉습니다. 반란을 일으킨 당신의 병사들과 함께, 우리는 프랑스 군대의 장교들 전체의 창자를 햇볕에 널어 말립니다. 우리에게 전쟁을 강요하면, 우리는 최소한 영광스러운 독일군 첨두모를 쓰고 복무하겠습니다……" 등등.

켈러라는 사람이 편지를 받아서 생시르 사관학교 교장에게 전달했고, 그는 다시 이 편지를 구로 장군에게 전달했다. 반면 『르 쉬르레알리슴 오 세르비스 드 라 레볼뤼시옹』은 이 편지를 게재했다.

이 사건은 상당한 파장을 낳았다. 사둘이 나를 찾아와 자신이 프랑스를 떠나 도망가야 한다고 고백했다. 나는 노아유 가문 사람에게 이 사실을 알렸는데, 항상 관대한 이들은 사둘에게 사천 프랑을 주었다. 장 코펜은 체포되었다. 사둘의 아버지와 코펜의 아버지는 파리의 참모부에 사과의 뜻을 표하러 갔다. 아무 소용이 없었다. 생시르 사관학교는 공적인 사과를 요구했다. 사둘은 프랑스를 떠났지만, 사람들이 나한테 한 얘기에 따르면 장 코펜은 사관생도 전원이 모여 있는 사열 앞에서 무릎을 꿇고 사과했다고 한다. 이게 사실인지는 모르겠다.

다시 이 이야기를 생각하면, 1955년경 앙드레 브르통이 스캔들은 더 이상 불가능하다고 내게 토로했을 때, 그의 무기력한 슬픔이 떠오른다.

초현실주의 주변과 그 곁에서 나는 상당히 자주 작가들, 화가들을 알게 되었고, 또 이들과 친하게 지냈다. 이들은 초현실주의 운동을 잠시 스쳐 가거나, 여기에 접촉하거나, 이를 거부하거나, 다시 돌아오거나, 또다시 떠나곤 했다. 그리고 훨씬 더 고독한 작업을 이어간 다른 사람들도 있다. 몽파르나스에서 나는 페르낭 레제Fernand Léger를 만났고 그를 상당히 자주 보았다. 앙드레 마송 André Masson 은 우리 모임에 거의 오는 법이 없었지만, 그는 초현실주의 모임과 친밀한 관계를 유지했다. 진짜 초현실주의 화가는 살바도르 달리, 이브 탕기, 장 아르프, 호앙 미로Joan Miró, 르네 마그리트, 그리고 막스 에른스트였다.

막스 에른스트는 나와 아주 친한 친구였는데 이미 다다 운동에 속해 있었다. 만 레이가 미국에서 그랬던 것처럼, 그는 독일에서 초현실주의의 호소를 들었다. 막스 에른스트는 내게 이런 이야기를 해 주었다. 초현실주의 모임 결성 이전에 그는 취리히에서 장 아르프, 트리스탕 차라와 함께 어떤 전시를 계기로 공연을 기획했다. 그러고는 한 소녀에게 무대 위에서 첫영성체 때의 옷을 입고 손에 양초를 든 채 다분히 포르노적인 텍스트를 읽으라고 했다는 것이었다(유년기의 타락에 대한 여전한 취향). 소녀는 자기가 무슨 글을 읽는지 이해하지 못했고, 엄청난 스캔들이 일었다.

독수리처럼 잘생긴 막스 에른스트는 시나리오 작가 장 오랑슈 Jean Aurenche의 여동생인 마리베르트를 차지했다. 마리베르트는 〈황금시대〉에서 작은 역을 맡았는데, 리셉션을 하던 중 막스 에른스트와 결혼했다. 그는 마놀로 앙헬레스 오르티스와 1년 동안 같은 마을에서 휴가를 보냈다. (그때가 결혼 전이었는지 후였는지는 모르겠다.) 살롱의 총아였던 오르티스는 셀 수도 없이 많은 여자를 정복했다. 같은 해에 에른스트와 오르티스가 같은 여자를 좋아하게 된 일이 벌어졌다. 오르티스가 이겼다.

그로부터 얼마 후 브르통과 엘뤼아르가 파스칼 거리에 있는 내 집의 문을 두드리며 고하기를, 내 친구 막스 에른스트를 앞세워 나를 보러온 것인데 그가 길모퉁이에서 나를 기다리고 있다는 것이었다. 왜 그랬는지 모르지만, 에른스트는 내가 음모를 꾸며 오르티스가 이기도록 했다고 나를 비난했다. 브르통과 엘뤼아르는 그의 이름으로 내게 설명을 요구했다. 이들에게 나는 이 이야기와 아무 상관이 없으며, 어떤 식으로든 오르티스에게 성적인 조언을 하지 않는다고 대답했다. 그들은 물러갔다.

앙드레 드랭 André Derain 은 초현실주의와 아무 상관이 없었다. 나보다 나이가 훨씬 많은 그는 (최소한 서른 살이나 서른다섯 살 많을 것이다) 내게 종종 파리 코뮌에 대해 말했다. 먼저 베르사유 정부군이 수행한 가혹한 탄압 때 총살당한 사람들 이야기를 해 주었다. 이들이 처형당한 이유는 손에 굳은살이 박였기 때문이고, 굳은살은 노동자계급에 속한다는 표지였다.

키 크고 건장한 드랭은 동정심이 아주 많았다. 어느 저녁 그는, 화상 피에르 콜레Pierre Collé와 함께 체리를 넣은 증류주를 마시려고 자기가 잘 아는 매춘업소에 나를 데리고 갔다. "앙드레 씨, 잘 지내세요? 참 오랜만에 뵙네요!"

그리고 여주인은 이런 말을 덧붙였다.

"작은 여자가 있어요. 당신에게 보여드릴게요. 얼마나 순수한지 보시게 될 거예요. 그런데, 조심하세요. 그녀와 있을 때는 섬세해야 해요."

잠시 후, 발뒤꿈치가 납작하고 흰 양말을 신은 여자가 들어왔다. 머리카락을 땋아서 묶었던 그녀는 웃으면서 훌라후프를 돌렸다. 얼마나 실망했던지. 마흔 살가량 되는 여자 난쟁이였다.

작가 중에서 나는 로제 비트라크Roger Vitrac를 잘 알았는데, 왜 그랬는지는 모르지만 브르통과 엘뤼아르는 그를 높이 평가하지 않았다. 초현실주의 모임에 속해 있던 앙드레 티리옹André Thirion은 유일하게 진짜 정치가였다. 어떤 모임을 마치고 나오면서 폴 엘뤼아르가 나한테 경고했다. "티리옹은 정치 외에는 관심이 없어요."

이후 스스로 혁명적 공산주의자라고 표방한 티리옹은 큰 스페인 지도를 들고 파스칼 거리로 나를 찾아왔다. 그 당시 무장 폭동이 유행이었기 때문에, 그는 스페인 군주제를 전복시키기 위한 아주 치밀한 무장 폭동을 예고했다. 그는 자기 지도에 하나하나

표시하려고 지리적인 정확한 세부 사항, 해안, 오솔길 등을 내게 물었다. 나는 그를 도울 수 있는 능력이 없었다.

이 시기 그는 책 한 권을 썼는데, 그것은 『혁명 없는 혁명가들 *Révolutionnaires Sans Révolution*』이란 책으로서 나는 이 책을 꽤 좋아했다. 물론 이 책에서 그는 자신에게 좋은 역할을 부여했고(사실 이런 일은 스스로 의식조차 못 한 채 우리 모두가 하는 짓이다), 사적으로 세세한 것 몇 개를 드러냈는데, 내게는 거북스럽고 불필요해 보였다. 반면에 나는 그가 앙드레 브르통에 관해 쓴 것은 아무 유보 없이 동의한다. 이후 전쟁이 끝난 뒤 사둘은 티리옹이 완전히 '배신'했으며, 드골주의자들 진영으로 넘어가서 지하철 가격 인상의 주범이 되었다는 사실을 내게 알려 주었다.

막심 알렉상드르는 가톨릭 진영에 합류해 버렸다. 자크 프레베르는 나를 조르주 바타유Georges Bataille와 만나게 해 주었는데, 『눈目의 역사*Histoire de l'œil*』의 저자인 바타유는 〈안달루시아의 개〉에서 눈이 둘로 잘리는 장면 때문에 나를 만나고 싶어 했다. 우리는 함께 식사했다. 그의 부인 실비아 바타유Sylvia Bataille는, 르네 클레르의 부인 브롱자Bronja Clair와 더불어 내가 만난 가장 아름다운 여인 중 한 명이다. 나는 나중에 자크 라캉Jacques Lacan과 재혼한 실비아를 다시 만났다. 너무 거칠고 물질적이라고 생각해서 브르통이 그리 좋아하지 않았던 바타유에 대해 말하자면, 그의 표정은 너무 딱딱하고 심각했다. 그에게는 아예 웃는 것 자체가 불가능해 보였다.

나는 앙토냉 아르토를 약간 알았다. 기껏해야 두세 번쯤 만났을 뿐이지만. 1934년 2월 6일, 나는 그를 지하철에서 만났다. 그는 표를 사려고 지하철 창구에 줄을 서 있었고, 나는 아르토 바로 뒤에 서 있었다. 그는 손동작을 아주 크게 하면서 혼잣말을 했다. 나는 그를 방해하고 싶지 않았다.

초현실주의가 어떻게 되었느냐는 질문을 자주 받는다. 나는 뭐라고 대답해야 할지 잘 모르겠다. 때로 나는 초현실주의가 사소한 데에서는 승리하고 본질적인 데에서는 실패했다고 말한다. 앙드레 브르통, 폴 엘뤼아르, 루이 아라공은 20세기 프랑스가 낳은 가장 탁월한 작가에 속하고, 그들의 저작은 모든 도서관에서 좋은 자리를 차지한다. 막스 에른스트, 르네 마그리트, 살바도르 달리는 가장 비싸고 가장 유명한 화가들에 속하고, 그들의 작품은 모든 미술관에서 좋은 자리를 차지한다. 그런데 예술적인 성과, 문화적 성공은 정확하게 우리 대부분에게 가장 덜 중요한 것이었다. 초현실주의 운동은 문학사나 회화사에 영광스럽게 진입하는 데 거의 관심을 두지 않았다. 초현실주의 운동이 무엇보다 원했던 것, 긴급하면서도 실현 불가능한 염원은 세상을 변형시키고 삶을 바꾸는 것이었다. 바로 이 점(본질적인 것)에서 우리 주변을 간략하게 둘러보면 우리가 실패했다는 사실이 명확하게 드러난다.

물론 사정이 그럴 수밖에 없었다. 오늘날 우리는, 항상 쇄신되는 엄청난 역사적 현실의 힘과 비교해 보면, 세상에서 초현실주의가 아주 작은 자리만을 차지하고 있다고 평가를 내릴 수 있다.

대지와 같이 엄청나게 거대한 꿈들을 탐식했으나, 우리는 아무것도 아니었다. 단지 카페에서 장황하게 토론하고 잡지 하나를 발간한, 불손한 지식인들의 작은 모임에 지나지 않았다. 직접적이고 폭력적으로 행동에 참여했을 때는 금세 분열되고 마는 한 줌의 이상주의자들이었다.

그러나 3년이 약간 넘는 기간 동안 열광적이면서 뒤죽박죽인 초현실주의의 대열을 내가 통과했기 때문에 내 생애 전체에 걸쳐서 뭔가가 남아 있게 되었다. 내게 남아 있던 것은, 우선 우리가 인정하고 소망한 인간의 심층에 대한 자유로운 접근이다. 그리고 비합리적인 것, 알려지지 않은 것, 우리의 심층적인 자아에서 오는 온갖 충동에 대한 호소다. 이 호소는 역사상 처음으로 그토록 강하게, 그토록 용기 있게 울려 퍼졌다. 우리가 해로운 것으로 생각한 모든 것에 대항한 전투에서 보기 드문 불손함, 유희를 즐기는 취향, 생생한 투지가 이 호소를 에워싸고 있었다. 이 모든 것에 대해 나는 아무것도 부인하지 않았다.

여기에다 나는 초현실주의적 직관 대부분이 정확했다는 점을 덧붙인다. 하나의 예는 노동이다. 노동은 부르주아 사회에서 신성불가침의 가치이고 침범할 수 없는 단어다. 초현실주의자들은 노동을 집요하게 공격하고, 그 거짓말을 파헤치고, 임금 노동은 수치라고 큰 목소리로 주장한 최초의 사람들이었다. 〈트리스타나〉에서 돈 로페가 젊은 벙어리에게 다음과 같이 말할 때, 이 비난의 반향을 찾을 수 있다.

"불쌍한 노동자들. 얼간이에다가 얻어터지기까지 하다니! 사투르노, 노동은 저주야. 생계유지를 위해 해야 하는 노동을 타도하자! 이런 노동은, 그들의 말처럼 우리를 영광스럽게 만들어주지 않아. 단지 우리를 착취하는 돼지들의 뚱뚱한 배를 채워줄 뿐이지. 반면에 기쁨으로, 소명으로 하는 노동은 인간을 고귀하게 만들지. 모든 사람이 그렇게 일을 해야 해. 나를 봐, 나는 노동하지 않아. 내 목을 매달아도 노동은 안 해. 그리고 봐봐, 나는 살아있고, 물론 불쌍하게 살지만, 노동은 안 하고 산다고."

이 대사의 몇몇 요소는 페레스 갈도스의 저작에 이미 나왔지만, 완전히 다른 의미를 담고 있다. 이 소설가는 아무 일도 안 하고 빈둥거린다고 자기 인물을 비난했다. 그는 이것을 흠으로 본 것이다.

초현실주의자들은 직관적으로 노동이라는 가치가 아주 취약한 기반 위에서 흔들리기 시작했다는 것을 처음 인식했다. 오늘날, 그로부터 50년 후, 영원하다고 믿었던 가치가 몰락하고 있다고 사방에서 사람들이 말한다. 인간이 노동을 위한 존재라는 점에 의문을 제기하고, 아무 일도 하지 않는 문명을 구상하기 시작했다. 프랑스에는 심지어 여가餘暇 시간 장관도 있다.

또한 초현실주의가 내게 남긴 것은, 두 갈래의 도덕 원칙이 내 안에서 대립하고 있음을 발견했다는 사실이다. 그간 습득한 온갖 도덕 원칙은, 내 본능과 경험에서 비롯된 개인적 도덕 원칙과 강하게 맞서고 있었다. 초현실주의 모임에 들어갈 때까지 이런 갈등이 나를 강타할 것이라고는 상상도 하지 못했다. 그리고 나는 이 갈등이 모든 삶에 필수 불가결하다고 생각한다.

결과적으로 3년이 조금 넘는 시간이 나에게 남긴 것은, 모든 예술적 발견과 취향 및 사유의 세련화를 넘어서, 타협을 모르는 명확한 도덕적 엄격성이다. 그리고 나는 온갖 역경을 넘어 바로 이 도덕적 엄격성에 충실하려고 애썼다. 구체적인 하나의 도덕에 충실한다는 것은 생각하는 것만큼 유지하기 쉬운 일이 아니다. 이기주의, 허영심, 물욕, 노출증, 편의주의, 망각 등과 끝없이 충돌하기 때문이다. 때때로 나는 전혀 중요하지 않은 것들 때문에 이 유혹 중 하나에 굴복했고, 나 자신이 세운 규칙들을 깨뜨렸다. 그러나 많은 경우 내가 초현실주의의 심장부를 통과하면서 얻은 힘이 여기에 저항할 수 있게 해 주었다. 아마도 이것이 사실상 가장 중요한 것이다.

나는 1968년 5월 초에 파리에 있었고, 스태프들과 〈은하수〉의 준비 및 장소 탐색을 시작했다. 어느 날 우리는 갑자기 라탱 구역에 학생들이 세운 바리케이드와 맞닥뜨렸다. 사람들이 기억하는 것처럼, 짧은 시간 동안 파리의 삶이 전복되었다.

나는 마르쿠제Herbert Marcuse의 저작들을 알고 있었고 이를 응원했다. 나는 내가 읽은 모든 것, 소비사회에 대해 내가 들은 모든 것에 공감했고, 너무 늦기 전에 메마르고 위험한 삶의 진행 방향을 돌려야 할 필요성에도 공감했다. 1968년 5월 혁명에는 경탄할 만한 순간들이 있었다. 봉기가 일어난 거리를 산책하면서 나는, 놀라움이 없지는 않았지만 우리 초현실주의자들의 오래된 구호가 벽 위에 쓰여 있는 것을 알아보았다. 예컨대, "상상력에 권력을!", "금지하는 것은 금지되어 있다."

그러나 파리에서 다른 모든 일이 멈췄던 것처럼 우리의 일은 멈춰 버렸고, 이해관계가 있는 관광객이면서 점차 불안해진 나는 파리에 고립되어 뭘 해야 할지 몰랐다. 전날 밤 소요가 일어난 생미셸 대로를 걸어갈 때는 최루 가스 때문에 눈이 따가웠다. 내가 벌어지고 있는 일들 모두를 이해할 수 있었던 것은 아니었다. 예컨대 시위대가 마치 진심으로 프랑스에 마오주의Maoism 체제가 정립되기를 호소하는 것처럼, 왜 '마오쩌둥毛澤東! 마오쩌둥!' 하고 칭얼거리는지 이해할 수 없었다. 대개는 합리적인 사람들이 정신을 잃는 모습도 목격했고, 내 소중한 친구였으며 내가 모르는 행동주의 단체 대표인 루이 말Louis Malle이 거대한 전투를 위해 자기 집단의 무리를 분산시키고, 내 아들 후안 루이스에게 거리 모퉁이에 나타나는 경찰들에게 총을 쏘라고 명령하는 모습도 목격했다. (내 아들이 이 명령에 따랐다면, 그는 그해 5월에 참수된 유일한 사람이 되었을 것이다.) 진지한 정신과 더불어 떠벌이는 사람들이 나타났고, 엄청난 혼동이 자리 잡았다. 각자 자기의 작은 랜턴을 들고 자기만의 혁명을 찾고 있었다. 나는 끊임없이 자문했다. "만약 이런 일이 멕시코에서 벌어진다면, 두 시간 만에 끝날 텐데. 그리고 2백~3백 명이 죽을 텐데." (다른 한편 죽은 사람 숫자만 제외하면, 이것이 멕시코시티의 라스 트레스 쿨투라스 광장에서 1968년 10월에 벌어진 일이다.)

〈은하수〉 제작자인 세르주 실베르망은 나를 브뤼셀로 데리고 가서 며칠을 함께 보냈다. 여기서는 멕시코로 돌아가는 비행기를 타기가 훨씬 수월했다. 그러나 나는 파리로 되돌아가기로 마음먹었다. 일주일 후 흔히들 말하는 질서 속으로 모든 것이 되돌아갔고, 기적적으로 피를 거의 흘리지 않은 거대한 축제는 끝났다. 구호 말고도 68년 5월 혁명은 초현실주의 운동과 많은 공통점이 있었다. 동일한 이데올로기적 테마, 동일한 비약, 동일한 분열, 환영 illusion을 환영하는 동일한 태도, 말과 행동 사이에서 몹시 어려운 동일한 선택까지. 그해 5월의 학생들은 우리처럼 말을 아주 많이 했고, 행동은 거의 하지 않았다. 그러나 나는 그들을 전혀 비난하지 않는다. 앙드레 브르통이 했을 만한 말이지만, 행동은 스캔들처럼 거의 불가능하게 되어 버렸다.

테러리즘을 선택하지 않는 한 그랬는데, 몇몇 사람은 실제로 테러리즘을 선택했다. 여기서도 또한 우리 젊은 시절의 문장들, 그리고 예컨대 브르통이 한 말에서 벗어날 수 없다. "가장 단순한 초현실주의적 행동은 권총을 쥐고 길거리로 나가 무턱대고 군중 속에 총을 쏘는 데 있다." 내 경우, 〈안달루시아의 개〉는 살인에 대한 호소에 다름없다고 썼던 것을 잊지 않았다.

언제나 나는 우리 시대에 불가피한 테러리즘의 상징성에 매혹되었지만, 모든 사회, 나아가 인간이라는 종 자체의 파괴를 지향하는 전면적인 테러리즘에는 전혀 이끌리지 않았다. 나는 테러리즘을 어떤 이념에 사용하기 위한 정치적 무기로 만드는 사람들, 예컨대 아르메니아의 문제들에 세계의 관심을 끌려고 마드리드 사람들을 죽이고 부상을 입히는 사람들을 경멸할 뿐이다. 나는 이런 테러리스트들에 대해서는 말조차 꺼내지 않는다. 이들은 내게 혐오감을 불러일으킨다.

나는 내가 아주 좋아하는 보노의 도당Bande à Bonnot에 대해 말하고, 아주 신중하게 피해자를 골랐던 프란치스코 아스카소와 부에나벤투라 두루티에 대해 말하고, 19세기 말 프랑스 무정부주의자들에 대해 말하고, 살아남기에 마땅하지 않게 보인 세상을 자기와 함께 터트리고자 했던 사람들 모두에 대해서 말한다. 나는 이들을 이해하고, 종종 이들을 존경한다. 대다수에게 그런 것처럼 내 상상력과 내 현실 사이에 깊은 심연이 파이는 일이 일어난다. 나는 행동하는 사람, 폭탄을 던지는 사람이 아니고 그랬던 적도 없지만, 나는 때로 내가 아주 가깝다고 느끼는 이 사람들을 내가 흉내 낼 능력이 없었다.

나는 끝까지 샤를 드 노아유와 이어져 있었다. 내가 파리에 갈 때마다, 우리는 점심을 함께 먹거나 저녁을 함께 먹었다.

그는 지난번에 나를, 50년 전에 나를 맞이한 바로 그 자기 저택으로 초대했다. 여기는 다른 세상이라고도 말할 수 있다. 마리로르 드 노아유는 죽었다. 벽에, 선반에, 이전 시대의 보물들은 남아 있지 않았다.

샤를은 나처럼 귀가 잘 들리지 않게 되었고, 우리가 의사소통하기는 쉽지 않았다. 우리는 말을 적게 하면서 머리와 머리를 맞대고 식사를 했다.

11
미국

1930년. 〈황금시대〉는 아직 개봉되지 않았다. 자기들의 사적인 저택에 파리 최초의 '유성영화' 상영관을 설치해 준 노아유 가문의 사람들은, 그들이 없는 사이에 내가 그 저택에서 초현실주의자들에게 영화를 보여줘도 된다고 허락했다. 초현실주의자들 모두가 와서 상영 전 그 저택의 바에 있던 술이란 술은 모두 다 맛보기 시작했다. 마지막에는 병에 담긴 술을 전부 하수구로 흘려 버렸다. 내 생각에 앙드레 티리옹과 트리스탕 차라가 가장 소란스러웠던 것 같다. 그로부터 얼마 후 노아유 가문의 사람들이 되돌아와서 내게 〈황금시대〉 상영이 어떻게 진행되었느냐고 물었고 (사실 더없이 훌륭하게 진행되었다), 텅 빈 채 남아 있던 술병들에 대해서는 어떤 암시도 하지 않고 모른 체해 주었다.

노아유 가문의 사람들 덕분에 할리우드 MGM사의 유럽 대표

가 내 영화를 보았다. 다른 많은 미국 사람들처럼 그 역시 유럽 귀
족들과 함께 있는 것을 좋아했다. 그는 내게 자기 사무실에 들르
라고 말했다.

처음에 나는 그에게 이 약속에서 내가 할 수 있는 일은 아무것
도 없다고 대답했으나, 결국 면담을 수락했다. 면담에서 그가 내
게 말한 것은 대충 다음과 같다.

"〈황금시대〉를 봤지만 저는 이 영화를 전혀 좋아하지 않습니
다. 하나도 이해 못 했어요. 그렇지만, 이 영화는 제게 깊은 인상을
남겼습니다. 따라서 제가 당신에게 제안하는 것은 다음과 같습니
다. 할리우드로 가서, 세계 최고인 미국의 탁월한 영화 제작 기술
을 배우세요. 제가 미국에 보내드리는 것이고, 여행 비용을 지급
합니다. 주당 250달러(그 당시로서는 아주 좋은 대우였다)를 받으면
서 미국에서 6개월 동안 머무르세요. 당신이 거기서 할 일은 하나
밖에 없습니다. 그것은 영화를 어떻게 제작하는지 잘 지켜보는 것
입니다. 그 후 우리가 당신과 뭘 할지는 다시 두고 봅시다."

나는 아주 놀라서 48시간만 생각할 시간을 달라고 했다. 그날
저녁에 브르통의 집에서 모임이 열렸다. 나는 루이 아라공과 조
르주 사둘과 함께 혁명적 지식인 대회에 참석하기 해서 소련의
하리코프에 가야 했다. 나는 MGM사의 제안을 모임에 알렸다.
아무 반대도 없었다.

나는 계약서에 서명했고, 1930년 12월에 리바이어던Leviathan이
라는 그 당시 세계에서 가장 큰 미국 여객선을 타고 르아브르 항
에서 출항했다. 나는 정말로 멋졌던 그 여행 내내 스페인의 유머

작가 토노Tono와 그의 부인 레이노로와 함께 있었다.

토노는 미국 영화의 스페인어 판본 작업을 위해 할리우드에 고용된 상태였다. 1930년에 영화는 드디어 유성영화가 되었다. 유성으로 바뀌면서 영화는 갑자기 국제적 성격을 잃게 되었다. 무성영화에서는 상영 국가에 따라 자막이 나오는 부분만 바꿔도 충분했다. 그런데 이제는 똑같은 조명을 받는 똑같은 배경을 두고, 프랑스 배우들이나 스페인 배우들과 함께 똑같은 영화의 다른 판본을 찍어야 했다. 이 때문에 자기 모국어로 대사를 쓰는 일을 담당하는 작가들과 자기 모국어로 연기하는 일을 담당하는 배우들이 할리우드로 엄청나게 유입되고 있었다.

나는 미국을 알기 전에 이미 미국을 아주 좋아했다. 미국의 풍속, 미국의 영화, 미국의 마천루, 심지어 미국 경찰의 유니폼까지 모든 것이 다 좋았다. 나는 우선 뉴욕의 앨곤퀸 호텔에 묵으면서, 영어를 한마디도 몰랐기 때문에 아르헨티나 통역사를 대동하고 넋을 잃은 채 5일을 보냈다.

그 후 나는 여전히 토노 내외와 함께 로스앤젤레스행 기차를 탔다. 내게는 완전한 매혹이었다. 나는 미국이 세계에서 가장 아름다운 나라라고 생각했다. 나흘간의 여행 끝에 오후 5시가 되어 로스앤젤레스에 도착했을 때, 세 명의 스페인 작가가 우리를 기다리고 있었다. 그들은 에드거 네빌Edgar Neville, 로페스 루비오Lopez Rubio, 그리고 에두아르도 우가르테였고, 그들 역시 할리우드에 고용된 상태였다.

우리는 즉시 여러 대의 자동차를 나눠 타고 네빌의 집에 저녁 식사를 하러 갔다. 우가르테가 내게 말했다. "네 감독관과 저녁 식사를 하게 될 거야." 그날 저녁 7시쯤 실제로 회색 머리를 한 남자가 매혹적인 젊은 여자와 함께 도착했고, 사람들이 내게 그 남자가 내 감독관이라고 소개했다. 우리는 식탁에 함께 앉았고, 나는 난생처음 아보카도라는 것을 먹어 보았다.

네빌이 내 통역사 역할을 하는 동안, 나는 내 감독관을 찬찬히 들여다보았고, 이렇게 혼잣말을 했다. "나는 이 사람을 알아. 어디선가 이 사람을 본 게 분명해." 식사가 끝났을 때, 나는 갑자기 이 사람이 누군지 알아보았다. 그 사람은 찰리 채플린이었고, 여자는 〈황금광 시대The Gold Rush〉에서 연기한 조지아 헤일Georgia Hale이었다.

채플린은 스페인어를 한마디도 몰랐지만, 스페인을 예찬한다고 말했다. 그가 말한 스페인은 발을 구르면서 춤을 추고 '올레!'라고 소리치는, 피상적이고 민속적인 스페인이었다. 그는 네빌을 잘 알고 있었다. 그것이 그가 이 자리에 온 이유였다.

다음 날 나는 베벌리힐스의 오크허스트 드라이브에 있는 한 아파트에 에두아르도 우가르테와 함께 입주했다. 어머니가 내게 돈을 주셨다. 나는 먼저 포드 자동차 한 대를 샀고, 다음으로 소총과 내 인생의 첫 라이카 카메라를 샀다. 주급이 지급되기 시작했다. 모든 것이 좋았다. 로스앤젤레스는 정말 내 맘에 들었다. 단지 할리우드 때문만은 아니다.

내가 도착한 지 이삼일 후, MGM사의 제작 경영자 어빙 탈버그Irving Thalberg가 고용하고 있던 앨버트 루인Albert Lewin이라는 제작자겹 감독을 소개받았다. 이후 내 친구가 되는 프랭크 데이비스 Frank Davis라는 사람이 나를 담당하기로 되어 있었다.

데이비스는 내 계약이 '이상하다'고 생각해서 내게 말했다.

"뭐부터 시작할까요? 편집? 시나리오? 촬영? 세트 디자인?"

"촬영부터 시작하지요."

"좋습니다. MGM사의 스튜디오에는 스물네 개의 촬영장이 있습니다. 아무 데나 가 보고 싶으신 곳을 고르시지요. 출입증을 만들어드리겠습니다. 이 출입증으로 어디나 갈 수 있지요."

나는 그레타 가르보가 영화를 찍는 촬영장을 골랐다. 나는 출입증 카드를 갖고 조심스럽게 촬영장에 들어갔고, 영화 제작에 대해서라면 이미 알고 있었기 때문에 약간 거리를 두고 서 있었다. 이때 분장사들이 이 스타 주위에서 분장에 한창이었다. 내 생각에 클로즈업 촬영을 마친 것 같았다.

나는 조심스럽게 서 있었지만, 그레타 가르보가 나를 보았다. 나는 그녀가 수염이 아주 가는 한 남자에게 신호를 보낸 후 그에게 몇 마디 하는 것을 보았다. 수염이 아주 가는 남자는 내게 다가와서 영어로 물었다.

"당신 도대체 여기서 뭘 하는 거요?"

나는 뭐라고 말하는지 몰랐고, 더 중요하게는 뭐라고 대답할지 몰랐다.

따라서 나는 문밖으로 쫓겨났다.

이날부터 나는 토요일마다 수표 받으러 가는 것 이외에는 더 이상 스튜디오에 가지 않고 조용히 집에 있겠다고 마음먹었다. 다른 한편, MGM사에서는 나를 4개월간 가만히 내버려 두었다. 아무도 내가 뭘 하는지 신경 쓰지 않았다.

솔직히 말해 예외가 몇 번 있었다. 한번은, 어떤 영화의 스페인어 판본에서 나는 바텐더 역할을 맡아 카운터 뒤에서 연기했다. (항상 바와 관계가 있다.) 또 한 번은 세트장을 방문했는데, 여기는 가볼 만한 가치가 있었다.

스튜디오 외곽 지역의 부속 야외 촬영장back-lot에 엄청난 수영장이 있었고, 여기서 완벽하게 복원한 배 한 척이 절반 정도 물에 잠겨 있었다. 모든 것이 폭풍 장면을 위해 준비된 것이었다. 파도의 움직임을 흉내 내려고 엄청난 동력 장치가 작동하고 있었고, 배가 물 위에서 흔들리고 있었다. 그 주변에는 엄청난 통풍기들이 있었다. 위에는 미끄럼틀의 경사면을 따라 침몰하는 배 위에 부을 준비가 된 엄청난 저수량의 물이 있었다. 그때도 충격적이었고 또 내게 항상 충격적인 것은 이 특수효과의 수준과 기막힌 수단들이었다. 모든 것이 가능했고, 세상을 다시 창조할 수 있을 것처럼 보였다.

나는 또한 신화적인 몇몇 인물을 만나고 싶었고, 예컨대 월러스 비어리Wallace Beery 같은 '배신자들'을 특히 만나고 싶었다. 나는 스튜디오의 홀에 앉아 유명한 사람들이 지나가는 것을 보면서 내 구두에 광내는 것을 좋아했다. 하루는 암브로시오Ambrosio가 내 바로 옆에 와서 앉았다. 그는 스페인에서도 암브로시오라고 불렸는데, 칠흑처럼 검고 무시무시한 눈을 가진 엄청난 코미디 배우였고 종종 채플린과 같이 연기를 했다. 어느 날 저녁 극장에서 나는 벤 터핀 바로 옆에 앉았다. 그는 스크린에서 그랬듯이 실제로도 사팔뜨기였다.

어느 날 나는 호기심 때문에 MGM사의 대촬영장에 갔다. 전능한 권력을 가진 MGM사의 대표 루이스 메이어Louis B. Mayer가 이회사의 고용인들이 모두 모인 자리에서 직접 말을 하고 싶다고 온갖 곳에 공고가 나붙었기 때문이다.

수백 명쯤 되는 고용인들이 모여 연단을 마주 보고 모두 긴 의자에 앉았고, 연단에서 메이어 대표는 주요 경영진들 한가운데 자리를 잡았다. 당연히 어빙 탈버그도 그 자리에 있었다. 비서, 기술자, 배우, 노동자들 등등 아무도 빠진 사람이 없었다.

나는 이날 미국에 대해 일종의 계시 같은 것을 얻었다. 몇몇 경영진이 차례차례 말을 했고, 박수를 받았다. 마지막으로 루이스 메이어가 자리에서 일어나서 모두가 더 공손하고 더 주의 깊게 숨죽인 분위기에서 우리에게 말을 했다.

"내 친애하는 친구들. 오랜 시간 숙고를 한 끝에 저는, 모두의 존중을 받으면서 우리 회사의 지속적인 발전과 지속 가능한 번영을 보장해줄 비밀을, 아주 단순하고 아마도 결정적인 표현 하나로 축약시킬 수 있었습니다. 이 표현을 글로 쓰겠습니다."

그의 뒤에는 칠판 하나가 있었다. 루이스 메이어는 몸을 돌려, 짐작하는 것처럼 기대로 가득 찬 관중의 침묵 속에서, 분필을 들고 대문자로 천천히 썼다. 'COOPERATE(협력하시오)'

그 후 그는 떠들썩하고 진심에 찬 박수를 받으며 다시 자리에 앉았다.

나는 어안이 벙벙했다.

미국 영화계를 배울 수 있는 이런 외도를 제외하면, 대개 나는 혼자서, 아니면 친구 우가르테와 함께 내 포드 자동차를 타고 때때로 사막까지 긴 산책을 했다. 나는 매일매일 새로운 얼굴을 만났다. (나는 이 시기에 세트디자이너와 결혼한 돌로레스 델 리오Dolores del Rio, 내가 존경한 프랑스 감독 자크 페데르, 심지어 캘리포니아에 얼마간 시간을 보내러 온 베르톨트 브레히트Bertolt Brecht까지 만났다.) 그리고 집에 혼자 있었다. 파리에서 친구들이 〈황금시대〉가 불러온 스캔들을 어떤 의미로든 언급하는 온갖 신문을 내게 보내 주었고, 이 신문들은 대개 나를 끔찍하게 모욕했다. 매혹적인 스캔들이었다.

토요일마다 채플린은 우리 스페인 친구들을 식당으로 초대했다. 나는 언덕 위에 있는 그의 집에 자주 갔고, 함께 테니스를 치고 수영을 하거나 사우나를 했다. 한번은 그의 집에서 잔 적도 있었다. 다른 한편, 내 보잘것없는 성생활의 장章에 대해 나는 패서디나 출신 여자들과의 불발된 난교 파티를 언급하면서 이미 털어놓았다. 나는 채플린의 집에서 상당히 자주 세르게이 에이젠슈테인을 만났다. 그는 〈멕시코 만세¡Que viva México!〉를 찍으려고 멕시코에 갈 준비를 하고 있었다.

나는 〈전함 포템킨〉을 보고 전율을 느낀 후 프랑스 에피네에서 〈봄의 소나타〉란 제목의 에이젠슈테인 영화 한 편을 보고 능욕을 당한 기분이었다. 이 영화에 나오는, 바람에 부드럽게 흔들리는 밀밭 속의 하얀 그랜드 피아노, 스튜디오의 호수에서 헤엄치는 백조나 이와 비슷한 다른 비열한 짓들에 경탄할 수도 있을 것이다. 나는 머리끝까지 화가 나서 에이젠슈테인을 찾아 몽파르나스의 카페들을 돌아다녔고, 만나면 뺨을 때려줄 생각이었다. 그러나 결국 찾지 못했다. 이후 그는 〈봄의 소나타〉가 자기 영화가 아니라 자기 촬영 감독인 알렉산드로프Grigoriy Aleksandrov의 영화라고 내게 말했다. 완전 거짓말이다. 나는 에이젠슈테인이 몸소 비양쿠르의 스튜디오에서 백조 장면을 찍는 것을 보았다.

어쨌거나 할리우드에서 나는 화났던 것을 잊어버렸고, 우리는 채플린의 수영장 근처에서 차가운 음료를 마시면서 아무 쓸데없는 이야기들을 주고받았다.

파라마운트의 다른 스튜디오에서 나는 조셉 폰 스턴버그Josef von Sternberg 감독을 만났고 그는 나를 자기 테이블로 오라고 불렀다. 약간 후 누군가 그를 찾아와서 모든 것이 준비되었다고 말했고, 스턴버그 감독은 내게 부속 야외 촬영장으로 자기를 따라오라고 요청했다.

스턴버그가 찍던 영화는 중국에서 벌어지는 이야기였다. 스태프들의 인도에 따라 동양인 무리가 운하 위를 떼 지어 돌아다니거나, 다리 위나 좁은 길로 몰려들었다.

내가 충격을 받은 것은 스턴버그 감독이 아니라 세트 디자이너가 카메라의 위치를 지시한다는 점이었다. 감독의 역할은 '액션'이라고 말하는 것과 배우들의 연기 지시에 한정되어 있었다. 스턴버그 같은 스타 감독도 그랬다. 다른 감독들 대부분은 스튜디오 경영자들의 돈을 받는 노예에 불과했다. 그들은 하라고 한 것만 최선을 다해서 했다. 이들은 영화에 대해 어떤 권리도 갖지 못했다. 심지어 편집할 수 있는 권리도 없었다.

할 일 없이 놀고 있던 순간이 내게 드물지 않았는데, 이때 나는 꽤나 신기한 것을 상상했고, 만들었다. 그건 미국 영화의 일람표를 작성한 자료였는데, 불행히도 지금은 잃어버렸다. (나는 내 인생 전체에 걸쳐 많은 것을 잃어버리거나, 누구한테 줘 버리거나 버려버렸다.)

큰 마분지 조각이나 작은 판자 위에 조작이 쉽도록 착탈식으로 뗐다 붙였다 할 수 있는 여러 개의 열께을 배열한다. 첫 번째 열에는 예컨대 '분위기'라고 쓴다. 파리의 분위기, 서부영화의 분위기, 갱 영화의 분위기, 전쟁 영화의 분위기, 적도의 분위기, 코미디의 분위기, 중세의 분위기 등등. 두 번째 열에는 '시대'라고 쓰고, 세 번째 열에는 '주요 인물들'이라고 쓰고, 이런 방식으로 계속 이어 간다. 이렇게 네다섯 개의 열이 만들어진다.

원리는 다음과 같다. 이 시기 미국 영화는 너무나 구체적이고 너무나 기계적인 체계화 원리에 따르고 있었기 때문에, 내 착탈식 일람표 체계를 움직여 특정 분위기, 특정 시대, 특정 인물 등을 동일선상에 놓게 되면 그 영화의 주요 이야기를 확실하게 알 수 있었다.

나와 같은 건물에서 내 바로 윗집에 살던 내 친구 에두아르도 우가르테는 내 일람표를 속속들이 잘 알고 있었다. 이 일람표가 영화 속 여주인공의 운명과 관련해 유달리 정확하고 논란의 여지 없는 정보들을 주었다는 것도 덧붙인다.

어느 날 저녁 스턴버그 감독의 제작자가 나를 마를레네 디트리히Marlène Dietrich와 함께 〈불명예Dishonored〉(1931)의 스닉 프리뷰 sneak preview에 초대했다. (이 영화의 프랑스어 제목은 〈X-27 요원Agent X-27〉이고 마타하리의 생애에 자유롭게 영감을 받은 스파이 이야기다.) 스닉 프리뷰란 미개봉 영화의 깜짝 시사회로, 관객의 반응을 확인하기 위한 행사다. 이 시사회는 대개 일반 영화 상영이 끝난 후 저녁 끝 무렵에 이런저런 영화관에서 진행한다.

우리는 밤늦게 제작자와 함께 자동차로 돌아왔다. 스턴버그를 집에 내려주고 제작자는 내게 말했다.

"정말 아름다운 영화지요, 그렇죠?"

"아주 아름답습니다."

"정말 대단한 감독이지요!"

"두말할 나위가 없지요."

"주제는 정말 독창적이고요!"

나는 제작자에게 실례를 무릅쓰고서 다음과 같이 말했는데, 내 생각에 스턴버그는 다루는 주제가 가히 독창적이라 눈에 띄는 감독은 아니다. 종종 그는 싸구려 멜로드라마나 진부한 이야기를 취해서 이것을 연출로 완전히 다르게 변형시켜 버리는 감독이다.

제작자가 목소리를 높였다. "진부한 이야기라고요! 당신이 어떻게 이런 말을 할 수가 있지요? 거기에는 진부한 게 하나도 없어요! 당신은 영화가 끝날 때 여주인공 마를레네 디트리히가 총살을 당한다는 점은 전혀 고려하지 않나요! 그녀를 총살해 버린다는 말입니다! 이런 것은 전혀 본 적이 없어요!"

내가 말했다. "죄송합니다만, 이 영화가 시작된 지 5분도 안 돼서 저는 그녀가 총에 맞아 죽게 된다는 점을 알았습니다."

"뭐라고요? 무슨 말을 하는 겁니까? 제가 영화사 전체를 통틀어 이런 것은 본 적이 없다고 말하잖아요. 그런데 당신은 그것을 알아맞혔다고 주장하는 겁니까? 그럴 리가 있나! 한편으로 내가 보기엔 관객이 이렇게 끝나는 것을 좋아하지 않을 겁니다. 전혀 안 좋아하지요!"

그가 흥분하기 시작했고, 나는 그를 진정시키려고 우리 집에 가서 한잔하자고 말했다.

우리는 집에 들어왔고 나는 내 친구 우가르테를 깨우러 위로 올라갔다. 내가 그에게 말했다.

"잠깐 내려와 봐. 네가 필요해."

투덜거리면서 잠이 덜 깬 얼굴로 우가르테가 파자마 바람으로 내려왔다. 나는 제작자 앞에 그를 앉히고, 그에게 천천히 말했다.

"내 말 좀 잘 들어봐. 영화 얘기야."

"좋아."

"비엔나 분위기."

"좋아."

"시대는 제1차 세계대전."

"좋아."

"영화가 시작되면 여자 한 명이 나와. 그녀가 매춘부라는 건 분명히 드러나지. 그녀는 길거리에서 장교 한 명을 유혹해서……."

우가르테는 하품을 하면서 자리에서 일어났고, 동작으로 내 말을 중단시켰다. 그리고 제작자의 아주 놀란 — 결국 안심을 한 — 표정 앞에서 다시 잠자러 올라가면서 내게 말했다.

"그만해. 그녀는 끝에 총살당할 거야."

1930년 크리스마스 축제 때, 토노와 그의 부인은 배우, 작가 등 열두 명가량의 스페인 사람, 그리고 채플린과 조지아 헤일을 초대하고 식사를 준비했다. 각자가 20달러에서 30달러 사이의 선물을 가져왔고, 선물들을 크리스마스트리에 묶어 매달아 놓았다.

우리는 술을 마시기 시작했는데, 금주법에도 불구하고 술은 넉넉하게 넘쳐흘렀다. 그리고 그 당시 아주 유명한 리베예스Rivelles라는 이름의 배우 하나가 마르키나Eduardo Marquina가 지은 시, 즉 플랑드르에서 죽어간 옛 병사들의 영광을 노래하는 상당히 진부한 시 한 편을 스페인어로 낭송했다.

나는 이 시가 혐오스러웠다. 모든 애국적인 과시가 내게 역겨웠던 것처럼, 이 시는 내게 역겨웠다. 나는 저녁 식사 자리에서 우가르테와 다른 친구, 즉 스물한 살 먹은 페냐Peña라는 젊은 배우 사이에 앉아 있었다. 나는 그들에게 낮은 목소리로 말했다.

"내가 코를 풀면, 그게 신호야. 내가 자리에서 일어나면 당신들도 나를 따라 일어나. 저 끔찍한 크리스마스트리를 박살 내 버리자고."

내가 말한 대로 되었다. 나는 코를 풀었고, 우리 셋이 자리에서 일어나 눈이 휘둥그레진 손님들의 시선을 받으며 나무를 부수려고 시도했다.

불행하게도 크리스마스트리는 부수기 아주 힘들었다. 쓸데없이 손의 피부만 벗겨지고 말았다. 이때 우리는 선물들을 잡아서 바닥에 던지고 발로 짓밟았다.

방에 큰 침묵이 흘렀다. 채플린은 무슨 일인지 이해하지 못하고 바라보고 있었다. 토노의 부인 레오노르가 내게 말했다.

"루이스, 정말 상스러운 짓이에요."

내가 대답했다. "아니, 전혀 아닙니다. 다른 말이 다 맞을 수는 있어도, 상스러운 짓은 아녜요. 이것은 파괴행위고 전복 행위예요."

이날 저녁 모임은 아주 일찍 끝났다.

다음 날 기가 막힌 우연의 일치가 있었다. 나는 신문에서 기사 하나를 봤는데, 베를린에서 예배가 진행되는 중 신도 한 명이 자리에서 일어나서 교회 크리스마스트리를 부수려고 했다는 것이다.

우리의 전복 행위는 후속편이 있었던 셈이다. 성 실베스트르 축일 저녁인 12월 31일에 채플린은 우리를 자기 집으로 초대했다. 여기에는 다른 선물들이 달린 또 다른 크리스마스트리가 준비되어 있었다. 식탁에 앉기 전에 채플린은 잠시 우리를 붙잡더니 내게 말했다. (네빌이 통역해 준 말이다.)

"부뉴엘 씨, 당신은 나무 부수기를 좋아하니까 당장 이 나무를 부수시지요. 그러면 우리는 더 이상 방해받지 않고 식사를 할 수 있겠지요."

그에게 나는 나무를 부수는 사람이 아니라고 대답했다. 나는 과시적인 애국주의를 참을 수 없으며 그게 전부다. 크리스마스 저녁에 나를 극도로 화나게 했던 것은 애국주의였다.

그때는 채플린이 〈시티라이트the City Lights〉(1931)를 만든 시기였다. 어느 날 나는 편집 과정에서 그 영화를 봤다. 채플린이 호루라기를 삼키는 장면은 내게 엄청나게 길어 보였지만, 나는 감히 그에게 아무 말도 하지 않았다. 내 의견에 공감했던 네빌은 채플린이 그 장면을 이미 잘라냈다고 말했다. 그는 이후 이 장면을 다시 줄이게 된다.

채플린은 자기 확신이 상당히 적은 사람이었다. 그는 주저했고, 종종 조언을 구했다. 그는 수면을 취하면서 영화 음악을 작곡했으므로, 자기 침대 바로 곁에 상당히 복잡한 녹음 장비를 설치해 두었다. 반쯤 깨어서는 다시 잠들기 전에 음절 몇 개를 흥얼거렸다. 정말 순진하게도, 그는 자기 영화 중 하나에 쓰려고 〈오랑캐꽃을 따는 여자La Violetera〉란 노래의 음악 전체를 이런 식으로 재구성했다가 이 때문에 소송이 걸려 꽤 많은 돈을 썼다.

그는 자기 집에서 〈안달루시아의 개〉를 열두 번가량 봤다. 맨 처음 봤을 때, 상영이 막 시작되었는데 우리 뒤쪽에서 상당히 큰 소음이 들렸다. 영사기사 역할을 하던 채플린 집의 중국인 급사장이 갑자기 기절해서 쓰러진 것이다.

나중에 카를로스 사우라Carlos Saura가 말해 주기를, 제럴딘 채플린Geraldine Chaplin이 어렸을 때 아버지 찰리 채플린이 그녀에게 겁을 주려고 〈안달루시아의 개〉의 몇몇 장면을 이야기해 주었다는 것이다.

나는 또한 젊은 음향 담당 기사 잭 조던Jack Jordan과도 우정을 맺고 있었다. 그레타 가르보와 아주 친했던 조던은 종종 비를 맞으며 그녀와 산책했다. 그는 겉보기에는 아주 반미적인 미국인이었고 호감이 가는 사람이었는데 종종 우리 집에 한잔하러 왔다. (그가 마시고 싶어했던 술은 우리 집에 다 있었다.) 1931년 3월, 즉 내가 유럽으로 떠나기 하루 전에 그는 인사차 우리 집에 들렀다. 우리는 잠시 수다를 떨었는데 그가 갑자기 전혀 예기치 않은, 상당히 놀라운 질문 하나를 내게 던졌다. 지금 그 질문을 잊어버렸지만, 우리가 나눈 대화의 흐름과는 아무 상관이 없는 질문이었다. 나는 아주 놀랐지만, 어쨌거나 대답을 했다. 그는 잠시 우리 집에 머물다가 자기 집으로 갔다.

다음 날, 나는 떠나기 전에 다른 친구에게 이 작은 사실을 말해주었더니 그가 내게 말했다. "아, 그건 누구나 알고 있는 건데, 심리 테스트예요. 당신이 뭐라고 대답하는가에 따라 당신 성격을 판단하는 거지요."

그러니까 4개월 전부터 나를 알고 있던 사람이 마지막 날 내게 은밀한 테스트를 한 것이다. 스스로 내 친구라고 말하던 사람이. 그리고 스스로가 반미적인 인간이라고 생각한 사람이.

내 진짜 친구 중 한 사람은 시나리오 작가면서 프랭크 데이비스의 조감독이었던 토머스 킬패트릭Thomas Kilkpatrick이었다. 어떤 기적이었는지 모르지만, 그는 스페인어를 완벽하게 구사했다. 그는 아주 작아지는 사람에 대한 상당히 유명한 영화를 만들었다.

어느 날 그가 나를 만나서 말했다.

"어빙 탈버그가 당신더러 다른 스페인 사람들과 같이 릴리 다

미타Lily Damita의 오디션을 보러 가라고 하네요. 그녀가 스페인어를 할 때 외국인 억양이 있는지 알고 싶답니다."

나는 그에게 대답했다. "먼저 나는 여기에 프랑스인으로 고용되어 있지, 스페인 사람으로 고용되어 있지 않습니다. 다음으로, 나는 매춘부의 말을 들으러 가지는 않겠다고 탈버그 씨에게 말씀 전해 주세요."

다음 날 나는 사직서를 제출했고, 떠날 준비가 되어 있었다. MGM사는 내게 어떤 원한도 품지 않고 내가 떠나던 날 훌륭한 편지 한 장을 전해 주었다. 이 편지에는 내가 이곳에 체류한 것을 오랫동안 기억하겠다는 말이 쓰여 있었다.

나는 네빌의 부인에게 내 자동차를 팔았다. 또한 내 소총도 팔았다. 나는 훌륭한 추억을 가지고 미국을 떠났다. 오늘날 내가 할리우드에서의 체류를, 로렐 캐년 자연공원의 봄 냄새를, 커피잔에다 포도주를 숨겨 마시던 이탈리아 식당을, 내가 알코올을 운반하는지 아닌지 보려고 나를 한 번 체포했던 경찰들(내가 길을 몰랐기 때문에 이들은 나를 집에까지 데려다주어야 했다)을 다시 생각하면, 내 친구들, 프랭크 데이비스, 토머스 킬패트릭, 너무도 다른 생활, 미국인들의 온정과 순수함을 떠올리면, 나는 지금 이 순간까지도 감격에 젖는다.

이 시기 내가 이상적으로 생각한 곳은 폴리네시아였다. 로스앤젤레스에서 나는 이 행복의 군도로 여행을 준비했다가 두 가지 이유로 포기했다. 먼저 나는 그때 리아 리스의 여자 친구 한 명과 (언제나 그랬듯이 아주 정숙한) 사랑에 빠져 있었다. 다음으로, 내가 파리에서 미국에 가기 전에 앙드레 브르통이 이삼일간 우리 집에 들러서 내 운세를 봐 주었다. (그가 봐준 운세도 잃어버렸다.) 그가 말하기를, 나는 약품을 혼동하고 잘못 먹어서 죽거나 아니면 아주 먼 바다에서 죽는다는 것이었다.

결국 나는 여행을 포기했고 뉴욕행 기차를 탔다. 뉴욕에서도, 로스앤젤레스에서와 같이 경탄할 만한 일들이 나를 기다리고 있었다. 나는 뉴욕에 열흘 정도 머물렀고(이때는 주류 밀매점의 시대였다), 라파예트 호를 타고 프랑스로 출항했다. 유럽으로 돌아가는 프랑스 배우 몇 명이 나와 같은 배를 타고 갔고, 멕시코에서 모자 공장을 경영하는 엉클 씨라는 영국 사업가가 나한테 통역 역할을 해 주었다.

우리 모두는 상당히 큰 소동을 일으켰다. 나는 아침 11시부터 무릎 위에 여자 한 명을 앉히고 당연히 바에 앉아 있었다. 초현실주의자로서 내가 가진 굳건한 신념 때문에 대서양을 횡단할 때 작은 스캔들이 일어나게 되었다. 커다란 홀에서 선장의 생일을 기념해서 벌어진 파티 때, 오케스트라가 미국 국가를 연주하기 시작했다. 모두 자리에서 일어났지만, 나는 일어나지 않았다. 미국 국가에 뒤이어 프랑스 국가 라마르세예즈가 연주되기 시작했고, 나는 아주 과시적으로 테이블에 두 발을 올려놓았다. 어떤 젊은이가 내게 다가와 내게 영어로 말하길, 이것은 아주 가증스러운 태도라고 했다. 나는 그에게 국가國歌들보다 내게 더 가증스러운 것은 없다고 대답했다. 그렇게 해서 우리는 서로 욕설을 주고받았고, 그 젊은이는 자기 자리로 되돌아갔다.

30분 뒤 그가 내게 와서 사과하더니 손을 내밀었다. 아주 완강했던 나는 그가 내민 손을 내 손으로 쳤다. 파리에서 나는 약간의 자부심을 가지고 — 오늘날에는 아주 유치해 보이지만 — 이 일화를 내 초현실주의자 친구들에게 이야기했고, 이들은 내 말을 즐겁게 들었다.

배로 대서양을 횡단하던 중 나는 열여덟 살 난 미국 소녀와 짧은 연애를 했는데, 상당히 호기심 어린 연애였고 당연히 플라토닉한 연애였다. 그녀가 내가 미친 듯이 좋다고 말했다. 그녀는 유럽을 돌아다니려고 혼자서 여행하고 있었는데, 배가 도착할 때 운전사와 롤스로이스 자동차가 그녀를 기다리고 있었던 것으로 봐서 백만장자 가문의 딸이었다.

그녀가 그렇게 많이 내 맘에 들었던 것은 아니다. 그러나 나는 그녀 곁에 있었고, 함께 오랫동안 갑판 위를 걸었다. 첫날 그녀는 나를 자기 선실로 데리고 갔는데 거기서 내게 도금한 액자 속에 있는 잘생긴 젊은 남자 사진을 보여 주었다. 그녀가 내게 말했다. "제 약혼자예요. 제가 미국으로 돌아가면 우리는 결혼할 거예요." 사흘 후 유럽 땅에 내리기 전에 나는 그녀를 따라 다시 한번 그녀의 선실에 들어갔고, 약혼자의 사진이 찢겨 있는 것을 보았다. 그녀가 내게 말했다.

"당신 때문이에요."

나는 너무 마른 미국 여자의 머리에서 생겨난, 완벽하게 일회적인, 이 변덕스러운 열정의 표명에 절대 응하지 않기로 했고 다시는 그녀를 보지 않았다.

파리로 되돌아와서 나는 내 약혼녀인 잔을 다시 만났다. 돈이 한 푼도 없었기 때문에 스페인으로 가기 위해 잔의 가족에게 약간의 돈을 빌렸다.

나는 1930년 4월에 마드리드에 도착했다. 이날은 스페인 국왕이 하야하고 스페인 공화국이 기쁘게 선포되기 이틀 전이었다.

12
스페인과 프랑스
1931~1936

단 한 방울의 피도 흘리지 않은 스페인 공화국의 선포는 열렬한 환영을 받았다. 스페인 국왕은 아주 간단히 떠나 버렸다. 그러나 대체로 환호에 가까웠던 초반 분위기는 상당히 빠르게 식어갔고, 이윽고 근심에, 다음에는 불안에 자리를 넘겨주었다. 내전 이전의 5년 동안 나는 먼저 파리에 체류하며 파스칼 거리의 아파트에서 파라마운트사의 영화에 더빙을 하면서 생계를 꾸렸고, 1934년부터는 마드리드에서 살았다.

나는 한 번도 취미로 여행을 해본 적이 없다. 내 주변에 그렇게나 널리 퍼져 있던 관광에 대한 취향은 내게는 낯선 것이었다. 나는 내가 모르는 나라들, 내가 절대로 알지 못할 나라들에 대해 어떤 호기심도 느껴본 적이 없다. 반면 내가 살았던 장소, 추억이 서린 장소에 계속해서 되돌아가는 것을 좋아한다.

벨기에의 유서 깊은 가문 출신인 리뉴 대공은 노아유 자작의 처남이었다. 노아유 자작은, 벨기에가 지배한 콩고 지역 총독인 자기 처남의 주도로 다카르에서 지부티까지 사하라 사막 이남의 아프리카 전체를 횡단할 준비를 한 채 파란을 일으킬 만한 탐험대가 조직되고 있다는 사실을 내게 알려 주었다. 그는 그 당시 내가 끌린 유일한 지역이 남쪽 바다의 섬들인 폴리네시아 군도였다는 점을 알고 있었고, 내 안에 탐험가의 피가 흐른다고 믿고 있었기 때문이다. 이 탐험대는 인류학자, 지리학자, 동물학자로 구성된 2백~3백 명의 인원으로 구성되었다. 탐험대를 따라가는 다큐멘터리 영화를 내가 찍고 싶었던가? 일정한 군사적 규율을 존중해야 했고, 종대가 이동하는 동안에는 담배도 피울 수 없었다. 그렇지만, 내가 원하는 것을 자유롭게 찍을 수 있었다.

나는 이 제안을 거부했다. 아프리카에서 나를 끄는 것은 아무것도 없었다. 나는 이 탐험대에 대해 미셸 레리스Michel Leiris에게 말을 했고, 그가 나 대신 이 탐험에 참여해서 이후 『허울뿐인 아프리카L'Afrique fantôme』라는 책을 내게 된다.

나는 1932년까지 초현실주의 모임의 활동에 참여했다. 루이 아라공, 피에르 위닉, 조르주 사둘, 그리고 막심 알렉상드르는 초현실주의 운동을 떠나 프랑스 공산당에 입당하게 된다. 나중에 폴 엘뤼아르와 트리스탕 차라도 이들을 따라 프랑스 공산당에 입당한다.

나는 프랑스 공산당의 아주 친밀한 동반자였고 혁명적 작가와 예술가 연합Association des écrivains et des artistes révolutionnaires, AEAR 영화 부문에 참가하고 있었지만 한 번도 프랑스 공산당에 입당한 적이 없다. 나는 혁명적 작가와 예술가 연합의 긴 정치토론을 좋아하지 않았지만, 가끔 에르난도 비녜스와 여기에 갔다. 나는 기질적으로 성미가 급해서 일일명령이나 끝없는 검토나 세포 정신 따위를 견뎌낼 수 없었다.

이 점에서 나는 앙드레 브르통과 아주 비슷했다. 그 역시도 다른 초현실주의자들처럼 그 당시 우리가 보기에 혁명의 가능성을 대변한 프랑스 공산당과 가까워지려고 했다. 그러나 브르통이 갔던 첫 번째 모임에서 그에게 이탈리아의 석탄 산업에 대한 정교한 보고서를 제출하라고 했다. 그는 아주 실망해서 이렇게 말했다. "내가 알 수 있는 것에 대해 보고서를 요구해야 하는데, 석탄 산업에 대한 보고서를 내라니!"

1932년 파리 교외 지역인 몽트뢰유수부아에서 열린 외국인 노동자 모임에서 나는 다토 이라디에르 총리의 암살 용의자 중 한 명인 라몬 카사네야스Ramón Casanellas와 마주쳤다. 그는 러시아로 망명해서 적군의 대령이 되었다가 프랑스에 불법적으로 체류하고 있었다.

모임이 길어졌고 나는 약간 지겨워졌으므로 집에 가려고 일어났다. 참가자 중 한 명이 이때 내게 말했다.

"네가 가고 카사네야스가 체포되면, 그를 고발한 사람은 네가 되는 거야."

나는 다시 자리에 앉았다.

카사네야스는 스페인 전쟁이 시작되기 전에 바르셀로나 근처에서 자동차 사고로 죽었다.

정치적 대립을 제외하더라도, 사치스러운 속물근성에 끌리는 초현실주의자들의 경향 때문에 나는 초현실주의에서 멀어졌다. 파리의 라스파이 대로에 있던 한 서점의 유리 진열장에서 (내 생각으로는 『무임수태 *L'Immaculée conception*』의 출간을 계기로) 앙드레 브르통과 폴 엘뤼아르의 사진들이 멋지게 전시되어 있는 것을 보고 나는 처음에 상당히 놀랐다. 내가 이에 대해 이들에게 물었다. 그들은 자기들의 저작에 가치를 부여할 권리가 있다고 내게 대답했다.

나는 부르주아 잡지이며 전형적으로 세속적인 잡지 『미노토르 *Minotaure*』의 발간을 하나도 기쁘게 생각하지 않았다. 나는 점차 초현실주의 모임에 발을 끊었고, 거기 들어갈 때만큼이나 간단하게 초현실주의 모임을 떠났다. 어쨌거나 나는 개인적으로 내 옛 친구들과 끝까지 형제애의 관계를 유지했다. 분쟁, 분열, 의도의 심판 등이 나와 멀리 떨어진 곳에서 반복되고 있었다. 오늘날 이 시대를 같이 산 아주 드문 생존자들은 몇 명 되지 않는다. 아라공, 달리, 앙드레 마송, 티리옹, 호앙 미로와 나 정도뿐이지만, 나는 우리 이전에 죽은 모든 사람에게 따뜻한 기억을 간직하고 있다.

1933년경에 나는 며칠간 영화 기획 하나를 붙잡고 있었다. 앙드레 지드의 『바티칸의 지하창고 *Les Caves du Vatican*』를 러시아에서 영화로 찍는다는 기획이었다(러시아 제작이었다). 루이 아라공과 폴 바이앙쿠튀리에Paul Vaillant-Couturier가 영화 제작을 맡았다. (나는 폴 바이앙쿠튀리에를 진심으로 좋아했다. 그는 정말 탁월한 인간이다. 그가 파스칼 거리에 있는 내 집을 방문했을 때, 절대로 그를 시야에서 놓치지 않는 사복 경찰관 두 명이 계속 거리를 서성거렸다.) 나는 앙드레 지드를 찾아갔는데, 그는 소련 정부가 자기 책을 선택해서 아주 만족스럽지만 개인적으로는 영화를 전혀 모른다고 말했다. 우리는 사흘 간 날마다 한두 시간씩 각색에 대해 많은 이야기를 나눴다. 어느 새벽, 바이앙쿠튀리에가 나를 찾아와서는 "끝났어요. 영화는 안 만들 거예요"라고 말할 때까지. 앙드레 지드는 안녕이었다.

내 세 번째 영화는 스페인에서 찍게 되었다.

〈빵 없는 대지〉

카세레스와 살라망카 사이에 있는 엑스트레마두레에는 황폐한 산악지대가 있다. 여기에는 바위와 히스꽃과 염소밖에 없는데, 이곳이 라스 우르데스Las Hurdes•다. 이 높은 땅에는 예전에 이단 재판을 피해 도망 온 유대인과 도적 떼가 살았다.

나는 주 마드리드 프랑스 문화원장인 모리스 르장드르Maurice

• 루이스 부뉴엘의 세 번째 영화의 원제는 바로 이 지명의 이름인 〈라스 우르데스Las Hurdes〉다. 〈빵 없는 대지〉는 영어판 제목이지만, 한국에서는 이 제목으로 알려져 있기 때문에 이 책에서는 〈빵 없는 대지〉로 옮겼다.

Legendre가 이 지역에 관해 쓴 완벽한 연구서 한 권을 읽었다. 이 책은 내게 극도의 관심을 불러일으켰다. 어느 날 사라고사에서 나는 내 친구 산체스 벤투라Sanchez Ventura와 무정부주의자 라몬 아신Ramon Acin에게 라스 우르데스에 대해 다큐멘터리 영화를 만들 가능성에 관해 얘기했다. 라몬 아신이 갑자기 내게 말했다.

"이봐, 내가 로또에 당첨되면 네 영화에 돈을 대줄게."

두 달 후 그는 정말 로또에 당첨됐는데, 1등은 아니었어도 어쨌거나 큰 상금을, 적어도 상당한 금액을 받았다. 그리고 그는 약속을 지켰다.

확신에 찬 무정부주의자 라몬 아신은 저녁에 노동자들에게 데생 수업을 했다. 1936년 내전이 시작되었을 때 무장한 한 극우 단체가 우에스카Huesca에서 그를 체포하려고 했다. 그는 이들에게서 교묘하게 빠져나갔다. 그때 파시스트들은 그의 부인을 인질로 잡고 아신이 몸소 나타나지 않으면 부인을 총살해 버리겠다고 공고했다. 다음 날 그가 나타났다. 이들은 아신과 부인 둘 다 총살해버렸다.

나는 〈빵 없는 대지〉(1932)를 찍으려고, 조감독으로 나를 도와줄 피에르 위닉과 촬영 감독 엘리 로타르를 파리에서 불러들였다. 이브 알레그레Yves Allégret 감독이 우리에게 카메라를 빌려주었다. 내게는 아주 적은 돈 2만 페스타밖에 없었으므로 한 달 안에 이 영화를 만들겠다고 마음먹었다. 없어서는 안 될 장비인 중고

피아트 자동차를 사는 데 4천 페스타를 썼다. 이 자동차는 필요할 때마다 내가 직접 고쳐서 썼다. (나는 썩 괜찮은 기계공이었다.)

19세기 멘디사발Mendizabal 내각이 취한 반교회적 조치 이후 폐쇄된 수도원, 즉 바투에카스 수도원에는 빈약한 객실 하나만 남아 있었고 방은 기껏 열두 개 정도였다. 놀라운 사실은 찬물이지만 수돗물이 나온다는 점이었다.

촬영 기간 동안 우리는 매일 아침 해가 뜨기 전에 출발했다. 두 시간가량 자동차를 타고 간 후 그 다음부터는 무거운 장비를 짊어진 채 걸어가야 했다.

이 못생긴 산들은 금세 나를 사로잡았다. 나는 주민들의 궁핍뿐만 아니라 또한 이들의 지성에도, 자기들의 잃어버린 고향인 '빵 없는 대지'에 대한 애착에도 매혹되었다. 적어도 스무 개가량의 촌락이 있었지만 날마다 갓 구운 신선한 빵은 찾아볼 수 없었다. 때로 누군가가 안달루시아에서 말라붙은 동그란 빵을 가져왔는데, 이 빵은 이곳에서 화폐 역할을 했다.

촬영이 끝난 후 돈이 남지 않아서 나는 마드리드 집의 부엌 식탁에서 영화를 직접 편집했다. 영화 편집기 무비올라가 없었기에 필름 하나하나를 돋보기로 보았고, 그럭저럭 이어 붙였다. 잘 보이지 않았으므로, 나는 어쩌면 흥미로운 이미지들을 쓰레기통에 버렸을지도 모른다.

첫 상영회는 시네 데 라 프렌사Cine de la Prensa에서 열었다. 이 영화는 무성영화였기 때문에 내가 직접 마이크를 들고 해설 내레이션을 했다. 자기 돈을 되찾고 싶었던 아신은 "영화를 개봉해야 해"라고 내게 말했다. 우리는 라스 우르데스의 최고회의Patronato 의장으로 임명된 스페인의 위대한 학자 그레고리오 마라뇽 Gregorio Marañón에게 이 영화를 보여 주기로 마음먹었다.

우파나 극우파의 강성 세력들이 젊은 스페인 공화국을 괴롭히고 있었다. 선동은 하루하루 더 강경해졌다. 프리모 데 리베라가 창립한 팔랑헤당 당원들이 일간지『문도 옵레로Mundo obrero』를 파는 사람들에게 총을 쏘고 있었다. 새로운 시대가 다가오고 있었으나, 그 시대가 핏빛 시대라는 건 어렵지 않게 짐작할 수 있었다.

〈빵 없는 대지〉는 응당 그래야 한다는 듯 검열로 상영 금지되었다. 우리는 그레고리오 마라뇽이 자신의 지위와 명성으로 이 영화의 개봉 허가를 얻도록 도와줄 것이라 생각했다. 그러나 그의 반응은 부정적이었다. 그는 우리에게 이렇게 말했다.

"왜 항상 더 추하고 더 불쾌한 것만 보여 주려고 하시지요? 나는 라스 우르데스에서 밀을 가득 싣고 가는 손수레들도 보았습니다. (거짓말이다. 이런 손수레들은 그라나디야 도로를 따라 낮은 지역들만 지나다니고, 그마저도 아주 드물다.) 세상에서 가장 아름다운 라 알베르카La Alberca의 민속춤을 보여줄 생각은 왜 안 하시지요?"

라 알베르카는 스페인 곳곳에 널려 있는 중세 마을 중 하나로, 사실상 라스 우르데스에 속한 곳은 아니다.

나는 마라뇽에게, 어느 고장에서든 그 주민들이 믿는 것처럼 저마다 '세상에서 가장 아름다운 민속춤'이 존재할뿐더러, 당신의 말은 진부하고 가증스러운 민족주의를 보여 주었다고 응수했다. 그 후 나는 한마디 말도 없이 그를 떠났고, 〈빵 없는 대지〉는 여전히 상영 금지 상태였다.

2년 후 파리의 스페인 대사가 영화 제작자 피에르 브롱베르제 Pierre Braunberger의 집에서 이 영화를 유성영화로 만드는 데 필요한 돈을 내게 주었다. 영화를 구매한 브롱베르제는 좋든 싫든 내게 대금을 줘야 했는데, 한 번에 조금 주고 다음 번에 또 조금 주는 식으로 지급했다. (나는 어느 날 너무 화가 나서, 길거리 잡화상에서 아주 큰 망치를 산 후 그의 비서가 쓰는 타자기를 부숴 버리겠다고 심각하게 위협했다.)

라몬 아신이 죽고 난 후 나는 결국 그의 두 딸에게 이 영화의 제작비를 돌려줄 수 있었다.

스페인 내전 기간 동안 공화국 군대가 부에나벤투라 두루티의 무정부주의자 부대의 도움을 받아 퀸토 시市를 점령했을 때, 아라곤 지역 도지사였던 내 친구 만테콘은 시민군의 서류 속에서 내 이름이 적힌 카드를 보았다. 이 카드는 나를 두고 가공할 만한 난봉꾼, 비열한 모르핀 중독자, 특히 조국을 향한 진정한 범죄인 가증스러운 영화 〈빵 없는 대지〉의 감독으로 묘사해 놓았다. 만약 이들이 나를 발견했다면 즉시 팔랑헤당 당국에 넘겼을 것이고, 그러면 내 운명은 불을 보듯 뻔했을 것이다.

한번은 프랑스 생드니에서 당시 공산주의자 시장이었던 자크 도리오Jacques Doriot의 주도 하에 노동자 관객들을 대상으로 〈빵 없는 대지〉를 보여 주었다. 관객 중에는 라스 우르데스 출신의 이민 노동자가 네다섯 명 있었다. 이들 중 한 명이 얼마 후 내게 인사했는데, 마침 내가 그 불모의 산을 여행하고 돌아왔을 때였다. 이들은 나를 만난 후 집에 갔지만, 종국엔 자기 고향으로 항상 되돌아갔다. 어떤 힘이 이들을 자기들이 속해 있었던 그 지옥으로 계속해서 끌어당기고 있었다.

부투에카스 수도원에 대해 한마디 더 하자면, 그곳은 지상에서 내가 경험한 아주 드문 천국 중 하나다. 오늘날에는 복원되었지만 당시에는 폐허였던 성당 주변에는 은자들의 작은 처소 18개가 암벽 중간에 자리 잡고 있었다. 멘디사발 내각에 의해 추방이 결정되기 전, 은자들은 저마다 자기들이 밤샘을 하고 있다는 증거로 자정이 되면 작은 종을 흔들어야 했다.

텃밭에는 이 세상에서 가장 좋은 채소들이 자랐다. (민족주의를 배제하고 하는 말이다.) 기름 짜는 풍차, 밀을 가는 풍차, 심지어 광천수가 나오는 분수도 있었다. 〈빵 없는 대지〉를 촬영할 당시에는 그곳에 늙은 수도사 한 명과 종자 한 명만 살고 있었다. 동굴 속의 암벽화에는 염소와 꿀벌 떼가 그려져 있었다.

1936년에 나는 이 수도원 전체를 아주 싼 가격인 15만 페스타에 살 뻔했다. 살라망카에 사는 돈 호세라는 부동산 소유주와 모든 것을 맞춰 놓은 상태였다. 그는 성심 성당의 수녀 단체와도 협상 중이었는데, 그들은 가격을 나눠서 내겠다고 했고 나는 일시금으로 지급할 생각이었다. 따라서 그는 내게 우선권을 주었다.

나는 계약서에 서명하기 직전까지 갔는데, 사나흘 차이로 내전이 발발해서 없던 일이 되어 버렸다.

내가 만약 라스 부투에카스 수도원을 샀다면, 그리고 내가 스페인 내전 초기에 파시스트 정권의 수중에 거의 가장 먼저 떨어진 살라망카에 있었다면, 아마도 나는 군법회의를 거쳐 즉시 처형되었을 것이다.

나는 1960년대에 페르난도 레이와 함께 라스 부투에카스 수도원에 갔다. 프란시스코 프랑코 총통이 벽지 마을에 힘을 써서 길을 내고 학교들을 열어 놓았다. 이제는 카르멜 수도회가 쓰고 있는 수도원 정문에는 이렇게 쓰여 있었다. "여행자여, 양심의 문제가 있으면 문을 두드리시오. 문을 열어 주겠소. 여성들은 금지."

페르난도 레이가 문을 두드렸다. 아니 벨을 눌렀다. 인터폰으로 응답이 왔다. 문이 열렸다. 우리의 문제가 뭔지 알아볼 요량으로 전문가 한 명이 왔다. 그가 우리에게 준 조언은 너무도 현명해 보여서 나는 내 영화 〈자유의 환영〉에서 수도사 중 한 명이 이 말을 하도록 했다. "모든 사람이 매일 성 요셉에게 기도한다면, 의심의 여지없이 사태가 훨씬 더 좋아질 것입니다."

마드리드에서의 제작자 생활

1934년 초엽, 나는 파리 20구의 시청에서 잔과 결혼했다. 처가 식구들에게는 결혼식에 참석하지 말라고 당부했다. 나는 잔의 가족에게는 어떤 반감도 없었다. 줄곧 정상 가족 모두가 가증스럽게 보였을 뿐이다. 에르난도 비녜스와 룰루 비녜스, 그리고 길에서 만난 낯선 사람이 이 결혼식 증인으로 참석했다. 오데옹 근처에 있는 식당 코숑 들 레에서 점심을 먹은 뒤 나는 잔을 혼자 내버려 둔 채 아라공과 사둘에게 인사하러 갔고, 이윽고 마드리드행 기차를 탔다.

파리에서 나는 마를레네 디트리히의 남편이 감독하는 아래 내 친구 클라우디오 데 라 토레Claudio de la Torre와 함께 파라마운트사 영화의 스페인어 더빙 작업을 하며 진지하게 영어를 습득하기 시작했다. 이후 나는 파라마운트사의 작업을 그만두고 마드리드에서 워너 브라더스Warner Bros.사의 제작물에 더빙 작업을 총괄하는 감독관의 직위를 받아들였다. 별 말썽 없는 작업이었고 급여도 높았다. 이 일은 8개월에서 10개월 정도 지속되었다. 또 다른 영화를 만든다? 나는 정말 이런 생각은 하지 않았다. 내가 직접 상업 영화를 찍는 가능성은 전혀 고려하고 싶지 않았다. 하지만 그렇다고 내가 다른 사람들이 상업영화를 찍을 수 있게 하는 일까지 금할 필요는 없었다.

이렇게 나는 영화 제작자가 되었다. 나는 상당히 가차 없는 제작자였고 사실상 아마도 꽤 너절한 제작자였을 것이다. 나는 상당히 인기 있는 영화 제작자인 리카르도 우르고이티를 만났고 동업을 제안했다. 처음에 그는 웃음을 터트렸다. 그 후 나는 어머니가 내게 빌려줄 수 있는 15만 페스타(영화 한 편 제작 예산의 절반 정도)를 투자할 수 있다고 말했을 때, 그는 웃음을 거두고 내 말에 동의했다. 나는 그에게 내 이름이 자막 타이틀에 나와서는 안 된다는 한 가지 조건만 제시했다.

나는 우선 마드리드의 극작가 아르니체스Carlos Arniches의 희곡

「가혹한 사람 돈 퀸틴Don Quintin el Amargao」의 각색을 제안했다. 이 영화는 상업적으로 엄청나게 성공했다. 그 수익으로 나는 마드리드에 2천 제곱미터의 땅을 샀고, 이 땅은 1960년대에 다시 팔게 된다.

이 연극, 그리고 영화의 이야기는 다음과 같다. 주변 사람들에게 두려움을 불러일으키는 교만하고 가혹한 남자가 한 소녀의 아버지가 된다는 상황에 불만을 품은 나머지, 길가에 있는 토목업자의 오두막집에 딸을 버린다. 20년 후 그는 딸을 되찾고 싶지만, 어디에 있는지 알 수가 없다.

내가 상당히 괜찮게 생각한 것은 카페 장면이다. 돈 퀸틴은 두 친구와 함께 카페에 앉아 있다. 다른 테이블에 그가 전혀 모르는 자신의 딸과 사위가 앉아 있다. 돈 퀸틴은 올리브를 먹고 씨를 뱉는데, 그 씨가 사위의 눈에 맞는다.

이들 내외는 자리에서 일어나 한마디 말도 없이 나가 버린다. 돈 퀸틴의 친구들은 용감하다고 그를 칭찬하는데, 그때 갑자기 그의 사위가 혼자서 다시 카페에 들어와서는 테이블로 다가가 돈 퀸틴에게 억지로 올리브 씨를 먹인다.

그 후 돈 퀸틴은 그를 죽이려고 찾아다닌다. 마침내 사위의 주소를 알게 된 돈 퀸틴은 그곳으로 찾아갔다가 여전히 혈육임을 모르는 딸과 마주친다. 이윽고 아버지와 딸 사이에 멜로드라마적인 장면이 이어진다. 이 장면을 촬영할 때, 나는 여주인공 역을 한 안나마리아 쿠스토디오에게 이렇게 말했다. (내가 연출에 분명하게 개입할 때가 있었다.) "그 안에 너절한 것을 더 많이 넣어야 해. 감상적인 쓰레기를 더 집어 넣으라고." 그녀가 내게 대답했다. "당신하고는 정말 진지하게 일할 수가 없네요."

내가 제작한 두 번째 영화이면서 첫 번째 영화처럼 엄청난 상업적 성공을 거둔 영화는 가증스러운 뮤지컬 멜로드라마 〈후안 시몬의 딸La hija de Juan Simon〉(1935)이었다. 스페인에서 플라멩코 가수로 가장 인기 있는 앙헬리요Angelillo가 주인공이었고, 이 영화의 이야기는 노래 한 곡에서 영감을 받았다.

기나긴 카바레 장면 중에 집시이면서 위대한 플라멩코 댄서인 카르멘 아마야Carmen Amaya가 나온다. 그녀는 그때 아직 아주 젊었고 영화에 처음 출연했다. 이후 나는 이 시퀀스의 복사본 하나를 멕시코 국립영화관Cineteca Nacional에 선물로 주었다.

내가 세 번째로 제작한 영화는 불행한 어린 소녀의 이야기인 〈나를 사랑하는 사람은 누구 ¿Quién me quiere a mí?〉(1935)였는데, 이는 내가 유일하게 상업적으로 실패한 영화다.

어느 저녁 『라 가세타 리테라리아』의 편집장인 히메네스 카바예로가 라몬 델 바예인클란에게 경의를 표하는 연회를 준비했다. 서른 명가량의 사람이 여기 참석했는데, 참석자 중에는 라파엘 알베르티와 호세 마리아 이노호사도 있었다. 연회가 끝날 무렵 사람들이 우리에게 한마디 하라고 했다. 내가 제일 먼저 일어나서 다음 이야기를 했다.

"지난밤에 제가 잠을 자고 있는데, 갑자기 뭔가 내 몸을 긁고 있다는 느낌을 받았습니다. 불을 켜고 봤더니 작은 바예인클란들이

나를 가득 덮고서 내 몸 위를 뛰어다니고 있었습니다."•

알베르티와 이노호사도 이만큼이나 '상냥한' 말을 했고, 다른 손님들은 어떤 항의도 하지 않고 침묵 속에서 말을 들었다.

나는 다음 날 우연히 알칼라 거리에서 라몬 델 바예인클란을 만났다. 그는 큰 자기 모자를 벗어서, 마치 아무 일도 없던 것처럼 지나가면서 내게 아주 조용히 인사를 했다.

나는 마드리드의 그란비아 거리에 사무실들과 방이 예닐곱 개쯤 되는 아파트를 갖고 있었다. 파리에서 데려온 내 아내 잔, 그리고 어린 아들 후안 루이스와 이곳에서 함께 살았다.

스페인 공화국은 세계에서 가장 자유로운 헌법 중 하나를 제정했고, 우파는 합법적으로 권력을 쟁취했다. 그 후 1935년에 선거가 다시 열렸을 때는 좌파와 인민전선, 인달레시오 프리에토 Indalecio Prieto, 라르고 카바예로Largo Caballero, 마누엘 아사냐Manuel Azaña 같은 사람들이 이기게 된다.

총리로 임명된 마누엘 아사냐는 하루가 다르게 폭력의 강도를 높여 가던 노동조합 운동의 소요에 맞서야 했다. 1934년에는 우파가 주도해 아스투리아스 지방에서 악명 높은 탄압을 자행했고, 이때 이들은 대중 반란의 움직임을 막기 위해 대포와 비행기를 포함한 스페인 군력 대부분을 동원했다. 이 사건 이후, 완전한 좌파 인물이었던 마누엘 아사냐가 어느 날 인민에게 총을 쏘라고

• 부뉴엘에게는 그의 문학이 간지럽게 느껴진다는 뜻이다.

명령해야 하는 상황이 벌어졌다.

1933년 1월, 카디스 지방에 있는 안달루시아의 카사스 비에하스라는 곳에서 노동자들이 봉기를 일으키고 바리케이드를 쳤다. 포위 공격대가 수류탄으로 이들의 은신처를 공격했다. 수많은 노동자(내 생각에 열아홉 명)들이 이 공격으로 사망했다. 우파 논객들은 마누엘 아사냐를 '카사스비에하스의 암살자'라고 불렀다.

언제나 무력 충돌을 동반한 채 벌어지는 끝없는 파업, 도처에서 자행되는 분노어린 습격, 성당 방화 (민중들은 본능적으로 자기들의 가장 오래된 적에게 먼저 책임을 물었다) 등의 사건들이 이어지는 가운데, 나는 장 그레미용Jean Grémillon에게 마드리드로 와서 〈보초병, 경계를 늦추지 마시오 ¡ Centinela, alerta!〉(1936)라는 군사 코미디를 연출해 달라고 제안했다. 파리에 있을 때 만났던 그레미용은 스페인을 아주 좋아했는데, 그는 이미 스페인에서 영화 한 편을 찍은 바 있었고 이 제안도 받아들였다. 다만 자신의 이름을 올리지 않는다는 조건이 있었는데, 나는 이를 쉽게 받아들였고 나조차도 이름을 올리지 않았다. 한편, 그레미용이 침대에서 일어나려 하지 않았던 날엔 그 대신 내가 몇몇 장면을 연출하거나, 내 친구 에두아르도 우가르테가 연출하는 일이 일어나기도 했다.

촬영 중 스페인의 상황은 점점 더 악화되었다. 스페인 전쟁이 일어나기 몇 달 전에는 심지어 숨조차 쉬기 힘들었다. 우리가 촬영하기로 한 성당은 군중이 불태워 버렸다. 다른 성당을 찾아야 했다. 편집할 때는 여기저기서 총을 쏴댔다. 이 영화는 내전이 한창일 때 개봉되어 엄청난 성공을 거두었다. 이 성공은 이후 라틴 아메리카의 여러 나라에서 그대로 되풀이되었다. 물론, 나는 이 영화에서 아무 이익도 얻지 않았다.

우리 사이의 협업에 아주 황홀해진 리카르도 우르고이티는 내게 아주 멋진 동업을 다시 제안한 상태였다. 그의 제안에 따르면 우리는 열여덟 편의 영화를 함께 만들게 되어 있었고, 나는 이미 페레스 갈도스의 소설들을 각색할 생각을 하고 있었다. 다른 많은 기획이 그랬던 것처럼, 이 기획도 실현되지 못했다. 이후 수년 동안 유럽 전체를 화염에 몰아넣은 사건들 때문에 나는 영화에서 멀어지게 되었다.

13
사랑, 사랑들

1920년경 내가 대학생 기숙사에 살고 있을 때, 나는 마드리드에서 일어난 기이한 자살에 오랫동안 매혹되었다. 아마니엘이란 구역의 어느 식당 정원에서 한 대학생과 그의 젊은 약혼녀가 동반 자살했다. 우리 모두는 열정적인 감정에 사로잡혀서 이 소식을 들었다. 서로 잘 알고 있던 이들의 가문은 정말 좋은 관계를 유지하고 있었다. 젊은 여자를 해부했을 때, 그녀가 처녀라는 사실이 밝혀졌다.

겉보기에는 아무런 문제가 없었고, '아마니엘의 연인'인 이 젊은 커플의 결합엔 아무런 장애도 없었다. 이들은 결혼 준비를 하고 있었다. 그런데 왜 동반 자살을? 나는 전혀 이 신비를 풀지 못했다. 가장 높은 수준의 불꽃이 빛나던 열정적이고 숭고한 사랑은 아마도 삶과 공존하지 못할 수도 있었다. 이 사랑은 삶보다 너무 컸고 너무 강했다. 죽음만이 이 사랑을 받아들일 수 있었다.

이 책의 여기저기서 나는 내키는 대로 존재의 일부를 이루는 사랑과 사랑들에 대해 말한다. 나는 유년 시절에 내 나이 또래의 소녀들에 대해, 때로는 소년들에 대해 온갖 성적 매력을 넘어 가장 강렬한 사랑의 감정을 겪었다. 로르카가 말했듯, "내 영혼의 소년, 소녀들이여Mi alma niña y niño." 그것은 순수한 상태의 플라토닉한 사랑이었다. 나는 열렬한 수도사가 성모 마리아를 사랑할 때 느끼는 것과 같은 감정을 느꼈다. 소녀의 성기나 유방을 만질 수 있다는 생각, 또 소녀의 혀에 내 혀를 마주 댈 수 있다는 생각만으로도 혐오감이 들었다.

이 플라토닉한 사랑은 내가 성관계에 입문할 때까지 (내 성관계는 사라고사의 매음굴에서 당시로선 아주 정상적으로 이루어졌다) 계속되었고, 이후 일반적인 성적 욕망으로 대체되었지만 결코 완전히 사라지지는 않았다. 이 책의 곳곳에서 여러 차례에 걸쳐 상당히 자주 목도하겠지만, 나는 사랑을 느낀 여성들과 플라토닉한 관계를 유지했다. 때로는 마음에서 우러나온 이 플라토닉한 감정들이 에로틱한 생각과 뒤섞였지만, 항상 그런 것만은 아니었다.

한편, 열네 살 때부터 최근에 이르기까지 성적 욕망은 나를 단 한 번도 떠나지 않았다고 단언할 수 있다. 매우 강력하고 일상적이며 심지어 배고픔보다 강한 이 욕망은 종종 만족시키기가 쉽지 않았다. 내가 약간의 휴식을 취하자마자, 내가 예컨대 기차의 칸막이 칸에 앉자마자 에로틱한 이미지들이 나를 둘러쌌다. 이 욕망에 저항할 수는 없었고, 이를 극복할 수도 없었으며, 이를 잊을 수도 없었다. 나는 거기에 굴복할 수밖에 없었다. 그리고 나면 나는 더욱더 커진 이 욕망과 다시 마주치게 되었다.

청년 시절 때 우리는 동성애자들을 좋아하지 않았다. 나는 로르카가 동성애자라는 혐의를 받게 되었을 때 내가 느낀 반응에 대해 이미 말한 바 있다. 여기에 내가 마드리드의 남자 화장실에서 선동가 역할도 한 적이 있었다는 이야기를 덧붙여야겠다. 내 친구들은 밖에서 대기하고 있었고, 나는 화장실에 들어가 미끼 역할을 했다. 어느 저녁 어떤 남자가 내게 몸을 기댔다. 이 불행한 남자는 남자 화장실 밖으로 도망쳤지만, 우리는 그를 붙잡아 구타했는데, 이는 지금 보면 아주 말도 안 되는 행위다.
이 시기 스페인에서 동성애는 비천하고 비밀스러운 행위였다. 마드리드에서는 벽보에 붙은 공식적인 동성애자 서너 명 정도가 알려졌을 뿐이다. 그들 중 한 명은 귀족이었고, 정확히는 후작이었는데, 나보다 열다섯 살 정도 더 많았다. 어느 날 나는 그를 노면전차의 플랫폼에서 만났고, 나는 내 곁에 있던 내 친구와 25페세타를 벌 수 있는지 아닌지 보자고 내기를 했다. 나는 그 후작에게 다가가서 부드러운 눈으로 그를 쳐다보고 대화를 시작했고, 그는 결국 다음 날 어떤 카페에서 만나자고 나와 약속을 하기에 이르렀다. 나는 내가 어리고 학용품이 아주 비싸다는 사실을 강조했다. 그는 내게 25페세타를 주었다.
짐작하는 것처럼, 나는 그 약속에 가지 않았다. 그로부터 일주일 후 여전히 노면전차의 플랫폼에서 나는 바로 그 후작을 마주쳤다. 그가 나를 알아본다는 신호를 보냈지만, 나는 그에게 팔로 하는 무례한 동작으로 답했을 뿐이다. 그리고 나는 그를 한 번도 다시 본 적이 없다.

내 맘에 든 여성들 대부분은 다양한 이유로 — 그중 첫 번째 이유는 아마도 내가 소심하다는 것이지만 — 내게서 멀리 떨어져 있었다. 그들 역시 내가 마음에 들지 않았을 것이다. 반면 내가 전혀 이끌리지 않은 몇몇 여성이 내 뒤를 쫓아다닌 일도 있었다. 이두 번째 상황은 첫 번째 상황보다 더 기분 나빴다. 나는 사랑 받는 것보다는 사랑하는 것이 더 좋다.

내가 1935년의 마드리드에서 겪은 유일한 사랑의 모험을 말하려 한다. 나는 그때 영화제작자로 일하고 있었다. 나는 영화계에서 젊은 배우 지망생(이런 여자는 많다)과 자기 위해 자신의 지위와 권력을 이용하는 제작자나 감독에게 줄곧 아주 강한 혐오감을 느끼고 있었다. 이런 일이 내게도 한 번 있었으나, 다시는 일어나지 않았다.

1935년, 나는 마드리드에서 겨우 열일곱 살이나 열여덟 살 정도 되는 예쁜 단역 배우를 만났다. 그녀의 이름을 페피타라고 부르기로 하자. 그녀는 겉보기에 아주 순진했고, 작은 아파트에서 자기 어머니와 함께 살고 있었다.

우리는 완벽하게 정숙한 관계를 유지하면서 함께 외출하거나, 근처의 산맥에 소풍을 하러 가거나, 만사나레스 근처의 봄비야 무도회에서 춤을 추는 것으로 만남을 시작했다. 이 시기 나는 페피타보다 나이가 두 배 많았고, 비록 그녀에게 반하기는 했지만 (아니면 순전히 사랑 때문에) 그녀를 존중했다. 나는 그녀의 손을 잡거나 그녀를 내 품에 안거나 그녀의 뺨에 자주 입을 맞췄고 그녀와 자고 싶은 욕망을 느꼈지만, 우리 관계는 여름 내내 거의 두 달 동안 순전히 플라토닉한 사랑이었다.

둘이서 소풍을 가기로 한 전날 오전 11시경, 영화계에서 잘 알고 지내던 사람이 집으로 찾아왔다. 그는 나보다 키가 작았고 육체적인 외양에서 하나도 주목할 만한 것이 없는 사람이었지만, 여자들을 잘 꾀는 사내로 알려져 있었다.

사소한 일로 잠시 수다를 떨다가 그가 내게 말했다.

"내일 페피타와 함께 산맥에 가시지요?"

"그걸 어떻게 알았어?" 내가 아주 놀라서 말했다.

"오늘 아침에 우리는 같이 잤어요. 페피타가 내게 말해 주었죠."

"오늘 아침이라고?"

"그래요. 그녀의 집에서요. 나는 아침 9시에 나왔어요. 페피타가 저한테 말했습니다. '내일 나는 너를 못 봐. 루이스 부뉴엘과 소풍 갈 거거든.'"

나는 깜짝 놀랐다. 그는 나한테 이 말을 하려고 온 것이 분명했다. 나는 그의 말을 믿을 수 없어서 그에게 말했다.

"그렇지만 그건 불가능해! 페피타는 엄마랑 같이 살잖아!"

"그래요. 엄마가 옆에서 잤지요."

나는 영화 스튜디오에서 그가 페피타에게 말하는 것을 여러 차례에 걸쳐 봤지만, 별거 아니라고 생각했다. 정말 충격이었다! 나는 다시 그에게 말했다.

"그리고 나는 그녀가 완전히 순결하다고 믿었단 말이지!"

"그래요. 저도 알아요." 그가 말했다.

이 말을 남기고 그가 가 버렸다.

그날 오후 4시에 페피타가 나를 보러 왔다. 나는 그녀의 연인이 방문했다는 사실을 전혀 드러내지 않고, 내 감정을 숨기면서 페피타에게 말했다.

"봐봐, 페피타. 너한테 제안할 게 있어. 나는 너를 아주 좋아하고 네가 내 정부가 되어 주었으면 좋겠어. 너한테 한 달에 2천 페스타를 줄게. 너는 계속 어머니 집에서 살지만, 나랑 같이 섹스하는 거야. 동의하니?"

페피타는 놀란 것처럼 보였고, 겨우 몇 마디 말로 대답하더니 결국 내 제안을 수락했다. 나는 즉시 페피타에게 옷을 벗으라고 요구했고, 옷을 벗는 것을 도와주었으며, 벌거벗은 그녀를 내 품에 안았다. 그러나 나는 무기력과 감정 때문에 마비되었다.

30분 정도 지난 후 나는 그녀에게 춤추러 가자고 말했다. 우리는 함께 내 자동차에 탔지만, 봄비야로 가는 대신 마드리드 밖으로 차를 몰았다. 푸에르타 데 이에로에서 대략 2킬로미터 떨어진 곳에 차를 세웠고, 갓길에 내리라고 한 다음 그녀에게 말했다.

"페피타, 나는 네가 다른 남자들과 자는 것을 알고 있어. 아니라고 말하지 마. 그럼 이만, 다시는 보지 말자. 넌 여기 있어."

나는 혼자서 차를 돌려 마드리드로 왔고, 페피타는 걸어서 집에 돌아가라고 길바닥에 내버려 두었다. 우리 관계는 그날로 끝났다. 나는 스튜디오에서 그녀를 여러 번 봤지만, 직업적인 지시 외에는 한마디도 다른 말을 섞지 않았다. 그렇게 내 사랑 이야기는 끝난다.

고백하건대, 나는 내 태도를 뉘우쳤으며 지금도 여전히 후회하고 있다.

청년 시절에는 사랑이 삶 자체를 바꿀 수 있는 전능한 감정으로 여겨졌다. 사랑과 뗄 수 없는 성적 욕망은 접근, 정복, 공유의 경향과 함께 있었다. 이 경향은 분명 세속적인 것을 넘어 우리를 고양하고, 우리가 위대한 일을 할 수 있도록 해야만 했다.

가장 유명한 초현실주의의 설문은 이렇게 시작한다. "사랑에 어떤 희망을 부여하십니까?" 난 이렇게 대답한다. "내가 사랑하면, 모든 것이 희망이다. 내가 사랑하지 않으면, 어떤 희망도 없다." 우리에게 사랑은 삶, 모든 행동, 모든 생각, 모든 연구에 없어서는 안 될 것으로 보였다.

사람들이 내게 하는 말을 그대로 믿으면, 오늘날 사랑이란 신에 대한 믿음과 다를 바 없다. 최소한 특정 환경에서 사랑은 소멸하는 경향이 있다. 사람들은 기꺼이 사랑을 역사적 현상으로, 문화적 환영으로 간주한다. 사랑을 연구하고, 분석하고, 할 수 있으면 치유해 버린다.

나는 이에 반대한다. 우리는 환영의 희생자가 아니다. 어떤 사람들은 이 말을 쉽게 믿지 않지만, 우리는 진짜로 사랑했다.

14
스페인 내전
1936~1939

1936년 7월, 프란시스코 프랑코가 모로코에서 군대를 이끌고 스페인에 상륙했다. 그는 스페인 공화국을 끝장내고 스페인에 이른바 '질서'를 회복하겠다는 확고한 의도를 가지고 있었다.

내 아내와 아들은 그 한 달 전에 파리로 돌아갔다. 나는 마드리드에 혼자 있었다. 어느 아침 아주 이른 시간에 폭발한 건이 일어나 나는 잠에서 깼고, 이내 연달아 다른 폭발이 일어났다. 공화국 측 비행기가 몬타냐 병영을 폭격한 것이었다. 나는 대포 몇 발을 발사하는 소리도 들었다.

몬타냐 병영에는 당시 스페인의 여느 병영에서처럼 금족령이 내려져 있었다. 그러나 팔랑헤당의 일당이 마드리드 병영에서 도피처를 찾았고, 며칠 전부터 병영에서 포화가 일어나 행인들이 쓰러지고 있었다. 이미 무장하고 있던 노동자 소대는 공화국 측

돌격대(마누엘 아사냐가 창립한 현대적 기동대)의 지원을 받아 7월 18일 아침에 병영을 공격했다. 10시에 이르러 모든 것이 끝났다. 반란을 일으킨 장교들과 팔랑헤당 당원 모두가 군법회의를 거쳐 총살당했다. 전쟁이 시작되고 있었다.

내가 이를 실감하기는 쉽지 않았다. 멀리서 기관총 소리가 울리는 동안 난 우리 집 아래로 내다보이는 거리에서 두세 명의 노동자, 남자 집시 둘, 여자 집시 하나가 슈나이더 대포를 끌고 가는 것을 — 집시들이 대포를 끌고 가는 참으로 끔찍한 모습을 — 발코니에서 목격했다. 개인적으로는 내가 그토록 바랐고, 몇 년 전부터 커지고 있다고 느껴 온 폭력 혁명이 내 창 밑에서, 내 눈앞에서 벌어지고 있었다. 내가 보기에 이 폭력 혁명은 방향을 잃은 것 같았고, 석연치 않았다.

이로부터 보름 정도 후에 공화국의 대의를 열렬하게 지지한 미술사가 엘리 포르Elie Faure가 마드리드에 와서 며칠을 보냈다. 나는 아침에 그가 머물던 호텔로 갔고, 그의 방 창문에서 그를 다시보았다. 그때 그는 발목에서 묶은 긴 사각팬티를 입은 채 그 당시 일상적으로 이루어지던 거리의 시위를 보고 있었다. 그는 무기를 든 민중을 보고 감정에 복받쳐 울었다. 어느 날 우리는 그럭저럭 무장한 백여 명의 농민이 행진하는 것을 보았는데, 몇몇 사람은 사냥총이나 리볼버를 차고 있었고, 다른 사람들은 낫과 쇠스랑을 들고 있었다. 이들은 규율이 잡힌 모습을 보여 주려고 4열 종대로 발을 맞추어 행진했다. 이 모습을 보고 우리 둘 다 울었던 것 같다.

그 무엇도 그토록 민중적인 군대를 이길 수 없을 것처럼 보였다. 그러나 처음 며칠간의 믿을 수 없는 환희와 혁명적인 열광은 점차 다른 것으로 대체되었다. 분열, 조직의 부재, 완벽한 치안 부재의 상태 등 불쾌한 기분이 그 자리를 차지했다. 이 불쾌한 기분은 공화국 쪽에서 진정한 규율과 효율적인 정의가 서기 시작한 1936년 11월경까지 지속되었다.

스페인을 강타한 거대한 분열의 역사를 내가 내 식으로 다시 쓰겠다는 것은 아니다. 나는 역사가도 아니고, 공명정대한 역사기술도 자신하지 못한다. 단지 내가 본 것, 내가 기억하는 것만을 말하고 싶을 뿐이다.

예컨대, 나는 스페인 내전이 발발했을 때 마드리드에서의 처음 몇 달을 아주 정확하게 기억하고 있다. 이론상으로는 공화국의 권력을 가진 이 도시에 그때까지만 해도 정부가 들어서 있었다. 그러나 프랑코의 군대는 빠르게 엑스트레마두레로 진군하고 있었고, 톨레도까지 이르렀으며, 스페인 전역에서 다른 도시, 이를테면 살라망카와 부르고스가 프랑코 지지자들의 손에 넘어갔다.

심지어 마드리드 안에서도 파시스트 동조자들이 끊임없이 총격전을 했다. 반면 사제, 부유한 지주, 보수적 의식을 가졌다고 알려진 모든 사람, 프랑코의 반란을 지지할 거라고 추정된 모든 이들은 언제라도 처형당할 수 있는 끊임없는 위험 속에 있었다. 적대 행위가 시작되자마자 무정부주의자들은 일반 재소자들을 석방했고, 이들은 즉시 무정부주의자 연맹의 직접 지휘를 받는 전국 노동 연합Confederación Nacional del Trabajo, CNT의 대열에 편입되었다.

무정부주의자 연맹의 몇몇 회원은 누군가의 집에서 종교적인 이미지를 하나라도 발견하면 그를 카사데캄포Casa de Campo로 보내 버릴 정도로 상당히 극단적인 모습을 보여 주었다. 카사데캄포는 마드리드 입구에 있는 공원으로, 이 공원에서 처형이 집행되었다. 누군가를 체포하면, '산책을 시킨다'는 말을 하고 데려갔다. 이런 일은 항상 밤에 이루어졌다.

이때는 모든 사람이 존칭을 사용하지 않고 말을 서로 놓는 것이 바람직했고, 무정부주의자들에게 말을 할 때는 모든 문장 뒤에 힘차게 '동지들Compañeros'이라는 말을 붙이고, 공산주의자들에게 말을 할 때는 '동무들Camaradas'이라는 말을 붙이는 것이 바람직했다. 자동차 대부분은 천장 위에 매트리스 한두 개를 달고 다녔는데, 유격대 발포에 대한 방어용이었다. 좌회전이나 우회전 표시를 하려고 차창 밖으로 팔을 쭉 뻗는 것은 극도로 위험한 행동이었는데, 이 동작은 파시스트들의 인사로 해석되어 지나가는 길에 일제 사격을 받을 수 있었다. '세뇨리토스señoritos', 즉 상류계급의 자제분들은 자기 출신을 숨기려고 일부러 옷을 못 입는 것처럼 하고 다녔다. 그럭저럭 노동자들과 닮아 보이려고 챙 달린 낡은 모자를 쓰거나 옷을 일부러 더럽혀서 입었다. 반면 다른 쪽에서 공산당의 지시는 노동자들이 넥타이를 매고 흰 셔츠를 입는 것이 바람직하다는 것이었다.

아주 유명한 만화가 에두아르도 데 온타뇽Eduardo de Ontañón은 어느 날 내게 사엔스 데 에레디아Saénz de Heredia가 체포되었다는 소식을 알려 주었다. 사엔스 데 에레디아는 내가 제작자 생활을 할 때 나와 함께 일한 감독으로서, 〈후안 시몬의 딸〉과 〈나를 사랑하는 사람은 사람은 누구?〉의 감독이다. 사엔스는 집에 들어가기가 무서워서 노숙자처럼 공공 벤치 위에서 잤다. 그는 사실 팔랑헤당의 창시자 프리모 데 리베라의 친사촌이다. 그토록 조심했음에도 불구하고 좌파 사회주의자 단체에 체포된 그는 숙명적인 친척관계 때문에 매 순간 처형당할 위험에 처했다.

나는 즉시 내가 잘 알고 있던 롯펜세 스튜디오를 찾아갔다. 다른 많은 기업에서 그랬듯이 스튜디오에서 일하는 노동자들과 고용자들은 스튜디오 평의회를 조직했고 회의를 개최했다. 나는 다양한 범주의 노동자 대표단에게, 이들이 모두 잘 알고 있는 사엔스 데 에레디아가 평소에 어떻게 행동했는가를 물었다. 그들은 내게 대답했다. "아주 잘했지요. 나무랄 데가 하나도 없습니다."

이때 나는 대표단에게 사엔스가 감금된 마르케스데리스칼 거리까지 나와 같이 가서 방금 그들이 한 말을 사회주의자들 앞에서 되풀이해 달라고 요청했다. 예닐곱 명의 사람들이 총을 들고 나를 따라왔고, 마침내 도착한 우리 일행은 무기를 아무렇게나 발에 올려놓은 채 보초를 서고 있는 한 남자를 만났다. 나는 최대한 목이 쉰 목소리로 그에게 책임자가 어디 있느냐고 물었다. 책임자가 나타났다. 그 전날 나와 같이 저녁을 먹은 남자였다. 애꾸눈의 중위가 대열에서 나와서 나를 알아보았다.

"이런, 부뉴엘, 원하는 게 뭐지?"

내가 원하는 것을 그에게 말했다. 그리고 나는 우리가 모든 사람을 다 죽일 수는 없으며, 물론 사엔스가 프리모 데 리베라와 친

족 관계가 있다는 것은 사실이나 그가 항상 나무랄 데 없이 행동
했다는 사실을 말해 두어야겠다고 덧붙였다. 스튜디오의 대표단
들이 사엔스에게 우호적으로 증언을 했고, 결국 사엔스는 석방되
었다.

이후 그는 프랑스에서 지내야 했고, 얼마간의 시간이 흐른 뒤
프랑코 정당에 합류했다. 스페인 내전 이후에 그는 감독으로서
직업을 되찾았는데, 총통의 영광을 예찬하는 영화 〈이 사람 프랑
코Franco: ese hombre〉를 찍기까지 했다. 1950년대 칸 영화제에서 우
리는 함께 식사했고, 과거에 대해 오랫동안 이야기했다.

같은 시기 나는 산티아고 카리요Santiago Carrillo를 알게 되었다.
내 기억에 그때 그는 당시 통합사회주의 청년단의 총서기였다.
전쟁이 시작되기 바로 전, 나는 내 소유의 리볼버 두세 개를 내 아
래층에서 일하는 인쇄노동자들에게 주었다. 사방에서 총을 쏘는
도시에서 완전히 무방비 상태였던 나는 카리요를 찾아가 무기 하
나를 달라고 요청했다. 그는 빈 서랍을 열더니 내게 말했다. "나도
하나도 없는데."

나는 결국 어쨌거나 소총 하나를 얻었다. 인데펜시아 광장에
서 친구들과 같이 있던 어느 날, 총질tiroteos이 또 다시 시작되었다.
지붕, 창문, 거리에서 총격이 벌어졌고, 완전히 혼란스러운 상태
였다. 나는 나무 뒤에 숨어 누구를 쏴야 할지 모른 채 아무짝에도
쓸데없는 소총을 들고 있었다. 이런 때 소총이 있다는 게 무슨 소
용이란 말인가? 나는 소총을 돌려주었다.

처음 3개월은 최악이었다. 많은 내 친구에게 그랬던 것처럼, 전혀 통제되지 않는 끔찍한 상황이 끊임없이 나를 괴롭혔다. 열렬하게 전복을, 기존 질서의 타도를 바란 나는 갑자기 화산 한가운데 놓이게 되자 덜컥 겁이 났다. 분명 어떤 행동들은 기상천외하고 탁월하게 보였다. 예컨대 어느 날 노동자들이 트럭에 올라타고 마드리드 남쪽 20킬로미터 지점에 서 있는 예수성심 성당의 기념물까지 가서는, 대형을 맞추어 서더니 엄청나게 큰 그리스도의 조각상을 정식으로 처형한 일이 그랬다. 그러나 나는 약식처형, 약탈, 온갖 종류의 범죄행위가 지독하게 싫었다. 민중이 봉기했고 권력을 잡았으나, 권력을 잡자마자 갈라졌고 분열되었다. 정당하지 못한 복수 행위 때문에 본질적인 전쟁이 잊혀져버렸다. 그런데 사실 이 상황에서 유일하게 중요한 것은 바로 이 본질적인 전쟁이었다.

매일 저녁 나는 혁명적 작가 연맹의 모임에 갔고, 여기서 라파엘 알베르티, 호세 베르가민, 위대한 기자 코르푸스 바르가Corpus Barga, 신을 믿었던 시인 마누엘 알톨라기레 등등 내 친구 대부분을 다시 만났다. 알톨라기레는 몇 년 후 멕시코에서 찍은 내 영화 중 한 편인 〈승천Subida al cielo〉(1951)의 제작을 맡게 되는데, 이후 스페인에서 자동차 사고로 목숨을 잃었다.

'민중의 자발성인가? 조직화인가?'와 같은 주제를 놓고 끝없이 이어진, 종종 감정에 가득 찬 토론으로 우리는 서로 대립하게 되었다. 무질서를 향한 이론적이고 정서적인 매혹과, 질서와 평화에 대한 근본적인 욕구가 내 안에서도 언제나처럼 충돌하고 있었다. 나는 두세 번 앙드레 말로와 저녁 식사를 했다. 우리는 이론들을 하나하나 쌓아 올리면서 치명적인 논쟁을 전개했다.

프랑코는 계속해서 더 많은 영토를 차지하고 있었다. 도시나 마을의 상당수 주민이 계속 충성스럽게 공화국 편에 남아 있었지만, 다른 도시나 마을은 싸워보지도 않고 프랑코의 손아귀에 들어갔다. 파시스트적 억압이 어디서나 명확하고 냉혹하게 나타났다. 자유주의 혐의가 있는 사람들은 모두 즉시 처형되었다. 명백하게 사생결단의 대결이 될 싸움을 위해 우리는 어떤 대가를 치르더라도 최대한 빨리 우리 스스로를 재편해야 했지만, 반대로 시간만 낭비하는 일이 벌어지곤 했다. 무정부주의자들은 사제들을 박해했다. 어느 날 내 가정부가 내게 말했다. "내려와서 좀 보세요. 오른쪽 거리에 사제가 총살당해 죽어 있어요." 나는 완전한 반교회주의자였고 청소년 때부터 그랬지만, 어떤 식으로든 이런 학살에 찬성하지 않았다.

그러나 사제들이 전투에 참여하지 않았다고 생각하시지는 마시기를. 다른 모든 사람처럼 사제들도 무기를 들었다. 어떤 사제들은 종탑 위에서 총을 쏘기도 하고, 심지어 도미니크회 사제들이 기관총을 조작하는 것도 목격되었다. 성직자 몇몇이 공화주의자 편에 섰지만, 다수는 명확하게 파시스트 편에 섰다. 이 전쟁은 전면전이었다. 대결이 한창일 때 중립으로 남아 있기는 불가능했고, 몇몇 사람이 막연하게 꿈꾸었던 테르세라 에스파냐tercera España[제3의 스페인]에 속하는 것도 불가능했다.

나 자신도 어떤 날에는 겁이 났다. 부르주아 아파트에 사는 세

입자로서 나는, 통제를 벗어난 무장 소대가 한밤중에 갑자기 내 집 문을 부수고 들어와 '산책을 하자'고 나를 데리고 간다면 어떻게 될까를 때때로 자문하곤 했다. 어떻게 저항할 것인가? 이들에게 뭐라고 말을 해야 하나?

물론 다른 쪽인 파시스트 쪽에서 잔혹한 고문을 했다는 점은 분명하다. 공화주의자들은 총살에 그쳤지만, 반란군들은 때로 아주 정교한 고문을 하는 모습을 보여 주었다. 예컨대 바다호스에서는 빨갱이들을 투우장에 집어넣고 투우의 의식에 따라서 죽였다.

수천 가지 이야기가 떠돌았다. 그중에 이 이야기가 생각난다. 마드리드, 아니면 그 지역에 있는 어떤 수도회 수녀들이 예배당에서 행렬을 지어 걷다가 팔에 아기 예수를 안고 있는 성모상 앞에서 멈췄다. 원장 수녀는 망치와 가위를 이용해서 성모에게서 아기 예수를 떼어낸 다음, 성모에게 이렇게 말하고 아기 예수의 상을 데려갔다.

"우리가 전쟁에 이기면 아기 예수를 되돌려줄게요."

파시스트들이 전쟁에 이겼으니, 이 수녀들은 아기 예수를 성모에게 되돌려주었을 것이다.

공화주의자 진영에서 심각한 분열이 모습을 드러내기 시작했다. 공산주의자들과 사회주의자들은 무엇보다 전쟁에서 이기고자 했고, 승리를 위해 모든 수단을 이용하고자 했다. 이와 반대로 무정부주의자들은 안하무인격으로 생각하고 벌써 자기들의 이상 사회를 준비했다.

노동조합주의 신문『엘 신디칼리스타*El Syndicalista*』지의 편집장인 힐 벨은 어느 날 카페 카스티야에서 나와 만날 약속을 정하고는 이렇게 말했다.

"우리는 토렐로도네스에 무정부주의자 이주지를 건립했네. 이미 스무 개 정도의 집에 사람들이 입주했어. 자네도 여기서 집 한 채를 차지하지 그래."

나는 매우 놀랐다. 우선 이 집들은 추방당한 사람들, 때로는 처형당하거나 도망간 사람들의 집이었다. 게다가 토렐로도네스는 과다라마산맥의 발치에 있으므로 파시스트 전선에서 불과 몇 킬로미터밖에 떨어져 있지 않은 곳이고 더구나 대포 사정거리 안이었는데, 이곳에 무정부주의자들이 아무 일도 없다는 듯 자기들 유토피아를 준비하다니!

하루는 내가 일한 적이 있는 필모포노*Filmofono*의 책임자 중 한 명인 음악가 레마차*Fernando Remacha*와 함께 식당에서 점심을 먹었다. 이 식당의 주인 아들은 과다라마산맥에서 프랑코 지지자들과 싸우다가 심각한 부상을 입었다. 무장한 무정부주의자 몇 명이 들어와서 차례로 '안녕, 동지들!'하고 말하더니 즉시 포도주를 내놓으라고 주인에게 요구했다. 나는 분노를 참을 수 없어서 그들에게 이렇게 말했다. 당신들이 있어야 할 곳은 여기가 아니라 과다라마산맥이고, 당신들은 사경을 헤매는 아들을 거두고 있는 이 용감한 사람의 지하 포도주 저장고를 비울 게 아니라 지금 당장 파시스트들과 싸워야 한다고.

그들은 아무 반응 없이 내 말을 듣더니 가 버렸다. 어쨌거나 포도주병들은 가지고 갔다. 포도주병들을 가져가면서 그 대가로 아무짝에도 쓸모없는 종이 뭉치 '혁명 채권'을 주었던 것은 사실이다.

저녁마다 무정부주의자 소대 전체가 전투가 진행 중인 과다라마산맥에서 내려와 호텔 지하 포도주 저장고를 약탈했다. 이들이 하는 짓을 보고 우리는 공산주의자들 쪽으로 돌아서게 되었다.

공산주의자들은 처음에는 그 수가 별로 많지 않았지만 1, 2주가 흘러갈수록 갈수록 단련되었으며, 체계적으로 조직되었고 규율도 잡혔다. 이들은 내게 나무랄 데 없이 보였고, 지금 봐도 그렇다. 이들은 전쟁을 승리로 이끄는 데 모든 에너지를 쏟아부었다. 말하자면 슬프지만 이것만은 확실히 해 두어야 한다. 무정부주의 노동조합주의자들은 아마도 파시스트보다 공산주의자들을 더 싫어했다는 것이다.

이 증오는 전쟁이 터지기 몇 년 전에 시작되었다. 1935년에 이베리아반도 무정부주의자 연맹Federación Anarquista Ibérica, FAI이 건축 노동자들 편에서 아주 강경한 총파업을 개시했다. 공산주의 대표단이 FAI를 찾아와서 파업 책임자들에게 이렇게 말했다. (나는 이 일화를 〈빵 없는 대지〉에 재정을 대준 무정부주의자 친구 라몬 아신에게 들었다.)

"당신들 중 세 명의 경찰 프락치가 있소."

그리고 이들은 그 이름을 말했다. 그러나 무정부주의자들은 공산주의 대표단에게 거칠게 대답했다.

"아 참, 뭐라고? 우리도 다 안다고! 그런데 우리는 공산주의자들보다는 경찰 프락치들이 더 좋아."

비록 내가 무정부주의자들에게 이론적인 공감을 하고 있기는
했지만, 자의적이고 예측할 수 없는 이들의 행동과 이들의 광신
주의를 참을 수 없었다. 어떤 경우에는 기사技師 자격증이나 대
학 졸업장만 있어도 사람들을 카사데캄포에 데려가서 총살해 버
렸다. 파시스트들이 시시각각 다가오고 있었기 때문에 공화주의
정부가 마드리드를 떠나 바르셀로나로 가겠다고 결정을 내렸을
때, 무정부주의자들은 그 당시 유일하게 통행이 가능했던 쿠엔
카 근처의 단 하나밖에 없는 도로를 막아 버렸다. 심지어 바르셀
로나에서도. 많은 예 중 하나만 말하면, 무정부주의자들은 공장
이 단지 노동자들의 노동력만 가지고 완벽하게 운영될 수 있다
는 것을 보여 주려고 어떤 금속 공업 공장의 사장과 기술자들을
제거해 버렸다. 그들은 방탄 트럭 하나를 제조했고, 약간의 자부
심을 가진 채 소련 대표자에게 그 트럭을 보여 주었다. 이 대표자
는 대구경 자동 권총을 달라고 해서 총으로 아주 쉽게 방탄 철판
을 뚫어 버렸다.

다른 해석들도 많지만, 사람들은 심지어 작은 무정부주의 단체
하나가 위대한 부에나벤투라 두루티를 죽였다고까지 생각한다.
포위된 대학 기숙사를 도와주려고 두루티가 프린세사 거리에서
자동차에서 내렸을 때, 그는 권총 한 발을 맞고 죽었다. 무정부주
의를 맹목적으로 추종하는 이 무정부주의자들(이들은 자기 딸들에
게 '아크라티아acratia [무권력]'이나 '7월 14일[프랑스 혁명이 발발한 날]'
이라는 이름을 붙였다)은 두루티가 자기 군대에 성공적으로 규율

을 부여했기 때문에 그를 결코 용서하지 못했다.

우리는 또한 이론적으로 트로츠키 그룹인 마르크스주의 통합 노동자당Partido Obrero de Unificación Marxista, P.O.U.M의 자의적 행동도 두려워해야 한다. 1937년 5월에 심지어 이베리아반도 무정부주의자 연맹과 합류한 이 운동의 회원들이, 자신들을 진압해야 했던 공화국 군대에 맞서 바르셀로나의 거리에 바리케이드를 세우는 것도 목격되었다.

작가인 내 친구 클라우디오 데 라 토레(그가 결혼할 때 나는 막스 에른스트의 그림 한 점을 선물로 주었다)는 마드리드에서 멀지 않은 곳의 고립된 집에서 살고 있었다. 그의 할아버지는 파시스트들 눈에는 세상에서 가장 가증스러운 프리메이슨 회원이었다. 그들은 프리메이슨을 공산주의자만큼이나 증오했다.

클라우디오는 요리사 한 명을 고용했는데, 그녀의 약혼자가 무정부주의자들과 함께 싸웠기 때문에 그는 그녀를 아주 많이 존중했다. 하루는 내가 점심을 함께 먹으려고 그의 집으로 가고 있었다. 그때 완전한 시골에서 나는 갑자기 마르크스주의 통합노동자당 소속 자동차 한 대가 나한테 다가오는 것을 보았다. 이 자동차에 커다랗게 쓰여 있는 대문자 약호[P.O.U.M] 때문에 금세 알아볼 수 있었다. 나는 불안에 사로잡혔는데, 나는 그때 사회주의자들과 공산주의자들이 작성한 서류들을 갖고 있었고, 이 서류들은 마르크스주의 통합노동자당에는 아무 의미도 없었기 때문이다. 이 자동차가 내 곁에 서더니 운전사가 내게 뭔가를 물었는데, 아마도 길을 물었던 것 같다. 그리고 그들은 다시 떠났다. 나는 안도의 숨을 내쉬었다.

다시 반복해서 말하자면, 나는 이 책에서 수백만 개의 인상 중에서 단지 내 개인적인 인상만을 제시할 뿐이다. 그러나 나는 내 인상이 분명 그 당시 좌파 자리에 있던 상당수 사람의 인상에 부합한다고 생각한다. 파시스트들의 위협이 문 앞까지 다가와 있었지만, 무엇보다 내부 투쟁과 분파 대립 때문에 더욱 악화된 치안 부재와 혼동이 그 당시를 지배하고 있었다.

나는 내 오래된 꿈이 실현되는 것을 내 눈으로 보았고 여기서 어떤 슬픔만을 느꼈다.

어느 날, 파시스트의 전선을 넘어온 공화주의자 한 명이 우리에게 페데리코 가르시아 로르카가 죽었다는 소식을 전해 주었다.

로르카

〈안달루시아의 개〉가 개봉되기 얼마 전, 로르카와 나는 사소한 말싸움 때문에 얼마간 떨어져 있었다. 그 후 자존심 강한 안달루시아 사람인 로르카는 그 영화가 자기를 비난하는 것이라고 믿었거나, 아니면 그렇게 믿는 척했다.

그는 손가락으로 동작을 하면서 이렇게 말했다. "부뉴엘은 이만큼이나 작은 영화를 만들었어. 이 영화의 이름은 〈안달루시아의 개〉의 개이고, 개는 바로 나야."

1934년에 우리는 완전히 화해했다. 때로는 그를 칭송하는 사람들이 그의 주변에 너무 많다고 생각했지만, 우리는 함께 많은 시간을 보냈다. 에두아르도 우가르테와 함께 우리는 상당히 자주 내 포드 자동차를 타고 산맥 속에 홀로 있는 엘 파울라 고딕 수도 원에 몇 시간씩 기분 전환을 하러 갔다. 이 장소는 폐허로 변했지만, 약식으로 정비된 예닐곱 개의 방을 스페인 국립미술학교 학생들이 쓰고 있었다. 침낭을 들고 가기만 하면 심지어 여기서 밤을 보낼 수도 있었다. 화가 호아킨 페이나도는 이 버려진 오래된 수도원을 자주 방문했다. (나는 40년 후 이곳에서 우연히 그를 다시 만나기도 했다.)

거대한 폭풍우가 몰아치고 있음을 느꼈던 시절, 회화나 시 작업을 계속한다는 것은 어려운 일이었다. 프랑코가 상륙하기 나흘 전에, 정치에 그다지 큰 열정을 보이지 않았던 로르카는 갑자기 자기 고향인 그라나다로 떠나기로 마음먹었다. 나는 그를 말릴 작정으로 이렇게 말했다.

"페데리코, 무시무시한 일들이 벌어질 거야. 여기 남아. 너는 마드리드에서 훨씬 더 안전해."

다른 친구들도 그에게 압력을 넣었지만, 아무 소용이 없었다. 그는 겁에 질려 신경이 아주 예민한 상태로 그라나다에 갔다.

그가 죽었다는 소식은 우리 모두에게 끔찍한 충격이었다.

내가 만난 살아 있는 모든 사람 중 페데리코는 첫째가는 사람이다. 나는 그가 쓴 희곡이나 시에 대해서가 아니라, 페데리코 가르시아 로르카란 인물 자체에 대해 말하는 것이다. 그가 바로 걸작이었다. 내게는 페데리코와 버금가는 인물을 상상하기 힘들다. 쇼팽을 흉내 내려고 피아노를 치기 시작하든, 팬터마임이나 짧은 연극을 즉흥적으로 만들어 내든, 그에게는 아무도 저항할 수 없는 매력이 넘쳤다. 아무것이나 낭송해도 그의 입술 사이로 항상 아름다움이 솟구쳤다. 그에게는 열정이 있었고 환희가 있었고 젊음이 있었다. 그는 하나의 불꽃 같았다.

대학생 기숙사에서 그를 만날 때 나는 건장하고 상당히 거친 촌놈이었다. 그는 우정의 힘으로 나를 바꿔 놓았고, 내가 다른 세상을 알 수 있게 해 주었다. 나는 내가 말할 수 있는 것보다 더 많은 것을 그에게 빚지고 있다.

사람들은 그의 유해를 찾을 수 없었다. 그의 죽음에 대해 온갖 전설적인 말이 떠돌았고, 심지어 달리는 상당히 비열하게 동성애 범죄에 대해 말하기도 했는데, 전혀 말도 안 되는 이야기다. 페데리코는 사실상 시인이라는 이유로 죽었다. 이 시기 다른 진영에서는 "지식인들을 죽여라!"라고 목소리를 높이곤 했다.

그라나다에서 그는 팔랑헤당의 당원인 시인 로살레스의 집에 숨어 지내고 있었는데, 로살레스의 가족은 로르카 가족과 친구였다. 그는 이 가족을 확실하게 믿었다. 알폰소라는 인물이 이끌던 일군의 사람들(이들이 어떤 분파인지는 중요하지 않다)이 한밤중에 로르카를 체포하러 왔고, 그를 다른 노동자들과 함께 트럭에 태웠다.

페데리코는 평소 고통과 죽음에 엄청난 공포를 느꼈다. 나는 한밤중에 올리브나무 재배지로 가는 트럭에 타고 있을 때 그가 무엇을 느꼈는지를 상상할 수 있다. 그는 올리브나무 재배지에서 살해되었다.

나는 종종 이 순간을 생각한다.

9월 말경 스페인 공화국의 외무부 장관 알바레스 델 바요Julio Álvarez del Vayo가 스위스의 제네바에서 나와 만나기로 했다. 그가 나를 만나고 싶어 했기 때문에 성사된 약속이었다. 사람들이 나더러 왜 제네바에 가느냐고 물을 수도 있었다.

나는 기차를 타고 떠났다. 이것은 빈틈없이 사람들을 가득 태운 전쟁 시기의 진짜 기차였다. 내 앞 좌석에는 마르크스주의 통합노동자당의 지휘관이 앉아 있었다. 노동자였다가 지휘관으로 승진한 그는 신랄하게 말하는 사람이었다. 그는 공화국 정부가 형편없는 오물이며, 무엇보다 먼저 공화국 정부를 파괴해야 한다고 지겹도록 계속해서 말했다. 지금 이 사람 이야기를 하는 것은 나중에 내가 파리에서 이 사람을 스파이로 이용하게 되기 때문이다.

나는 바르셀로나에서 기차를 갈아탔고, 호세 베르가민과 무뇨스 수아이Muñoz Suaï를 만났다. 이들은 정치 집회에 참석하려고 열 명가량의 대학생들과 제네바로 가고 있었다. 이들은 내가 어떤 종류의 서류를 갖고 가는지 물었고, 내 대답을 듣고 무뇨스 수아이가 소리쳤다.

"그런데 너는 결코 국경을 넘지 못할 거야. 국경을 지나가려면 무정부주의자들이 발행한 비자가 필요해!"

우리는 포르트부Portbou에 도착했다. 나는 맨 먼저 기차에서 내렸고, 무장한 사람들이 둘러싼 역에서 세 명의 남자가 작은 재판의 재판관들처럼 당당하게 자리 잡은 테이블을 보았다. 이들은 무정부주의자였다. 그중에서 제일 높은 사람은 수염이 많은 이탈리아인이었다.

이들의 요구에 따라 나는 내 서류를 보여 주었다. 그러자 이들은 내게 말했다.

"이걸로는 못 지나가."

스페인어는 분명 세계에서 가장 불경한 언어다. 욕설이나 모욕이 대개는 짧고 서로 분리된 다른 언어와는 달리, 스페인어에서 불경한 말은 대개 상당히 긴 담화의 형태를 띤다. 이 담화에서 주요하게 등장하는 단어는 신, 그리스도, 성령, 성모, 사도 성인, 교황이며 이러한 표현들은 눈에 띄게 상스러운 언사로 계속 이어질 수 있고, 배설과 관련된 놀라운 문장을 형성할 수 있다. 신성 모독은 스페인의 예술이다. 예컨대, 4백 년 전에 스페인의 문화가 침투된 멕시코에서라면 나는 제대로 된 신성 모독의 표현을 한 번도 들어본 적이 없다. 스페인에서 훌륭한 신성 모독은 두세 줄 정도 이어진다. 필요한 상황이 되면, 훌륭한 신성 모독은 심지어 뒤집힌 신도송信徒頌이 될 수도 있다.

내 입에서 바로 이런 종류의 신성 모독이 튀어나왔다. 나는 최대한 강렬하고 폭력적으로 말했다. 포르트부의 무정부주의자들은 내 말을 조용히 듣고 있었다.

그 후에 이들은 내가 지나가도 된다고 말했다.

신성 모독에 대해 말하는 김에 한마디 덧붙이자면, 스페인의 오래된 도시들, 예컨대 톨레도에서는 주로 사용하는 대문 위에 '구

결과 신성 모독 금지'라고 써놓고, 이를 어길 시에는 벌금이나 단기간의 구류형에 처하게 된다. 이것은 신성 모독의 말들이 상당한 힘을 발휘하며 또한 어디에나 있다는 증거다. 내가 1960년에 스페인에 돌아갔을 때, 길거리에서 신성 모독이 이전보다 훨씬 더 드물게 들리는 것 같았다. 그러나 내가 아마 틀렸을 수도 있고, 예전보다 내가 소리를 잘못 들어서일 수도 있다.

제네바에서 나는 외무부 장관과 기껏 20분 남짓 만났을 뿐이다. 그는 내게 파리로 가서 공화국이 임명하는 새로운 주 프랑스 대사를 위해 일을 하라고 요청했다. 이 새로운 대사는 루이스 아라키스타인이 분명했는데, 그는 내가 알고 있던 좌파 사회주의자였고, 전직 기자이자 작가였다. 그에게 믿을 만한 사람이 필요했다.

나는 즉시 파리로 갔다.

스페인 내전 시기의 파리

나는 스페인 내전이 끝날 때까지 파리에 머무르게 된다. 페피니에르 거리의 내 사무실에서 나는 공식적으로는 스페인에서 촬영된 공화주의 선전 영화 전체를 집결하는 일을 맡았다. 그런데 사실상 내 업무는 이보다 훨씬 더 복잡했다. 나는 한편으로는 대사관에서 저녁 만찬을 조직하는 일을 맡은 일종의 의전儀典 책임자로서, 예컨대 앙드레 지드를 루이 아라공 옆에 앉히지 않는 것이 내 일이었다. 다른 한편 나는 '정보'와 선전 업무를 맡고 있었다.

이 시기 동안 항상 공화국의 대의에 대한 온갖 종류의 국제적 지지를 추동하기 위해 나는 아주 많이 여행했다. 스위스로, 벨기에의 안트베르펜으로, 스웨덴의 스톡홀름으로, 그리고 수차례에 걸쳐 런던으로 갔다. 나는 또한 임무를 갖고 반복적으로 스페인으로 되돌아갔다.

나는 대개 파리에서 인쇄한 수천 장의 전단이 가득 들어 있는 가방들을 날랐다. 안트베르펜에서는 벨기에의 공산주의자들이 전적인 지원을 해 주었다. 몇몇 해군의 공조 덕분에 우리가 만든 전단들은 스페인으로 가는 독일 배를 타고 옮겨지기도 했다.

런던에 갔을 때 노동당 국회의원이자 영국 영화협회의 의장이었던 아이버 몬터규Ivor Montagu가 연회를 준비했고, 이 연회 중 나는 짤막하게 영어로 연설을 하기도 했다. 그곳에는 스무 명가량의 동조자가 있었고, 그중에 〈황금시대〉에서 연기한 롤런드 펜로즈Roland Penrose가 있었고, 내 옆자리에는 콘라트 파이트Conrad Veidt가 앉아 있었다.

스톡홀름에서 내가 맡은 임무는 이와 완전히 다른 것이었다. 프랑스 남서부 지역인 비아리츠와 바욘에는 온갖 종류의 파시스트가 득실거리고 있었고, 우리는 우리에게 정보를 전해줄 비밀공작원들을 찾고 있었다. 내가 스톡홀름에 간 것은 아주 아름다운 스웨덴 공산당 당원인 카린Kareen에게 이 스파이 역할을 제안하기 위해서였다. 대사의 부인이 카린을 알고 있었고 그녀를 내게 추천했다. 카린은 내 제안을 받아들였고, 우리는 배와 기차를 타고 함께 되돌아왔다. 이 여행 중 나는 항상 뿌리 깊은 성적인 욕망과 임무 사이의 생생한 갈등을 견뎌내야 했다. 여기서 내 임무가 승리했다. 카린은 피레네 아틀란티크 지방으로 떠났고, 여기서 귀에 들어오는 온갖 정보를 내게 정기적으로 보내 주었다. 나는 카린을 다시 보지 못했다.

카린에 대해 한마디 덧붙인다. 우리가 특히 무기 구매 때문에 빈번하게 접촉한 공산당의 선전 선동 책임자가 프랑스에 '트로츠키주의자'를 데려왔다고 나를 비난했다. (오늘날에도 그렇지만 예전에도 작은 도적 무리가 무기 밀매 현장의 주위를 맴돌고 있어서 우리는 이들을 끝없이 경계해야 했다.) 스웨덴 공산당은 사실상 아주 짧은 시간 동안, 심지어 내가 여행을 하던 중에도 의견을 바꿨고, 나는 이에 대해 아무것도 몰랐다.

스페인 공화국을 위해 전쟁에 개입하거나 중재하기를 계속 거부한 프랑스 정부와 다르게, 프랑스 민중들, 특히 노동총연맹 Confédération Générale du Travail, C.G.T 조직원 노동자들은 우리에게 아무 대가 없이 상당한 도움을 주었다. (프랑스 정부의 개입이 있었다면, 사태가 빠르게 달라졌을 것이다. 그러나 비겁함 때문에, 프랑스 파시스트들에 대한 공포 때문에, 국제적인 분규가 일어날까 봐 두려워서 프랑스 정부는 스페인 내전에 전혀 개입하지 않았다.) 예컨대, 철도 노동자나 택시 운전사가 나를 찾아와서 이렇게 말하는 일은 드물지 않았다. "파시스트 두 명이 어제저녁 20시 15분 기차를 타고 파리에 도착해서, 여기와 저기에 갔었고, 이런 호텔에서 내렸습니다." 나는 이런 정보들을 기록해 두었다가, 분명 파리에 주재한 가장 유능한 대사였던 루이스 아라키스타인에게 전달했다.

프랑스 정부와 다른 민주주의 강대국들이 스페인 내전에 개입하지 않아서 우리는 주눅이 들었다. 미국의 루스벨트Franklin Roosevelt 대통령이 스페인 공화국에 우호적인 선언을 했지만, 그는 미국 가톨릭의 압력에 굴복했고 프랑스의 레옹 블룸Léon Blum 총리만큼이나 스페인 내전에 개입하지 않았다. 우리가 결코 직접 개입을 바란 것은 아니지만, 프랑스가 독일이나 이탈리아의 다른 쪽 진영에서 그런 것처럼 무기 수송이나 심지어 '자원병들'의 파견 정도라도 허용해줄 거라고 생각했다.

나는 또한 스페인 망명객들이 프랑스에서 맞게 된 운명에 대해 짧게나마 말해 두어야 한다. 많은 사람이 프랑스에 도착하자마자 바로 수용소로 보내졌고, 이후 대다수가 나치의 손아귀에 들어갔고, 독일에서, 주로 마우트하우젠 수용소에서 목숨을 잃었다.

공산주의자들이 조직한 국제여단은 훈련을 잘 받고 규율이 잡혀 있었는데, 오로지 이들만이 우리에게 귀중한 도움을 주었고, 훌륭한 모범을 보여 주었다. 또한 앙드레 말로에게 찬사를 바쳐야 하며 — 비록 그가 고른 비행사 중 몇 명은 단지 돈을 받고 일하는 사람들이었지만 — 스페인에 자발적으로 싸우러 온 모든 사람에게 고마움을 전해야 한다. 이런 사람들은 아주 많았고, 온갖 나라에서 왔다. 파리에서 나는 어니스트 헤밍웨이Ernest Hemingway, 존 더스 패서스John Dos Passos, 그리고 공화국 군대에 대한 다큐멘터리 한 편을 찍은 요리스 이벤스Joris Ivens에게 통행증을 발급해 주었다. 나는 프랑스 비행사 에두아르 코르니글리옹몰리니에Édouard Corniglion-Molinier가 떠오른다. 그는 정말로 잘 싸웠다. 이후 그를 뉴욕에서 다시 보았는데, 그날은 그가 드골Charles de Gaulle 장군의 군대에 합류하려고 뉴욕을 떠나기 하루 전이었다. 그는 나치의 패망이 전적으로 확실하다고 단호하게 선언했고, 전쟁이 끝나면 자기를 보러 파리로 와서 같이 영화 한 편을 찍자고 제안했다. 내가 칸 영화제에서 그를 마지막으로 만났을 때, 그는 장관이었고, 알프스마리팀Alpes-Maritimes 지역의 도지사와 술 한잔을 하고 있었다. 나는 그가 고관들과 함께 있는 것을 보고 수치에 가까운 감정을 느꼈다.

내가 증인이자 때로는 가담자였던 이 온갖 음모와 모험 중에서 나한테 가장 흥미롭게 보인 것들만 말하려고 한다. 그 대부분은 비밀스러운 분위기에서 진행되었고, 오늘날에도 몇몇 이름을 직접 언급하기는 쉽지 않다.

우리는 전쟁 중에 (다른 협찬은 제외하더라도) 두 명의 소련 촬영감독의 협찬으로 스페인에서 영화를 찍었다. 이 선전 영화들은 전세계에서, 또한 스페인에서도 개봉될 영화들이었다. 어느 날 나는 몇 달 간의 촬영분에 대해 어떤 소식도 듣지 못해서 러시아의 무역 대표단의 책임자와 약속을 잡았다. 나는 대기실에서 한 시간도 넘게 그를 기다렸다. 나는 그의 비서에게 강하게 항의했다. 마침내 그 사람은 나를 아주 차갑게 맞이해서는 내 이름을 묻고 이렇게 말했다.

"당신은 지금 도대체 파리에서 뭘 하는 거요? 스페인의 전선에 있어야지."

나는 그에게 답했다. 당신은 내 활동을 어떤 식으로든 판단해서는 안 되며, 나는 명령을 수행하고 있고, 스페인 공화국을 위해 촬영하는 영화들이 어떻게 되고 있는지를 알고 싶다고.

그는 말을 얼버무리며 대답했다. 나는 그의 사무실을 나갔다.

내 사무실로 돌아오자마자 나는 모두 네 통의 편지를 썼다. 한 통은 프랑스의 『위마니테*Humanité*』에, 한 통은 소련의 『프라우다*Pravda*』에, 한 통은 소련의 대사에게, 마지막 편지는 스페인 장관에게 보냈다. 이 편지를 통해 소련 무역 대표단 내부에서 발견한 태업의 증거를 고발했다. 이 태업은 또한 프랑스 공산당 친구들이 내게 확인해 준 것이기도 하다. 그들은 내게 말했다. "맞아, 약간은 어디나 비슷해." 소련은 공식적 대표단 속에서도 적들, 아니면 어쨌거나 반대자들이 있었다. 한편, 그로부터 얼마 지나지 않아 나를 무례하게 대한 소련 무역 대표단의 책임자는 스탈린 대숙청의 희생자 중 한 명이 되었다.

폭탄 세 개

프랑스 경찰을 비롯한 지구상 모든 경찰의 행동거지를 가장 흥미진진하게 조명하는, 아주 복잡스러운 이야기 하나를 소개하고자 한다. 바로 폭탄 세 개의 이야기다.

어느 날 상당히 잘생기고 아주 우아한 젊은 콜롬비아인이 내 사무실로 들어왔다. 그는 대사관의 군사 담당관을 만나고자 했으나, 우리는 더 이상 군사 담당관이 없었기 때문에 사람들이 나를 만나서 이야기하라고 했다는 것이다. (대사관의 군사 담당관은 수상적다고 생각되어 내보낸 상태였다.) 그는 작은 가방을 들고 있다가 대사관의 작은 응접실 테이블 위에 가방을 올려놓고 열었다. 그 안에는 폭탄 세 개가 들어 있었다. 그 콜롬비아인이 내게 말했다.

"아주 강력한 폭탄입니다. 우리는 바로 이 폭탄으로 페리페냥에서 스페인 영사관에 테러했고, 보르도에서 마르세유까지 가는 기차 테러도 했습니다."

나는 아주 놀라서, 그가 원하는 것이 무엇이고 나한테 왜 이 폭탄을 가져왔느냐고 물었다. 그는 자기가 파시스트 단체 소속이라는 것을 숨기고 싶지 않고, 자기는 실제로 콘도르 군단 소속이며, 이미 그럴 거라고 짐작은 했지만 본인이 여기 온 이유는 그가 죽도로 미워하는 자기 조직의 우두머리에 대한 순전한 증오심 때문이라고 말했다. 그리고 이렇게 덧붙였다.

"저는 무엇보다 그가 체포되었으면 좋겠습니다. 왜인지는 묻지 말아 주시면 좋겠습니다. 그냥 그렇게 된 겁니다. 그가 누군지 알고 싶으시면 내일 오후 5시에 카페 라 쿠폴로 오시기 바랍니다. 그는 내 오른쪽에 앉아 있을 겁니다. 폭탄은 두고 가겠습니다."

그가 떠난 뒤 나는 아라키스타인 대사에게 알렸고, 그는 경찰청장에게 전화했다. 프랑스 폭발물 전담국이 그 폭탄들을 검사했다. 그 테러리스트 말이 맞았다. 그것은 그때까지 전례 없던 엄청난 성능을 가진 폭탄이었다.

다음날 나는 이유는 말하지 않고 대사의 친아들과 여배우 한 명에게 나와 같이 카페 라 쿠폴에서 한잔하자고 했다. 도착하면서 나는 즉시 그 콜롬비아인을 알아보았는데, 그는 일군의 사람들과 함께 테라스에 앉아 있었다. 그의 오른쪽에는 그가 속한 조직의 우두머리인 한 남자가 있었는데, 놀랍게도 내가 아는 라틴 아메리카 배우였다. 내가 데려간 여배우도 그를 알았고, 우리는 지나가면서 그와 악수를 했다.

그를 고발한 콜롬비아인은 틀리지 않았다.

대사관으로 되돌아오면서 이 테러리스트 행동단체 우두머리의 이름과 그가 파리에 머무는 호텔의 이름을 알아내서 나는 사회주의자인 파리 경찰청장에게 알렸다. 그는 즉시 이 테러리스트를 체포하겠다고 대답했다. 그러나 아무 일도 일어나지 않았다. 얼마 후 나는 이 테러리스트 행동단체 우두머리가 샹젤리제의 카페 셀렉트에 친구들과 아무 일 없이 앉아 있는 것을 보았다. 내 친구 산체스 벤투라는 이날 내가 극도로 화가 나서 울었다는 것을 증언해줄 수 있다. 나는 이렇게 혼잣말을 했다. 도대체 우리는 어떤 세상에서 살고 있는가? 여기에 유명한 범죄자가 있는데, 경찰은 그를 체포하려고 하지 않는다? 도대체 왜?

그를 고발한 콜롬비아인은 이때 내 사무실에 와서 알려 주었다. "내 조직의 우두머리가 스페인 비자를 얻으려고 내일 대사관에 방문할 겁니다."

이 정보는 완벽하게 정확한 정보였다. 외교관 여권을 갖고 있던 그 라틴 아메리카 배우는 대사관에 와서 별 어려움 없이 비자를 취득했다. 그는 임무를 띠고 마드리드로 갔는데, 나는 그것이 어떤 임무였는지는 모른다. 우리가 알려 주었기 때문에 국경에서 그는 스페인 공화국 경찰에 의해 체포되었다가, 자기 나라 정부의 개입으로 즉각 석방되었다. 파리로 평화롭게 되돌아오기 전에, 그는 마드리드에서 자기 임무를 완수했다. 그는 건드릴 수 없는 사람이었을까? 그가 도대체 어떤 후원을 받고 있었을까? 나는 절망했다.

나는 이때 스톡홀름으로 떠나야 했다. 나는 스웨덴에서 신문을 보고 엄청난 폭발력을 가진 폭발물 하나가 파리 에투알 광장 근처의 작은 건물에서 터졌다는 사실을 확인했다. 이 건물에는 몇몇 노동조합의 본부가 입주해 있었다. 내 기억에 그 기사는 아주 구체적으로, 사용된 폭발물의 폭발력이 엄청나서 그 건물이 무너져 내렸으며 조합원 두 명이 죽었다고 썼다. 한 점 의심도 없이 테러리스트의 작품임을 알아볼 수 있었다.

그때도 아무 일도 없었다. 그 남자는, 유럽의 여느 경찰처럼 본질적으로 강력한 체제에 동조하는 프랑스 경찰의 무관심이란 비호를 받으면서 자기 활동을 계속했다.

전쟁이 끝날 무렵, 이보다 더 당연한 일은 없지만, 다섯 번째 지주 그룹 회원인 그 라틴 아메리카 배우는 프랑코에게 훈장을 받았다.

같은 시기 프랑스 우파가 나를 격렬하게 공격했다. 〈황금시대〉는 아직 잊히지 않았다. 내 취향이 신성 모독, '항문 콤플렉스'라고 말했고, 『그랭구아르Gringoire』, 아니면 『캉디드Candide』 같은 신문은 한 면의 아랫부분 전체를 할애한 논설에서 내가 "프랑스 젊은이들을 오염시키려고" 몇 년 전에 파리로 왔다고 썼다.

나는 계속 내 초현실주의 친구들을 만났다. 앙드레 브르통은 어느 날 대사관으로 전화해서 내게 말했다.

"친애하는 친구, 상당히 불쾌한 소문 하나가 떠돌고 있는데, 스페인 공화주의자들이 마르크스주의 통합노동자당에 가입했다는 이유로 벤자민 페레를 총살했다는 소문이네."

초현실주의자들은 이론적으로 트로츠키주의 경향인 마르크스주의 통합노동자당에 상당히 동조하고 있었다. 벤자민 페레는 사실상 바르셀로나로 떠났고, 카탈루냐 광장에서 매일 마르크스주의 통합노동자당의 사람들과 함께 있는 것이 목격되었다. 브르통의 요청으로 나는 관련 정보를 알아내려고 애썼다. 내가 알아낸 것은, 페레가 우에스카에서 아라공의 코앞에 나타났으며 또한 그는 마르크스주의 통합노동자당 당원들의 행동을 공개적으로 소리 높여 비판했으며, 당원들 중 몇 명은 그를 총살하겠다는 의향을 공공연히 드러냈다는 점이다. 나는 브르통에게 공화주의자들이 페레를 총살하지 않았다는 사실을 보증할 수 있었다. 그리고 실제로 그는 프랑스에 살아서 돌아왔다.

나는 생미셸 광장에 있는 페리구르딘이라는 구이 전문점에서 달리와 종종 점심을 먹었다. 어느 날 달리는 자신이 상당히 이상한 제안을 받았다는 사실을 내게 알려 주었다.

"너한테 진짜 돈 많은 영국 사람을 소개해 줄게. 그는 스페인 공화국의 친구이고, 너희들에게 폭격기 한 대를 사주고 싶대."

나는 이 영국 사람을 만나기로 했다. 그가 에드워드 제임스 Edward James였고 레오노라 캐링턴Leonora Carrington의 아주 친한 친구

314

였다. 그는 달리가 1938년에 제작한 모든 작품을 산 참이었고, 체코슬로바키아의 한 비행장에 있는 초현대적인 폭격기 한 대를 우리가 자유롭게 쓸 수 있다고 말했다. 스페인 공화국에 지독할 정도로 비행기가 부족하다는 사실을 알고 그 폭격기를 우리에게 주겠다는 것이다. 그런데, 그는 프라도 미술관에 있는 걸작 몇 개를 자기에게 인도하라는 조건을 걸었고, 이 걸작들로 파리와 다른 도시에서 전시회를 열 생각을 하고 있었다. 이 그림들은 헤이그 국제재판소의 담보책임 하에 놓이게 된다. 전쟁이 끝나면 두 가지 가능성이 있었다. 공화주의자들이 이기면, 그는 그 그림을 다시 프라도 미술관에 돌려준다. 프랑코가 이기면 이 그림들은 망명 중인 스페인 공화국의 소유가 된다.

나는 스페인 외무부 장관 알바레스 델 바요에게 이 독특한 제안을 알렸다. 그는 폭격기는 아주 큰 기쁨이지만, 프라도 미술관의 그림들은 세상 그 무엇과도 바꿀 수 없다고 고백했다. "사람들이 우리에 대해 뭐라고 하겠소? 신문은 또 뭐라고 쓰겠소? 무기를 얻으려고 우리 문화재를 팔아치운단 말이오? 이에 대해 더 이상 얘기하지 마시오."

이 교섭은 체결되지 않았다.

에드워드 제임스는 여전히 살아 있다. 그는 온갖 곳에 성을 소유하고 있고, 심지어 멕시코에 목장도 소유하고 있다.

페피니에르 거리에서 일하던 내 비서는 프랑스 공산당 회계과장의 딸이었다. 이 회계과장은 젊었을 때 '보노의 도당'에 가입했

었고, 내 비서는 아주 어렸을 때 '과학자 레이몽Raymond-la-Science'
이란 별명으로 불린 그 조직의 무정부주의자 레이몽 칼맹Raymond
Callemin의 품에 안겨 산책했던 것을 기억했다. (나는 개인적으로 예
전에 보노의 도당에 속해 있던 두 명을 알게 되었다. 한 명은 리레트 메트
르장Rirette Maîtrejean이고, 다른 한 명은 카바레에서 공연하면서 자신을
'결백한 강제노역수'라 칭한 사람이다.)

우리는 어느 날 공화국 총리 후안 네그린의 공식 성명을 받았
다. 그는 이탈리아에서 출항해서 파시스트 지배하의 스페인 항구
에 기항할 예정인 가성 칼륨 선적에 관심이 많다고 했다. 후안 네
그린은 우리에게 정보를 요구했다.

나는 이에 대해 내 비서에게 말했고, 그녀는 자기 아버지에게
전화했다. 그로부터 이틀 뒤에 그녀의 아버지가 내 사무실에 나
타나 내게 말했다. "같이 파리 교외 지역을 한 바퀴 도시지요. 당
신에게 소개해 주고 싶은 사람이 있습니다." 우리는 자동차로 출
발했고, 파리에서 45분 거리에 있는 어떤 카페에 멈췄다. (정확한
장소는 잊어버렸다.) 그는 내게 서른다섯에서 마흔 살가량의 어떤
미국인을 소개해 주었다. 그는 진지하고 세련되었으며, 프랑스어
를 할 때 미국 억양이 아주 강했다. 그 미국인은 내게 말했다.

"당신이 가성 칼륨 선적에 관심이 많을 줄 알았습니다."

"관심이 아주 많습니다."

"그렇다면 당신에게 이 배에 대한 정보를 줄 수 있을 것 같네요."

그는 내게 화물과 배의 이동 경로에 대해 알고 있던 모든 것을
내게 말했고, 이 귀중한 정보는 후안 네그린에게 전달되었다.

몇 년 뒤에 뉴욕에서 나는 뉴욕 현대 미술관의 큰 칵테일파티가 진행되던 중에 그를 다시 만나게 된다. 나는 그를 알아보았고 그도 역시 나를 알아보았지만, 우리 둘 다 전혀 아는 티를 내지 않았다.

이후 전쟁이 끝난 뒤 나는 파리의 카페 라 쿠폴에서 그를 한 번 더 만났는데, 이때 그는 부인과 함께 있었다. 이번에 우리는 서로 수다를 떨었다. 미국인으로서 그는 전쟁 전에 파리 인근에서 공장 하나를 운영하고 있었다. 그는 스페인 공화국을 지지했고, 이 때문에 내 비서의 아버지가 그를 알게 된 것이다.

나는 그때 파리 남서쪽 교외 지역인 뫼동Meudon에 살고 있었다. 그날 저녁 집으로 돌아오면서 내가 미행당하고 있는가 아닌가를 확인하려고 손에 권총을 쥔 채로 뒤를 바라보면서 자동차를 세운 일도 있었다. 우리는 비밀, 음모, 이해할 수 없는 세력에 둘러싸여 살고 있었다. 전쟁의 진행 상황을 시시각각으로 확인하면서, 이탈리아와 독일을 제외한 다른 강대국들이 끝까지 아무것도 하지 않으려고 하는 상황을 파악하면서, 모든 희망이 사라지는 것을 바라보았다.

스페인 공화주의자들이 나처럼 1939년에 체결된 독소불가침 조약을 우호적으로 받아들였다는 사실에 놀라서는 안 된다. 그때까지도 소련을 경멸적으로 대하면서 유용한 어떤 접촉도 거부한 서구 민주주의자들의 태도에 너무 실망한 나머지, 우리는 스탈린의 행동이 시간을 버는 방법이며 이후 발발하게 될 엄청난 전투에 투여할 군사력을 키우는 수단이라고 생각했다.

대다수 프랑스 공산당 또한 이 조약을 승인했다. 루이 아라공은 큰 소리로 이 사실을 전해 주었다. 프랑스 공산당 내에서 드물게 생각이 달랐던 하나의 목소리는 탁월한 마르크스주의 지식인이었던 폴 니장의 것이었다. (그는 자기 결혼식에 나를 초대했고 이 결혼식 증인은 장폴 사르트르였다.) 그러나 그때는 우리 의견이 어떻든 독소불가침 조약이 오래 가지 못할 것이며, 다른 모든 것처럼 이 조약도 깨지게 될 거라고 생각했다.

나는 1950년대 말까지 프랑스 공산당에 호감이 있었다. 그 후 나는 점점 더 거기서 멀어졌다. 내가 그것을 어디서 발견하든 광신주의는 혐오스러웠다. 모든 종교는 자기만의 진리를 찾았다. 마르크스주의도 그랬다. 예컨대 1930년대에 교조주의 마르크스주의자들은 사람들이 무의식에 대해 말하거나 개인의 심층적인 심리적 경향에 대해 말하는 것을 참지 못했다. 모든 것은 사회-경제적인 메커니즘에 종속되어야 했고, 이는 내게 터무니없는 것으로 보였다. 인간의 절반을 망각한 처사다.

내 여담은 여기서 마친다. 곁가지로 빠지면서 말하는 방식은 내가 타고난 이야기 방식이고, 이는 마치 스페인 피카레스크 소설과 비슷하다. 그러나 나이가 들어가면서 즉각적인 기억, 바로 전의 기억이 어쩔 수 없이 취약해지므로 나는 더욱더 주의해야 한다. 이야기를 시작했다가, 어떤 여담이 내 마음을 더 사로잡게 되면 처음의 이야기를 즉시 그만두고, 그 후 다른 이야기를 시작한 이유도 잊어버린 채 길을 잃고 만다. 내 친구들에게 나는 항상 문는다. "내가 왜 이 이야기를 하고 있는 거지?"

나는 공인 받지 않고 쓸 수 있는 일정한 핵심 기밀을 자유롭게 사용할 수 있었다. 내가 수행한 임무는 그 어떤 것도 다른 임무와 비슷하지 않았다. 심지어 나는 한번 자발적으로 후안 네그린의 경호원 역할도 했다. 사회주의자 화가인 퀸타니야Luis Quintanilla와 함께, 둘 다 완전무장을 하고 파리의 오르세 역에서 네그린을 경호했다. 그가 전혀 짐작도 못 한 상태에서 우리는 그를 지켰다.

나는 여러 번에 걸쳐 서류를 전달하려고 스페인으로 건너갔다. 한편, 나는 이 기회에 스페인 총리의 아들인 후아니토 네그린과 함께 난생처음 비행기를 타 보았다. 우리가 피레네산맥을 넘자마자 마요르카 지역에서 온 파시스트 전투기 한 대가 접근하고 있다는 방송이 나왔다. 그러나 이 전투기는 아마도 바르셀로나의 D.C.A.가 말려서 되돌아갔다.

이런 여행 중 하루는 발랑스에 갔는데, 내가 도착하자마자 선전 선동 책임자가 다가왔다. 나는 그에게 공무수행 중이며 파리에서 온, 그가 관심을 가질 만한 서류들을 보여 주겠다고 말했다. 다음 날 아침 그는 아침 아홉 시에 나를 자동차에 태우더니 발랑스에서 10킬로미터 정도 떨어진 건물로 나를 데리고 갔다. 거기서 그는 내게 어떤 러시아인을 소개해 주었는데, 그는 내 서류를 검토하고 자기가 이 서류들을 아주 잘 알고 있다고 말했다. 우리에게는 열 개 정도의 접점이 있었다. 나는 그가 파시스트들이나 독일인들에게도 나한테와 마찬가지로 했을 거라고 짐작한다. 정보기관 또한 양쪽에서 모두 정보를 얻었다.

공화국 여단이 가바르니Gavarnie 지역 반대편에서 포위되었을 때, 프랑스의 동조자들이 피레네산맥을 넘어 공화국 여단에 무기를 전달했다. 나는 그곳에 한번은 내 친구 에두아르도 우가르테와 함께 갔는데, 운전사가 깜빡 졸아 길을 잘못 든 고급 자동차 한 대가 우리 차와 부딪쳤다. 우가르테는 깜짝 놀랐고, 우리는 사흘 후에야 다시 출발할 수 있었다.

전쟁 기간 내내 피레네산맥 밀수업자들은 혹독한 시련을 겪었다. 그들은 사람과 선전 물자도 피레네산맥 저쪽으로 보냈다. 불행하게도 내가 이름을 잊어버린 생장드뤼즈 지역의 프랑스 헌병대 반장 한 명은, 공화국의 전단을 국경 건너편으로 보낼 때는 밀수업자들이 자유롭게 통행하도록 해 주었다. 그에게 감사의 뜻을 전하기 위해 나는 파리 레퓌블리크 광장 근처에서 내 돈으로 직접 산 멋진 검 하나를 선물로 마련했고, '스페인 공화국에 대한 봉사'를 치하해 그에게 주었다. (나는 좀 더 공식적으로 감사의 뜻을 표했으면 하고 바랬지만, 그런 일은 일어나지 않았다.)

마지막 이야기는 가르시아의 이야기다. 이 이야기는 우리가 파시스트들과 때로는 아주 복잡한 관계를 맺고 있음을 보여 준다.

가르시아는 기껏 도적일 뿐이었다. 스스로 사회주의자라고 주장하는 순전한 잡놈이었다. 마드리드에서 전쟁이 터지고 첫 몇 개월 동안, 그는 작은 암살단과 함께 '여명의 부대brigada del amanecer'라는 음산한 단체를 창설했다. 이들은 새벽 일찍 부르주아 집에 강제로 침입해서 '산책시키려고' 남자들을 데려가고 여자들을 강간했으며 손에 들어오는 모든 것을 다 훔쳤다.

내가 파리에 있을 때, 내 생각으로는 어떤 호텔에서 일하던 프랑스 조합주의자 한 명이 우리를 찾아와, 어떤 스페인 사람이 도둑질한 보석이 가득 든 가방 한 개를 들고 라틴 아메리카로 가는 배를 탈 준비를 하고 있다고 말했다. 그 사람이 바로 가르시아였고, 그는 엄청난 재산을 모아 스페인을 떠났고 가짜 이름으로 여행하고 있었다.

파시스트들이 눈에 불을 켜고 찾고 있던 가르시아는 스페인 공화국의 수치 중 하나였다. 나는 그 조합주의자가 내게 말한 것을 대사관 측에 알렸다. 가르시아가 탄 배는 카나리아 제도의 산타 크루스 데 테네리페Santa Cruz de Teneriffe에 기항할 예정이었고, 이 지역은 프랑코 지지자들이 장악한 곳이었다. 대사는 아무 주저 없이 중립적인 대사관을 통해 프랑코 지지자들에게 이 사실을 알렸다. 가르시아는 산타크루스 데 테네리페에 도착하자마자 신원이 확인되었고, 체포되어 교수형을 당했다.

칼란다의 협약

소요가 시작되었을 때, 민병대는 사라고사에 병력을 집중하기 위해 칼란다를 떠나라는 명령을 받았다. 장교들은 퇴각하기 전에 마을의 질서를 유지해야 하는 임무와 권력을 지역 명사들이 참여한 일종의 시골 의회에 넘겼다.

이들의 첫 번째 임무는 몇몇 유명한 활동가를 체포하고 감금하는 일이었다. 이 활동가 중에는 꽤 유명한 무정부주의자도 한 명 있었고, 몇몇 사회주의자 농부와 칼란다에 이름이 꽤 알려진 유일한 공산주의자도 한 명 있었다.

전쟁 초기에 무정부주의자 군대가 바르셀로나에서 도착해서 칼란다를 위협하고 있을 때, 지역 명사들은 감옥으로 가서 죄수들에게 말했다.

"우리는 지금 전쟁 중이고, 누가 이길지 모릅니다. 그래서 우리는 당신들에게 협약을 제안합니다. 우리는 당신들을 풀어줄 것이고, 우리 칼란다의 모든 주민은 어떤 종류의 싸움이 되었든 서로에게 어떠한 종류의 폭력도 행사하지 않는다는 약속을 하겠습니다."

죄수들은 즉시 동의했고 즉시 석방되었다. 며칠 후 무정부주의자들이 마을에 들어왔을 때, 이들의 첫 번째 임무는 스물두 명의 사람을 총살하는 것이었다. 희생자 중에는 아홉 명의 도미니크 수사, 대다수의 지역 명사(나는 이후 그 명단을 보았다), 의사, 지주, 심지어 신앙심을 보여 준 것 말고는 다른 어떤 범죄도 저지르지 않은 몇몇 가난한 주민도 있었다.

그 협약은 칼란다를 세상의 폭력적인 흐름으로부터 구해 내고, 모든 갈등을 넘어서 칼란다를 일종의 지역화된 평화 속에 안전하게 남겨 두기를 희망하는 것이었다. 더 이상 그것이 불가능해졌다. 역사에서, 자기 시대에서 벗어날 수 있다고 믿었던 환상.

그즈음 칼란다에서 상당히 기이한 사건이 벌어졌다. (나는 다른 마을에서 이런 사건이 벌어졌는지 모른다.) 내가 말하고 싶은 것은 자유연애에 대한 공개적인 선포다. 어느 날씨가 좋은 날 무정부주의자들의 명령을 받고 포고 사항을 공표하는 관원이 마을의 중앙 광장으로 가더니, 작은 트럼펫을 불고 종을 치고 나서 이렇게 공표했다.

"동지들, 오늘부터 칼란다에 자유연애가 공포되었습니다."

짐작하는 것처럼 사람들은 어안이 벙벙해서 이 선포를 받아들였는데, 그것이 주목할 만한 반향을 낳은 것 같지는 않다. 몇몇 여자가 자유연애(그것이 무엇인지 정확히 아는 사람은 아무도 없었다)에 굴복했다고 채근당하면서 길거리에서 공격을 받았고, 이들이 격렬하게 부인하자 다시 풀려났다. 그러나 집단적인 풍조는 혼란을 겪었다. 한 치의 틈도 없는 가톨릭의 엄격함에서 무정부주의자의 자유연애로 갑작스럽게 이행하는 것은 작은 일이 아니었다. 흔들린 감정을 안정시키기 위해 아라곤의 주지사였던 내 친구 만테콘은 어느 날 우리 집 발코니 높은 곳에서 즉석연설을 하기로 했다. 그는 자유연애가 자기가 보기에는 말도 안 되는 짓이며 설령 그것이 전쟁일지라도 우리는 다른 할 일이 있다고 큰 목소리로 선언했다.

또 한 번 칼란다에 프랑코의 군대가 다가왔을 때, 마을에서 공화주의 동조자들이 한 사람도 남김없이 도망쳤다는 것은 두말할 필요도 없다. 남아 있던 사람들, 파시스트들을 맞이한 사람들은 전혀 걱정할 필요가 없었다. 그로부터 한참 후에 뉴욕으로 나를 찾아온 성 나자로회 신부는 진짜로 그렇게 생각했다. 그런데, 공화국이 가져온 '타락'을 결정적으로 일소하고 싶은 파시스트들의 욕망이 어찌나 지독했던지, 백 여 명의 사람들, 많은 사람이 이미 마을을 떠났지만 어쨌거나 5천 명 주민 중 1백 여 명, 즉 프랑코의 관점에서도 완전히 '결백한' 사람들이 군법회의를 거쳐 총살당했다.

내 여동생 콘치타도 사라고사에서 체포되었다. 이전에 공화국 비행기들이 사라고사를 폭격한 적이 있었다. (폭탄 하나가 대성당의 지붕을 뚫고 떨어졌지만, 다행히도 폭발하지 않았고 이 때문에 다들 기적이라고 했다.) 내 여동생의 남편은 장교였는데, 그가 이 폭격에 가담했다고 고발당한 것이다. 그런데, 바로 이때 내 매제는 공화주의자들의 감옥에 갇혀 있었다. 내 여동생은 석방되었지만, 거의 처형 직전까지 갔다.

그 성 나자로회 신부는 뉴욕에 있는 나에게 달리가 대학생 기숙사 시절에 나한테 그려준 내 초상화를 말아서 가져다주었다. (피카소도, 탕기도, 미로도 내게 초상화를 그려줬지만 결정적으로 다 잃어버렸고, 나는 이에 대해 크게 개의치 않는다.) 그 신부는 내게 전쟁 시기에 칼란다에서 일어난 일을 이야기해 주었고, 상당히 순진하게 이렇게 말했다.

"어쨌거나 거기 가지 마시게나."

당연히 나는 거기 가고 싶은 생각이 전혀 없었다. 내가 스페인으로 다시 갈 수 있게 되기까지 아주 오랜 시간이 흘러야 했다.

1936년에 스페인 민중은 역사상 처음으로 자기 목소리를 냈다. 그들은 우선 본능적으로 성당과 대지주를 공격했는데, 이들은 아주 오랜 갈등의 대표자들이었다. 성당과 수도회를 불태우고 사제들을 학살함으로써 스페인 민중은 대대로 내려오는 자기 적이 누군지 아주 명확하게 보여 주었다.

다른 쪽 진영인 파시스트 진영의 범죄들은 가장 부유하고 가장 교양 있는 스페인 사람들이 저지른 것이었다. 그들은 딱히 그럴 필요도 없었는데 상대의 죽음을 바라는 냉혹함을 가지고 엄청난 수의 범죄를 저질렀다. 칼란다의 예는 스페인 전체로 확대될 수 있다.

이 때문에 오늘날 나는 스페인 민중이 이들보다 근본적으로 더 관대했다고 약간은 차분하게 말할 수 있다. 민중이 반기를 든 이유는 누구도 피할 수 없는 이유였다. 전쟁의 첫 몇 개월 동안 공화주의자 쪽에서 저지른 얼마간의 과잉 행위들은 나를 공포로 몰아넣었지만(나는 이를 숨기려고 하지 않았다), 1936년 11월부터 상당히 빠르게 법적인 질서가 자리잡았고 약식 처형이 중단되었다. 그 나머지 시간에는 우리가 반란에 맞서 전쟁을 했을 뿐이다.

나는 평생에 걸쳐 산티아고 데 콤포스텔라 대성당 앞에 걸려 있던 유명한 사진에 큰 충격을 받았다. 여기서 고위성직자들은 화려하게 장식된 사제복을 입고 몇몇 장교 바로 옆에서 파시스트 경례를 했다. 신과 조국이 어깨를 나란히 하고 있었다. 그들은 우리에게 피와 억압만을 주었을 뿐이다.

나는 한 번도 프란시스코 프랑코를 광신적으로 반대해본 적이 없다. 내가 보기에 그는 인간의 탈을 쓴 악마는 아니다. 심지어 나는 프랑코 덕분에 핏기를 잃은 스페인이 나치에게 침략당하지 않게 되었다고 생각할 준비까지 되어 있다. 프랑코와 관련된 것조차도 나는 일정한 모호성에 자리를 내주는 편이다.

아무런 해도 끼치지 않는 니힐리즘의 몽상에 몸을 맡긴 채 내가 지금 말하는 것은 다른 진영, 즉 프랑코의 진영 쪽에 있던 더 발전된 문화와 유복함이 끔찍한 일을 줄일 수도 있었다는 것이다. 그러나 실제로는 전혀 그렇지 않았다. 그리고 이 때문에 나는 혼자서 드라이 마티니를 앞에 두고 돈의 효능과 문화의 효능을 의심스럽게 생각하는 것이다.

15
신 덕분에 무신론자

우연은 모든 것의 지배자다. 필연은 그다음에 올 뿐이다. 필연은 우연과 같은 순수성이 없다. 내 모든 영화 중 〈자유의 환영〉에 내가 특별한 애착이 있는 이유는 아마도 이 영화가 바로 이 다룰 수 없는 테마를 다루고 있기 때문이다.

내가 종종 꿈꾸는 이상적인 시나리오는 하찮고 진부한 지점에서 출발한다. 예를 들어 한 거지가 길을 건넌다. 마침 고급 자동차의 창이 열리고, 밖으로 나온 손이 절반만 피운 아바나산 시가를 땅에 던지는 모습을 거지가 목격한다. 길을 건너던 거지는 시가를 주우려고 갑자기 걸음을 멈춘다. 그러나 그는 뒤따르던 다른 자동차에 치여 죽는다.

이 사고事故에서 출발해서 일련의 질문이 끝없이 제기될 수 있다. 거지와 시가가 왜 만나게 되었는가? 거지는 이 시간에 길에서 무얼 하고 있었는가? 왜 시가를 피우던 남자는 하필이면 그 순간에 시가를 던졌는가? 이 질문들 각각에 대한 답은 재차 증식하는 또 다른 질문들을 불러올 것이다. 우리는 점점 더 복잡해지는 갈림길 앞에 서게 될 것이고, 이 갈림길들은 다른 갈림길들, 환상적인 미로로 이어질 것이며, 우리는 여기서 길을 골라야 할 것이다. 따라서 우연의 연속, 무한할 정도로 많은 우연에 불과한 표면적인 원인들을 쫓아감으로써, 우리는 아득히 먼 시간을 거슬러 올라갈 수 있을 것이다. 멈추지 않고 모든 역사와 문명을 관통해, 태곳적 원생동물에 이를 때까지.

물론 이 시나리오를 다른 방향으로 밀고나갈 수도 있다. 그래서 어떤 자동차의 창밖으로 시가를 던지고, 어떤 거지의 죽음을 불러온 사실이 역사의 진행을 완전히 바꾸고, 세상의 종말까지 이어지는 모습을 볼 수도 있다.

나는 명징하고 밀도 있는 한 권의 책으로부터 역사적 우연의 탁월한 예를 엿보았다. 이 책은 어떤 프랑스 문화의 진수를 보여 준다. 바로 로제 카유아Roger Caillois의 『본디오 빌라도Pontius Pilate』다. 카유아는 본디오 빌라도가 손을 씻을 만한, 그리고 그리스도가 처형을 당하게 내버려 둘 만한 온갖 이유가 있었다고 설명한다. 이것이 유대인들의 소요를 두려워한 그의 정치적 조언자의 견해다. 이는 또한 신의 섭리가 실현되기를 바라는 유다의 기도다. 심지어 이는 칼데아Chaldea의 예언자 마르두크Marduk의 의견이기도 하다. 그는 메시아 사후에 이어지는 기나긴 사건들을 떠올린다. 이 사건들은 이미 존재하고 있다. 그가 보았고, 그가 예언했기 때문이다.

빌라도는 이 모든 견해에 맞서 자신의 정직함만을, 정의를 바라는 욕망만을 대립시킬 수 있을 뿐이었다. 하룻밤 불면의 밤을 보내고 난 후 그는 마침내 결정을 내리고 그리스도를 석방한다. 그리스도의 사도들은 기쁨으로 그리스도를 환영한다. 그리스도는 자기 삶과 가르침을 이어가고 꽤 나이가 들어 죽는다. 그리고 이후 지극히 성스러운 사람 중 하나로 간주된다. 1백 년이나 2백 년 동안 그리스도의 무덤 앞에 순례의 발길이 이어진다. 그리고 그리스도는 잊힌다.

세계의 역사도 물론 완전히 달라질 것이다.

이 책 덕분에 나는 오랫동안 꿈을 꿨다. 역사적 결정론에 대해, 또는 전능하신 신의 의지에 대해 사람들이 말하는 모든 것을 나는 잘 알고 있다. 빌라도는 역사적 결정론과 전능하신 신의 의지 때문에 손을 계속 씻게 되었다. 그러나 빌라도는 손을 씻지 않을 수 없었다. 대야와 물을 거부함으로써 그는 이후 시간의 흐름 자체를 바꿨을 수도 있다.

그가 손을 씻은 것은 우연의 힘이다. 카유아처럼, 나는 그의 손 씻는 행위에 어떤 필연도 없다고 생각한다.

물론 난자와 정자의 뜻밖의 만남으로 ─ 왜 수백만 개의 정자 중에서 하필이면 이 정자인가? ─ 우리가 전적으로 우연히 태어났다면 인간 사회가 세워질 때, 그리고 태아에서 아이가 되어 인간 사회의 법칙에 종속될 때 우연의 역할은 지워진다. 인간 이외의 다른 모든 종도 마찬가지다. 법칙, 관습, 어떤 진화나 진보의 역사적이고 사회적인 조건, 그리고 우리가 출생의 행운 또는 불운 때문에 속하게 된 어떤 문명의 수립과 발전과 안정화에 이바지한다고 주장하는 모든 것, 이 모든 것은 우연에 맞선 일상적이고 집요한 싸움으로 제시된다. 절대로 완전하게 사라지는 법이 없으며 활기차고 놀라운 우연은, 사회적 필연성을 있는 그대로 받아들이려고 애쓴다.

그러나 나는, 우리를 함께 살 수 있게 해 주는 필연적인 법칙 속에서 근본적이고 중대한 섭리를 들여다 보는 일을 경계해야 한다고 생각한다. 사실상 이 세계가 존재하는 것은 필연이 아니다. 우리가 여기서 살거나 죽는 것도 필연적인 것이 아니다. 우리는 우연의 자식에 불과하므로, 지구와 우주는 우리 없이도 세상이 끝날 때까지 얼마든지 지속될 것이다. 우리는 도저히 공허하고 무한한 우주의 이미지를 상상할 수 없다. 그것은 이론적으로 무용하고, 어떤 지성이라도 곰곰이 생각할 수 없다. 이는 홀로 존재하고 지속 가능한 혼돈이며 삶이 제거된 심연이다. 아마도 우리의 지식이 접근할 수 없는 다른 세상들은 이렇게 생각조차 할 수 없는 운행을 계속할 것이다. 우리는 이 혼돈에 대한 취향을 때로는 우리 안에서 아주 심층적으로 느낀다.

몇몇 사람은 무한한 우주를 꿈꾸고, 다른 사람들은 우리에게 우주를 시공간 속에 유한한 모습으로 제시한다. 나는 이쪽이든 저쪽이든 똑같이 불가해한 두 개의 신비 사이에 있다. 한편으로,

무한한 우주의 이미지는 상상할 수 없다. 다른 한편으로, 어느 날 더 이상 존재하지 않게 될 유한한 우주라는 이념은 생각할 수도 없는 무無 속으로 나를 다시 몰아넣는데, 이 무는 나를 사로잡지만 동시에 나에게 공포를 준다. 나는 한쪽에서 다른 쪽으로 간다. 모르겠다.

우연이라는 것이 존재하지 않고, 세계가 갑자기 논리적이고 예측 가능한 것이 되어 모든 역사가 수학 공식 몇 개로 풀릴 수 있다고 상상해 보자. 이 경우 우리는 신을 믿어야 하고, 모든 것을 조직하는 지고의 존재인 거대한 시계 제조공의 활약이 불가피하다고 가정해야 한다.

그러나 모든 것을 다 할 수 있는 신이 변덕을 부려 우연에 의해 좌우되는 세계를 만들었을 수도 있지 않을까? 철학자들은 우리에게 아니라고 대답한다. 우연은 신을 부정하는 것이기 때문에 신의 창조물이 될 수 없다. 신과 우연이라는 두 용어는 서로 반대말이다. 이 용어는 각기 다른 용어를 배척한다.

신앙심이 없어서, 그리고 신앙심도 다른 모든 것처럼 종종 우연에서 태어난다고 확신하기 때문에, 나는 이 순환논법에서 어떻게 빠져나갈 수 있을지 모르겠다. 이 때문에 나는 이를 깊이 통찰할 수 없다.

여기서 나만의 용법으로 내가 끌어낸 결론은 아주 단순하다. 즉 믿는 것과 믿지 않는 것은 같다는 것이다. 사람들이 내게 순간적이나마 빛나는 신의 존재를 증명한다고 해도, 이 때문에 내 행동은 거의 아무것도 바뀌지 않을 것이다. 나는 신이 나를 끊임없이 감시한다고 믿을 수도 없고, 신이 내 건강이나 욕망이나 실수에 관심을 두고 있다고 믿을 수도 없다. 신이 나에게 영원히 벌을 줄 수 있다는 것도 믿을 수 없고, 어쨌거나 이를 내가 받아들이지 않는다.

신에게 나란 존재는 무엇인가? 아무것도 아니다. 한 줌 진흙의 그림자일 뿐이다. 내가 이 세상에 머문 것은 너무도 빨리 지나가서 어떤 흔적도 남기지 않는다. 나는 불쌍한 필멸의 존재이고, 공간 속에서도 시간 속에서도 중요하지 않다. 신은 우리에게 관심을 두지 않는다. 신이 존재한다고 해도, 신이 존재하지 않는 것과 다를 바 없다.

나는 나의 추론을 예전에 이미 다음 표현으로 요약해 두었다. "나는 신 덕분에 무신론자다." 이 표현은 겉보기에만 모순으로 보일 뿐이다.

우연 바로 곁에 있는 우연의 형제는 신비다. 무신론은, 어쨌거나 나의 무신론은 설명할 수 없는 것을 반드시 받아들이는 것으로 귀결된다. 우리의 우주 전체는 신비다.

세계를 조직하는 신성이 이 세상에 개입하는 행위는 내겐 신비보다 더 납득하기 힘들다. 이 세상에 대한 신성의 개입을 내가 거부했으므로 내게 남은 것은 일정한 어둠 속에서 사는 것이다. 나는 이를 받아들인다. 어떠한 설명도, 심지어 가장 단순한 설명도 모든 사람에게 똑같은 가치를 갖는 것은 아니다. 이 두 개의 신비

중에서 나는 나의 신비를 선택했다. 이 신비는 최소한 내 도덕적인 자유를 유지시켜 주기 때문이다.

사람들은 내게 묻는다. 그렇다면 과학은? 과학은 다른 길을 통해 우리를 둘러싼 신비를 축소하려고 애쓰지 않는가?

아마도 그렇다. 그러나 나는 과학에 관심이 없다. 과학은 내게 거드름을 피우는 것처럼 보이고, 분석적이며 피상적이다. 과학은 꿈, 우연, 웃음, 감정, 모순처럼 내게 귀중한 모든 것을 알지 못한다. 〈은하수〉의 한 인물은 이렇게 말한다. "과학에 대한 증오와 테크놀로지에 대한 경멸 때문에 나는 마침내 신에 대해 불합리한 믿음을 갖게 되었네." 전혀 그렇지 않다. 나에 관한 한, 이조차 전적으로 불가능하다. 나는 내 자리를 선택했고, 그 자리는 신비 속에 있다. 내게 남은 것은 신비를 존중하는 일밖에 없다.

이해하고자 하는 열정, 결과적으로 축소하고 진부하게 만들고자 하는 열정은 우리 본성에 들어 있는 불행 중 하나다. (내 인생 전체에 걸쳐 사람들은 '왜 이렇지?', '왜 저렇지?'와 같은 멍청한 질문들로 나를 집요하게 괴롭혔다.) 우리가 우리의 운명을 우연에 맡길 수 있다면, 우리 삶의 신비를 확고하게 받아들일 수 있다면, 단순함과 상당히 비슷한 어떤 행복이 우리 곁에 올 수 있을 것이다.

우연과 신비 사이의 어딘가에 인간의 완전한 자유인 상상력이 끼어 들어간다. 다른 자유와 마찬가지로, 사람들은 이 자유를 축소하고 지워 버리려고 애썼다. 기독교는 이를 노리고 의도의 죄를 고안해 낸 것이다. 예전에 내가 양심이라고 믿었던 것 때문에 나는 내 형제를 죽이고, 내 어머니와 자는 것 같은 어떤 이미지를 스스로 금지했다. 나는 내게 이렇게 말하곤 했다. "얼마나 끔찍한 가!" 그리고 오래전부터 혐오스럽다고들 한 이런 생각을 나는 격렬하게 거부했다.

내가 상상력의 결백함을 전적으로 이해하고 받아들이게 된 것은 기껏해야 60살이나 65살 정도에 일어난 일이다. 내 머리에서 일어난 것은 단지 나하고만 관계있으며, 어떤 식으로든 사람들이 '나쁜 생각'이라고 불렀던 것이 아니고 어떤 식으로든 죄가 아니라는 것, 비록 핏빛이 낭자하고 타락한 것이라 해도 내 상상력이 좋아하는 쪽으로 가게 내버려 둬야 한다는 것을 받아들이기 위해 내게 이 모든 시간이 필요했던 것 같았다.

그때부터 나는 모든 것을 받아들이고 나 자신에게 말했다. "좋다, 나는 내 어머니와 잔다, 그래서?" 그 즉시 범죄의 이미지와 근친상간의 이미지가 나를 떠났다. 내 무관심이 이런 이미지들을 추방한 것이다.

상상력은 우리가 누리는 최초의 특권이다. 우연과 마찬가지로, 뭐가 상상력을 불러일으키는지는 설명할 수 없다. 내 인생 내내 나는 나한테 나타나는 충동적인 이미지들을 굳이 이해하려고 애쓰지 않고 받아들이려고 노력해왔다. 예컨대 세비야에서 〈욕망의 모호한 대상〉을 촬영하던 동안, 어떤 장면의 마지막에서 나는 갑작스러운 영감이 들어 페르난도 레이에게 벤치 위에 널브러져 있던 촬영기사의 큰 황마 자루를 집어 들고 길을 가면서 어깨에 걸치라고 즉흥적으로 요구했다.

이와 동시에 나는 이 행위 속에 비합리적인 것이 들어 있음을 느꼈고, 이에 대해 약간의 의심이 들었다. 따라서 나는 자루를 넣은 판본과, 자루를 뺀 두 개의 판본으로 이 장면을 찍었다. 다음 날 영사할 때 스태프들 전체가 자루를 넣은 판본이 더 낫다는 것을 확인해 주었고 내가 보기에도 그랬다. 왜 그런가? 정신분석의 진부한 설명으로 빠지거나 온갖 다른 진부한 설명으로 빠지지 않는 한, 이를 설명하기는 불가능하다.

정신의학자를 비롯해 온갖 종류의 분석가가 내 영화에 대해 많은 것을 썼다. 이에 대해 그들에게 감사하지만, 나는 절대로 그들의 저작을 읽지 않았다. 나는 이런 글에 관심이 없다. 나는 다른 장에서 정신분석과 고급 치료에 대해 말할 것이다. 여기서 덧붙이는 것은 어떤 분석가들이 마치 내가 다른 문화나 다른 시간에 속하는 것(결국 이것도 있을 법한 일이다)처럼 궁여지책으로 나를 "분석할 수 없는 사람"이라고 선언했다는 점이다.

내 나이가 되면, 다른 사람이 말을 하게 내버려 둔다. 내 상상력은 항상 여기 있고, 절대로 공략할 수 없는 결백함으로 내 마지막 날까지 나를 지지해줄 것이다. 이해한다는 것에 대한 공포. 예측할 수 없는 것을 받아들이는 행복. 이런 오래된 경향성은 시간이 지나면서 더 강화되었다. 나는 조금씩 조금씩 뒤로 물러선다. 지난해에 내가 계산해 보니 나는 엿새 동안, 다른 말로 하면 총 144시간 동안 친구들과 겨우 세 시간만 대화를 나눴다. 나머지 시간은 고독, 몽상, 물 한 잔이나 커피 한 잔, 하루에 두 번 마시는 식전주, 나를 놀라게 하는 기억, 나를 찾아오는 이미지, 그리고 한 이미지가 불러오는 다른 이미지로 메워지는데, 그러고 나면 벌써 저녁이다.

조금 전의 몇몇 페이지가 혼란스럽고 지루했다면 용서를 구한다. 온갖 사소한 디테일처럼 이런 성찰도 한 사람의 생애에 속하는 것이다.

나는 철학자가 아니라서 추상화시키는 능력이 전혀 없다. 어떤 철학적인 정신을 가진 사람이나 자신이 그렇다고 믿는 사람이 내 글을 읽으면서 웃음을 짓는다면, 나는 그들에게 잠시나마 즐거운 시간을 보내게 해 주어서 만족한다. 이는 내가 사라고사의 예수회 중학교에서 겪은 것과 약간 비슷하다. 교사가 손가락으로 어떤 학생을 가리키고 그에게 말한다. "나한테 부뉴엘 군의 말을 논박해 보시오." 그리고 이것은 단 2분 만에 끝날 골칫거리다.

나는 단지 나 자신을 상당히 명확하게 제시했기를 바란다. 죽은 지 그렇게 오래되지 않은 스페인 철학자 호세 가오스Jose Gaos는 다른 모든 철학자처럼 해독할 수 없는 전문용어로 글을 썼다. 이에 대해 누군가가 그에게 비난했을 때, 하루는 그가 이렇게 대답했다. "아 참, 어쩔 수 없지! 철학은 철학자들을 위한 것이오."

나는 호세 가오스의 말을 앙드레 브르통의 문장과 대립시킬 것이다. "내가 이해할 수 없는 철학자는 개새끼다." 나는 브르통이 말한 것을 이해하는 데 때때로 어려움을 겪었지만, 이 말에 대해서는 전적으로 그의 견해에 공감한다.

16
다시 미국으로

1939년에 나는 피레네 아틀란티크 지방의 바욘에 있었다. 선전 책임자로서 내 역할은 전단을 가득 실은 작은 열기구들을 피레네 산맥 건너편으로 보내는 일이었다. 얼마 후 나치에 의해 총살되는 공산주의자 친구들이 적절한 바람이 부는 날을 골라 풍선들을 띄우는 일을 맡았다.

이 활동은 내게 웃음거리밖에 안 되는 일로 보였다. 풍선들은 제멋대로 날아갔고, 전단은 들판이든 숲이든 아무 곳에나 떨어졌다. 어디서 오는지도 모르는 이 작은 종이 뭉치들이 어떤 영향력을 행사할 수 있단 말인가? 이런 방안을 발명한 사람은 스페인의 친구였던 미국 기자였는데, 스페인 공화국을 위해 온갖 도움을 주었던 사람이다.

나는 파리의 스페인 대사를 만나러 갔다. 공화국이 임명한 마지막 대사는 마르셀리노 파스쿠아였는데, 그는 과거 스페인에서 공중보건 책임자로 일했다. 나는 그에게 내가 품고 있는 의심을 알렸다. 이보다 더 나은 일을 할 수는 없을까?

이 시기 미국에서는 스페인 전쟁을 보여 주는 영화들을 촬영하고 있었다. 헨리 폰다가 이런 영화 중 하나에 출연했다. 할리우드에서는 빌바오의 집단이주에 대한 영화 〈출격 대기!Stand By for Action〉를 준비하고 있었다.

이런 영화들은 특히 지역색과 관련해서는 종종 조잡한 오류로 가득 차 있었다. 따라서 파스쿠아 대사는 내가 할리우드로 돌아가서 '기술적인' 또는 '역사적인 조언자'로 일하라고 제안했다. 3년 동안 받은 임금에서 내게는 아주 적은 돈만 남아 있었다. 산체스 벤투라 그리고 스페인 공화국을 위해 많은 일을 한 미국 여자 같은 몇몇 친구가, 나와 내 아내와 내 아들의 여행 비용에서 모자란 돈을 보태 주었다.

나의 옛 감독관이었던 프랭크 데이비스가 분명 〈출격 대기!〉의 제작자가 될 것이었다. 그는 미국인들의 눈에는 이게 별로 중요하지 않다고 말하면서도 나를 즉시 역사적 조언자로 받아들였고, 나한테 거의 완성된 시나리오를 보여 주었다. 나는 워싱턴에서 지시가 내려오기 전까지만 해도 일할 준비가 되어 있었다. 그러나 응당 미국 정부의 지시에 따르는 미국 영화제작자 협회는, 공화국에 우호적이든 파시스트에게 우호적이든, 스페인 전쟁에 대한 모든 영화를 아무 조건 없이 금지했다.

나는 할리우드에 몇 달간 머물러 있었다. 돈이 점차 떨어져 갔다. 유럽으로 되돌아갈 여행비용도 없었으므로 나는 돈을 벌려고 했다. 심지어 찰리 채플린과 약속을 잡아서 그에게 개그 몇 개를 팔려고도 했다. 그러나 스페인 공화국에 우호적인 호소문에 서명하기를 거부한 채플린(이때 예컨대 존 웨인John Wayne은 프랑코에 우호적인 위원회 의장으로 활동했다)은 나를 바람맞혔다.

이에 대해 기막힌 우연의 일치가 있다. 내 꿈에서 착상한 개그 중 하나는, 리볼버에서 총알 한 발을 쏘는데 그 총알이 너무 물러서 총신에서 나오자마자 땅에 떨어지는 것을 보여 주는 것이었다. 이와 똑같은 개그가 채플린의 〈위대한 독재자The Great Dictator〉에 나오는데, 여기서는 엄청나게 큰 대포의 포신으로 제시된다. 완전한 우연의 일치였다. 채플린은 내가 가진 아이디어를 전혀 몰랐기 때문이다.

아무리 애를 써도 일거리를 찾을 수 없었다. 나는 르네 클레르를 다시 만났는데, 이 시기 르네 클레르는 세계에서 가장 유명한 감독 중 한 명이었다. 그는 내가 제안한 기획들을 전부 거부했다. 어떤 것도 그의 마음에 들지 않았다. 그러나 그는 자신이 미국에서 '유럽의 허세'로 보이고 싶지 않아서 어떤 일이 있어도 3개월 내에 영화 한 편을 만들어야 한다고 내게 털어놓았다. 그가 선택한 영화는 〈나는 마녀와 결혼했다I Married a Witch〉였고, 이 영화는 내가 보기에도 상당히 잘 만든 영화다. 르네 클레르는 제2차 세계대전 내내 할리우드에서 일해야 했다.

나는 고립되어 있었고 아무 수입도 없었다. 그런데 노아유 가문 사람들이 내게 편지를 써서 올더스 헉슬리Aldous Huxley를 위해 몇

뉴욕에서, 루이스 부뉴엘의 아내 잔 뤼카르와 그들의 아들 후안 루이스 (루이스 부뉴엘이
촬영한 사진)

몇 흥미 있는 작업을 할 수 없는지를 물어 보았다. 정말 천진난만한 말이었다! 무명인데다 거의 혼자인 내가 어떻게 그 유명한 작가를 도울 수 있겠는가?

이 시기에 나는 스페인에서 나와 계급이 같은 신병들quinta에게 동원 명령을 내렸다는 것을 알았다. 나는 전선으로 되돌아가야 했다. 나는 워싱턴에 있는 스페인 대사에게 편지를 써서, 나는 스페인에 돌아갈 준비가 되어 있으며 나와 내 아내를 본국으로 송환해 달라고 요청했다. 그는 지금은 그럴 만한 시기가 아니라고 내게 대답했다. 상황이 불확실하다는 것이었다. 내가 필요하게 되면 나한테 알리겠다고 말했다.

스페인 전쟁은 그로부터 몇 주 후에 끝나게 된다.

나는 아무것도 할 게 없던 할리우드를 떠나 일거리를 찾으러 뉴욕에 가기로 마음먹었다. 암울한 시기였다. 나는 어떤 일이라도 할 준비가 되어 있었다.

오랫동안 뉴욕은 쉽게 일거리를 찾을 수 있는, 관대한, 환대하는 도시(이것은 전설이었을까?)라는 명성을 간직하고 있었다. 나는 갈리Gali라는 카탈루냐 출신 정비사를 만났다. 그는 바이올리니스트 친구와 함께 1920년경에 뉴욕에 와서 도착한 바로 다음 날 둘 다 일거리를 찾았다. 바이올리니스트는 뉴욕 필하모닉 오케스트라에, 정비사인 갈리는 큰 호텔의 무용수로 취직한 것이다.

완전히 다른 시절이었다. 갈리는 내게 다소 폭력배처럼 보이는 또 다른 카탈루냐 출신을 소개해 주었다. 그는 요리사 조합을 운영하고 있던 반쯤은 갱인 사람을 알고 있었다. 이 사람이 내게 편지 한 통을 써 주었는데, 그 편지를 들고 어떤 호텔로 찾아가라는 것이었다. 나를 확실하게 밀어주는 사람이 있으니 요리 업계에서 일거리를 찾을 거라고 확신했다.

그러나 결정적으로 나는 그곳에 가지 않았다. 얼마 전 나는 내가 많은 신세를 진 영국 여자 아이리스 배리Iris Barry를 다시 만난 참이었다. 아이리스 배리는 뉴욕 현대 미술관의 부관장인 딕 애벗Dick Abbot과 결혼했다. 그녀는 내게 전보를 쳐서 나를 재워 주겠다고 약속했다. 나는 서둘러 그녀를 만나러 갔다.

아이리스 배리는 한 거대한 기획에 대해 내게 말했다. 넥슨 록펠러Nelson Rockefeller는 라틴 아메리카의 나라들을 대상으로 선전 위원회 하나를 창설하고자 했고, 그 이름은 미대륙 국가 간 업무 조정 위원회였다. 선전에 대해, 특히 영화에 대해 항상 완벽하게 무관심했던 미국 정부의 재가만 기다리고 있는 상태였다. 그런데, 유럽에서는 제2차 세계대전이 막 시작되었다.

아이리스 배리는 내게 창립이 곧 결정될 이 위원회에서 일하라고 제안했고, 나는 수락했다. 그녀는 내게 말했다.

"그 전에 당신이란 사람을 약간 알리기 위해 제가 당신에게 요구하는 일은 이거예요. 독일 대사관의 비서장이 우리에게 은밀하게 (아이리스는 보안을 지켜달라고 내게 당부했다) 두 편의 독일 선전 영화를 보내왔어요. 첫 번째 영화는 레니 리펜슈탈Leni Riefenstahl의 〈의지의 승리Triumph des Willens〉고, 두 번째 영화는 나치 군대의 폴란드 정복을 보여 주는 영화예요. 당신도 알다시피, 미국 정부에서 일하는 사람들은 독일과는 달리 영화적 선전이 얼마나 효율적인가를 믿지 않아요. 우리는 이 사람들이 틀렸다는 것을 증명하고자 합니다. 이 독일 영화 두 편을 가지고 가서 다시 편집해 주세요. 이 영화들은 너무 길어요. 이 영화들을 절반 정도, 즉 열 개나 열두 개 정도의 릴로 줄여 주시면 돼요. 이 영화들이 얼마나 강력한지 보여 주기 위해 자격이 있는 모든 사람에게 이 영화를 상영할 거예요."

나에게 독일인 여자 조수가 배정되었다. 나는 저녁 어학 수업에 부지런하게 출석했기 때문에 영어를 유창하게 말하기 시작했지만, 독일어는 거의 몰랐기 때문이다. (어쨌거나 독일어는 내가 매혹을 느낀 언어다.) 히틀러와 괴벨스의 연설은 남겨 두어야 했고, 시간을 줄이면서도 연속성을 유지해야 했다.

나는 영화 편집실에서 작업을 했고, 편집 작업에 2~3주 정도 걸렸다. 이 영화들은 이데올로기적으로 보면 아주 혐오스러웠지만, 기가 막히게 만들어졌고 아주 인상적이었다. 리펜슈탈의 〈의지의 승리〉에서는 뉘른베르크 전당대회를 맞이하여, 순전히 카메라를 설치할 목적으로 네 개의 거대한 기둥을 세웠다. 나는 편집을 다시 했고 필름을 다시 이어 붙였다. 모든 것이 잘 진행되었다. 시간을 줄인 영화들은 예시로서 상원이나 온갖 영사관 등 거의 모든 곳에서 상영되었다. 르네 클레르와 찰리 채플린이 어느 날 함께 영화를 보러 왔다. 이들의 반응은 완전히 달랐다. 르네 클레르는 이 영화들이 가진 힘에 공포를 느낀 나머지 내게 말했다. "절대로 이 영화들을 보여 주지 마세요. 그렇지 않으면 우리가 집니다." 이와 반대로 채플린은 영화를 보고 미친 사람처럼 웃었다. 심지어는 웃다가 좌석에서 떨어질 정도였다. 왜 웃었을까? 〈위대한 독재자〉 때문이었을까? 나는 지금도 그가 왜 웃었는지 이해가 되지 않는다.

이 시기 동안 넬슨 록펠러는 미대륙 국가 간 업무 조정 위원회의 창설에 필요한 모든 승인을 획득했다.

같은 시기 뉴욕 현대 미술관에서 일종의 칵테일파티가 조직되었다. 아이리스 배리는 지금부터 내게 록펠러 가문에 속해 있는 억만장자 한 명을 만나게 해 주겠다고 말했다. 그가 내 운명을 결정적으로 좌지우지하게 될 것이었다.

이 남자는 칵테일파티를 하는 날 미술관의 방에서 마치 왕처럼 상석을 차지했다. 사람들이 그를 만나려고 줄을 서 있었다.

이 사람들에게서 저 사람들로 아주 바쁘게 뛰어다니던 아이리스 배리가 내게 말했다.

"제가 당신에게 신호를 보내면, 줄 사이로 끼어드세요."

나는 이 기이한 의전을 따랐고, 내가 이후 자주 만나게 될 찰스 로튼Charles Laughton과 그의 부인 엘사 란체스터Elsa Lanchester와 함께 기다리고 있었다. 아이리스의 신호를 받고 나는 줄에 합류했고, 또 계속 기다렸으며 결국에는 그 억만장자를 만나게 되었다.

"부뉴엘 씨, 여기에는 얼마 동안 계셨습니까?"

"대략 6개월 정도 있었습니다."

"대단하네요."

바로 그날, 칵테일파티가 끝나자마자 플라자 호텔의 바에서 나는 아이리스가 동석한 가운데 그와 훨씬 더 진지한 대화를 나눴다. 그는 나한테 공산주의자냐고 물었다. 나는 스페인의 공화주의자라고 대답했다. 이 대화가 끝나고 나는 뉴욕 현대 미술관에 취직이 되었다. 그다음 날부터 나는 내 사무실을 갖게 되었고, 내 밑에 스무 명 정도의 직원들이 있었으며, 내 직함은 편집 책임자 Chief Editor였다.

내 역할은 아이리스 배리의 도움을 받아 반나치 선전 영화들을 선별하고(이 일을 계기로 나는 우리에게 단편영화를 보내 준 조제프 로지하고도 만났다), 이 영화들을 세 개의 언어, 즉 영어, 스페인어, 포르투갈어로 배급하는 것이었다. 이 영화들은 모두 남미와 북미로 보낼 영화들이었다. 우리 몫으로 영화의 복제본을 떠 놓아야 했다.

뉴욕에서 나는 나치 구역 한복판인 2번 대로 86번 가 모퉁이에 살았다. 제2차 세계대전이 시작될 때는 나치 체제를 옹호하는 시위가 뉴욕 거리에서 빈번하게 이루어졌다. 이런 시위와 반대 시위가 폭력적으로 충돌하곤 했다. 미국이 독일에 맞서 제2차 세계대전에 참전하자 시위가 완전히 사라졌다.

뉴욕은 등화관제를 겪었으므로 폭격을 맞지 않을까 두려워했다. 다른 곳과 마찬가지로 뉴욕 현대 미술관에서도 비상 경보 훈련을 수없이 반복했다.

우리를 유숙시켜 준 훌륭한 친구 알렉산더 콜더Alexander Calder는 자기 아파트를 떠나 코네티컷 주로 이사 갔다. 나는 그의 가구들을 사고 집세를 내 계좌에서 냈다. 나는 뉴욕에서 초현실주의 모임의 회원들을 꽤 많이 다시 만났다. 앙드레 브르통, 막스 에른스트, 마르셀 뒤샹, 커트 셀리그먼Kurt Seligmann이 그랬다. 초현실주의 모임에서 가장 기이했고 가장 보헤미안적이었던 이브 탕기 또한 앞머리 숱이 여전히 텁수룩한 채로 뉴욕에 와 있었다. 그는 진짜 이탈리아 공주와 결혼했고, 그 공주는 이브 탕기에게 술을 못 마시게 하려 했다. 어느 날 탕기와 그 부인이 도착할 때 우리가 양쪽으로 두 줄로 열을 지어 환영하기도 했다. 전쟁이 한창인데도, 우리는 그럭저럭 활동을 계속하고자 했다. 마르셀 뒤샹, 그리고 역시 뉴욕에 와 있던 페르낭 레제와 함께, 우리는 심지어 어떤 건물의 옥상에서 포르노 영화를 찍으려고 기도하기도 했다. 그러나 감옥 10년의 위험이 너무 컸다.

뉴욕에서 나는 내가 이전에 이미 알고 있던 생텍쥐페리Antoine de Saint-Exupéry를 다시 만났는데, 그는 카드 마술로 우리를 깜짝 놀라게 했다. 나는 또한 때로 우리 초현실주의자들의 설문조사에 참여한 클로드 레비스트로스Claude Lévi-Strauss도 만났고, 스페인 산탄데르에 있는 한 정신병원(그녀의 영국인 가족이 그녀를 이곳에 감금했다)에서 나온 레오노라 캐링턴도 만났다.

레오노라는 막스 에른스트와 헤어지고, 멕시코 작가 레나토 레둑과 함께 기거하고 있었다. 어느 날 우리는 라이스라는 사람의 집에서 모임을 열고 있었는데, 그녀는 이 집에 도착하자마자 바로 욕실로 들어가 옷을 모두 입은 채 샤워를 했다. 그 후 그녀는 온몸에서 물을 뚝뚝 흘리면서 거실의 소파에 앉았고, 나를 똑바로 바라보았다. 잠시 후 그녀는 내 팔을 잡더니 내게 스페인어로 말했다.

"당신은 잘생겼어요. 당신을 보면 정확히 우리 집 관리인이 생각나요."

그로부터 한참 후 〈은하수〉를 촬영하던 동안 델핀 세리그 Delphine Seyrig는, 그녀가 아주 어렸을 때 이런 모임 하나가 열리던 어느 날 그녀가 내 무릎 위에 앉아 있었다는 말을 내게 해 주게 된다.

달리

이미 유명 인사였던 달리 또한 뉴욕에 있었다.

몇 년 전부터 우리가 각기 가는 길은 갈라졌다. 1934년 2월에 이미 그랬다. 파리에서 소요가 일어난 다음 날 나는 달리를 만나러 갔다. 나는 그 전날 일어난 일에 큰 충격을 받았는데, 달리는 다리 네 개 달린 벌거벗은 여인상 하나를 반죽하고 있었다. 더 구체적으로 말하면 그 엉덩이의 용적을 확대하는 중이었다. 그는 내가 느끼는 감정에 완전히 무관심하게 반응했을 뿐이다.

이후 스페인 전쟁 중 그는 여러 차례에 걸쳐 파시스트들에 동조한다는 태도를 밝혔다. 그는 심지어 팔랑헤당에 상당히 괴상한 추모 기념물을 제안하기도 했다. 그것은 전쟁 중에 죽은 모든 사람의 뼈를 뒤섞어서 함께 녹이는 것이었다. 그리고 마드리드에서 에스코리알까지 1킬로미터 단위로 50개의 받침돌을 세우고, 그 위에 진짜 뼈로 만든 해골을 올려놓는다. 이 해골은 점점 더 커진다. 처음에 마드리드에서 출발할 때는 높이가 몇 센티미터밖에 되지 않는다. 에스코리알에 도착할 때 마지막 해골은 전체 높이가 3~4미터가량 된다.

짐작하는 것처럼, 이 기획은 거부당했다.

이즈음 출간된 달리의 책 『살바도르 달리의 은밀한 삶*The Secret Life of Salvador Dali*』에서 그는 나를 무신론자라고 언급했다. 그 당시 미국에서 이 말은 어떤 의미로는 공산주의자라는 고발보다 훨씬 심각한 것이었다.

워싱턴에서 가톨릭의 이익을 대변하는 프랜더개스트라는 사람이 바로 이 시기에 나를 뉴욕 현대 미술관에서 내쫓기 위해 정부 관계자들에게 영향력을 행사하기 시작했다. 개인적으로 나는 그때 아무것도 몰랐다. 내 친구들이 나한테 전혀 알리지 않고 1년 동안 온갖 추문을 성공적으로 차단했기 때문이다.

하루는 사무실에 출근했더니 내 비서 둘이 울고 있었다. 이들은 영화 잡지 『모션 픽처스 헤럴드*Motion Pictures Herald*』에 나온 기사 하나를 내게 보여 주었다. 기사는 〈황금시대〉라는 아주 파렴치한 영화의 감독인 루이스 부뉴엘이라는 이상한 인물이 뉴욕 현대 미술관에서 요직을 맡고 있다고 썼다.

나는 어깨를 으쓱 올렸다 내렸다. 나는 이미 많은 모욕을 받았고 여기에 개의치 않는다. 그러나 비서들은 "아니, 아니에요, 이건 심각해요"라고 말했다. 나는 미술관의 영사실에 갔는데, 이 기사를 읽은 영사기사가 손가락으로 나를 가리키면서 "나쁜 놈!"이라고 말했다.

나는 아이리스 배리를 만나러 갔다. 그녀 역시 울고 있었다. 사람들은 아마도 내가 사형선고를 받고 전기의자에서 죽을 거라고 말했을 것이다. 그녀가 내게 말했다. 이미 1년 전 달리의 책이 나온 이래, 프랜더개스트의 영향력이 미치는 미국 국무부 측에서 나를 쫓아내라고 뉴욕 현대 미술관 측에 압력을 넣었다는 것이다. 이제 이 기사 때문에 스캔들은 공적인 것이 되었다.

바로 그날 미국의 함대가 아프리카에 상륙했다. 아이리스는 미술관장인 바 씨에게 전화를 걸었는데, 그는 맞서 싸우라고 나한테 조언했다.

그만두는 것이 나았다. 그다음 날 나는 직장을 그만두었다. 또 다른 암울한 시기가 시작되었다. 게다가 내 좌골 신경통이 너무 고통스러워서 어떤 날에는 목발을 짚고 이동해야 했다. 블라디미르 포즈너Vladimir Pozner 덕분에 나는 공병, 포병 등 미국 군대에 대한 다큐멘터리 영화의 텍스트를 스페인어로 녹화하는 일자리를 얻게 되었다. 이 영화들은 이후 라틴 아메리카 전체에서 상영되게 되었다. 나는 마흔세 살이었다.

뉴욕 현대 미술관을 그만두고 난 후 어느 날, 나는 뉴욕의 셰리 네덜란드 호텔에서 달리와 약속을 잡았다. 그는 아주 정확한 시간에 왔고 샴페인을 주문했다. 나는 당장 그를 때리고 싶을 만큼 화가 머리끝까지 치밀어서는, 그에게 너는 개새끼고 나는 네 잘못으로 일자리를 잃게 되었다고 말했다. 그는 내게 평생 잊지 못할 말로 대답했다.

"들어봐, 나는 내가 높이 올라가려고 이 책을 쓴 거야. 네가 아니고 바로 내가."

나는 그의 뺨을 때리지 않고 주먹을 호주머니에 넣고 있었다.

샴페인, 그리고 추억과 감정 덕분에 우리는 거의 친구 상태로 헤어졌다. 그러나 균열은 아주 깊었다. 이후 나는 달리를 딱 한 번 더 만났다.

피카소는 화가였고, 오직 화가였을 뿐이다. 달리는 화가 너머의 자리로 갔다. 광적인 자기광고와 노출증, 독창적인 행위들과 문구들을 — 이 문구들은 내가 보기에는 '서로 사랑하시오'와 같이 낡은 표현에 불과하다 — 열렬하게 찾는 모습 등 그가 가진 인격의 어떤 측면들이 아주 혐오스럽다고 해도, 살바도르 달리는 진정한 천재, 작가, 달변가, 그리고 비할 데 없는 사상가다. 우리는 오랫동안 아주 친한 친구였고, 내게 〈안달루시아의 개〉의 시나리오를 공동 집필했던 일은 취향의 완벽한 조화에 도달했던 황홀한 기억으로 남아 있다.

사람들이 잘 모르는 것은, 그가 세상에서 가장 현실적이지 않은 사람이라는 것이다. 사람들은 그를 가장 비범한 사업가, 악착같은 금융업자로 간주한다. 사실상 달리는 그의 부인 갈라를 만나기 전까지 돈에 대한 관념이 전혀 없었다. 이를테면 내 아내 잔이 그가 탈 기차표를 항상 끊어줘야 했다. 우리가 마드리드에서 로르카와 함께 있던 어느 날, 로르카가 달리에게 알칼라 거리를 건너가서 아폴로 극장에서 좌석표를 사 오라고 부탁했다. 여기서 오페레타, 즉 가극 사르수엘라zarzuela를 공연하고 있었다. 달리가 가더니 30분도 넘게 돌아오지 않다가 표도 못 사고 돌아와서 이렇게 말했다. "아무것도 모르겠어. 어떻게 해야 하는지 정말 모르겠어."

파리에서는 달리가 대로를 건널 때 그의 숙모가 팔을 잡아주어야 했다. 그가 돈을 낼 때면 잔돈 달라는 말을 잊어버렸다. 이런 식이었다. 그의 정신을 몽롱하게 만든 갈라의 영향 아래서 그는 한쪽 극단에서 다른 쪽 극단으로 이동했다. 돈을, 아니 이보다는 금金을 신神이라고 생각했고, 이 신이 달리 인생의 두 번째 부분을 지배하게 된다. 그러나 오늘날까지도 나는 그가 어떤 현실적인 감각도 없다고 확신한다.

파리 몽마르트르에서 하루는 달리가 묵던 호텔로 그를 찾아갔다. 그는 웃통을 벗고 등에 붕대를 두르고 있었다. 등에 빈대나 또 다른 벌레가 있다고 생각하며 (실제로는 뾰루지나 무사마귀였다) 그는 면도날로 자기 등을 갈랐고, 피가 엄청나게 많이 흘렀다. 호텔 주인은 의사를 불러와야 했다. 이 모든 일이 가상의 빈대 때문에 벌어진 일이다.

그는 거짓말을 진짜 많이 했는데, 사실상 그는 거짓말을 못 하는 사람이다. 예컨대 그는 미국의 대중에게 추문을 일으킬 목적으로 이런 글을 썼다. 하루는 그가 어느 자연사 박물관에 갔다가 공룡 뼈를 보고 급격하게 흥분해서 복도에서 갈라와 항문 성교를 하지 않을 수 없었다는 것이다. 이것은 명백한 거짓이다. 그러나 자기 자신에 너무도 격렬하게 넋을 잃은 나머지, 자신이 말한 모든 것이 맹목적인 진실의 힘으로 그를 사로잡게 된다.

달리에게는 성생활이라는 것이 실제로 거의 존재하지 않았다. 그는 상상력이 풍부한 사람이고, 약간은 가학적인 성향이 있다. 달리는 청소년기에 완벽한 무성애자無性愛者로서, 여자를 좋아하고 여자를 찾아다니는 친구들을 끊임없이 조롱하곤 했다. 이런 성향은 갈라에게 동정을 빼앗길 때까지 그랬다. 이날 그는 내게 여섯 쪽에 달하는 편지 한 장을 써서 육체적인 사랑의 온갖 탁월한 점들을 자기 방식으로 설명했다.

갈라는 그가 실제로 성관계를 한 유일한 여자다. 그가 다른 여자들, 특히 미국의 억만장자들을 유혹하는 일이 벌어지기도 했다. 그러나 달리는 예컨대 자기 아파트에서 여자들을 발가벗기고, 프라이팬으로 달걀부침 두 개를 해서 벌거벗은 여자들의 어깨 위에 올리고, 한마디 말도 덧붙이지 않고 여자들을 집으로 돌려보내는 것으로 만족했다.

달리가 1930년대 초경에 처음으로 뉴욕에 왔을 때 (어느 화상畵商이 조직한 여행이었다) 그는 이미 자기가 상당히 좋아하는 억만장자들을 소개받고 가면무도회에 초대를 받았다. 그 당시 유명한 비행사였던 린드버그Charles A. Lindbergh 아기 납치 사건으로 온 미국이 술렁이고 있을 때였다. 갈라는 이 무도회에서 아기 옷을 입고 나타났다. 얼굴과 목과 어깨에 피가 흐른 자국들을 그린 상태였다. 달리는 이렇게 갈라를 소개했다.

"갈라는 살해당한 린드버그 아기처럼 옷을 입고 있습니다."

이 사건은 몹시 나쁘게 받아들여졌다. 린드버그는 미국에서 거의 신성화된 인물이었고 이 납치 사건은 어떤 구실로도 결코 건드려서는 안 되는 이야기였다. 그를 데려간 화상이 달리를 엄하게 꾸짖자 그는 빠르게 뒷걸음을 쳐서 기자들에게 난해한 정신분석의 언어로 말했다. 갈라가 변장한 것은 사실상 X 콤플렉스에 영감을 받은 것이고, 그것은 프로이트적인 변장이었다는 것이다.

파리로 돌아와서 그는 초현실주의 모임과 부딪치게 되었다. 그는 초현실주의적 행위를 공적으로 부인했다는 심각한 잘못을 저질렀다. 내가 참석하지 못한 이 모임에 관한 이야기를 앙드레 브르통이 내게 직접 해 주었다. 살바도르 달리는 여기서 무릎을 꿇고 두 손을 모으고 엄청나게 눈물을 흘리면서 맹세하기를, 기자들이 거짓말을 한 것이지 자신은 내내 그것이 살해당한 린드버그의 아기였다고 명확하게 단언했다는 것이다.

그보다 훨씬 뒤인 1960년대에 달리가 뉴욕에 살 때 그는 어느 날 영화 한 편을 준비하는 세 멕시코인의 방문을 받았다. 카를로스 푸엔테스Carlos Fuentes가 시나리오를 썼고, 후안 이바녜스Juan Ibañez가 감독을 할 영화였다. 아메리고 제작사 대표가 이 두 사람과 함께 왔다.

이들은 달리에게 한 가지만 요구했다. 즉 그가 매일 하는 대로, 달리가 금으로 된 사슬로 묶은 작은 표범을 데리고 산 레지스 바에 들어와서 매일 앉는 자리로 걸어가는 장면을 찍을 수 있도록 허락해 달라는 것이었다.

달리는 바에서 이들을 맞아 "이런 일들을 담당하는" 갈라에게 즉시 이들을 보냈다.

갈라가 이 세 사람을 맞아 자리에 앉으라고 하더니 이렇게 물었다.

"원하시는 게 뭐죠?"

이들은 자기들 요구사항을 말했다. 갈라가 말을 듣더니 갑자기

이들에게 물었다.

"스테이크를 좋아하세요? 아주 두껍고 아주 부드러운 좋은 스테이크요."

이들은 어안이 벙벙했지만, 자기들을 점심에 초대하려는 것일 줄 알고 세 사람 다 좋아한다고 대답했다.

"달리도 스테이크를 아주 좋아해요. 그런데 좋은 스테이크가 얼마나 하는지 아세요?"

이들은 이 질문에 뭐라고 대답할지 몰랐다.

이때 갈라는 이들에게 눈이 휘둥그레질 가격(1만 달러)을 출연료로 요구했고, 이 세 사람은 빈손으로 돌아갔다.

로르카와 마찬가지로 달리는 육체적인 고통과 죽음을 아주 끔찍하게 무서워했다. 그런 그가 한번은, 사고를 당해 완전히 박살난 기차의 3등 객차에 노동자들이 가득 죽어 있는 광경보다 자기를 더 흥분하게 하는 일은 없다고 썼다.

죽음, 달리가 그것을 진정으로 깨닫게 된 건 자신이 알고 지내던 한 왕자가 자동차 사고로 목숨을 잃었던 날의 일이었다. 이 사람은 세속적 우아함의 결정자 역할을 했던 므디나비Mdivani 왕자였고, 화가 호세 루이스 세르트José Luis Sert의 초청을 받아 카탈루냐로 가던 중이었다. 이날 세르트와 그의 손님 대부분은 바닷가에서 요트를 타고 있었다. 달리는 작업을 하려고 팔라모스에 남아 있었다. 사람들은 달리에게 가장 먼저 므디나비 왕자의 죽음을 알렸다. 그는 사고 현장으로 달려갔고 엄청난 충격을 받았다고 말했다.

달리에게는 왕자의 죽음이 진짜 죽음이었다. 이 죽음은 노동자들의 시체로 가득 찬 3등 객차와는 아무 상관도 없었다.

우리는 30년 전부터 다시 만나지 않았다. 1966년 마드리드에서 어느 날 내가 장클로드 카리에르와 함께 〈세브린느Belle De Jour〉(1966)의 시나리오 작업을 하고 있을 때, 나는 카다케스에서 온 프랑스어 ─ 내게 스페인어가 아니라 프랑스어로 편지를 쓴 것은 속물성의 절정을 보여 준다 ─ 로 적힌 아주 과장된 괴상한 전보 하나를 받았다. 여기서 달리는 즉시 자기를 찾아와서 〈안달루시아의 개〉의 후속편을 함께 쓰자고 요구했다. 그는 "네가 들으면 기뻐서 울 만한 아이디어들이 나한테 있어"라고 하고, 내가 카다케스로 올 수 없으면 자신이 마드리드로 갈 준비가 되어 있다고 덧붙였다.

나는 그에게 스페인 속담으로 대답했다. "흘러간 물은 풍차를 돌리지 못한다agua pasada no rueda molino."

달리는 그로부터 약간 후 내가 〈세브린느〉로 베니스 영화제에서 황금사자상을 받았을 때 축하의 말을 전하는 다른 전보를 내게 보냈다. 이 전보에서 또한 그는 자기가 발간할 준비가 되어 있는 『리노세로스Rhinocéros』라는 잡지의 발행에 나와 협력하고 싶다고 썼다. 나는 아무 답장도 하지 않았다.

1979년 파리 보부르그 미술관Galerie Beaubourg에서 달리의 대규모 전시회가 열렸을 때의 일이다. 나는 마드리드에서의 학창 시절에 그가 내게 그려준 초상화를 빌려달라는 제안을 수락했다. 이 그림은 달리가 화폭을 작은 사각형들로 나눈 뒤 내 코와 입술 등을 정확하게 재서 정교하게 작업한 초상화로, 내 요구에 따라 내가 만테냐의 그림에서 좋아했던 얇게 썬 긴 구름을 덧붙인 것이다.

이 전시를 계기로 우리는 다시 만나게 되어 있었지만, 사진사들과 광고주들이 몰리는 공식적인 연회라서 나는 그곳에 가지 않았다.

달리를 생각하면, 청소년기에 우리가 온갖 추억을 함께 나눴던 일이 떠오른다. 그의 작품 중 일부가 오늘날에도 내게 여전히 찬탄을 불러일으키지만, 잔인할 정도로 자기중심적인 노출증, 프랑코주의에 파렴치하게 가담한 일, 특히 우정에 대한 공공연한 그의 증오를 나는 용서할 수가 없다.

몇 년 전 어떤 인터뷰에서 나는 어쨌거나 죽기 전에 그와 샴페인 한잔을 하고 싶다고 말했다. 달리가 이 인터뷰를 읽고 말했다. "나도 역시 그래. 그런데 나는 이제 술을 안 마셔."

17
할리우드, 그 이후와 끝

그리하여 나는 1944년 당시 뉴욕에서 실직 상태였고, 좌골 신경통의 갑작스러운 발작 때문에 고통받고 있었다. 내 치료를 맡은 뉴욕 지압사 협회장의 처치법이 너무 거칠어서 나는 영구 장애인이 될 뻔했다. 어느 날 나는 목발을 짚고 워너 브라더스사의 사무실 중 하나로 갔다. 여기서 나는 로스앤젤레스로 돌아가서 그들이 제작한 영화들의 스페인어 판본을 만드는 일을 다시 해 달라는 제안을 받았다. 나는 동의했다.

나는 내 아내와 두 아들과 함께 기차로 출발했다. (둘째 아들 라파엘은 1940년에 뉴욕에서 태어났다.) 나는 좌골 신경통이 너무도 극심해서 널빤지 위에 계속 누워 있어야 했다. 운이 좋게도 로스앤젤레스에서 또 다른 지압사(이번에는 여자였다)를 만난 덕에 아주 부드럽게 2~3개월간 치료를 받았고, 그 후 좌골 신경통이 내게서 결정적으로 사라졌다.

　이번에 나는 로스앤젤레스에 2년간 머물렀다. 첫해에 나는 정상적으로 일을 했다. 둘째 해에는 그 직업을 잃고 첫해에 번 돈에서 절약한 돈으로 살았다. 같은 영화를 언어에 따라 다른 판본으로 찍는 시대는 끝났다. 제2차 세계대전이 끝나면서 전 세계의 나라들이 미국 제품, 미국 배우를 갈망하고 있다는 점이 명백해졌다. 예컨대 스페인에서 대중들은 같은 역을 또 다른 스페인 배우가 하는 것보다는 험프리 보가트Humphrey Bogart가 스페인어를 하는 것을 — 더빙이 상당히 잘못되었어도, 그가 스페인어를 하는 일이 있을 법하지 않아도 — 더 선호한다는 점이 명백하게 드러났다.

　더빙이 결정적으로 승리를 거두었다. 이윽고 더빙은 할리우드에서가 아니라 그 영화가 개봉되는 각각의 나라에서 이루어지게 되었다.

쓸데없는 기획들

할리우드에 세 번째로 체류하는 동안 나는 르네 클레르를 자주 만났고, 내가 아주 많이 공감한 감독 에리히 폰 슈트로하임도 자주 만났다. 나는 더 이상 영화를 만들 수 없다는 점을 체념하고 받아들였지만, 때때로 아이디어를 몇 페이지에 걸쳐 노트하는 일이 있었다. 예컨대 실종된 작은 소녀의 이야기가 그렇다. 그녀의 부모는 딸을 계속 찾지만, 그 딸은 계속 부모들 곁에 있다. (나는 이 상황을 한참 후에 〈자유의 환영〉에서 사용했다.) 또는 정확히 곤충처럼, 즉 꿀벌이나 거미처럼 행동하는 인물들을 보여 주는 두 릴짜리 영화도 그렇다.

나는 또한 만 레이와 함께 어떤 영화의 기획을 논의했다. 차로 드라이브를 하다가 나는 어느 날 로스앤젤레스의 거대한 쓰레기 처리장을 발견했다. 그것은 길이가 거의 2킬로미터에 달하는 긴 구덩이였고 깊이는 2백~3백미터였다. 여기에 모든 것이 다 있었다. 온갖 껍질, 그랜드 피아노, 심지어 통째로 집들도 있었다. 쓰레기에서 나는 불이 여기저기서 솟아올랐다. 구덩이 깊숙한 곳에는 폐기물이 쌓인 곳 틈틈이 쓰레기가 치워진 부분이 있고 여기에 사람들이 사는 작은 집 두세 채가 보였다.

이런 집 중 하나에서 나는 열네 살이나 열다섯 살쯤 되어 보이는 한 소녀가 나오는 것을 보았다. 나는 그녀가 이 종말론적 배경에서 사랑 이야기를 겪었을 거라는 생각이 들었다. 만 레이도 나와 같이 작업하는 것에 동의했지만, 돈을 대줄 사람을 찾을 수 없었다.

나는 이 시기에 더빙을 담당한 스페인 작가 루빈 바르시아Rubin Barcia와 함께 어떤 미스터리 영화의 시나리오 작업을 하기도 했다. 〈자정의 약혼녀The Midnight Bride〉라는 영화였는데, 이 영화는 죽은 소녀가 다시 나타나지만 마지막에 모든 것이 설명되는, 근본적으로는 합리적인 이야기였다. 이 영화 또한 제작 가능성은 전혀 없었다.

나는 또한 〈다섯 손가락을 가진 짐승The Beast with Five Fingers〉이라

는 영화를 준비하고 있던 로버트 플로리Robert Florey를 위해 작업하려고 하기도 했다. 그는 아주 우호적으로 이 영화의 한 시퀀스를 써달라고 내게 제안했고, 이 시퀀스는 피터 로르Peter Lorre가 연기할 예정이었다. 나는 도서관에서 살아 있는 손과 짐승이 나오는 장면을 생각했다. 피터 로르와 로버트 플로리는 내 작업을 좋아했다. 그들은 내게 문 앞에서 기다려달라고 말하고, 제작자에게 내 말을 전달하기 위해 그의 사무실로 갔다. 잠시 후 사무실에서 나오면서 플로리는 내게 엄지손가락으로 안 되겠다는 동작을 했다. 끝난 것이다.

이후 나는 멕시코에서 이 영화를 보았다. 내가 쓴 장면이 그대로 거기에 있었다. 누군가 내게 이렇게 말하기 직전까지 나는 거의 소송을 걸 작정이었다. "워너 브러더스 사에는 뉴욕에만 64명의 변호사가 있어요. 원하시면 이들을 공격해 보세요."

나는 아무것도 하지 않았다.

바로 이 시기 나는 로스앤젤레스에서 드니즈 튀알Denise Tual을 만났다. 나는 파리에서 드니즈를 알고 있었고, 그녀는 〈안달루시아의 개〉에서 주연을 맡은 피에르 바셰프와 결혼했다. 그러고는 롤랑 튀알Roland Tual과 재혼했다.

그녀를 봐서 너무 행복했다. 그녀는 내게 로르카의 「베르나르다 알바의 집La casa de Bernarda Alba」을 파리에서 영화로 만들 수 있는지를 물었다. 나는 파리에서 엄청난 성공을 거둔 이 희곡을 그다지 좋아하지 않았지만, 드니즈의 제안을 받아들였다.

드니즈 튀알이 멕시코시티에서 사나흘을 보내야 했기 때문에,

나도 그녀를 따라갔다. (우연의 이 미묘한 우회로들을 경탄하면서 따라가 보도록 하자.) 내가 난생처음으로 발을 디딘 멕시코시티의 몬테호 호텔에서 나는 뉴욕에 있는 파키토 로르카(페데리코 가르시아 로르카의 동생)에게 전화했다. 그는 런던의 제작자들이 드니즈가 제안한 금액의 두 배를 주고 자기에게 그 희곡의 판권을 사기로 했다고 내게 알려 주었다. 나는 모든 것이 끝났다는 걸 알았고 드니즈에게 이를 말했다.

나는 또 한 번 전혀 모르는 도시에서 아무 계획도 없이 남아 있게 되었다. 그래서 드니즈는 나한테 제작자 오스카 댄시거즈Oscar Dancigers를 소개해 주었다. 나는 제2차 세계대전 이전에 파리의 카페 되 마고에서 자크 프레베르의 소개로 그를 만난 적이 있었다.

오스카가 내게 물었다.

"당신에게 제안할 것이 있어요. 혹시 멕시코에 머무를 생각이 있습니까?"

누군가 유럽에서 온 다른 많은 감독처럼 내가 할리우드 감독이 되지 못한 것을 후회하지 않느냐고 묻는다면, 나는 모르겠다고 대답한다. 우연은 한 번만 작용할 뿐 결코 자기 스스로를 바로잡지 않는다. 그러나 내 영화들이 할리우드에서 미국식 시스템에 갇혔다면, 멕시코에서 썼던 초라한 예산과는 비교할 수 없이 엄청난 예산을 사용한다고 하면, 내 영화들은 완전히 다른 것이 되었을 것이다. 어떤 영화들이 되었을까? 나도 모르겠다. 내가 이런 영화들을 만들지 않았기 때문이다. 결과적으로 나는 아무것도 후회하지 않는다.

몇 년 후 마드리드에서 니콜라스 레이Nicolas Ray가 나를 점심 식사에 초대했다. 우리는 이것저것을 놓고 대화를 나누다가 그가 내게 말했다.

"부뉴엘 씨, 당신은 어떻게 그렇게 적은 예산으로 흥미로운 영화들을 만들 수 있습니까?"

나는 그에게 예산 문제는 나한테 제기되지 않는다고 답했다. 이거나 저거나 마찬가지였다. 나는 내 이야기를 내가 사용할 수 있는 돈에 맞췄다. 멕시코에서 내 영화의 촬영 기간은 결코 24일을 넘긴 적이 없다. (〈로빈슨 크루소Robinson Crusoe〉(1952)만 예외였는데, 그 이유는 곧 말하도록 하겠다.) 그러나 나는 예산이 작다는 것이 또한 내가 누리는 자유의 조건이기도 하다는 것을 알고 있었다. 그리고 나는 그에게 말했다.

"당신은 아주 유명한 감독입니다. (그는 영광의 시기를 지나고 있었다.) 한번 경험해 보세요. 당신은 모든 것을 할 수 있습니다. 이 자유를 누리도록 시도해 보세요. 당신은 예컨대 500만 달러로 영화 한 편을 찍었습니다. 이제는 40만 달러로 영화 한 편을 찍어 보세요. 당신 스스로 차이를 알게 될 겁니다."

그가 소리를 질렀다.

"꿈도 꾸지 마세요! 만약 그렇게 한다면, 할리우드의 모든 사람들이 내가 추락하고 있다고 생각할 테고, 그건 내게 썩 좋지 않은 일이 될 겁니다! 난 끝장날 거예요! 내 영화를 한 편도 찍지 못하게 될 겁니다!"

그는 아주 진지하게 말했다. 이 대화는 나를 슬프게 했다. 내 경우 결코 그런 시스템에 적응할 수 없었을 거라고 생각한다.

나는 내 인생을 통틀어 두 편의 영화만을 영어로 찍었는데, 둘 다 미국 회사가 재정을 댔다. 한편, 두 영화는 모두 내가 좋아하는 작품이다. 바로 〈로빈슨 크루소〉와 〈젊은 여자The Young One〉(1960)다.

〈로빈슨 크루소〉

제작자 조지 페퍼Georges Pepper와 스페인어를 유창하게 했던 스타 시나리오 작가 휴고 버틀러Hugo Butler는 내게 〈로빈슨 크루소〉를 영화로 찍으면 어떻겠느냐고 제안했다. 나는 처음에는 별다른 감흥이 없었지만, 작업에 들어가면서 이야기에 흥미를 갖게 되었다. 나는 여기에 성생활(꿈과 현실)과 같은 몇몇 요소를 삽입했고 로빈슨이 자기 아버지를 만나는 정신착란의 장면도 넣었다.

촬영은 멕시코 만사니요에서 그리 멀리 않은 태평양 연안에서 진행되었고, 나는 실질적으로 클로즈업 전문가이자 멕시코에 거주하던 미국인 촬영 감독 알렉스 필립스Alex Philips의 뜻을 따랐다. 이 영화는 일종의 모르모트 같은 영화였다. 즉 미국에서 처음으로 이스트먼 컬러 필름을 사용해 촬영한 것이다. 알렉스 필립스는 이런저런 실험을 계속하느라 꽤 오랜 시간을 보내고서야 드디어 촬영할 수 있다는 소식을 내게 전했고(이 때문에 제작 기간이 3개월이나 되었는데, 이것은 나한테 처음 있는 일이었다), 러시 필름이 매일매일 미국으로 갔다.

〈로빈슨 크루소〉는 거의 어디서나 엄청난 성공을 거두었다. 실제작비가 30만 달러에도 미치지 못하는 이 영화가 미국 텔레비전에서 여러 차례 방영되었다. 촬영 중 몇몇 불쾌한 기억(작은 멧돼지 한 마리를 죽일 수밖에 없었던 것)이 있었지만, 영화가 시작할 때 로빈슨의 대역으로 높은 파도를 헤엄쳐 건넌 멕시코 수영선수의 위업이 생각난다. 7월 중 1년에 사흘 동안 이 지역에는 엄청난 파도가 연안으로 밀려온다. 작은 항구 마을의 주민이었던 그 수영선수는 이런 일에 대비해 많은 훈련을 해왔고, 이 어마어마한 파도를 탁월하게 헤엄쳐 넘어갔다.

오스카 댄시거즈가 공동제작하고 영어로 촬영된 이 영화는 엄청난 성공을 거두었지만, 나는 그 대가로 상당히 하찮은 금액인 1만 달러만 받았다. 그러나 나는 돈 문제로 다투는 것을 좋아한 적이 없고, 나를 변호할 돈도 변호사도 없었다. 조지 페퍼와 휴고 버틀러는 내 임금이 얼마인지를 듣더니 수익에 따라 받는 그들의 수익 비례 배당금에서 20%를 내게 주겠다고 했지만, 내가 거절했다.

나는 인생에서 단 한 번도 계약서에 따라 내게 제공되는 금액을 두고 다퉈본 적이 없다. 나는 그럴 능력이 전혀 없다. 때에 따라 받아들이거나 거부했지 이걸로 싸우지는 않았다. 나는 원하지 않는 것을 돈 때문에 한 적은 없는 것 같다. 한 번 거절하고 나면, 어떤 추가 제안을 해도 뜻을 바꾸지 않는다. 내가 말할 수 있는 것은, 내가 1달러를 받고 하지 않는 일은 백만 달러를 받고도 하지 않는다는 점이다.

〈젊은 여자〉

많은 사람이 〈젊은 여자〉를 미국의 캘리포니아 남쪽에서 촬영했다고 생각한다. 전혀 그렇지 않다. 이 영화 전체는 멕시코의 아카풀코 지역과 추루부스코 스튜디오Estudios Churubusco에서 찍었다. 조지 페퍼가 제작자였고, 휴고 버틀러가 나와 함께 스크립트를 썼다.

스태프들은 전부 멕시코인들이었고, 목사 역을 맡았고 영어가 완벽했던 클라우디오 브룩Claudio Brook만 빼면 배우는 전부 미국인들이었다. 나는 이후 여러 번 〈사막의 시몬〉, 〈절멸의 천사〉, 〈은하수〉 등에서 클라우디오 브룩과 함께 영화를 찍었다.

열세 살이나 열네 살 정도의 어린 소녀의 역할을 한 여배우는 한 번도 연기해본 적이 없었고, 어떤 특출난 재능도 없었다. 게다가 그녀의 끔찍한 부모는 그녀를 단 1초도 그냥 내버려 두지 않았는데, 열성적으로 연기하고 감독님 말씀에 정확하게 복종하라고 그녀에게 강요했다. 그녀는 울기까지 했다. 그러나 아마도 연기 무경험, 불안과 같은 모든 조건 때문에 이 여배우는 영화에서 탁월한 존재감을 드러낸다. 아이들의 경우가 종종 그렇다. 아이와 난쟁이는 내 영화들에서 가장 뛰어난 배우였다.

오늘날 자신이 이원론자가 아니라고 말하는 것은 꽤 적절한 처사가 되었다. 처음으로 작은 책을 쓴 변변치 않은 작가는 (이게 무슨 말인지 잘 알지도 못하면서) 자기가 보기에 이원론은 최악의 것이라고 우리에게 알려 준다. 이런 유행이 너무 일반적인 것이 되었기 때문에 나는 오히려 종종 내가 이원론자라고 말하고 그렇게 행동하고 싶은 진지한 열망까지 느낀다.

어쨌거나 영화를 전적으로 정전화正傳化된 방식으로 사용하는 미국 도덕 체계에서는 좋은 사람과 나쁜 사람이 확연하게 구분된다. 〈젊은 여자〉는 이런 낡은 관습에 반기를 들고자 한 영화다. 흑인은 좋은 사람이면서 동시에 나쁜 사람일 수도 있다. 이를테면 이 흑인이 강간범으로 간주되어 교수형을 받는 순간, 그에게 "나는 너를 인간으로 볼 수가 없어"라고 말하는 백인이 좋은 사람이면서 동시에 나쁜 사람일 수 있는 것처럼.

이원론을 거부했다는 점이 이 영화가 실패한 주된 이유였다. 1960년 크리스마스 축제 때 개봉된 이 영화는 도처에서 공격을 받았다. 솔직히 말하면 아무도 이 영화를 좋아하지 않았다. 할렘에서 나온 신문 하나는 심지어 5번가 가로등에 나를 거꾸로 매달아야 한다고 썼다. 이 격렬한 반응은 내 인생 내내 집요하게 나를 따라다녔다.

그러나 나는 이 영화를 사랑으로 만들었다. 다만 운이 없었다. 도덕 체계가 이 영화를 받아들일 수 없었다. 유럽에서도 거의 성공을 거두지 못했고, 오늘날 이 영화를 다시 보는 사람도 거의 없다.

다른 기획들

미국에서 실현하지 못한 다른 기획 중에서 나는 에벌린 워Evelyn Waugh의 소설 『사랑받은 사람The Loved One』의 각색을 언급해야 한다. 이 소설은 미국의 장례 의식이 진행되는 중에 이루어지는 사랑 이야기를 하고 있는데, 내가 각별히 좋아한 소설이다.

나는 휴고 버틀러와 각색을 했고, 조지 페퍼는 미국의 한 메이저 영화사에 이 스크립트를 팔려고 찾아갔다. 그러나 죽음은 금기시된 주제였으므로, 그저 평화 속에 영면하도록 두는 게 나았다.

어떤 회사의 회장이 페퍼와 다음날 아침 10시에 약속을 잡았다. 페퍼는 제시간에 도착했고, 다른 사람들이 기다리고 있는 작은 응접실로 안내를 받았다. 몇 분이 흘렀다. 갑자기 텔레비전 화면이 켜지더니 회장의 얼굴이 화면에 나타나서는 이렇게 말했다.

"안녕하세요? 페퍼 씨. 와주셔서 감사합니다. 우리는 당신의 기획을 검토해 보았는데, 지금으로서는 관심이 없습니다. 어느 날 우리가 함께 일할 다른 기회가 있기를 바랍니다. 페퍼 씨, 안녕히 가세요."

이내 탁! 소리가 나더니 텔레비전이 꺼졌다.

이런 소행은 미국인인 조지 페퍼에게도 적잖이 충격이었다. 나로선 그 소행이 끔찍하게 느껴진다.

우리는 마침내 이 책의 저작권을 다시 팔았고, 이 영화는 토니 리처드슨Tony Richardson이 감독했다. 그러나 나는 이 영화를 볼 기회가 없었다.

내가 진지하게 시도한 또 다른 기획은 윌리엄 골딩의 소설 『파리 대왕*Lord of the Flies*』의 각색이었다. 그런데 우리가 이 책의 저작권을 얻기는 불가능했다. 피터 브룩Peter Brook이 영화를 찍었지만 나는 보지 못했다.

내가 읽은 책 중에서 마치 주먹으로 맞은 것처럼 내게 큰 충격을 준 책이 있다. 그것이 돌턴 트럼보Dalton Trumbo의 『자니 총을 얻다*Johnny Got His Gun*』다. 전쟁에서 자기 몸의 거의 모든 사지를 잃은 군인이 의식만 또렷한 채 병상에 누워 있다. 그는 자기가 보지도 듣지도 못하는 주변 사람들과 소통을 하려고 시도한다.

1962년이나 1963년에 나는 구스타보 알라트리스테Gustavo Alatriste에게 고용되어 이 영화를 찍어야 했다. 당시 할리우드에서 가장 유명한 시나리오 작가 중 한 명인 돌턴 트럼보가 스크립트를 썼고, 그는 나와 함께 작업하려고 몇 번에 걸쳐 멕시코에 왔다. 나는 엄청나게 많은 말을 했고, 그는 노트하는 데 만족했다. 트럼보는 마침내 내 아이디어 중 몇 개만을 취했지만, 친절하게도 스크립트에 우리 둘의 이름을 쓰려고 했다. 그러나 나는 거절했다.

이 기획은 실패했다. 10년 후 트럼보는 이 영화를 자기 스스로 감독하는 데 성공했다. 나는 그를 칸 영화제에서 봤고 그가 기자 회견을 할 때 그의 옆에 있었다. 이 기나긴 영화엔 흥미로운 부분도 더러 있었지만, 안타깝게도 지나치게 틀에 박힌 꿈들이 들어 있었다.

끝으로 미국에서 했던 기획들의 이야기를 마치기 전에 덧붙일 것이 있다. 우디 앨런Woody Allen이 내게 나 자신의 역할로 〈애니

홀Annie Hall〉(1977)에 출연해 주기를 제안했다는 사실이다. 이틀 간의 작업에 3만 달러를 제안 받았지만, 뉴욕에 일주일간 머물러야 했다. 몇 번의 주저 끝에 거절했다. 결국 나 대신 마셜 매클루언Marshall McLuhan이 어떤 영화관의 로비에서 자기 역할로 등장했다. 나중에 이 영화를 보았지만, 전혀 내가 좋아하는 영화가 아니었다.

미국과 유럽의 제작자들은 내게 멕시코 쿠에르나바카를 무대로 한 맬컴 라우리Malcolm Lowry의 소설 『화산 아래서 Under the Volcano』를 각색해 영화를 만들라고 몇 번에 걸쳐 제안했다. 나는 이 소설을 읽고 또 읽었지만, 실제적인 영화적 해결책을 찾을 수 없었다. 외적인 행동만 취한다면, 이 소설은 극도로 진부한 이야기가 되어 버린다. 모든 것이 주인공의 내면에서 진행되기 때문이다. 이 내적인 세계의 갈등을 영화 이미지로 어떻게 옮길 것인가?

나는 여덟 개의 서로 다른 각색본을 읽었다. 어떤 것도 설득력이 없었다. 내가 알게 된 사실은, 다른 감독들도 나처럼 이 소설의 아름다움에 마음이 이끌렸으나 지금까지도 영화로 옮기기를 포기했다는 것이다.

귀환

나는 1940년 뉴욕 현대 미술관에 임명된 후, 공산주의와 나의 관계에 대해 유난스레 파고드는 온갖 종류의 면밀한 테스트를 통과해야 했다. 공식적인 이민자가 되기 위한 절차였다. 그 후 잠시 가족과 캐나다로 떠났고, 여기서 몇 시간을 체류한 뒤 나이아가라 폭포를 통해 미국에 돌아왔다. 순전히 형식적인 절차였다.

이 문제는 1955년에 훨씬 더 혹독하게 다시 제기되었다. 나는 〈그 이름은 여명〉을 찍은 후 파리에서 미국으로 되돌아왔을 때 공항에서 체포되었다. 작은 방으로 끌려간 나는 그곳에서 내 이름이 잡지 『에스파냐 리브레*España libre*』를 지지하는 위원회 명단에 나왔다는 것을 알았다. 이 격렬한 반反프랑코 잡지는 미국을 공격했다. 동시에 내 이름은 핵무기 반대 선언문의 서명자 이름에도 올라 있었기 때문에, 다시 심문을 받는 동안 내 정치적 견해에 대한 과거의 질문들이 제기되었다. 저 유명한 블랙리스트에 내 이름이 올라간 것이다. 미국을 다녀갈 때마다 나는 폭력배 취급을 받으면서 똑같은 차별적 조치를 겪어야 했다. 이 블랙리스트는 1975년이 되어서야 해제된다.

나는 1972년이 되어서야 로스앤젤레스로 돌아갈 수 있었는데, 영화제에서 〈부르주아의 은밀한 매력〉을 상영한 것이 계기였다. 이때 나는 베벌리힐스의 조용한 오솔길들, 질서와 치안이 살아 있다는 인상, 미국인들의 호의 등을 기쁘게 되새길 수 있었다. 어느 날 나는 감독 조지 쿠커Georges Cukor의 점심 초대를 받았다. 나는 전혀 그를 몰랐으므로, 이건 예기치 못한 초대였다. 그는 또한 나와 같이 있던 세르주 실베르망과 장클로드 카리에르도 초대했고, 로스앤젤레스에서 살고 있던 내 아들 라파엘도 함께 초대했다. 그는 우리에게 "몇몇 친구"도 올 거라고 말했다.

그것은 실로 놀라운 점심 식사였다. 우리 일행은 웅장한 쿠커 저택의 환대를 맞으며 가장 먼저 도착했다. 우리는 우선 엄청난 근육을 가진 일종의 흑인 '노예'에게 몸이 반쯤 들린 채 한쪽 눈에 안대를 찬 우유부단한 늙은 유령 같은 사람이 들어오는 것을 보았다. 나는 그가 존 포드John Ford라는 것을 알아보았다. 이전까지 그를 한 번도 만난 적이 없었다. 존 포드가 내 존재를 알고 있다곤 감히 짐작조차 못 했기에, 내가 앉은 소파 옆으로 그가 다가왔을 때 깜짝 놀랐다. 그는 내가 할리우드로 돌아온 것을 알게 되어 기쁘다고 말했다. 그는 심지어 영화 한 편("거대한 서부극")을 준비하고 있다고 내게 말해 주기도 했다. 그러나 그는 그로부터 몇 개월 후에 죽게 된다.

이런 대화가 이어지던 순간, 양탄자 위에서 질질 끄는 작은 발걸음 소리가 들렸다. 나는 몸을 돌렸다. 피부색이 빨갛고 몸이 동그란 앨프리드 히치콕Alfred Hitchcock이 방으로 들어왔고, 내게 팔을 벌리며 다가왔다. 히치콕 역시 한 번도 만난 적이 없었지만, 그가 공개적으로 몇 번에 걸쳐 나를 예찬했다는 것을 알고 있었다. 히치콕은 내 옆에 앉으러 왔고, 점심 식사 내내 내 왼쪽에 앉겠다고 고집했다. 내 목에 손 하나를 두르고 내게 반쯤 몸을 기댄 채 그는 나한테 끝없이 자신의 지하실 포도주 저장고와 다이어트(그는 거의 먹지 않았다), 특히 〈트리스타나〉에서 여주인공의 다리가 잘린 것("아! 그 다리…….")에 대해 이야기했다.

그 뒤로 윌리엄 와일러William Wyler, 빌리 와일더Billy Wilder, 조지 스티븐스George Stevens, 루벤 마물리안Ruben Mamoulian, 로버트 와이즈Robert Wise, 그리고 훨씬 젊은 감독 로버트 멀리건Robert Mulligan이

왔다. 식전주를 마신 후 우리는 커다란 촛대로 불을 밝혀 미광微
光에 둘러싸인 거대한 거실의 식탁으로 갔다. 한 번도 모인 적 없
던 기이한 유령들의 회합이 이렇게 내게 경의를 표하기 위해 열렸
고, 이들은 입을 모아 '좋았던 옛날'을 이야기했다. 〈벤허Ben-Hur〉
(윌리엄 와일러)에서 〈웨스트 사이드 스토리West Side Story〉(로버트
와이즈)까지, 〈뜨거운 것이 좋아Some like it hot〉(빌리 와일더)에서 〈오
명Notorious〉(앨프리드 히치콕)까지, 〈역마차Stagecoach〉(존 포드)에서
〈자이언트Giant〉(조지 스티븐스)까지. 이 테이블에 앉은 사람들에
게서 얼마나 많은 영화가 나왔는가…….

식사를 마친 후 누군가가 가족사진 찍는 사진기자를 부르자는
아이디어를 냈다. 이 사진은 아마도 그해의 '수집가의 물품' 중
하나가 되었을 것이다. 불행하게도 존 포드는 이 사진에 나오지
않는다. 그의 '흑인 노예'가 점심 식사 중에 그를 데리러 왔기 때
문이다. 존 포드는 우리에게 아주 작은 목소리로 '안녕히들 계시
게'라고 말했고, 테이블에 몸을 부딪치면서 떠나더니 돌아오지
않았다.

이 식사 중 몇 번에 걸쳐 건배가 있었는데, 특히 조지 스티븐스
는 잔을 들곤 이런 건배사를 외쳤다. "출신과 신념의 차이에도 불
구하고 우리를 이 테이블에 모이게 한 사람을 위하여"

자리에서 일어나 그와 건배하긴 했지만, 나는 우리가 지나치게
과대평가하는 문화적 연대를 항상 경계하고 있었기 때문에, "이
술은 마시지만, 그 말을 전적으로 믿지는 않습니다"라고 말했다.

로스앤젤레스에서 1972년 촬영한 사진. 윗줄 왼쪽부터 로버트 멀리건, 윌리엄 와일러, 조지 쿠커(파티 주최자), 로버트 와이즈, 장클로드 카리에르, 세르주 실베르망, 비평가 찰스 챔플린, 라파엘 부뉴엘이 서 있다. 그리고 아랫줄 왼쪽부터 빌리 와일더, 조지 스티븐스, 루이스 부뉴엘, 앨프리드 히치콕, 루벤 마물리안이 앉아 있다.

다음 날 프리츠 랑이 자기 집을 방문해 달라고 나를 초대했다. 그는 너무 피곤해서 전날 쿠커의 집에서 열린 점심 식사에 올 수 없었다. 나는 그때 72살이었고, 프리츠 랑은 80살이 넘었다.

우린 서로 처음 만났다. 한 시간가량 함께 대화를 나누는 동안, 나는 내 인생의 기로에서 그의 영화들이 결정적 역할을 했음을 그에게 전할 수 있었다. 그의 집을 나오면서, 나는 그에게 사진 한 장을 내게 헌정해 달라고 부탁했다(난 결코 이런 부탁을 하는 사람이 아니다).

그는 상당히 놀라서 사진 한 장을 찾아 서명해 주었다. 그러나 이 사진은 그의 노년기 사진이었다. 나는 〈피곤한 죽음〉과 〈메트로폴리스〉의 시기인 1920년대 사진이 혹시 없냐고 그에게 다시 물었다.

사진 한 장을 찾아낸 그는 탁월한 헌정의 말을 써 주었다. 그리고 나는 그를 떠나 호텔로 돌아왔다.

내가 이 두 장의 사진을 어떻게 했는지는 잘 모르겠다. 한 장은 멕시코 감독 아르투로 립스테인Arturo Ripstein에게 주었고, 다른 한 장은 아마 어딘가에 있을 것이다.

18
멕시코
1946~1961

나는 라틴 아메리카에 큰 매력을 느끼지 못했기 때문에 내 친구들에게 이렇게 말하곤 했다. "만약 내가 실종되면, 전 세계 모든 곳에서 나를 찾아봐. 라틴 아메리카만 빼고." 그러나 나는 36년 전부터 멕시코에서 살고 있다. 나는 심지어 1949년 이후 시민권을 획득하고 멕시코 시민이 되었다. 스페인 내전이 끝난 후 수많은 스페인 사람들이 멕시코를 망명지로 선택했고, 이들 중에는 내 가장 친한 친구들도 있다. 멕시코로 망명한 스페인 사람들은 모든 사회계급을 망라한다. 이들 중에는 노동자도 있고 작가나 과학자도 있었는데, 새로운 나라에 큰 어려움 없이 적응했다.

제작자 오스카 댄시거즈가 멕시코에서 영화 한 편을 찍으라고 나에게 제안했을 때, 나는 미국에서 시민권 획득 최종 신청서인 제2차 서류를 획득해서 미국 시민이 될 참이었다. 이 순간에 나는 위대한 멕시코 인류학자 페르난도 베니테스Fernando Benites를 만났다. 그는 내가 혹시 멕시코에 머무르고 싶은지를 물었다. 내가 좋다고 하자 그는 나를 헥토르 페레스 마르티네스Hector Perez Martinez에게 보냈다. 그는 현직 장관으로, 죽음이 중간에 다른 식으로 결정하지만 않는다면 멕시코 대통령이 될 사람이었다. 그는 다음 날 나를 만나서 우리 가족 모두가 비자를 쉽게 얻게 될 거라고 보장해 주었다. 나는 다시 오스카를 만나 동의한다고 말했고 로스앤젤레스로 가서 내 아내와 두 아들을 데려왔다.

1946년과 1964년 사이, 즉 〈그랑 카지노〉와 〈사막의 시몬〉 사이에 나는 스무 편의 영화(내가 찍은 총 32편의 영화 중 20편)를 멕시코에서 찍었다. 내가 이미 언급한 〈로빈슨 크루소〉(1952)와 〈젊은 여자〉(1960)를 제외하면, 나는 이 모든 영화를 멕시코 배우들과 멕시코 스태프들과 함께 스페인어로 찍었다. 〈로빈슨 크루소〉만 제외하면 촬영 일자는 18일에서 24일 사이다(아주 빨리 찍었다는 뜻이다). 장비는 축소되었고 임금은 훨씬 적었다. 1년에 세 편의 영화를 찍는 일이 두 차례나 반복됐다.

당시 영화는 내게 생업이자 가족을 부양하는 수단이었으므로, 이 시기 영화들은 최고의 찬사부터 최악의 혹평에 이르는 다양한 평가를 받고 있을 것이다. 나는 이 상황을 충분히 이해한다. 때로는 내가 스스로 선택하지 않은 주제와, 연기를 전혀 못 하는 배우들을 받아들여야 했다. 그러나 재차 말하지만, 내 신념과 내 개인적 도덕에 반하는 장면을 단 하나도 찍은 적이 없다고 생각한다. 이 불균등한 영화에서 어떤 것도 내게 부끄러운 것은 없는 것 같다. 게다가 나는 멕시코 영화 스태프들과 대부분 아주 좋은 관계를 유지했다는 말도 덧붙여야겠다.

나는 내 모든 영화를 되돌아보거나 이에 대해 내가 생각한 것을 말하고 싶진 않다. 이것은 내 일이 아니다. 게다가 나는 삶과 작업이 뒤섞일 수 있다고 믿지 않는다. 멕시코에서 보낸 시절을 통틀어 나는 그저 이 영화들 각각에 대해 내가 기억하고 있는 것들, 나한테 충격을 준 것들(종종 아주 작은 디테일이다), 영화라는 매개를 통해 꽤 다른 방식으로 멕시코를 아는 데 도움이 되는 기억을 말하고 싶을 뿐이다.

내가 멕시코에서 찍은 첫 번째 영화 〈그랑 카지노〉를 위해 오스카 댄시거즈는 라틴 아메리카의 아주 위대한 스타 두 명을 계약으로 붙잡아 두었다. 한 명은 진짜 멕시코 살라망카 출신으로 대단히 유명한 가수 호르헤 네그레테Jorge Negrete였는데, 그는 식사하기 전에 항상 '식사를 축복하는 노래benedicite'를 불렀고 자기 시종과 한 번도 떨어지지 않았다. 다른 한 명은 아르헨티나의 여자 가수 리베르타드 라마르케Libertad Lamarque였다. 따라서 이 영화는 뮤지컬이었다. 나는 석유업자들 사이에서 전개되는 미첼 베베르 Michel Veber의 이야기를 제안했다.

이 아이디어가 받아들여졌다. 나는 난생처음 미초아칸주에 있는 산 호세 푸루아 온천장balneario을 방문했다. 이 온천 호텔은 반쯤 열대 기후인 훌륭한 협곡 속에 있었고, 나는 여기서 스무 편 이상의 영화 시나리오를 썼다. 꽃이 핀 녹색의 이 은신처를 천국이라고 부르는 이유가 있다. 경탄에 가득 찬 미국인 관광객들의 차가 이곳에서 단지 스물네 시간을 보내려고 정기적으로 찾아왔다. 이들은 똑같은 시간에 똑같은 방사능 온천에 몸을 담그고, 똑같은 광천수 한 잔을 마시고, 이후 똑같은 다이키리 칵테일을 마시고, 똑같은 식사를 하고, 새벽 일찍 떠났다.

나는 마드리드 시절 이후 15년 동안 영화를 연출해본 적이 없었다. 그렇지만 이 영화는 줄거리가 흥미롭진 않아도, 테크닉은 상당히 좋다고 생각한다.

아주 멜로드라마적인 이 이야기에서 리베르타드 라마르케는 자기 오빠의 살인범을 찾으려고 아르헨티나에서 온다. 처음에 그녀는 진지하게 호르헤 네그레테를 살인범이라고 의심하고, 이 두 주인공이 서로 화해하게 되면서 피할 수 없는 사랑의 장면이 뒤따른다. 나는 모든 관습적인 사랑 장면이 싫었던 것처럼 이 사랑 장면에 싫증이 났고 그것을 없애 버리려고 했다.

때문에 나는 이 장면이 진행되는 동안 호르헤 네그레테에게 작은 막대기를 쥐고서 그의 발치에 있는 석유 웅덩이에 기계적으로 이 막대기를 담그라고 요구했다. 그러고는 막대기로 석유 웅덩이를 휘젓고 있는 손을 클로즈업으로 찍었다. 사람들은 스크린을 보면서 어쩔 수 없이 석유와 다른 것을 생각하게 된다.

두 명의 엄청난 스타가 등장했음에도 영화는 아주 보잘것없는 성공만을 거두었다. 이 때문에 나는 '벌'을 받았다. 2년 반 동안 아무 일도 없이 코를 긁으면서 파리가 날아다니는 것을 보고 있었다. 우리 식구는 어머니가 보내 주시는 돈으로 살았다. 모레노 비야가 매일 나를 보러 왔다.

나는 스페인의 가장 위대한 시인 중 한 명인 후안 라레아Juan Larrea와 함께 시나리오 한 편을 쓰기 시작했다. 이 영화가 바로 〈이해할 수 없는 플루트 연주자의 아들Ilegible hijo de fluta〉인데, 몇몇 좋은 아이디어가 들어 있는 초현실주의적 성격의 영화지만, 이 아이디어들은 논란이 될 만한 주장 주위에 모여 있다. 그것은 낡은 유럽은 끝났으며 새로운 정신이 라틴 아메리카에서 일어설 거라는 주장이다. 오스카 댄시거즈가 이 영화를 편집하려 했지만 허사였다. 한참 후인 1980년에 멕시코 잡지『부엘타Vuelta』가 이 영화 시나리오를 게재했다. 그러나 후안 라레아는 출간된 시나리오에 나한테 말하지 않고 상징적 요소들을 첨가했는데, 이는 전혀 내 마음에 들지 않는다.

1949년에는 오스카 댄시거즈가 내게 새로운 기획을 통보했다. 위대한 멕시코 배우 페르난도 솔레르Fernando Soler가 자기를 위한 영화 한 편을 제작할 예정이었는데, 여기서 그는 주연을 맡을 작정이었다. 혼자서 하기에는 너무 힘들다고 생각해서 그는 정직하고 말 잘 듣는 감독 한 명을 찾고 있었다. 오스카가 내게 이 역할을 제안했다. 나는 즉시 수락했다.

이 영화는 〈엄청난 난봉꾼El gran calavera〉(1949)이었다.

나는 이 영화가 조금도 흥미롭다고 생각하지 않는다. 그러나 이 영화가 엄청난 성공을 거두었기 때문에 오스카가 내게 말했다. "이제 우리 함께 진짜 영화를 만들어 보지요. 주제를 찾아봅시다."

〈잊혀진 사람들〉

오스카 댄시거즈는, 궁여지책으로 살아가는 반쯤 버려진 가난한 아이들에 대해 영화를 찍겠다는 아이디어를 흥미롭게 여겼다. (나 역시 비토리오 데 시카Vittorio de Sica의 〈구두닦이Sciuscia〉를 아주 좋아했다.)

4~5개월 동안 나는 멕시코시티를 둘러싸고 있는 '버려진 도시들', 다시 말해서 날림으로 만든 몹시 가난한 교외 지역들을 두루 돌아다니기 시작했다. 때로는 캐나다 미술감독 피츠제럴드Edward Fitzgerald, 때로는 루이스 알코리사와 함께 다녔지만 거의 대개는 나 혼자였다. 나는 가장 낡은 옷을 입고 약간 변장한 채 사람들을 지켜보고, 이들의 말을 듣고, 이들에게 질문을 던지고, 이들과 사귀었다. 어떤 것은 영화에 직접 나왔다. 영화가 개봉되고 난 후 내가 받은 수많은 모욕 중에서, 이냐시오 팔라시오Ignacio Palacio는 예컨대 판자로 지은 허술한 집 속에 청동으로 된 침대 세 개가 있는 광경은 절대로 받아들일 수 없다고 썼다. 그런데, 그것은 진짜였다. 나는 실제로 판자로 지은 허술한 집에서 이 청동 침대들을 보았다. 어떤 부부들은 결혼하고 나서 모든 것을 포기하고 이 청동침대를 샀다.

시나리오를 쓰면서 나는 몇몇 설명할 수 없는 이미지를 도입하려고 했다. 이 이미지들은 아주 빨리 지나가기 때문에, 관객은 '내가 본 것이 진짜로 본 것인가?'라는 질문을 품게 될 것이다. 이를테면 아이들이 공터에서 눈 먼 사람을 따라갈 때, 공사 중인 거대한 건물 앞을 지나간다. 나는 건물의 비계 위에서 소리는 들려주지 않은 채 백 명의 음악가로 구성된 오케스트라가 연주하는 모습을 배치하려고 했다. 이 영화가 실패하는 것을 두려워한 오스카 댄시거즈는 이 아이디어를 거부했다.

주인공 페드로의 어머니가 집에 돌아온 자기 아들을 다시 내쫓는 장면에서 실크해트를 보여 주려고 했던 것 또한 거부당했다. 한편, 바로 이 장면 때문에 미용 담당이 사직서를 냈다. 그녀는 어떤 멕시코 어머니도 이런 식으로 행동하지 않는다고 주장했다. 그런데 나는 며칠 전 신문에서 한 멕시코 어머니가 아주 어린 자기 아이를 기차 문밖으로 던졌다는 기사를 읽었다.

어쨌거나 스태프들 전체가 비록 아주 진지하게 일하기는 했지만, 이 영화에 대한 적대감을 숨기지 않았다. 예컨대 스태프 한 명이 내게 물었다. "그런데, 이렇게 하찮은 영화를 만드느니 진짜 멕시코 영화를 찍는 게 어떻습니까?" 멕시코식 표현으로 대사를 쓰는 데 큰 도움을 준 작가 페드로 데 우르데말라스Pedro de Urdemalas는 영화의 오프닝 타이틀에서 자기 이름을 빼달라고 요구했다.

〈잊혀진 사람들Los Olvidados〉(1950)의 촬영 기간은 21일이었다. 나는 내 다른 모든 영화처럼 원하는 시간에 촬영을 끝냈다. 작업 일지와 관련해 나는 정해진 시간을 한 시간도 넘긴 적이 없다고 생각한다. 내가 어떤 영화의 편집을 하려고 사나흘 이상이 필요한 적이 한 번도 없었으며(이것은 내 촬영 방식 덕분이다), 2만 미터 이상의 필름(이것은 아주 적은 양이다)을 사용한 적이 한 번도 없다는 사실을 여기에 덧붙인다.

나는 〈잊혀진 사람들〉의 시나리오 고료와 연출료로 모두 2천 달러를 받았다. 그리고 입장료의 일정 비율을 보수로 받지도 않았다.

멕시코에서 상당히 초라하게 개봉된 이 영화는 극장에 나흘간 걸려 있었고 즉각 격렬한 반응을 불러일으켰다. 예전이나 오늘날 이나 멕시코의 가장 큰 문제 중 하나는 극단까지 나아간 민족주의이며, 이는 깊은 열등감에서 비롯된 콤플렉스를 보여 준다. 여러 조합과 단체가 나를 즉시 멕시코에서 추방하라고 요구했다. 언론이 이 영화를 공격했다. 관객은 아주 드물었고, 이들은 마치 장례식에서 나오듯 영화관에서 나왔다. 비공식 상영회가 끝났을 때 화가 디에고 리베라Diego Rivera의 부인인 루페Lupe Marin는 나한테 한마디도 말을 걸지 않고 오만하고 건방지게 행동했고, 스페인 시인 레온 펠리페Leon Felipe와 결혼한 또 다른 여자 베르타Berta 는 광기어린 분노에 사로잡혀 손톱의 날을 세우고 나에게 달려들 었으며, 내가 멕시코를 향해 치욕스럽고 추악한 범죄를 저질렀 다고 소리쳤다. 나는 움직이지 않고 침착하기 위해 애를 썼지만, 그 위험한 손톱은 내 눈앞 3센티미터 앞에서 떨고 있었다. 다행 히도 이날 상영회에 참석한 또 다른 화가 다비드 시케이로스David Siqueiros가 이 순간에 개입해서 따뜻한 축하의 말을 건네주었다. 시케이로스와 함께 수많은 멕시코 지식인들이 이 영화를 좋아했다.

1950년 말에 나는 영화 상영을 위해 파리로 돌아갔다. 10년 넘 게 떠나 있던 파리의 거리를 다시 걷노라니 눈시울이 뜨거워졌 다. 나의 초현실주의 친구들은 모두 스튜디오 28 극장으로 내 영화를 보러 왔고, 영화에 아주 감동한 것 같았다. 그러나 그다음 날 조르주 사둘은 나한테 심각한 말을 해야 한다고 했다. 우리는 에투알 광장 근처에 있는 카페에서 만났다. 그가 감정이 격해지고 심지어 충격 받은 상태로 말하길, 프랑스 공산당이 그에게 이 영화에 대해 말하지 말라고 요구했다는 것이었다. 나는 몹시 놀라서 그에게 이유를 물었다.

"이 영화가 부르주아 영화이기 때문이지요." 그는 내게 대답했다.

"부르주아 영화라고요? 왜 그렇지요?"

"우선 어떤 가게의 유리창을 통해 소아성애자가 노리고 있는 소년 한 명이 보이고 그가 소년에게 제안하지요. 그때 경찰관 한 명이 와서 소아성애자가 도망갑니다. 이것은 경찰이 쓸모 있는 역할을 하고 있다는 뜻이지요. 그렇게 표현하면 안 됩니다! 그리고 영화 끝부분의 교화원에서 당신은 교화원장을 아주 친절하고 인간적인 모습으로 보여줍니다. 담배를 사 오라고 아이를 교화원 밖으로 내보내다니요!"

이런 논의는 유치하고 터무니없는 것으로 보였다. 그리고 나는 아무것도 할 수 없던 사둘에게 그렇게 말했다. 운이 좋게도 몇 개월 후 소련 영화감독 푸도푸킨이 이 영화를 보고 『프라우다』에 이 영화를 찬양하는 글을 썼다. 프랑스 공산당의 태도는 하루아침에 바뀌었다. 그리고 사둘은 이에 대해 아주 만족했다.

이는 프랑스 공산당의 행태 중 하나였고, 이에 대해 항상 나와 의견이 맞지 않았다. 앞의 태도와 종종 이어지는 또 하나의 태도가 나를 항상 놀라게 했는데, 그것은 어떤 동지가 '배신한' 이후 그가 그전부터 그랬다고 확언하는 태도다. 이들은 이렇게 말했다. "그는 연막전술을 피웠지만, 처음부터 배신자였다는 사실을 우리는 알고 있지."

파리에서 열린 비공식 상영회에서 이 영화에 적의를 나타낸 또 한 명의 사람은 멕시코 대사 토레스 보데트Torres Bodet였다. 그는 스페인에서 오랜 시간을 보냈고 심지어 『라 가세타 리테라리아』에 기고하기도 한 교양 있는 사람이었다. 그 역시도 〈잊혀진 사람들〉이 멕시코의 명예를 떨어뜨린다고 평가했다.

이 모든 분위기는 칸 영화제 이후 바뀌었다. 여기서 멕시코의 시인 옥타비오 파스Octavio Paz(오래전부터 내가 존경한 인물로, 앙드레 브르통이 그에 대해 처음 말해 주었다)는 자기가 직접 쓴 글 한 편을 상영관 입구에서 직접 배포했는데, 이 글은 아마도 내가 읽은 가장 탁월하고 훌륭한 글이었다. 이 영화는 칸 영화제에서 큰 성공을 거두었고, 너무 거창한 평가를 받았고 미장센 상[감독상]을 받았다.

프랑스에서 이 영화의 배급자들이 제목에 덧붙이는 게 좋겠다고 생각한 말을 보고 나는 슬픔과 수치만을 느꼈다. 이들은 〈잊혀진 사람들, 이들에게 동정을Los Olvidados, ou Pitié pour eux〉이라는 제목을 붙였다. 터무니없는 짓이다.

유럽에서의 성공 이후 나는 멕시코 쪽에서 사면을 받았다. 모욕적인 말들은 사라졌고, 영화는 멕시코의 좋은 영화관에서 다시 개봉되어 두 달간 상영되었다.

그해 나는 〈수사나Suzana〉(1950)를 만들었다. (프랑스에서는 〈변태녀 수사나〉란 제목으로 개봉되었다!) 이 영화에 대해선 할 말이 없지만, 모든 것이 기적적으로 무마된 결말을 조금 더 희화화하며 밀고 나가지 못한 걸 후회한다. 영화에 조예가 깊지 않은 관객은 이 대단원을 진지하게 받아들일 수도 있다.

이 영화의 초반부 장면에서 수사나가 감옥에 있을 때, 시나리오에는 거대한 땅거미 한 마리가 나오게 되어 있었다. 이 땅거미가 바닥에 십자가 모양으로 드리운 감옥 창살의 그림자 위를 지나간다. 땅거미가 필요하다고 하자 제작자가 내게 말했다. "안 됩니다. 땅거미를 찾을 수 없어요." 나는 아주 불만족스러웠지만, 땅거미 장면을 빼고 찍을 준비를 하고 있었다. 그런데, 이때 소품 담당이 작은 우리 안에 땅거미 한 마리를 준비해 두었다고 내게 알려 주었다. 내가 시간을 낭비할까 봐서 제작자가 내게 거짓말을 한 것이다.

실제로 우리는 화면 바깥에다 작은 우리를 놓은 뒤에 문을 열었는데, 내가 작은 막대기로 땅거미를 건드리자 이 땅거미는 내가 정확히 원한 대로 한 번에 창살 그림자 위를 지나갔다. 1분도 걸리지 않았다.

1951년에 나는 세 편의 영화를 찍었다. 첫 번째는 〈실수로 낳은 자식La hija del Engaño〉(1951)인데, 이 영화는 카를로스 아르니체스의 희곡 「가혹한 사람 돈 퀸틴」의 새로운 판본이지만 오스카 댄시거즈가 잘못된 제목을 붙인 것이다. 1930년대에 마드리드에서 나는 이미 이 희곡을 각색한 영화를 제작했던 바 있다. 다음으로는 아마도 내가 만든 최악의 영화 〈사랑 없는 여자Una mujer sin amor〉 (1951)가 있다. 나는 프랑스에서 모파상Guy de Maupassant의 『피에르 와 장Pierre and Jean』을 각색한 앙드레 카예트André Cayatte의 좋은 영 화를 리메이크하라는 요청을 받았다. 촬영장에 영화편집기 무비 올라를 설치해 카예트의 영화를 한 숏씩 그대로 베껴 가며 찍으 라는 데 대해 나는 의문을 제기했다. 당연히 난 이를 거부했고, 내 방식대로 찍기를 선택했다. 결과는 보잘것없었다.

반대로 나는 바로 이 1951년에 찍은, 자동차로 여행하는 이야 기 〈승천〉에 대해 상당히 좋은 기억이 있다. 이 시나리오는 이 영 화의 제작자에게 벌어진 몇몇 모험에 영감을 받은 것이다. 제작 자는 스페인 시인이면서 돈 많은 쿠바 여인과 결혼한 마드리드 의 내 오랜 친구 마누엘 알톨라기레였다. 영화의 이야기 전체가 멕시코에서 가장 난폭한 주 중 하나로 악명 높은 게레로 주에서 전개된다.

촬영은 빠르게 진행되었다. 이 영화에는 산허리에서 덜컹거리 며 움직이는 매우 끔찍한 버스 모형이 나온다. 멕시코에서 촬영 할 때는 예기치 않은 일들도 벌어졌다. 영화에는 독사에 물려 죽 은 소녀를 유랑 영화관이 자리 잡은 묘지에 매장하는 긴 장면이 나오는데, 작업계획서상으로 이 장면을 촬영하는 데 사흘 밤이 예정되어 있었다. 그러나 노동조합에서 제기한 문제 때문에 사흘 밤 촬영이 두 시간으로 줄었다는 통고를 나는 거의 마지막 순간 에야 받을 수 있었다. 모든 것을 단 하나의 숏으로 다시 조정해야 했고, 예정되어 있던 유랑 영화관의 상영 장면을 없애야 했다. 그저 빨리 찍어야 했다. 나는 멕시코에서 필요에 의해 아주 빨리 찍는 법을 배웠지만, 때로는 일이 끝난 후에 후회했다.

〈승천〉의 촬영 중에는 심지어 제작 책임자의 조수가 호텔비 미지급을 이유로 아카풀코 지역의 라스 팔메라스 호텔에 억류되기도 했다.

〈이상한 정열〉

〈로빈슨 크루소〉를 찍은 이후 1952년에 촬영한 〈이상한 정열El〉(1952)은 내가 좋아하는 영화 중 하나다. 솔직히 말해 이 영화에는 멕시코적인 것이 전혀 없다. 이 영화에 나타난 행위는 한 편집증 환자의 초상이기 때문에 어디서든 전개될 수 있다.

편집증 환자들은 시인詩人과 같다. 이들은 본래 이렇게 태어났다. 이들은 성장한 후 항상 현실을 자기 강박관념의 방향으로 해석한다. 모든 것이 자기 강박관념과 연관된다. 예컨대 편집증 환자의 부인이 피아노로 소절 하나를 연주한다고 가정해 보자. 그녀의 남편은 즉시 이 소절이 길거리에 숨어 있는 정부에게 보내는 신호라고 믿어 버린다. 이하 모두 마찬가지다.

〈이상한 정열〉에는 일상적인 관찰에서 따온 일정 수의 진짜 디테일이 들어 있고, 상당 부분 지어낸 것도 들어 있다. 예컨대 영화의 시작 부분에 성당에서 세족mandatum을 하는 장면에서 편집증 환자는 마치 종달새를 본 매처럼 즉각 자기 제물의 위치를 탐지한다. 나는 이 직관이 현실에 기반을 두고 있는지 아닌지가 궁금하다.

이 영화는 칸 영화제에서, 왜 그랬는지 모르지만, 전직 군인과 부상병을 기리는 특별상영회에서 상영되었고, 이들은 이 영화에 격렬하게 항의했다. 일반적으로 이 영화는 냉대를 받았다. 칸 영화제에서 몇몇 예외를 제외하면 언론이 우호적이지 않았다. 이전에 『오피움Opium』에서 몇 페이지에 걸쳐 내 영화를 다룬 장 콕토는 심지어 내가 이 영화로 '자살했다'고 선언했다. 그러나 그가 얼마 후 견해를 바꾼 것 또한 사실이다.

파리에서 자크 라캉이 내게 위안을 주었다. 그는 시네마테크 프랑세즈Cinémathèque française에서 열린 52명의 정신과 의사를 위한 특별상영회에서 이 영화를 보았다. 그는 내게 이 영화에 대해 오랫동안 이야기했다. 그는 이 영화에서 진실의 어조를 알아보았고, 자기 학생들에게 몇 번에 걸쳐 이 영화를 보여 주었다.

멕시코에서는 재앙이었다. 오스카 댄시거즈는 상영 첫날 완전히 아연실색한 채 영화관을 나오면서 내게 말했다. "그런데, 사람들이 웃잖아요!" 나는 영화관에 들어가서 사람들이 웃는 장면을 보았다. 편집증 환자가 문 뒤에 미지의 관찰자가 있다고 상상하고 그를 애꾸눈으로 만들기 위해 열쇠 구멍을 긴 바늘로 찌르는 장면 — 산세바스티안의 목욕탕에 얽힌 오래된 추억 — 에서 사람들이 실제로 미친 사람처럼 웃었다.

이 영화의 주인공 역을 한 아르투로 데 코르도바Arturo de Cordoba의 후광 덕분에 이 영화는 영화관에서 2~3주 정도 걸려 있었다.

편집증 환자에 대해 나는 1952년경, 즉 〈이상한 정열〉을 만들던

〈이상한 정열〉촬영 현장의 루이스 부뉴엘(왼쪽)

시기에 일어난 내 인생에서 가장 아름다운 공포 중 하나를 이야기할 수 있다. 나는 멕시코시티에서 내가 살던 동네에 이 영화의 편집증 환자와 상당히 비슷한 장교 한 명이 살고 있다는 것을 알고 있었다. 예컨대 그는 부인에게 군사훈련에 간다고 말하고 집을 나섰다가 늦은 저녁에 돌아와서는 다른 사람의 목소리인 것처럼 가장하고 문틈으로 자기 부인에게 말했다. "네 남편이 나갔어. 문 좀 열어줘……."

나는 이 일화와 다른 몇 개의 일화를 어떤 친구에게 이야기해줬는데, 그는 그것을 신문에 기사로 썼다. 기사가 나오자 나는 멕시코인들의 습성을 이미 알고 있었기 때문에 실제로 공포를 느꼈다. 의심할 여지 없이 나는 과오를 저지른 것이었다. 이 장교가 어떤 반응을 보일 것인가? 그가 손에 무기를 들고 찾아와 내 문을 두드리고 정의를 요구한다면, 나는 어떻게 할 것인가?

다행히 아무 일도 일어나지 않았다. 아마도 그는 다른 신문을 구독했을 것이다.

장 콕토에 관한 이야기가 있다. 1954년 칸 영화제에서 그는 심사위원장을 맡았고 나도 심사위원으로 참여했다. 어느 날 그는 나와 이야기를 하고 싶다고 말하고 오후 조용한 시간에 칼튼 호텔의 바에서 약속을 잡았다. 나는 평소대로 정확한 시간에 나갔고, 다 둘러보았지만 장 콕토를 보지 못했다. (겨우 테이블 몇 개에만 사람들이 앉아 있었다.) 나는 30분 정도 기다리다 바를 나갔다.

그날 저녁에 장 콕토는 왜 내가 약속 장소에 오지 않았느냐고 물었다. 나는 그날 일어난 일을 얘기해 주었다. 이때 그는 나와 똑같은 시간에 나를 보지 못한 채, 자신도 나와 정확히 똑같은 일을 했다고 알려 주었다. 나는 그가 거짓말을 하지 않았다고 확신한다.

우리는 필요한 검증을 다 해 보았지만, 아주 신비롭게 실패한 우리 약속에 대해 어떤 설명도 하지 못했다.

1930년부터 나는 피에르 위닉과 함께 에밀리 브론테Emily Brontë의 『폭풍의 언덕Wuthering Heights』을 각색한 시나리오를 썼다. 다른 모든 초현실주의자처럼 나는 이 소설에 아주 많이 매혹되었고, 이 소설로 영화 한 편을 만들고 싶었다. 1953년에 멕시코에서 그 기회가 왔다. 나는 이전에 쓴 시나리오 — 분명 내 손으로 쓴 가장 탁월한 시나리오 — 로 다시 작업했다. 불행하게도 나는 오스카가 뮤지컬 영화로 기획하고 고용한 배우들을 받아들이지 않을 수 없었다. 호르헤 미스트랄Jorge Mistral, 에르네스토 알론소Ernesto Alonso, 낭만적인 소녀 역을 연기할 가수이자 룸바춤의 춤꾼 릴리아 프라도Lilia Prado, 슬라브적인 외모를 갖고 있지만 멕시코 혼혈아의 여동생을 연기해야 했던 폴란드 여배우 이라즈마 딜리안Irasema Dillian 등이 그들이었다. 그다지 좋다고 할 수 없는 결과물을 얻으려고 내가 촬영 중 해결해야 했던 문제들에 대해서는 말하지 않는 게 좋겠다.

영화 〈폭풍의 언덕Abismos de pasión〉(1953)의 한 장면에서 늙은 남

자가 아이에게 「아가서」보다 훨씬 더 아름다운 ─ 내 생각에는 성
경에서 가장 아름다운 ─ 구절을 읽어 준다. 이는 「지혜서」(2장
1~7절)에 나오는 것으로서 이 책은 성경의 어떤 판본에도 나오지
않는다. 이 놀라운 구절을 쓴 저자는 이 말을 불경한 사람의 입에
서 나오는 것으로 처리한다. 그렇지 않았으면 아예 말할 수 없는
것이 되었을 것이다. 그저 첫 번째 문장을 괄호 안에 넣고 읽기만
하면 된다.

(불경한 자들은 말을 하다가 스스로 논점을 벗어나 이렇게 혼잣말을 했기
때문이다.) 우리 일생의 시간은 짧고, 그것은 문제로 가득 차 있다. 인
간의 죽음에 맞설 수 있는 어떤 치료제도 존재하지 않고, 무덤에서
되돌아온 사람은 아무도 없다.
우리는 무턱대고 태어났기 때문이다. 그리고 우리는 전혀 존재하지
않았던 것처럼 될 것이다. 우리 코에서 나온 숨결은 연기에 지나지
않고, 말은 우리 가슴에서 나온 덧없는 광채와 같기 때문이다.
이 광채는 곧 꺼질 것이고 우리의 몸은 재가 될 것이며, 정신은 가벼
운 공기 속에 흩어지게 될 것이다.
그리고 우리의 이름은 시간과 함께 잊혀질 것이며, 누구도 우리의
행위를 기억하지 못할 것이며, 우리의 삶은 구름의 흔적처럼 지나가
버릴 것이고, 햇살에 내쫓기고 그 열기에 스러지는 안개처럼 녹아내
릴 것이다.
우리의 시간은 지나가는 그림자와 같기 때문이다. 우리가 종말에서
발을 뺄 수는 없다. 종말은 봉인되었기 때문이고, 어떤 것도 이를 되
돌릴 수 없다.

그러므로 와서 지금 우리가 가진 것을 소중히 하시오. 서둘러서 다른 피조물들과 젊음을 누리시오.

가장 좋은 포도주와 향수로 우리를 가득 채우고, 계절마다 피는 꽃이 그냥 지나가게 하지 마시오.

장미가 시들기 전에 장미 봉오리로 화관을 만드시오.

우리 중 누구도 우리의 무절제에 참여하지 않은 사람이 없기를. 어디에나 즐거움의 흔적을 남기시오. 그것이 우리가 누릴 부분이고 우리가 받은 유산의 몫이기 때문이오.

이 오래된 무신론의 토로에서 단 한마디도 바꿀 것이 없다. 사드 후작이 쓴 가장 아름다운 글을 듣는다고 해야 할 것이다.

같은 해 〈없었던 일이 된 전차의 시내 주행La ilusión viaja en tranvía〉(1953)*을 찍은 이후 나는 베니스 영화제에서 상영된 〈강과 죽음 El río y la muerte〉(1954)을 찍었다. 자기 이웃을 너무도 쉽게 죽이는 상황에 영감을 받은 이 영화에는 아주 수월하게 저질러지고 심지어 이유도 없는 수많은 살인이 들어 있다. 영화에서 살인이 일어날 때마다 베네치아의 관객들은 웃으면서 소리쳤다. "한 번더! 한 번 더!"

그러나 이 영화가 이야기하는 사건 대부분은 실제 일어난 일이며, 이 때문에 얼핏 보더라도 멕시코 풍속의 바로 이런 측면에 눈을 돌릴 수 있다. 권총을 빈번하게 사용하는 것은 멕시코만의 특

---

* 국내에는 〈환상의 전차를 타고 여행하다〉라는 엉뚱한 제목으로 알려져 있다.

성이 아니다. 그것은 라틴 아메리카의 많은 지역에 퍼져 있으며, 특히 콜롬비아에서 그렇다. 남미 대륙에는 인간의 생명 — 자신의 생명과 타인의 생명 — 이 다른 곳만큼 중요하지 않은 나라들이 있다. '예'라고 했다고 죽이고, '아니오'라고 했다고 죽이고, '삐딱하게 봤다'고 죽이고, 심지어는 단지 '그냥 죽이고 싶어서' 죽일 수도 있다. 아침마다 멕시코 신문에는 매번 유럽인을 깜짝 놀라게 하는 몇몇 잡다한 사건 사고의 이야기가 실린다. 그중 가장 이상한 사건을 예로 들자면 이런 것이 있다. 어떤 남자가 조용히 버스를 기다린다. 또 다른 남자가 와서 그에게 뭔가를 물어본다. "차풀테펙에 가는 버스가 여기 지나가나요?" 첫 번째 남자가 대답한다. "예, 지나갑니다." "그런 곳에도 가나요?" 그가 다시 대답한다. "그럼요, 갑니다." "산 앙헬에 가나요?" 질문을 받은 남자가 대답한다. "아뇨, 거기는 안 가요." 다른 사람이 말한다. "그렇다면, 세 발이겠네." 그리고 그는 대답한 남자에게 총 세 발을 쏜다. 앙드레 브르통이라면 이렇게 말했을 것 같지만, 당치도 않은 이유로 사람을 죽이는 것은 순수하게 초현실주의적인 행위다.

또 이런 것도 있다. (이것은 멕시코에 도착하면서 내가 신문에서 읽은 최초의 이야기 중 하나다.) 어떤 남자가 어떤 거리의 39번지에 들어가 산체스 씨를 찾는다. 수위는, 산체스 씨는 모르지만 그 사람은 분명 41번지에 산다고 대답한다. 그 남자는 41번지로 가서 산체스 씨를 찾는다. 41번가의 수위는 산체스 씨가 정말로 39번지에 살며 그 건물의 수위가 틀렸다고 대답한다.

이 남자는 39번지에 가서 첫 번째 수위를 다시 만나서 방금 들

은 것을 설명한다. 수위는 그에게 '잠시만un momento' 기다리라고
말하고, 다른 방으로 가서 리볼버 권총을 들고 와서 방문객을 쏴
버린다.

이 이야기에서 내가 가장 놀랐던 것은 기자가 이 이야기를 보
도하는 어투였다. 마치 그 수위가 옳다는 듯 제목을 「너무 많이
물어봐서, 너무 많이 알려고 해서 죽인다Lo mata por pregunton」라고
뽑았다.

〈강과 죽음〉의 장면 중 하나는 게레로 주의 풍속을 상기시킨다.
이곳에서 주 정부는 때때로 '탈무기화depistolizacion' 캠페인을 여는
데, 이 캠페인 기간이 지나가면 모든 사람이 서둘러서 다시 무기
를 구매한다. 이 장면에서 어떤 사람이 다른 사람을 죽이고 달아
난다. 죽은 사람의 가족은 친구와 이웃에게 작별 인사를 하려고
시체를 들고 집집마다 방문한다. 방문하는 집 문 앞에서 각기 술
을 마시고 서로 껴안고 때로는 노래도 한다. 결국 살인자의 집 앞
에 잠시 멈추는데, 아무리 불러도 문이 고집스럽게 닫힌 채 열리
지 않는다.

어떤 마을의 시장이 어느 날 아주 자연스러운 것처럼 내게
말했다 "일요일마다 작은 죽음이 일어납니다Cado domingo tiene su
muertito."

이 영화가 지지하는 것처럼 보이는 주장을 나는 싫어한다. 이
주장은 이 영화의 기반이 된 책에서 나온 것이다. "우리를 교육하
고 계발하고 우리 모두가 대학을 나오면, 우리는 더 이상 서로를
죽이지 않을 것이다." 나는 전혀 그렇게 생각하지 않는다.

〈강과 죽음〉 얘기를 하는 김에, 대부분은 촬영과 관련된 몇 가지 개인적 일화를 얘기하고 싶다. 지나가는 김에 고백하자면 유년 시절 이래 나는 항상 무기를 좋아했다. 멕시코에서 최근 몇 년 전까지도 나는 총 하나를 항상 휴대하고 다녔다. 그래도 나는 한 번도 내 주변 사람에게 총을 사용해 본 적이 없다고 분명히 말해 둔다.

아울러, 사람들이 멕시코의 남성우월주의machismo에 대해 종종 말하는 것처럼, 이 '남성적인' 태도를 상기해 보는 것도 쓸모없지는 않을 것이다. 멕시코에서 여성의 상황은 결과적으로 스페인에서 비롯된 것이며 이에 대해서는 숨겨 봤자 아무 소용 없다. 남성우월주의는 남성의 존엄에 대한, 아주 강하고 허영심 많은 감정에서 비롯된다. 그것은 극도로 화를 잘 내고 격하기 쉬운 상태로서, 만약 어떤 멕시코 남자가 조용히 당신을 쳐다보면서 부드러운 목소리로, 예컨대 당신이 그와 함께 테킬라의 열 번째 잔을 마시기를 거부했다는 이유로 이러한 무서운 문장을 말할 때보다 더 위험한 상황은 없다.

"당신은 지금 제 신경을 건드립니다Me esta usted ofendiendo."

이 경우에는 열 번째 잔을 마시는 게 낫다.

때로는 이 순전한 남성우월주의의 과시에 예외적으로 신속한 정의가 이루어지는 경우를 추가할 수 있다. 〈승천〉의 조감독이었던 다니엘이 내게 다음 이야기를 해 주었다. 그는 어느 일요일에 친구 일고여덟 명과 사냥을 떠난다. 한참을 가다가 이들은 점심을 먹으려고 걸음을 멈춘다. 그런데 이들은 갑자기 말을 탄 무장한 남자들에게 포위되었다가 이들에게 무기와 신발을 모두 빼앗긴다.

이들 중 한 명은 그 지역 유지의 친구다. 그에게 자기들이 당한 재난을 이야기한다. 이 중요한 인물은 인상착의를 파악할 수 있는 세부 사항을 묻고 이렇게 덧붙인다.

"다음 주 일요일에 저랑 한잔하시지요. 당신들을 초대하게 되어 영광입니다."

약속된 다음 주 일요일에 이들이 그곳에 간다. 집주인은 이들을 따뜻하게 맞이하고 커피와 술을 대접한 후 옆방으로 가 보시라고 말한다. 이들은 여기서 자기들의 무기와 신발을 알아보고, 즉시 자기들을 공격한 사람들이 누구인지, 이들을 볼 수 있는지를 묻는다. 집주인은 웃으면서 그럴 필요는 없다고 대답한다.

이들은 자기들을 공격한 사람들을 절대 보지 못한다. 이렇게 라틴 아메리카에서 매년 수천 명의 사람이 '사라진다'. 국제 인권 위원회와 국제 앰네스티가 개입하지만, 아무 소용이 없다. 실종은 계속된다.

멕시코의 살인자는 자신이 몇 명에게 빚지고 있느냐로 평가받는다. 사람들은 그 사람이 수많은 생명을 빚지고 있다고 말한다. 이름이 알려진 사람 중에 수백 명까지 빚지고 있는 살인자들도 있다. 경찰서장이 이런 사람을 잡을 때는 어떤 절차도 신경 쓰지 않는다.

카테마코 호수 근처에서 〈정원에서의 죽음La muerte en este jardín〉(1956)을 촬영할 때, 그 지역 전체를 열성적으로 '청소한' 경찰서

장은 이 영화에 출연한 프랑스 배우 조르주 마르샬Georges Marchal이 무기와 사격을 좋아하는 것을 알고, 아주 자연스러운 일처럼 그를 인간 사냥에 초대했다. 유명한 살인자를 몰아서 잡아야 했기 때문이다. 마르샬은 공포에 질려 이 제안을 거부했다. 몇 시간 뒤 우리는 경찰관들이 지나가는 것을 보았다. 경찰서장은 우리에게 사건이 잘 종결되었다고 시큰둥하게 말했다.

어느 날 나는 어떤 영화 스튜디오에서 차노 우루에타Chano Urueta라는 상당히 괜찮은 감독을 만났다. 그는 상당히 과시적으로 혁대에 자동 권총을 차고 일했다. 그 무기는 어디에 쓰냐고 내가 그에게 물었을 때, 그는 내게 이렇게 대답했다.

"무슨 일이 생길지 전혀 알 수 없지요."

예전에 〈아르치발도의 범죄 인생La vida criminal de Archibaldo de la Cruz〉(1955)을 찍을 때 영화인노동조합이 나한테 음악 하나를 넣으라고 강요했다. 서른 명의 음악가가 녹음실에 왔는데, 날씨가 몹시 더워서 이들이 상의를 벗었다. 이들 중 4분의 3이 겨드랑이 아래에 찬 케이스에 리볼버 하나씩을 넣고 있었다.

내 촬영 감독 아구스틴 히메네스Agustin Jimenez는 멕시코 도로가 밤에 특히 얼마나 위험한지에 대해 불평을 털어놓았다. 1950년 대의 이 시기에는 예컨대 사고가 난 자동차나 도로에서 신호하는 사람들을 만나면 절대로 차를 세우지 말라는 충고를 들었다. 이런 방식으로 공격을 하는 몇몇 경우가 알려져 있었지만, 솔직히 말하면 상당히 드물었다.

자기 말을 뒷받침하기 위해 히메네스는 자기 처남 얘기를 하면서 말을 덧붙였다.

"며칠 전 저녁에 처남이 톨루카에서 멕시코시티로 돌아오고 있었을 때, 그는 차가 상당히 많이 다니고 거의 고속도로에 가까운 대로를 타고 왔습니다. 그런데 갑자기 그는 뒤집혀 있는 차 한 대와 자기에게 차를 세우라고 요구하는 사람들을 보았지요. 당연히 그는 차를 멈추지 않고 가속을 했습니다. 그는 지나가는 길에 총을 네 번이나 쏘았지요. 밤에 이동하는 것은 진짜로 불가능해요."

또 다른 예로 '멕시코 룰렛'이라고 부르는 것이 있다. 유명한 아르헨티나 소설가인 바르가스 빌라Vargas Vila가 1920년경에 멕시코에 왔다. 멕시코 지식인들 스무 명가량이 그를 맞아 연회를 열어주었다. 식사가 끝나고 술을 실컷 마신 후 그는 멕시코인들이 자기들끼리 낮은 목소리로 쑥덕거리는 것을 보았다. 그 후 이들 중 한 명이 빌라에게 잠시 방에서 나가 달라고 요청했다.

그는 호기심이 생겨 무슨 일이 있느냐고 물었다. 그 자리에 있던 지식인 중 한 명이 이때 자기 리볼버를 잡고 개를 잡아들더니 이렇게 설명했다.

"이 리볼버에는 총알이 들어 있습니다. 리볼버를 공중에 던질 겁니다. 그러면 테이블에 떨어지겠지요. 물론 아무 일도 일어나지 않을 수 있습니다. 그러나 충격으로 총알 한 방이 발사될 수도 있습니다."

바르가스 빌라가 격하게 항의해서 이 게임은 다음 기회에 하기로 미루어졌다.

몇몇 유명한 사람이 이런 유형의 무기 숭배에 희생되었다. 무기 숭배는 오랫동안 멕시코의 특징이었다. 예컨대 화가 디에고 리베라는 어느 날 트럭에 총을 쐈고, 〈마리아의 초상María Candelaria〉과 〈진주La perla〉를 찍은 감독 에밀리오 '인디오' 페르난데스Emilio "El Indio" Fernández는 콜트 45 권총을 편집증적으로 좋아한 나머지 감옥에까지 갔다.

그는 자기 영화 중 한 편으로 황금 카메라상(그의 촬영 감독은 나도 종종 함께 작업했던 가브리엘 피게로아Gabriel Figueroa였다)을 받고 칸 영화제에서 돌아왔다. 그 후 기자 네 명이 그가 멕시코시티에 거짓말처럼 지어 올린 성城 같은 집으로 그를 찾아왔다. 기자들은 잠시 말을 나누다가 황금 카메라상 이야기를 꺼냈고, 그는 사실상 그 상은 미장센 상이며 그랑프리라고 대답했다. 기자들이 이 말을 믿지 않자 그는 계속 자기 말을 고집했고 마침내 이들에게 말했다.

"잠시만 기다리세요. 관련 서류를 찾아오지요."

그가 방을 나가자마자 생각이 깊은 기자 한 명이 다른 기자들에게 페르난데스는 분명 상장을 찾으러 간 게 아니고 자기 권총을 찾으러 갔다고 말했다. 이들은 자리에서 일어나서 서둘러서 도망갔지만 그만큼 빠르지는 않았다. 감독이 2층 창문에서 총을 쏘았고 이들 중 한 명이 가슴에 총을 맞았기 때문이다.

내가 파리와 스페인에서 종종 만난 위대한 멕시코 작가 중 한 명인 알폰소 레예스Alfonso Reyes가 내게 '멕시코 룰렛'의 이야기를 해 주었다. 그는 또한 내게 1920년대 초 어느 날 그 당시 멕시코 공교육 부문 국무장관이었던 바스콘셀로스José Vasconcelos의 사무실에 간 얘기를 해 주었는데, 그는 바스콘셀로스와 멕시코 풍속에 대해 몇 분간 말을 주고받다가 다음의 결론을 내렸다.

"제 생각에는 당신과 저만 빼놓고 여기서는 모두가 리볼버를 차고 다니는 것 같네요."

"당신만 그런 거지요……. 물론 당신한테만 말하는 거지만." 바스콘셀로스는 윗옷 아래 바짝 붙여 차고 있던 콜트 45를 보여 주면서 대답했다.

이런 이야기 중 가장 아름다우며 보기 드문 수준에 이른 이야기는 화가 다비드 시케이로스가 내게 해 준 것이다. 이 이야기에는 멕시코 혁명 말기에 예전에 사관학교에서 같이 공부했고 막역한 친구 사이였던 장교 두 명이 나오는데, 이들은 예컨대 오브레곤 진영과 비야 진영처럼 서로 다른 진영에서 싸웠다. 이 중 한 명은 다른 사람의 포로였고 그 다른 사람이 그를 총살해야 했다. (총살은 장교만 시켰고, 일반 병사는 승리한 장군의 이름을 부르고 '만세'라고 외치는 데 동의하면 사면해 주었다.)

승리한 장교가 포로가 된 장교를 저녁에 감방에서 나오게 해서, 자기 식탁에서 술 한잔 마시자고 초대했다. 이 두 사람은 '멕시코식 포옹abrazo'을 하고 서로 마주 보고 앉았다. 이들은 몹시 망연자실한 상태였다. 이들은 울먹이는 목소리로 청년기의 추억과 자기들의 우정과 한 사람이 다른 사람을 죽여야 하는 가차 없는 운명에 관해 이야기를 나눴다.

한 사람이 말했다. "어느 날 내가 자네를 총살해야 한다는 걸 어찌 생각이나 했겠는가?"

다른 사람이 대답했다. "자네 할 일을 하게. 자네도 다른 방법이 없지 않나?"

이들은 계속 술을 마셔서 아주 많이 취했고, 마침내 죄수가 된 장교가 그 상황에 공포를 느끼고 자기 친구에게 말했다.

"친구, 내 말 좀 들어 보게. 나한테 마지막으로 호의를 베풀어주게. 자네가 나를 죽여주면 좋겠네."

이때 승리한 장교는 눈에 눈물을 가득 담고 자리에서 일어나지도 않은 채 자기 리볼버를 꺼내 자기 오래된 동료의 소원을 들어주었다.

이 긴 여담을 끝내면서 나는 사람들이 멕시코에 대한 내 이미지를 일련의 총질로 제한하는 것을 바라지 않는다. (반복해서 말하지만 나는 항상 무기를 좋아했고, 이 점에서 내가 아주 멕시코적인 사람이라고 느낀다.) 특히 무기상을 폐쇄한 이후 이런 풍속이 진정되는 경향이 있다는 점 이외에도, 산업화한 나라들의 전유물인 정말 비열하고 혐오스러운 범죄 — '푸른 수염', 마르셀 프티오Marcel Petiot, 연쇄살인, 인간 고기를 파는 도살업자들 — 는 멕시코에서 극도로 드물다는 사실을 말해야 한다. (멕시코에서 모든 무기는 원칙적으로 등록해야 하지만, 멕시코시티에서만 50만 정 이상의 통제받지 않은 무기가 있다.) 비열하고 혐오스러운 범죄에 대해 내가 아는 예는 하나뿐이다. 몇 년 전에 멕시코 북쪽의 어느 홍등가에서 일하는 아가씨들(이들을 라스 포키안체스Las Poquianches라고 불렀다)이 실종되었다. 알고 보니 이 매춘업소의 여자 포주는 이 아가씨들이 돈을 벌어다 주기에는 너무 매력이 없고 부지런하지도 않으며 너무 나이가 들었다고 생각해서 그저 이들 모두를 죽인 뒤 정원에 묻어 버린 것이다. 이 사건은 정치적인 반향을 일으켰고 한동안 아주 시끄러웠다. 그러나 일반적으로 이 사건은 권총 한 방의 명확함을 가진 아주 단순한 살인 행위로서 프랑스, 영국, 독일, 미국에서 볼 수 있는 '끔찍한 디테일'이 없다.

또한 멕시코는 배우고 앞으로 나아가고자 하는 멕시코인들의 욕구와 도약으로 살아 움직이는 진짜 나라이며, 이런 나라를 다른 곳에서 찾기는 힘들다. 여기에 극도의 친절, 스페인 전쟁 — 위대한 라사로 카르데나스에게 경의를 표해야 한다 — 이후부터 칠레의 피노체트 쿠데타에 이르기까지 결점 없는 망명의 땅으로서 멕시코가 보여 준 우정과 환대의 감각이 더해진다. 심지어 토박이 멕시코인들과 스페인 이민자들gachupines 사이에 있던 대립이 아예 사라졌다고까지 말할 수 있다.

라틴 아메리카의 모든 나라에서 멕시코는 아마도 가장 안정적인 나라다. 거의 60년 전부터 멕시코는 평화 속에 살고 있다. 군사 반란들과 총통 정치caudillismo는 단지 피비린내 나는 기억일 뿐이다. 멕시코에서는 경제와 공교육이 발전했다. 멕시코는 아주 다양한 정치적 파벌을 가진 나라들과 탁월한 관계를 유지하고 있다. 그리고 마지막으로 멕시코에는 석유가 있고, 그것도 아주 많이 있다.

멕시코에 대해 비판할 때는 유럽 국가에서 추문을 일으킬 만한 몇몇 풍습이 헌법에 금지되어 있지 않다는 점에 주의해야 한다. 예컨대 친족 등용이 그렇다. 대통령이 자기 가족 구성원들을 사령탑에 배치하는 것은 정상이기도 하고 전통이기도 하다. 아무도 이에 대해 진짜로 항의하지 않는다. 그냥 그렇다.

어느 칠레 망명객이 멕시코에 대해 우스꽝스러운 정의를 내렸다. "멕시코는 부패가 약화시킨 파시스트 나라다." 이 말에는 한 치의 의혹도 없는 진실이 있다. 이 나라는 전능한 대통령 때문에 파시스트 나라로 보인다. 물론 대통령이 어떤 계기도 없이 재선될 수는 없다. 이 때문에 그가 폭군이 되지는 못하지만, 대통령은 6년의 임기 중에 자기가 하고 싶은 일을 아주 정확하게 할 수 있다.

몇 년 전 루이스 에체베리아Luis Echeverria 대통령이 상당히 놀라운 예를 보여 주었다. 그는 선한 의지를 가진 양식 있는 사람이고, 나를 약간 알아서 내게 때때로 프랑스 포도주를 보내 주었다. 프란시스코 프랑코가 아직 권력을 쥐고 있던 스페인에서 다섯 명의 무정부주의 활동가를 처형한 다음 날 — 이 처형이 부당하다고 전 세계의 여론이 일어났지만, 허사였다 — 에체베리아 대통령은 갑자기 몇 시간 만에 온갖 종류의 보복 조치를 결정했다. 스페인과 무역 관계를 중단시키고, 우편 협정을 종료시키고, 항공로를 폐쇄하고, 스페인 사람 몇 명을 멕시코에서 추방했다. 마드리드를 폭격하라고 멕시코 전투기만 보내지 않았을 뿐이었다.

이 과도한 권력 — 이를 '민주적 독재'라고 부르자 — 에 부패가 추가된다. 사람들은 뇌물mordida이 멕시코 생활 전체의 열쇠라고들 말한다. 뇌물은 모든 차원에서 존재한다. (물론 뇌물이 멕시코에만 있는 것은 아니다.) 모든 멕시코인이 이를 알고 있고, 모든 멕시코인이 부패의 피해자거나 수혜자다. 애석한 일이다. 부패만 없다면, 세계에서 가장 뛰어난 헌법 중 하나인 멕시코 헌법 덕분에 라틴 아메리카에 모범적인 민주주의가 생겼을 것이다.

멕시코에 부패가 있든 없든 이것은 멕시코인들만 해결할 수 있는 문제다. 모든 사람이 이를 의식하고 있고, 이것은 부분적이나마 부패의 제거를 기대할 수 있다는 징표다. 멕시코가 최초의 돌을 던지면, 미국까지 포함한 아메리카 대륙은 부패라는 이 나병에서 벗어날 수 있을 것이다.

대통령의 과도한 권력에 대해서는, 만약 민중이 이를 받아들였다면 이 문제를 해결할 수 있는 것은 민중밖에 없다. 우리는 교황보다 더한 교황주의자가 되어서는 안 된다. 게다가 나는 멕시코에서 태어나지 않고 나 자신의 의지로 멕시코인이 되었지만, 나는 멕시코 정치에 전혀 관여하지 않는다.

마지막으로, 멕시코는 세계에서 인구 성장이 가장 급속하고 가장 눈에 띄는 나라 중 하나다. 자연 자원의 공유가 극도로 잘못 이루어져 있으므로 대개는 몹시 가난한 이 사람들은 시골을 떠나 대도시들과, 특히 멕시코시티를 둘러싸고 있는 죽어 버린 도시들ciudades perdidas을 무질서하게 팽창시킨다. 오늘날 아무도 이 끝없는 거대 도시 멕시코시티에 인구가 얼마인지 모른다. 이 도시가 세계에서 가장 밀집된 지역이며, 현기증 나는 인구 증가가 이루어지고 있고(매일 천 명 가까운 농부가 일거리를 찾아서 시골에서 올라와서 아무 데서나 산다), 2000년에는 3천만 명에 달할 거라고들 말한다. 그 직접적인 귀결로서 극적으로 증가하는 오염, 물 부족, 수입의 급속한 양극화, 가장 많이 찾는 농산물(옥수수와 강낭콩)에 대한 가격 인상, 미국 경제의 전능한 영향력 등을 덧붙인다면, 멕시코가 온갖 자기 문제를 해결했다고 말하는 것은 도를 넘는 일이다. 치안 불안이 널리 퍼지고 있다는 점은 언급하지 않으려 한다. 신문에서 사회면 기사만 읽어 봐도 이를 충분히 이해할 수 있다.

물론 들어맞지 않은 예외가 많지만, 일반적으로 멕시코 배우는 자기 삶에서 실제로 하지 않는 것을 스크린에서 절대 하지 않을 것이다.

1954년에 〈짐승El bruto〉(1952)을 촬영할 때, 때때로 스튜디오 안에서까지 리볼버 몇 방을 발사한 페드로 아르멘다리스Pedro Armendariz는 반소매 셔츠를 입지 않겠다고 아주 단호하게 거부했다. 그의 말에 따르면 반소매 셔츠는 동성애자들이나 입는다는 것이었다.

사람들이 자기를 동성애자로 여길 수 있다는 생각만으로 그는 겁에 질렸다. 이 영화에서 그는 도살장의 도살자들에게 쫓겼다. 그러던 중 어린 고아 소녀와 마주쳤고, 소리치지 말라는 뜻으로 소녀의 입을 막았다. 이내 추격자들이 멀어지자 그는 소녀에게 자신의 등에 꽂힌 칼을 가리키며 이렇게 말해야 했다.

"뒤에서 이것 좀 빼줘Arrancame eso que llevo ahi detras."

몇 번에 걸쳐 리허설을 했지만, 나는 그가 갑자기 화를 내면서 소리치는 것을 들었다. "나는 절대로 '뒤에서'라는 말은 안 해Yo no digo detras!" 그는 '뒤에서detras'라는 단어를 한 번만 써도 자기 명성에 치명적일 거라고 우려하고 있었다. 나는 아무 문제없이 그 단어를 빼 주었다.

1955년에 촬영한 〈아르치발도의 범죄 인생〉은 본래 로돌포 우시글리Rodolfo Usigli라는 멕시코 극작가의 소설 — 내 생각에는 그가 쓴 유일한 소설 — 에서 영감을 받은 것이다.

이 영화는 거의 모든 곳에서 상당히 큰 성공을 거두었다. 나한테 이 영화는 어떤 이상한 비극의 추억과 연결되어 있다. 이 영화의 장면 중 하나에서 주연 배우 에르네스토 알론소는 여배우 미로슬라바Miroslava Šternová와 완벽하게 닮게 만든 마네킹 하나를 도공의 가마에서 불태웠다. 그러나 촬영이 끝난 후 얼마 지나지 않아 미로슬라바는 사랑의 고뇌로 자살했고, 그녀의 뜻에 따라 화장을 했다.

1955년과 1956년에 유럽과 접촉을 재개한 후 나는 프랑스어로 영화 두 편을 찍었다. 〈그 이름은 여명〉은 프랑스의 코르시카에서 찍었고, 〈정원에서의 죽음〉은 멕시코에서 찍었다.

나는 에마뉘엘 로블레스Emmanuel Roblès의 소설에서 영감을 받은 〈그 이름은 여명〉을 한 번도 다시 본 적이 없지만, 이 영화를 상당히 좋아한다. 내 친구가 되었고 다른 영화에서도 여러 차례 조역으로 나왔던 클로드 재거가 제작자로 나섰다. 마르셀 카뮈Marcel

Camus는 첫 번째 조감독이었는데, 항상 아주 천천히 걸었고 자크 드레Jacques Deray라는 키가 크고 다리가 긴 소년을 데리고 다녔다. 이 영화 촬영을 계기로 나는 또한 조르주 마르샬과 쥘리앵 베르토Julien Bertheau를 만났는데, 나는 이후에 이들과 작업을 같이 하게 된다. 이때 루시아 보세Lucia Bosè는 투우사 루이스미겔 도밍긴Luis-Miguel Dominguin과 약혼한 상태였는데, 이 투우사는 촬영 전에 끝없이 내게 전화해서 질문을 했다. "그래서요? 그 젊은 조감독이 누구지요? 조르주 마르샬이라구요? 그 사람은 어떤 사람입니까?"

나는 초현실주의자들의 친구인 장 페리Jean Ferry와 함께 시나리오 작업을 했다. 이때 상당히 독특한 사건이 일어나서 우리가 서로 갈라지게 되었다. 그는 스스로 '탁월한 사랑 장면'이라고 부른 것을 썼고(실제로는 대사가 별로 좋지 않은 세 페이지 분량의 장면이다) 나는 시나리오에서 그것을 전부 도려냈다. 도려낸 부분 대신 나는, 조르주 마르샬이 들어와서 아주 피곤한 채로 자리에 앉아 신발을 벗고 난 후 루시아 보세에게 수프를 대접받고 그녀에게 작은 거북이를 선물로 주는 장면을 넣었다. 스위스인인 클로드 재거는 내가 필요한 대사 몇 개 쓰는 것을 도와주었을 뿐이다. 장 페리는 몹시 화가 나서 제작자에게 신발, 수프, 거북이에 대해 불평하는 편지를 썼고, 우리가 쓴 대사를 언급하면서 이렇게 덧붙였다. "아마도 이 대사는 벨기에어나 스위스어일지는 몰라도 분명 프랑스어는 아닙니다." 심지어 그는 자기 이름을 오프닝 타이틀에서 빼달라고 요구했고, 제작자는 이를 거부했다.

나는 굽히지 않고 수프와 거북이가 들어가서 이 장면이 탁월한 장면이 되었다고 주장했다.

나는 또한 폴 클로델Paul Claudel 가족과 몇몇 문제를 겪었다. 이
영화에 그의 책들이 나오고, 그 책들은 경찰관 사무실 안에서 한
쌍의 수갑 근처에 놓여 있다. 폴 클로델의 딸은, 내게는 관례적인
모욕이라서 내가 크게 놀라지 않았던 편지를 내게 보냈다.

〈정원에서의 죽음〉의 경우에 나는 특히 시나리오상의 극적 문
제가 생각나는데, 이것은 최악의 사태였다. 나는 이 문제들을 해
결할 수 없었다. 나는 종종 밤새 장면을 쓰려고 새벽 두 시에 일어
났고, 날이 밝으면 내 프랑스어를 교정해 달라고 가브리엘 아루
Gabriel Arout에게 주었다. 이 장면들은 낮 동안에 찍어야 했다. 레이
몽 크노Raymond Queneau가 내가 이 문제에서 벗어날 수 있게 도와주
려고 멕시코에 보름 정도 다녀왔지만 허사였다. 나는 크노의 유
머 감각과 섬세함이 생각난다. 그는 내게 한 번도 "이건 싫어요,
이건 안 좋아요."라고 말한 적이 없다. 자신의 말을 "만약 이렇게
하면 어떨지 궁금하네요."로 시작했다.

탁월한 착상 하나는 그가 한 것이다. 소요가 한 번 일어난 작은
광산 마을의 매춘부인 시몬 시뇨레Simone Signoret가 식료품점에 장
을 보러 간다. 그녀는 청어와 바늘, 그리고 다양한 생필품을 사고
나서 비누 한 개를 달라고 한다. 이 순간에 마을의 질서를 회복하
려고 도착한 병사들의 트럼펫이 울린다. 그녀는 즉각 생각을 바
꿔 비누 다섯 개를 달라고 한다.

불행하게도, 이유는 잊어버렸지만, 크노가 쓴 이 짧은 장면은
영화에 나오지 못했다.

시몬 시뇨레는 〈정원에서의 죽음〉을 찍고 싶은 생각이 전혀 없었고, 그녀는 오히려 이브 몽탕Yves Montand과 로마에 함께 남아 있고 싶어 했다. 멕시코로 오기 위해 뉴욕을 경유하면서 그녀는 미국 정부에 의해 추방당하기를 기대하고 자기 여권 사이에 과시적으로 공산주의나 소련의 서류들을 끼워 넣었지만, 미국 정부는 한마디 말도 없이 그녀를 통과시켜 주었다.

촬영 중 그녀가 상당히 소란스러워서 다른 배우들을 산만하게 했기 때문에, 어느 날 나는 도구 담당 책임자에게 자를 들고 카메라에서 1백 미터 거리를 항상 유지하도록 프랑스 배우들의 자리를 배정하라고 요구했다.

반면 〈정원에서의 죽음〉 덕분에 나는 이후 내 가장 친한 친구 중 한 명이 된 미셸 피콜리Michel Piccoli를 만났다. 우리는 대여섯 편의 영화를 함께 만들었다. 나는 그의 유머 감각과 은밀한 관대함, 약간의 광기, 그가 내게는 한 번도 보여 주지 않은 존경심을 좋아한다.

〈나사린〉

1958년에 멕시코 쿠아우틀라 지역의 몇몇 아주 아름다운 마을에서 촬영한 〈나사린〉으로 나는 처음으로 페레스 갈도스의 소설을 각색했다. 또한 이 촬영 중에 내가 촬영 감독 가브리엘 피게로아를 분노하게 만든 일도 일어났다. 피게로아는 포포카테펠트 화산과 항상 거기 있는 흰 구름이 배경에 잡히는, 미적으로 흠잡을 데

〈나사린〉 촬영 현장

없는 프레임을 준비해 두었다. 나는 단지 카메라를 돌려서 내가 보기에 훨씬 더 진정성이 있고 훨씬 더 가깝게 느껴지는 진부한 풍경을 잡았다. 나는 미리 만들어놓은 영화적 아름다움을 한 번도 좋아한 적이 없다. 이런 아름다움은 대부분 이 영화가 이야기하고자 하는 것을 잊게 만들고, 나한테 개인적으로 감동을 주지 않는다.

나는 갈도스의 소설에서 전개되는 그대로 나사린이란 인물의 본질적인 것을 간직했지만, 거의 백 년 전에 표현된 생각들을 우리 시대에 맞게 고쳤다. 이 소설의 끝에서 나사린은 자기가 미사를 집전하는 꿈을 꾼다. 나는 이 꿈을 적선 장면으로 대체했다. 게다가 이 이야기가 전개되는 중에 나는 예컨대 파업이나 전염병 페스트가 돌 때 빈사 상태에 빠진 여자 같은 장면 같은 새로운 요소들을 첨가했다. 빈사 상태에 빠진 여자 장면은 사드 후작의 『사제와 죽어 가는 자의 대화*Dialogue entre un prêtre et un moribond*』에서 영감을 받은 것으로서, 여자는 신을 거부하면서 자기 애인을 불러 달라고 요구한다.

내가 멕시코에서 찍은 영화 중에서 〈나사린〉은 분명 내가 좋아하는 영화 중 하나다. 다른 한편 이 영화의 진정한 내용과 관련된 몇몇 오해도 없지 않았지만, 이 영화에 대한 관객들의 반응은 좋았다. 칸 영화제에서 특별히 그 기회에 만들어진 국제 그랑프리를 받았고, 같은 영화제에서 기독교 심사위원상을 받을 뻔도 했다. 심사위원 세 명이 상당히 단호하게 이 영화를 옹호했지만, 이들은 결국 소수에 불과했다.

집요하게 반교회적인 작가 자크 프레베르는 이 영화를 보고 내가 신부를 주인공으로 하는 영화를 만들었다고 유감을 표시했다. 그의 눈에 모든 신부는 비난할 만한 사람들이었다. 그는 내게 "그들의 문제에 관심을 가져 봤자 아무 소용이 없어"라고 말했다.

몇몇 사람이 "만회의 시도"라고 부른 오해가 계속 이어졌다. 요한 바오로 23세가 교황으로 선출된 이후 나는 멕시코에서 어느 날 누군가의 방문을 받았다. 그가 나한테 뉴욕에 와 달라고 요청을 했는데, 혐오스러운 스펠만Francis Spellman의 후계자인 어느 추기경이 이 영화 때문에 내게 표창장을 수여하고 싶어 한다는 것이었다. 물론 나는 거부했다. 그러나 이 영화의 제작자인 바르바차노 폰체Manuel Barbachano Ponce는 상을 받으러 뉴욕으로 갔다.

19
좋아하는 것과 싫어하는 것

초현실주의 시기에는 우리 사이에서 선과 악, 정당한 것과 부당한 것, 아름다운 것과 추한 것을 확정적으로 딱 잘라 말하는 것이 관례적이었다. 읽어야 할 책이 있었고 읽어서는 안 되는 다른 책이 있었으며, 해야 할 일이 있었고 피해야 할 일이 있었다. 이 장章에서는 예전의 놀이에 영감을 받아, 여느 우연과 다를 바 없는 붓의 우연에 나를 맡긴 채, 일정 수의 내가 싫어하는 것과 좋아하는 것을 모았다. 독자 여러분도 조만간 같은 방식으로 각자 이런 작업을 해 보라고 권유한다.

나는 장 앙리 파브르Jean-Henri Fabre의 『곤충기Souvenirs entomologiques』를 정말 좋아했다. 관찰에 대한 열정과 살아 있는 존재에 대한 무한한 애정 때문에 나한테 이 책은 비할 데 없는 책으로서 심지어 성경보다 훨씬 더 우월한 책으로 보인다. 오랫동안 나는 무인도에

이 책 한 권을 가져가겠다고 말했다. 오늘날 나는 생각을 바꿨다. 무인도에는 어떤 책도 가져가지 않을 것이다.

나는 사드 후작을 좋아했다. 내가 파리에서 처음으로 사드의 책을 읽었을 때는 스물다섯도 넘는 나이였다. 찰스 다윈의 책을 읽었을 때보다 훨씬 더 큰 충격이었다.

역사상 처음으로 베를린에서 아주 적은 수의 한정판으로 『소돔 120일 *Les 120 Journées de Sodome*』이 출간되었다. 어느 날 나는 로베르 데스노Robert Desnos와 함께 이 판본 중 하나를 롤랑 튀알의 집에서 보았다. 바로 이 성 유물 같은 판본으로 마르셀 프루스트 및 다른 사람들이 이처럼 아주 희귀한 텍스트를 읽은 것이다. 나는 이 책을 빌렸다.

이때까지 나는 사드에 대해 아무것도 모르고 있었다. 이 책을 읽으면서 나는 마음속 깊이 놀라움을 느꼈다. 마드리드의 대학에서는 카몽스Luís Vaz de Camões에서부터 단테Dante Alighieri까지, 호메로스에서 세르반테스까지 전 세계 문학의 위대한 걸작에 대해 원칙적으로 내게 아무것도 숨기지 않았다. 때문에, 당당하고 철저하게 사회를 온갖 관점에서 검토하고 문화적 백지상태table rase를 제안한 이 탁월한 책의 존재를 내가 어떻게 모르고 있었는지 놀라울 따름이었다. 이 책은 내게 엄청난 충격이었다. 대학이 내게 거짓말을 한 것이었다. 다른 '걸작들'은 즉시 내게 모든 가치와 중요성을 빼앗긴 것처럼 보였다. 나는 단테의 『신곡 *La Divina Commedia*』을 다시 읽어 보았지만, 이 책은 세상에서 가장 시적이지 않은 책처럼 보였고, 심지어 성경보다 덜 시적인 책으로 보였다.

루이스 바즈 데 카몽스의 『우스 루시디아스Os Lusíadas』에 대해서는 뭐라고 할 것인가? 토르콰토 타소Torquato Tasso의 『해방된 예루살렘La Gerusalemme liberata』에 대해서는?

나는 이렇게 혼잣말을 했다. "다른 어떤 것보다도 나는 사드를 먼저 읽어야 했다! 나는 쓸데없는 독서만 했던 것이다!"

나는 즉시 사드의 다른 책들을 구하고 싶었지만, 이 책들은 엄격하게 금지되어 있었고 18세기 희귀 판본으로만 구할 수 있었다. 앙드레 브르통과 폴 엘뤼아르가 나를 데리고 갔던 파리 보나파르트 거리의 한 서점에서 『쥐스틴Justine』의 구매 대기 리스트에 내 이름을 올려 주었지만, 이들은 결코 나한테 이 책을 구해 주지 못했다. 반면 나는 사드가 직접 쓴 『소돔 120일』의 수고手稿를 수중에 쥐었고 이 수고를 거의 살 뻔했다. 상당히 두툼한 두 루마리 원고였던 이 수고를 최종적으로 취득한 사람은 노아유 자작이었다.

내가 정말 좋아한 『규방 철학La Philosophie dans le boudoir』과 『사제와 죽어 가는 자의 대화』, 『쥐스틴』, 『쥘리에트Juliette』를 친구들에게 빌렸다. 『쥘리에트』에서 나는 쥘리에트와 교황 사이에서 벌어지는 장면이 특히 좋았고, 여기서 교황은 자신의 무신론을 인정한다. 한편, 나는 쥘리에트라는 이름의 손녀가 있지만, 그 이름을 지어 준 사람은 내가 아니라 내 아들 후안 루이스다.

앙드레 브르통은 『쥐스틴』의 판본 하나를 가지고 있었고, 르네 크르벨도 한 권 가지고 있었다. 르네 크르벨이 자살했을 때, 그의 집에 맨 처음 달려간 사람은 달리였다. 그리고 초현실주의 모임의 다른 회원들보다 먼저 앙드레 브르통이 갔다. 크르벨의 여자 친구 한 명이 런던에서 비행기로 몇 시간 뒤에 도착했다. 바로 그 녀가 크르벨의 죽음 뒤에 이어진 소동 중에 『쥐스틴』이 사라졌다 는 사실을 알아차렸다. 누가 이 책을 훔쳤을까? 달리? 불가능했 다. 브르통? 말도 안 된다. 그는 이 책의 판본 하나를 이미 갖고 있 었다. 알고 보니 크르벨의 서재를 잘 알고 있던 그의 친척 한 명이 『쥐스틴』을 빼돌린 것이었다. 이 잘못을 저지른 사람은 오늘까지 도 처벌받지 않았다.

나는 또한 사드의 유언에도 아주 큰 충격을 받았다. 여기서 그 는 자기 뼛가루를 아무 데나 뿌려 버리고 인류가 자기 저작들, 심 지어 자기 이름까지 잊어버리라고 요구했다. 나도 그렇게 말할 수 있기를 기원한다. 나는 모든 추도식과 위대한 인물의 동상들 이 거짓되며 위험하다고 생각한다. 이런 것들을 도대체 어디에 쓸 것인가? 망각 만세! 나는 무 속에서만 존엄을 본다.

오늘날 사드에 대한 관심이 줄어들었다 — 그러나 모든 것에 대 한 열광은 본래 일시적이다 — 고 해도, 나는 이때의 문화 혁명을 잊을 수 없다. 사드가 내게 끼친 영향은 아마도 막대했을 것이다. 사드의 인용이 두드러지는 〈황금시대〉에 대해, 모리스 엔Maurice Heine은 사드 후작이 아주 강한 불만을 품었을 거라고 주장하면서 나를 공격하는 비평을 썼다. 사실상 그는 나처럼 기독교만 공격 한 것이 아니라 제한을 두지 않고 모든 종교를 공격했다. 나는 내 목적이 죽은 작가의 사유를 존중하는 것이 아니라 한 편의 영화 를 만드는 것이었다고 대답했다.

나는 바그너를 아주 좋아했고, 첫 번째 영화 〈안달루시아의 개〉에서 마지막 영화 〈욕망의 모호한 대상〉에 이르기까지 상당히 많은 내 영화에 바그너 음악을 사용했다. 나는 바그너를 상당히 잘 알았다.

내 인생의 말년에 내가 가장 크게 우울한 이유 중 하나가 더 이상 음악을 들을 수 없다는 것이다. 이미 오래전부터, 대략 20년 전부터 내 귀는 더 이상을 음音을 인식하지 못한다. 마치 글로 된 텍스트에서 글자들이 서로 자리를 바꾸면서 독서가 뒤죽박죽이 되는 것과 비슷하다. 만일 기적이 일어나서 음악을 들을 수 있는 능력이 살아난다면, 내 노년 또한 온전한 것이 될 것이고, 음악은 거의 아무런 근심 없이 나를 죽음으로 인도하는 부드러운 모르핀이 될 것이다. 그러나 이것이 불가능하므로 나는 루르드로 여행하는 것만이 최후의 구원이 될 거라고 생각한다.

젊었을 때 나는 바이올린을 연주했고, 이후 파리에서 밴조를 켰다. 나는 베토벤Ludwig van Beethoven, 세자르 프랑크César Franck, 슈만 Robert Schumann, 드뷔시Claude Debussy, 그리고 다른 작곡가들을 좋아했다.

젊은 시절 이후 나와 음악의 관계는 완전히 바뀌었다. 평판이 대단했던 마드리드 교향악단이 사라고사에서 콘서트를 열 것이라는 공고가 몇 개월 전에 나왔을 때, 우리는 아주 유쾌한 흥분에 사로잡혔다. 그것은 진정한 기다림의 쾌감이었다. 우리는 준비를 했고, 날들 하나하나를 손으로 꼽았고, 악보를 찾아보았고, 벌써부터 콧노래를 불렀다. 콘서트가 열리던 저녁은 비할 데 없는 기뿜이었다.

오늘날에는 세상의 모든 음악을 들으려면 자기 집에서 버튼 하나만 누르면 된다. 우리가 잃어버린 것은 명확하게 보인다. 그런데 얻은 것은 무엇인가? 세상의 모든 아름다움에 도달하려면 내 생각에는 항상 세 가지 조건이 필수적인 것 같다. 기대, 투쟁, 정복이 그것이다.

나는 아침 일찍 아침 식사하는 것을 좋아하고, 일찍 자고 일찍 일어나는 것을 좋아한다. 이 점에서 나는 스페인 사람과 정반대다.

나는 북부지방과 추위와 비를 좋아한다. 이 점에서 나는 스페인 사람이다. 건조한 지역에서 태어난 나는, 안개가 덮인 축축하고 거대한 숲만큼 아름다운 것은 없다고 생각한다. 이미 언급했듯이, 유년 시절에 스페인에서 가장 북쪽에 있는 산세바스티안으로 휴가를 갔을 때, 나는 고사리와 나무 몸체에 붙은 이끼를 보고 큰 감동을 받았다. 나는 내가 잘 모르는 스칸디나비아반도의 나라들과 러시아를 좋아한다. 일곱 살 때 나는 시베리아 저 너머의 지역에서 눈 덮인 대초원을 가로질러 전개되는 몇 페이지짜리 콩트를 썼다.

나는 빗소리를 좋아한다. 나는 빗소리를 세계에서 가장 아름다운 소음 중 하나로 기억한다. 오디오로 빗소리를 들으면, 더 이상 똑같은 소리가 아니다.

비는 위대한 나라들을 만든다.

나는 추위를 정말로 좋아한다. 젊은 시절 내내, 심지어 가장 혹독한 겨울에도 나는 외투를 걸치지 않고 단지 셔츠와 상의만 입고 산

책을 했다. 추위가 나를 덮치는 것을 느꼈지만 여기에 맞서 싸웠고 이 느낌이 나를 즐겁게 했다. 내 친구들은 나를 '외투를 안 입는 사람el sin-abrigo'이라고 불렀다.

파리에서 어느 겨울에 센 강이 얼어붙기 시작할 때 오르세역에서 나는 마드리드에서 기차를 타고 도착하는 후안 비센스를 기다리고 있었다. 추위가 너무 강했고 나는 오르세 역의 플랫폼을 이리저리 뛰어야 했다. 그렇게 나는 건조성 폐렴에 걸렸다. 기운을 회복하자마자 나는 난생처음 따뜻한 옷을 샀다.

1930년대 겨울의 일이다. 나는 페핀 베요, 그리고 포병 대위였던 또 다른 친구 루이스 살리나스Luis Salinas와 함께 종종 과다라마 산맥에 갔다. 솔직히 말해서 겨울 스포츠를 즐기는 것과는 거리가 멀었다. 우리는 도착하자마자 대피소에 틀어박혀서 큰 모닥불을 피워 놓은 채 손 닿는 곳에 좋은 포도주 몇 병을 놓고 마셨다. 때때로 우리는 큰 목도리 ― 이 목도리bufanda는 〈트리스타나〉에서 페르난도 레이처럼 코까지 들어 올려 착용했다 ― 로 몸을 따뜻하게 감싸고, 몇 분간 한숨이나 돌리려고 밖에 나갔다.

물론 전문 등산가들은 우리의 태도에 경멸만을 보냈을 것이다.

앞에 한 말의 논리적 귀결로 **나는 따뜻한 나라를 좋아하지 않는다.** 내가 멕시코에 사는 것은 순전한 우연이다. 나는 사막, 모래, 아랍이나 인디언 문명, 특히 일본 문명을 싫어한다. 이 점에서 나는 내가 사는 시대의 사람이 아니다. 실제로 나는 내가 자라난 그리스-로마-기독교 문명에만 민감할 뿐이다.

나는 18세기와 19세기에 스페인을 방문한 후 영국이나 프랑스 여행객들이 쓴 스페인 여행기를 아주 좋아한다. 그리고 내가 스페인에서 살았기 때문에 나는 피카레스크 소설을 좋아한다. 특히 작자미상의 『라사리요 데 토르메스의 생애*Lazarillo de Tormes*』, 프란시스코 데 케베도Francisco de Quevedo의 『엘 부스콘*El Buscon*』, 알랭르네 르사주의 『질 블라스 이야기』를 좋아한다. 이는 17세기 프랑스 작가 르사주의 작품이지만, 18세기에 이슬라 신부가 탁월하게 번역하여 또 하나의 스페인 작품이 되었다. 내 감각으로는 이 소설이 스페인을 정확하게 대변한다고 느껴진다. 나는 이 책을 열 번도 넘게 읽었다.

귀머거리를 싫어하는 것처럼, 나는 장님을 아주 싫어한다. 멕시코에서 나는 어느 날 장님 두 명이 어깨를 나란히 하고 앉아 있는 것을 보았다. 그중 한 명이 다른 한 명의 자위행위를 해 주고 있었다. 나는 그것을 보고 약간 충격을 받았다.

나는 사람들이 말하는 것처럼 장님이 귀머거리보다 더 행복한가를 항상 자문한다. 내 생각에는 그렇지 않다. 그러나 나는 라스에라스Las Heras라는 아주 탁월한 장님을 안다. 그는 열여덟 나이에 시력을 모두 상실하고 몇 번에 걸쳐 자살 시도를 했기 때문에 그의 부모는 그의 방 창문을 모두 폐쇄해 버렸다.

그 뒤로 그는 앞을 못 본다는 새로운 상태에 익숙해졌다. 1920년대에 마드리드 시내에서 그를 종종 볼 수 있었다. 그는 라몬 고메스 데 라 세르나가 소모임을 열었던 카레타스 거리에 있는 카페 폼보에 매주 나타났다. 그는 글을 조금 썼다. 저녁에 우리가 거리를 어슬렁거릴 때 그는 우리와 어울렸다.

내가 파리 소르본 광장에 살고 있던 어느 아침에 누군가 벨을 눌렀다. 문을 열었더니 라스 에라스였다. 거기서 그를 보게 되어 너무 놀라서 집으로 들어오라고 했다. 그는 내게 자기가 파리에 막 도착했으며, 일 때문에 혼자서 파리에 왔다고 말했다. 그는 끔찍하게 프랑스어를 못했다. 그는 내게 버스 타는 곳까지 자기를 데려다줄 수 있느냐고 물었다. 나는 그를 데려다주고, 자기가 알지도 못하고 볼 수도 없는 도시에서 그가 혼자 버스를 타고 떠나는 것을 보았다. 나한테는 믿을 수 없는 일이었다. 천재 같은 장님이었다.

세상의 모든 장님 중에서 내가 아주 싫어하는 사람은 호르헤 루이스 보르헤스다. 그가 아주 좋은 작가인 것은 명백하지만, 세상에는 좋은 작가가 참 많다. 게다가 나는 어느 누구도 그 사람이 좋은 작가라서 존경하지는 않는다. 다른 자질들이 필요하다. 그런데 내가 60년 전에 두세 번 만난 호르헤 루이스 보르헤스는 내 눈엔 아주 건방지고 자기를 숭배하는 사람으로 보였다. 그가 천명한 모든 말에서 나는 뭔가 현학적(스페인어로 말하자면 강단의 느낌sienta catedra)이고 노출광 같은 느낌을 받는다. 나는 그가 하는 어떤 말에 들어 있는 반동적인 어투가 싫고 그가 스페인을 경멸하는 것도 싫다. 많은 장님이 그렇듯이 그는 달변가이고, 기자들에게 답변할 때 강박관념처럼 되풀이해서 노벨 문학상을 언급한다. 그가 노벨 문학상의 꿈을 꾸고 있는 것은 절대적으로 명백하다.

그의 태도는 장폴 사르트르의 태도와 대조적이다. 스웨덴 한림원이 사르트르에게 노벨 문학상을 수여했을 때, 사르트르는 노벨 문학상도 상금도 모두 거부했다. 신문을 읽다가 내가 사르트르의 행위를 알게 되었을 때 나는 즉시 사르트르에게 축하의 말을 담은 전보를 쳤다. 나는 정말 감동받았다.

물론 보르헤스를 다시 만난다면, 나는 아마도 그에 관한 생각을 완전히 바꿨을 수도 있다.

장님에 대해 생각할 때마다 나는 벤자민 페레의 문장이 떠오른다. (나는 이 책의 다른 모든 부분이 그렇듯이 확인해 보지 않고 기억에 의지해서 그 문장을 인용한다.) "대형 소시지는 장님들이 만드는 게 사실 아닌가?" 의문문의 형태를 띠고 있는 이 확언의 문장은 내게는 복음의 진실만큼이나 참으로 보인다. 물론 어떤 사람들은 장님과 대형 소시지를 연결하는 게 불합리하다고 생각할 것이다. 내가 보기에 이 문장은 전적으로 비합리적인 문장의 마술 같은 예로서, 갑작스럽고 신비롭게 진실의 광채가 비친다.

나는 현학적인 태도와 알아들을 수 없는 전문용어를 증오한다. 프랑스 영화 잡지 『카이에 뒤 시네마*Cahiers du cinéma*』의 몇몇 비평을 읽다가 나는 눈물이 날 정도로 웃는 일이 있었다. 멕시코에서 나는 고등 영화학교인 영화 교수 센터Centro de Capcitacion cinematografica의 명예회장으로 임명이 된 후 어느 날 이 교육기관을 방문해 달라는 초청을 받았다. 여기서 네다섯 명의 교수들을 소개받았다. 이들 중에서 정장 차림을 하고 수줍어서 얼굴이 빨개진 젊은 남자가 있었다. 나는 그에게 무엇을 가르치냐고 물었다. 그는 내게 대답했다. "경련적인 이미지의 기호학을 가르칩니다." 그 말을 듣고 그를 죽일 뻔했다.

이해하기 어려운 전문 용어를 쓰는 현학적 행위는 전형적으로 파리에서 벌어지는 현상인데, 슬프게도 저개발 국가에서 더욱 맹위를 떨치고 있다. 문화적 식민지화를 보여 주는 아주 명백한 신호다.

나는 **존 스타인벡**John Steinbeck을 **죽을 때까지 증오한다**. 그가 파리에서 썼던 글 때문이다. 이 글에서 그는 바게트를 들고 파리의 엘리제궁 앞을 지나가는 어린 프랑스 소년을 보았다고 진지하게 말했다. 이 소년이 바게트로 보초들에게 무기를 들이댔다는 것이다. 스타인벡은 이 동작이 "아주 감동적이었다"라고 생각했다. 이 글을 읽으면서 나는 신성한 분노에 사로잡혔다. 사람이 어떻게 그렇게 부끄러움을 느끼지 못할까?

미국의 무기가 없었다면 스타인벡은 아무것도 아니었을 것이다. 존 더스 패서스나 어니스트 헤밍웨이도 마찬가지였을 것이다. 이들이 파라과이나 터키에서 태어났다면 누가 이들의 책을 읽을 것인가? 위대한 작가를 결정하는 것은 한 나라의 힘이다. 소설가 페레스 갈도스는 종종 도스토옙스키Fyodor Mikhailovich Dostoevskii에 버금가는 작가로 평가된다. 그러나 스페인 너머에서 누가 그를 아는가?

나는 **로마와 고딕 예술을 좋아한다**. 특히 완전히 살아 있는 세계인 세고비아 대성당과 톨레도 대성당을 좋아한다.

프랑스 대성당들은 건축 형태의 차가운 아름다움만 가지고 있다. 스페인에서 내게 그와는 비교할 수 없이 아름답다고 여겨지는 것은 무한에 가까운 굴곡을 가진 스펙터클인 성당의 **제단 장식**

화로, 이러한 작품 속에서는 바로크의 빈틈없는 우회로를 따라가다가 몽상에서 헤어 나오질 못한다.

나는 수도원을 좋아한다. 특히 엘 파울라 수도원에 특별한 애정이 있다. 내가 알고 있는 그 모든 잊을 수 없는 장소들 (스페인어로 '다정한 장소들lugares entrañables') 중에서 내가 그 매력에 가장 쉽게 빠져드는 수도원 중 하나다.

내가 장클로드 카리에르와 함께 엘 파울라 수도원에서 시나리오 작업을 할 때, 여기서 우리는 거의 매일 아침 다섯 시에 명상의 시간을 가졌다. 이것은 상당히 큰 고딕 수도원이다. 이 수도원은 언덕이 아니라, 높은 고딕식 창문(이 창문에는 나무로 만든 낡은 덧문이 닫혀 있다)이 달린 여러 채의 똑같은 건물에 둘러싸여 있다. 눈에 보이는 지붕들은 로마식 기와로 덮여 있다. 덧문의 널빤지들은 깨져 있고 벽에서는 풀들이 자란다. 그리고 예전의 침묵이 맴돌고 있다.

이 수도원 한가운데에는 돌 벤치들을 숨기고 있는 작은 고딕식 건축물 위에 달 시계 하나가 있다. 수도사들은 밤이 얼마나 청명한지를 보여 주는 지표인 달 시계가 아주 드물다고 말한다.

끝부분이 잘려 나간 채로 수 세기의 나이를 먹은 사이프러스 나무들 사이로 낡은 회양목 울타리가 길게 뻗어 있다.

나란히 놓여 있는 세 개의 무덤이 방문할 때마다 우리의 시선을 끌었다. 가장 장엄한 첫 번째 무덤은 수도원의 고위층 인사 한 명의 거룩한 유해를 모시고 있고, 16세기부터 내려온 것이다. 그는 아마 아주 좋은 기억을 남겨 놓았을 것이다.

두 번째 무덤에는 두 여인이 묻혀 있는데, 수도원의 몇백 미터 거리에서 일어난 자동차 사고로 죽은 어머니와 딸이다. 아무도 이들 시체를 인수하지 않았기 때문에 수도원 안에 자리를 내 준 것이다.

　이미 건초로 뒤덮인, 아주 단순한 돌로 이루어진 세 번째 무덤에는 미국인 이름이 새겨져 있다. 수도사들이 우리에게 이야기해 준 바에 따르면, 이 돌 아래 영면을 취하고 있는 사람은 히로시마 원자폭탄 폭발 때 트루먼Harry S. Truman 대통령의 조언자 중 한 명이었다. 비행기 조종사와 같이 이 파괴 행위에 참여한 많은 사람처럼, 이 미국인은 신경 계통의 병에 걸렸다. 그는 자기 가족과 자기 직업을 버리고 도망쳤고 얼마간 모로코에서 방황했다. 여기서 그는 스페인으로 왔다. 그가 어느 날 저녁. 수도원의 문을 두드렸다. 수도사들은 이 남자가 기진맥진한 상태인 것을 보고 그를 거두어 주었다. 그는 일주일 후에 죽었다.

　수도사들이 어느 날 카리에르와 나를 거대한 고딕식 구내식당에 마련된 점심 식사에 초대했다. 양고기와 감자 요리가 나온 상당히 괜찮은 식사였고, 식사 중에는 말하는 게 금지되어 있었다. 베네딕도 수도사 중 한 명이 성당의 몇몇 신부의 말을 낭독했다. 반면 점심 식사를 마친 후 우리는 텔레비전과 커피와 초콜릿이 있는 다른 방으로 갔고, 여기서 엄청나게 많은 말을 주고받았다. 아주 단순한 사람들인 이 수도사들은 치즈와 진을 제조해서 우편엽서 및 조각을 새긴 지팡이들과 함께 일요일날 관광객들에게 팔았다. (이들은 세금을 내지 않기 때문에 진을 만드는 것은 금지된 행위였다.) 수도원장은 내 영화들에 대한 악마적인 평판을 알고 있었지만, 웃음을 지었을 뿐 아무 말도 하지 않았다. 그는 거의 미안하다는 투로 자신은 한 번도 영화관에 간 적이 없다고 내게 말했다.

나는 보도 사진사들에게 진절머리가 난다. 어느 날 보도 사진사 두 명은 문자 그대로 나를 덮쳤고, 나는 그때 엘 파울라 수도원에서 그리 멀지 않은 길에서 산책하고 있었다. 내가 아무리 혼자 있고 싶다고 말해도 이들은 내 주위로 덤벼들어서 카메라로 나를 연달아 찍어댔다. 이들의 행실을 꾸짖기에는 나는 벌써 너무 늙은 상태였다. 내가 무기를 가져오지 않은 것을 후회했을 뿐이다.

나는 약속 시간을 정확하게 지키는 것을 좋아한다. 솔직히 말해서 이는 나의 편집증에 가깝다. 생애 단 한 번도 약속 시간에 늦었던 적이 없다. 약속 장소에 일찍 도착하면, 두드려야 하는 문 앞에서 정확한 시간이 될 때까지 기다리면서 백 걸음씩 걷곤 했다.

나는 거미를 좋아하고 또 싫어한다. 이것은 내 형제자매들과 내가 공유하는 편집증이다. 매혹인 동시에 혐오. 우리는 가족 모임 때 거미에 대해 면밀하고 무시무시한 묘사를 하면서 몇 시간이고 말할 수 있었다.

나는 바, 알코올, 담배를 아주 좋아한다. 그러나 이 모두는 너무나 중요한 영역이라서 나는 한 장章을 완전히 따로 할애해서 여기에 대해 썼다.

나는 군중을 정말 싫어한다. 여섯 명 이상의 사람들이 모인 것을 나는 군중이라고 부른다. 내게 거대한 군중(나는 어느 일요일 코니아일랜드 해변을 보여 주는 위지Weegee의 유명한 사진이 생각난다)은 견디기 힘든 불쾌감을 일으키는, 진정한 미스터리다.

나는 펜치, 가위, 돋보기, 드라이버 같은 **작은 도구를 좋아한다**. 칫솔을 어디나 가지고 다니는 것처럼, 이 작은 도구들은 충실하게 어디나 나와 함께 다닌다. 나는 서랍에 이 도구들을 조심스럽게 정리해 놓고 사용한다.

나는 노동자들을 좋아하고 존경하며 이들의 노하우가 부럽다.

나는 스탠리 큐브릭Stanley Kubrick의 〈영광의 길Paths Of Glory〉, 페데리코 펠리니Federico Fellini의 〈로마Roma〉, 세르게이 에이젠슈테인의 〈전함 포템킨〉, 쾌락주의의 기념물이자 인간의 삶에 대한 엄청난 비극인 마르코 페레리Marco Ferreri의 〈그랑 부프La Grande Bouffe〉, 자크 베케르Jacques Becker의 〈여인숙에서 생긴 일Goupi-mains-rouges〉, 르네 클레망René Clément의 〈금지된 장난Jeux interdits〉을 좋아한다. 이전에 말했듯이, 나는 프리츠 랑의 초기 영화들, 버스터 키튼, 막스 브라더스Marx Brothers, 얀 포토츠키Jan Potocki의 원작소설을 보이치에흐 하스Wojciech Has가 연출한 영화 〈사라고사에서 발견된 원고 Rekopis znaleziony w Saragossie〉를 아주 좋아한다. 나는 〈사라고사에서 발견된 원고〉를 아주 예외적으로 세 번이나 봤다. 이는 〈사막의 시몬〉의 필름과 교환하는 대가로 내가 구스타보 알라트리스테를 통해 멕시코에 필름을 사준 영화다.

나는 제2차 세계대전까지의 장 르누아르 영화들과 잉마르 베리만Ingmar Bergman의 〈페르소나Persona〉를 아주 좋아한다. 나는 또한 페데리코 펠리니 감독의 영화로 〈길La Strada〉, 〈카비리아의 밤Le notti di Cabiria〉, 〈달콤한 인생La Dolce Vita〉을 좋아한다. 펠리니의 〈비텔로니I Vitelloni〉는 한 번도 본 적이 없어서 유감이다. 반면 〈카사노바Il Casanova di Federico Fellini〉때는 영화가 끝나기도 전에 영화관을 나왔다.

나는 비토리오 데 시카 감독의 영화로 〈구두닦이〉, 〈움베르토 디Umberto D.〉, 그리고 작업 도구를 주연으로 만드는 데 성공한 〈자전거 도둑Ladri Di Biciclette〉을 아주 좋아한다. 데 시카는 내가 잘 알고 내가 아주 가깝게 느끼는 감독이다.

나는 에리히 폰 슈트로하임 감독과 조셉 폰 스턴버그 감독을 아주 좋아한다. 스턴버그의 〈암흑가Underworld〉는 그 당시 내게 멋진 영화로 보였다.

나는, 군사적이고 민족적인 멜로드라마지만 슬프게도 큰 성공을 거둔 〈지상에서 영원으로From Here to Eternity〉를 혐오한다.

나는 안제이 바이다Andrzej Wajda와 그가 찍은 영화들을 아주 좋아한다. 나는 바이다를 한 번도 만난 적이 없지만, 오래전에 칸 영화제에서 그는 내 초기 영화들을 보고 그에게 영화를 만들고 싶은 욕구가 생겼다고 공개적으로 천명했다. 이 말을 생각하니 내 인생을 결정한 프리츠 랑의 초기 영화들에 대한 내 예찬이 떠오른다. 한 편의 영화에서 다른 영화로, 한 나라에서 다른 나라로 흘러가는 비밀스러운 연속성 속 무언가가 내게 감동을 준다. 바이다는 어느 날 '당신의 사도'라고 아이러니하게 서명한 우편 엽서 한 장을 내게 보냈다. 바이다의 경우, 내가 본 그의 영화들이 경탄할 만한 영화들이었기 때문에 그 엽서가 더 큰 감동으로 다가온다.

나는 앙리조르주 클루조Henri-Georges Clouzot의 〈마농Manon〉과 장

비고Jean Vigo의 〈라탈랑트l'Atalante〉를 좋아했다. 나는 〈라탈랑트〉의 촬영장으로 장 비고를 방문했다. 그는 신체적으로 아주 허약했고, 아주 젊었고, 아주 친절한 사람이었다.

나는 내가 좋아하는 영화들을 말할 때 여러 가지 공포담을 감미롭게 결합한 알베르토 카발칸티Alberto Cavalcanti의 영국 영화 〈밤의 죽음Dead of Night〉과, (무르나우의 〈금기: 남쪽 바다 이야기Tabu: A Story of the South Seas〉보다 훨씬 탁월해 보였던) 반 다이크W.S. Van Dyke의 〈남쪽 바다 위의 흰 그림자White Shadows in the South Seas〉를 꼽는다. 나는 제니퍼 존스Jennifer Jones가 나오는 〈제니의 초상Portrait of Jenny〉을 아주 좋아했다. 이 영화는 잘 알려지지 않았지만 신비롭고 시적인 작품이다. 나는 이 영화를 좋아한다고 어디선가 천명한 적이 있는데, 이 영화의 제작자 데이비드 셀즈닉David Selznick은 내게 감사의 편지를 보냈다.

나는 로셀리니Roberto Rossellini의 〈무방비 도시Roma città aperta〉를 혐오한다. 옆방에서 고문당하는 사제와 무릎 위에 여자를 앉히고 샴페인을 마시는 독일 장교를 안이하게 대비시킨 것은 내게는 혐오스러운 기법으로 보였다.

내가 오래전부터 알고 지냈으며 나와 같은 아라곤 사람인 카를로스 사우라 — 그는 심지어 자신의 영화 〈악당을 위한 눈물Llanto por un bandido〉에서 나한테 도살자의 역할을 시키기도 했다 — 의 영화 중에서 나는 〈사냥La caza〉과 〈사촌 앙헬리카La prima Angelica〉를 아주 좋아했다. 사우라는 〈까마귀 기르기Cria cuervos〉와 같은 몇몇 예외를 제외하면 일반적으로 내가 아주 민감하게 느끼는 감독

1961년, 루이스 부뉴엘(왼쪽)과 카를로스 사우라

이다. 나는 그가 최근에 찍은 두세 편의 영화를 보지 못했다. 나는 이제 아무것도 보지 못한다.

나는 산 호세 푸루아 근처에서 촬영한 존 휴스턴John Huston의 〈시에라마드레의 보석The Treasure of the Sierra Madre〉을 좋아했다. 휴스턴은 위대한 감독이고 아주 따뜻한 인물이다. 상당 부분 휴스턴 덕분에 〈나사린〉이 칸 영화제에 출품될 수 있었다. 그는 멕시코에서 이 영화를 보고 아침나절 내내 유럽으로 전화를 했다. 나는 이를 결코 잊지 못했다.

나는 비밀 통로를 아주 좋아한다. 소리 없이 열리는 서가, 바닥으로 내려가는 비밀계단, 숨겨진 금고도 마찬가지다. (우리 집에도 숨겨진 금고가 있지만, 어디에 있는지는 말하지 않겠다.)

나는 무기와 사격을 좋아한다. 나는 리볼버나 소총을 65개까지 갖고 있었는데, 1964년이 됐을 때 막연히 내가 그해 죽을 것이라 믿고 컬렉션 대부분을 팔아 버렸다. 나는 거의 어디서나 사격 연습을 했다. 내 자리 정면에 있는 서재의 선반 중 하나에 설치한 특수 강철 상자 덕분에 심지어 사무실에서도 사격을 했다. 밀폐된 방에서는 절대로 총을 쏘아서는 안 된다. 이 때문에 나는 사라고사에서 귀 한쪽을 잃었다.

내가 항상 잘했던 것은 리볼버로 하는 반사-사격이었다. 약간은 서부영화에서처럼, 걸어가다가 갑자기 몸을 돌리고 사람의 실루엣 위로 총을 쏘는 것이다.

나는 칼이 들어 있는 지팡이를 좋아한다. 여섯 개 정도 가지고 있다. 산책할 때 이 지팡이를 들고 가면 안심이 된다.

나는 통계를 싫어한다. 통계는 우리 시대의 화근 중 하나다. 신문한 페이지라도 통계가 나오지 않는 면은 없다. 게다가 통계 대부분은 거짓이다. 내가 장담할 수 있다. 마찬가지로 나는 **알파벳 대문자 약호 표기법을 싫어한다.** 주로 미국적인 현상이며 현대의 또 다른 편집증이다. 19세기 글에는 대문자 약호 표기법이 전혀 나오지 않았다.

나는 독 없는 뱀과 쥐를 좋아한다. 최근 몇 년을 제외하고 나는 내 인생 내내 쥐와 함께 살았다. 나는 쥐들을 완벽하게 길들였고, 대개는 쥐들의 꼬리 끝을 잘랐다. (쥐의 꼬리는 추하다.) 쥐는 열정적이고 아주 호감이 가는 동물이다. 멕시코에서 내가 쥐들을 마흔 마리가량 갖게 되었을 때, 산에다 모두 풀어 주었다.

나는 생체해부를 정말 싫어한다. 대학생 때 어느 날 나는 개구리 한마리를 십자가 모양으로 매달아 놓고, 심장이 어떻게 작동하는가를 관찰하기 위해 면도날로 그것을 산 채로 해부해야 했다. 평생 내게 충격을 주었지만 결국에는 아무짝에도 쓸데없는 경험이었고, 나는 오늘날에도 나 자신을 용서하기 힘들다. 노벨상 수상이 머지않아 보였던 미국의 위대한 신경학자인 내 조카 중 한 사람이 생체해부 때문에 연구를 중단했을 때 나는 따뜻하게 그를 칭찬했다. 어떤 경우에 과학에는 똥이나 먹으라고 말해야 한다.

나는 러시아 문학을 아주 좋아했다. 파리에 도착했을 때 나는 앙드레 브르통이나 앙드레 지드보다 러시아 문학을 더 많이 알고 있었다. 스페인과 러시아 사이에는 유럽의 위아래를 흐르며 비밀스러운 일치를 이루는 무언가가 확실히 존재하고 있다.

나는 오페라를 좋아했다. 아버지가 열세 살 때 나를 오페라에 데려가셨다. 내 오페라 사랑은 오페라에서 시작했다가 바그너의 오페라로 끝났다. 〈잊혀진 사람들〉에서 「리골레토Rigoletto」를(가방에 얽힌 에피소드), 〈엘 파오에서 열병의 상승La Fièvre Monte à El Pao〉(1959)에서 「토스카Tosca」(전반적으로 유사한 상황)와 같이 나는 두 번에 걸쳐 오페라 대본을 표절했다.

특히 스페인에서 나는 **어떤 영화관 건물들의 정면 모습에 진절머리가 난다.** 이것들은 흉측한 노출증 증세를 보인다. 나는 여기에 부끄러움을 느끼고 서둘러 걸음을 옮긴다.

나는 크림 파이를 좋아한다. 스페인어로는 '파스텔라소pastelazo'라고 부른다. 나는 몇 번에 걸쳐 내 영화에 크림 파이 장면을 넣어 보려는 강렬한 유혹을 느꼈지만, 항상 마지막 순간에 포기했다. 슬픈 일이다!

나는 변장을 아주 좋아하는데, 유년 시절부터 그랬다. 마드리드에서 사제로 변장하고 길거리를 걸었던 일도 있다. 징역 5년 형에 처해질 수 있는 범죄였다. 나는 또한 노동자로도 변장했다. 노면전차를 탔을 때 아무도 나를 쳐다보지 않았다. 마치 내가 존재하지 않는 사람인 것 같았다.

마드리드에서 내 친구 중 한 명과 함께 나는 무지막지한 사람paletos, 상스러운 사람, 시골뜨기 역할을 흉내 내는 것을 좋아했다. 나는 대중음식점에 가서 여주인에게 윙크하면서 말했다. "내 친구가 곧 들어올 텐데, 그에게 바나나 한 개를 주시오." 내 친구는 바나나를 받아 껍질도 벗기지 않고 우걱우걱 씹어 먹었다.

어느 날, 내가 군복을 갖춰 입고 장교로 변장했는데도 포병 두 명이 나한테 인사를 하지 않았다. 나는 이들을 꾸짖어서 당직 장교에게 보냈다. 또 다른 날에는 나와 같이 변장한 로르카와 함께 그 당시 상당히 유명했으나 훗날 젊은 나이에 요절하게 되는 젊은 시인과 마주쳤다. 로르카는 그에게 욕을 하기 시작했다. 이 시인은 우리를 알아보지 못했다.

훨씬 후에 멕시코에서 모두가 나를 아는 추르부스코 스튜디오에서 루이 말이 〈마리아 만세Viva Maria!〉를 촬영하고 있을 때, 나는 그저 가발 하나를 쓴 채 촬영장으로 갔다. 나는 루이 말과 마주쳤지만, 그는 나를 알아보지 못했다. 실제로 아무도 나를 알아보지 못했다. 나와 친한 기술자들도, 나와 함께 영화를 찍은 잔 모로Jeanne Moreau도, 심지어 이 영화 조감독이었던 내 아들 후안 루이스도 나를 알아보지 못했다.

또 다른 삶을 볼 수 있게 해 주는 변장은 내가 과감하게 추천하는 흥미진진한 경험이다. 예컨대 당신이 노동자라면, 상인은 당신에게 물어 보지도 않고 자동으로 가장 값싼 성냥을 준다. 사람들이 당신을 지나쳐간다. 여자들은 절대로 당신을 쳐다보지 않는다. 이 세상은 당신을 위해 만들어진 게 아니다.

나는 연회와 수상식을 죽을 정도로 증오한다. 이 보답의 자리들은 아주 우스꽝스러운 사건이 상당히 자주 벌어지는 계기가 된다. 1978년 멕시코에서 문화부 장관이 내게 국가 예술상과 금으로 만든 멋진 메달을 수여했다. 이 메달 위에는 내 이름이 '부뉴엘로스 Buñuelos'라고 새겨져 있었는데, 이 말은 스페인어로 도넛이라는 뜻

변장한 루이스 부뉴엘

이다. 하룻밤 사이에 글자를 수정했다.

뉴욕에서 또 한번은 아주 끔찍한 연회가 끝난 후 내게 양피지처럼 가공하고 채색을 한 일종의 문서를 수여했다. 여기에는 내가 현대 문화의 발전에 '무한하게immeasurably' 이바지했다고 쓰여 있었다. 불행하게도 이 '무한하게'라는 말에 오자 하나가 끼어들어 있었다. 이때도 역시 글자를 고쳐야 했다.

뭔지 모르지만 나에게 '경의'를 표한다는 구실로, 예컨대 산세바스티안 축제 때처럼 이따금 나를 드러내야 하는 일이 벌어졌다. 나로서는 이런 일이 유감이다. 앙리조르주 클루조가 자신의 전향을 알리려고 기자들을 불렀던 날 노출증은 정점에 달했다.

나는 규칙성과 내가 아는 장소들을 좋아한다. 톨레도나 세고비아에 갈 때, 나는 항상 같은 길로 갔다. 똑같은 장소에 차를 세우고, 주변을 지켜보고, 똑같은 것을 먹는다. 누군가 내게 예컨대 인도 뉴델리처럼 먼 나라에 여행의 기회를 제공하면, 나는 항상 이렇게 말하고 거절한다. "내가 오후 3시에 뉴델리에서 뭘 할 수 있을까요?"

나는 프랑스식으로 요리하는 **기름에 절인 청어 요리**와, 아라곤 지역에서 요리하는 것처럼 올리브기름, 마늘, 백리향에 넣어서 절인 **정어리 에스카베슈 요리를 좋아한다.** 나는 훈제 연어, 철갑상어알도 좋아하지만, 일반적으로 내 음식 취향은 단순하고 세련되지 못했다. 나는 미식가가 아니다. 프라이팬에 초리소와 달걀 두 개를 함께 볶아 낸 것만으로도 '헝가리 여왕의 바닷가재 요리'나 '캉통 드 샹보르의 파이'보다 내게 더 큰 행복을 가져다준다.

나는 정보의 증식을 혐오한다. 신문을 읽는 것은 세계에서 가장 걱정스러운 일이다. 내가 독재자라면, 나는 언론 전체를 일간 신문하나, 잡지 하나로 줄여 버리고, 이 둘을 엄격하게 검열할 것이다. 이 검열은 단지 정보에만 적용될 것이며, 여론은 자유롭게 내버려 둘 것이다. 정보-스펙터클은 수치羞恥다. 엄청난 크기의 신문타이틀(이 크기는 멕시코에서 기록을 세웠다), 충격적인 큰 표제 글씨를 보면 토하고 싶은 마음이 든다. 신문을 조금 더 팔려고 재앙에 대해 이 모든 절규를 하다니! 그래서 좋은 것이 무엇인가? 게다가 하나의 뉴스는 다른 뉴스를 없애 버린다.

예컨대 나는 어느 날 칸 영화제에서 『니스마탱Nice-Matin』지를 통해 최소한 나에게는 극도로 흥미로운 정보를 읽었다. 누군가 몽마르트르 성심 성당의 원형 돔을 폭파하려고 했다는 것이다. 그다음 날 이 새롭고 불손한 행위를 저지른 사람들이 누구인지, 그 이유가 무엇인지, 이들이 어디 출신인지 알고 싶어 나는 똑같은 신문을 사서 훑어 보았다. 한마디 말도 없었다. 비행기 납치 사건이 성심 성당 기사를 모두 잡아먹어 버렸다. 그리고 다시는 이야기하지 않았다.

나는 동물의 관찰, 특히 곤충의 관찰을 **좋아한다.** 그러나 나는 생리적 기능이나 정확한 해부학에는 관심이 없다. 내가 좋아하는 것은 곤충의 습성을 관찰하는 것이다.

나는 젊은 시절에 사냥을 약간 했던 것을 후회한다.

나는 그들이 누구이든 진실의 담지자들을 싫어한다. 나는 이들이 지겹고 무섭다. 나는 광신주의에 (광신적으로) 반대하는 사람이다.

나는 심리학, 심리분석, 정신분석을 싫어한다. 물론 정신분석가 중에도 아주 좋은 친구들이 있고, 몇몇 사람은 내 영화들을 그들의 관점에서 해석하는 글을 쓰기도 했다. 이것은 그들의 자유다. 다른 한 편, 프로이트Sigmund Freud를 읽은 것과 무의식의 발견이 내 젊은 시절 때 크게 이바지했다는 점은 두말할 필요가 없다.

그러나 심리학이 내게 상당히 자의적인 학문으로 보이고, 인간의 행위로 끊임없이 반박되며, 영화의 등장인물에 생기를 불어넣는 작업에 거의 아무 쓸모도 없는 것과 마찬가지로, 정신분석은 내게 하나의 사회계급에만, 즉 내가 속해 있지 않은 개인들의 범주에만 사용할 수 있는 치료로 보인다. 긴 논변을 펼치는 대신, 하나의 예만 제시해도 충분하다.

제2차 세계대전 중 뉴욕 현대 미술관에서 일하면서 정신분열증과 그 기원, 그 경과 과정, 그 치료에 대해 영화 한 편을 만들자는 아이디어가 떠올랐다. 나는 미술관의 친구였던 슐레진저 교수에게 말을 했고, 그는 내게 답했다. "시카고에 탁월한 정신분석 센터가 있고, 이 센터는 프로이트의 직계 제자인 유명한 알렉산더 박사가 이끌고 있지요. 제가 당신을 거기로 데려가도록 하지요."

그렇게 우리는 시카고에 갔다. 이 센터는 한 건물에서 아주 호화로운 서너 층 전체를 점유하고 있었다. 알렉산더 박사는 우리를 맞아 이렇게 말했다. "저희 보조금이 올해로 끝납니다. 보조금을 다시 받기 위해 뭔가를 하면 좋을 것 같네요. 우리는 당신의 기획에 관심이 있습니다. 당신은 마음대로 우리 도서관을 이용하시고, 박사들을 만나셔도 됩니다."

카를 융Carl Jung은 〈안달루시아의 개〉를 보았고 여기서 '조발성 치매'의 좋은 예증을 찾았다. 나는 이때 알렉산더 박사에게 이 영화의 복제 필름을 전해 주겠다고 제안했다. 여기에 그는 아주 기뻐했다.

도서관을 방문하면서 나는 문을 잘못 열고 들어갔다. 그로 인해 정신분석용 소파 위에 누워서 한창 처치를 받는 아주 우아한 여성 한 명과 분노에 가득 차서 문으로 달려오는 어떤 의사를 볼 시간이 있었고, 다시 문을 닫았다.

누군가 내게 이 센터에는 백만장자들과 그 부인들만 온다고 알려 주었다. 예컨대 이 여성 중 한 명이 은행에서 지폐 한 장을 훔치면, 회계원은 아무 말도 하지 않고 조용히 그 남편에게 알리고, 여성은 정신분석가에게 보낸다.

나는 뉴욕으로 돌아왔다. 며칠 후 알렉산더 박사의 편지가 도착했다. 그는 〈안달루시아의 개〉를 보고 "죽을 만큼 공포에 질렸다"("scared to death"가 정확히 그가 사용한 용어다)라고 스스로 천명했다. 그는 루이스 부뉴엘이라는 이름을 가진 사람과 어떤 관계도 맺고 싶지 않다고 썼다.

나는 단순하게 질문을 던졌다. 이것이 의사의 용어인가, 심리학자의 용어인가? 영화 한 편을 보고 공포에 질리는 사람에게 자기 인생을 이야기하고 싶을까? 이 말이 진짜일까?

당연히 나는 정신분열증에 대한 영화를 만들지 않았다.

나는 편집증을 상당히 좋아한다. 나 역시 편집증 몇 개를 발전시켰고, 이에 대해 여기저기서 말할 기회가 있었다. 편집증은 사는 데 도움이 될 수 있다. 편집증이 없는 사람들은 불쌍하다.

나는 고독을 좋아한다. 물론 친구 한 명이 때때로 나를 보러 온다는 조건에서.

나는 멕시코 모자에 대해 깊은 두려움을 갖고 있다. 이를 통해 내가 하고 싶은 말은 공식적이고 계획된 민속을 혐오한다는 것이다. 내가 시골에서 마주친다는 조건 아래서 멕시코식 차로 모자charro를 좋아한다. 그러나 나이트클럽 무대에서 완전히 금박 장식으로 뒤덮인 챙이 훨씬 넓은 차로 모자를 봤다면, 나는 견딜 수 없을 것이다. 아라곤 지역의 민속춤 호타jota도 마찬가지다.

나는 난쟁이를 좋아한다. 나는 이들의 자기 확신을 존경한다. 나는 난쟁이들이 동정심이 많고 영리하다고 생각하며, 이들과 함께 일하는 것을 좋아한다. 난쟁이들 대부분은 실제 모습 그대로다. 내가 알던 난쟁이들은 세상의 그 무엇을 줘도 정상적인 요즘 사람이 되려고 하지 않을 것이다. 이들은 또한 성적으로도 원기왕성하다. 〈나사린〉에서 연기한 난쟁이는 멕시코에서 키가 정상인 두 명의 정부가 있었고, 그는 이 여자들을 번갈아 가며 만났다. 어떤 여자들은 난쟁이를 좋아한다. 아마도 애인이면서 동시에 아이를 갖는다는 인상을 받기 때문일 것이다.

나는 죽음의 스펙터클을 싫어하지만, 이와 동시에 여기에 끌린다. 멕시코 과나후아토의 미라들은 자연 토질 덕분에 일종의 묘지에 놀랍도록 잘 보존되어 있는데, 내게 강한 인상을 주었다. 넥타이도, 단추도, 손톱 밑의 검은 색도 볼 수 있다. 오십 년 전에 죽은 친구에게 인사하러 간다는 생각이 들 것이다.

내 친구 중 한 명인 에르네스토 가르시아Ernesto Garcia는 사라고 사 묘지를 관리하는 행정가의 아들이었다. 이 묘지의 벽감壁龕에 수많은 시체가 쌓여 있었다. 1920년경 어느 아침에 자리를 만들려고 노동자들이 어떤 벽감을 치웠다. 에르네스토는 아직도 옷 조각들로 덮여 있는 수녀의 해골과 곤봉을 들고 있는 어느 집시의 해골을 보았는데, 수녀와 집시의 해골이 바닥에 함께 굴러 떨어져 서로 얽히는 모습이 펼쳐졌다.

나는 광고를 혐오한다. 나는 광고를 피하려고 할 수 있는 모든 일을 다 한다. 우리가 사는 사회는 전적으로 광고가 지배하고 있다. 내게 물을 것이다. "그러면 왜 이 책을 썼는가?" 우선, 내가 혼자 썼다면 나는 절대로 이 책을 쓰지 못했을 거라고 답한다. 나는 내가 가진 수많은 모순 속에서 굳이 그 모순들을 줄이려고 애쓰지 않고 내 생애 전체를 상당히 안락하게 보냈다는 말을 덧붙인다. 이 모순 역시도 내게 속하며, 내가 타고났고 또 습득한 모호성에 속한다.

일곱 가지 주요 죄악 중에서 **내가 진짜로 혐오하는 유일한 죄악은 질투다.** 어떤 경우의 분노만을 제외하면, 다른 죄악들은 아무에게도 해를 끼치지 않는 개인적인 죄악이다. 다른 사람의 행복이 우리를 불행하게 하므로, 질투는 어쩔 수 없이 다른 사람의 죽음까지 바라게 되는 유일한 죄악이다.

가상의 예를 하나 들어 보자. 어떤 로스앤젤레스의 백만장자는 대수롭지 않은 집배원이 매일 자기에게 가져다주는 신문을 받는다. 어느 날씨 좋은 날 이 집배원이 나타나지 않는다. 이 백만장자는 자기 집사에게 그가 왜 안 왔는지 묻는다. 집사는 이 집배원이 로또로 십만 달러를 벌었다고 대답한다. 그는 다시 오지 않을 것이다.

이때 이 백만장자는 온 마음을 다해 그 집배원을 증오하기 시작한다. 그는 십만 달러 때문에 집배원을 질투하고 심지어 그가 죽기를 바랄 수 있다.

질투는 전형적인 스페인의 죄악이다.

나는 정치를 좋아하지 않는다. 나는 지난 40년 이래 정치 영역의 모든 환상에서 해방되었다. 나는 정치를 믿지 않는다. 나는 2~3년 전에 마드리드 거리에서 좌파 시위대가 유포시킨 이 구호에 충격을 받았다. "프랑코와는 반대로 우리가 더 나았다Contra Franco estabamos mejor."

20
스페인-멕시코-프랑스
1960~1977

1960년, 나는 24년 만에 처음으로 스페인 땅을 다시 밟았다.

망명 이래 나는 몇 번에 걸쳐 프랑스의 포, 또는 생장드뤼즈에서 내 가족과 며칠 동안 시간을 보낼 수 있었다. 어머니, 여동생들, 남동생들이 프랑스 국경을 넘어 나를 보러 왔다. 망명 생활은 이런 것이다.

10년도 훨씬 전에 멕시코로 귀화한 나는 1960년에 파리의 스페인 영사관에 비자를 요청했다. 어떤 어려움도 없었다. 여동생 콘치타는 행여 사고가 발생하거나 내가 체포되면 경보를 발령하려고 포르트부로 와서 나를 기다렸다. 그러나 어떤 일도 일어나지 않았다. 몇 달 후 사복 경찰관 두 명이 나를 방문해서 정중하게 내 생업에 관해 물었다. 내가 프랑코의 스페인과 맺은 공식적 관계는 이것이 유일했다.

나는 우선 바르셀로나로 갔고, 이후 사라고사를 거쳐 마드리드로 돌아갔다. 유년 시절과 청년 시절의 장소들을 다시 찾은 내 감정이 어땠는지는 말할 필요도 없다. 십 년 전에 파리로 되돌아갔을 때처럼, 나는 이런저런 거리를 걸으면서 눈물이 나왔다.

단 몇 주에 불과한 이 첫 번째 방문 기간에 〈나사린〉의 주인공 역을 맡은 프란시스코 라발Francisco Rabal은 내게 상당히 특출난 인물을 소개해 주었다. 내 영화의 제작자이자 내 친구가 된, 멕시코인 구스타보 알라트리스테Gustavo Alatriste다.

나는 몇 년 전 〈아르치발도의 범죄 인생〉의 촬영 현장에서 그를 잠깐 만났다. 그는 여배우를 만나러 왔는데, 그녀와 결혼했다가 이혼하고 멕시코 가수이자 여배우인 실비아 피날Sylvia Pinal과 재혼했다. 투계장 운영자의 아들, 자칭 투계의 애호가, 다양한 사업가, 두 개의 잡지와 경기장과 가구 공장 주인인 구스타보 알라트리스테는 영화계에 뛰어들기로 마음먹었다. (오늘날 그는 멕시코에서 서른여섯 개의 영화관을 소유하고 있고, 영화배급업자가 되었으며, 감독이자 심지어 배우가 되었다. 곧 자기 소유의 영화 스튜디오를 갖게 될 것이다.) 그는 내게 영화 한 편을 제안했다. 구스타보 알라트리스테에게는 교활함과 순수함이 놀랍게 뒤섞여 있다. 예컨대 그는 신이 재정 문제를 해결할 수 있게 도와 달라고 미사에 참석하는 일도 있었다. 어느 날 그는 아주 진지하게 다음의 질문을 던졌다. "공작, 후작, 남작을 구별할 수 있게 해 주는 외적인 특징이 있을까요?" 나는 이런 특징은 존재하지 않는다고 대답했는데, 내 대답이 그의 마음에 들었던 것 같다.

스페인으로 돌아와 어머니를 만난 루이스 부뉴엘

잘생기고, 매혹적이고, 호화로운 선물을 할 수 있는 능력이 있는 인물, 내가 청각장애 때문에 사람이 너무 많은 장소에서는 소리를 들을 수 없다는 것을 알고 사치스러운 레스토랑 전체를 우리 둘만을 위해 예약할 수 있는 인물, 또한 어떤 여기자에게 단돈 2백 페소를 내지 않기 위해 자기 사무실 화장실에 숨을 수 있는 인물, 정치인들과 친구이며 과시적이면서도 매력으로 가득 찬 인물인 구스타보 알라트리스테는 내게 영화 한 편을 만들자고 제안했지만 영화에 대해 아무것도 몰랐다.

나는 특징적인 일화 하나를 덧붙인다. 어느 날 그는 그다음 날 자신이 멕시코를 떠난다는 사실을 알려 주면서, 나와 마드리드에서 만날 약속을 잡았다. 나는 사흘 후 그가 멕시코를 떠나지 않았다는 사실을 우연히 알게 되었다. 그럴 만한 이유가 있었다. 그는 '뿌리를 박았고arraigado', 누군가에게 돈을 갚아야 해서 멕시코를 떠날 권리가 없었다. 공항에서 그는 통제관을 매수하려고 했다. 그에게 1만 페소(4천~5천 달러)를 주겠다고 했다. 여덟 아이의 아버지인 통제관은 주저하다가 마침내 거부했다. 내가 알라트리스테에게 그 사건에 관해 물었을 때, 그는 순진하게 사실을 인정했다. 그는 자신이 빚졌고 이 때문에 '뿌리를 박은' 금액이 8천 페소도 되지 않았다고 덧붙였다. 그가 통제관에게 제시한 금액보다 적은 금액이다.

몇 년 후 알라트리스테는 나를 찾아와, 내가 그에게 때때로 영화적이고 도덕적인 충고를 해 주는 대가로 상당히 높은 월급을 제시했다. 나는 그의 제안을 거부했다. 그러나 그는 원할 때는 언제라도 내 충고를 무료로 받을 권리가 있었다.

〈비리디아나〉

마드리드를 떠나 멕시코로 가는 배 위에서 나는 가브리엘 피게로
아의 전보를 받았다. 여기서 그는 내가 알 리 없는 정글 이야기를
영화로 찍자고 내게 제안했다. 나는 제안을 거부했다. 알라트리
스테가 나를 전적으로 온전하며 한 번도 부정된 적이 없는 자유
상태로 내버려 두었기 때문이다. 나는 독창적인 주제 하나를 쓰
기로 했다. 그것은 예전에 사라고사의 중학교에 다닐 때 들었던,
잘 알려지지 않은 한 성녀의 이야기에서 비롯한다. 나는 그 성녀
를 떠올리면서 비리디아나라고 이름 붙였다.

　내 친구 훌리오 알레한드로는 내가 이미 얘기한 예전의 에로틱
한 몽상, 즉 마취제 덕분에 내가 스페인 여왕을 손아귀에 넣은 몽
상을 발전시킬 수 있게 도와주었다. 이 이야기에 두 번째 이야기
가 접목되었다. 시나리오가 끝났을 때, 알라트리스테가 내게 말
했다.

　"이 영화를 찍으러 스페인에 갑시다."

　이 때문에 내게 문제가 생겼다. 나는 그 제안을 수락하면서, 프
랑코 체제에 대립하는 기개로 유명한 바르뎀 제작사와 영화를 공
동으로 제작한다는 조건을 내걸었다. 그런데도 스페인에서 영화
를 찍기로 한 내 결정이 알려지자 멕시코의 공화주의 이민자들
사이에서 아주 강렬한 항의가 일어났다. 나는 한 번 더 공격을 받

았고 모욕을 받았지만, 이번의 공격은 다른 쪽에서가 아니라 내
가 속해 있던 사람들 사이에서 온 것이었다.

친구들은 나를 방어했고, 다음의 주제로 논란이 일어났다. 부
뉴엘은 스페인에 가서 영화를 찍을 권리가 있는가? 이것은 배신
인가, 아닌가? 얼마 후 나온 이삭의 풍자만화가 생각난다. 첫 번
째 만화에서는 프랑코가 스페인 땅에서 나를 기다리고 있다. 내
가 〈비리디아나〉(?)가 든 필름 통을 가지고 미국에서 스페인에 도
착하는데, 모욕을 당한 목소리들이 "배신자! 파렴치한 놈!"이라
고 소리친다. 이 울부짖는 목소리들은 두 번째 만화에서도 계속
되는데, 프랑코가 나를 다정하게 맞이하고 나는 그에게 필름 통
을 건네준다. 이 세 번째 만화에서 필름 통이 그의 얼굴에서 폭발
한다.

나는 마드리드의 스튜디오와 이 도시 바깥에 있는 아주 아름다
운 저택에서 이 영화를 찍었다. 오늘날 이 스튜디오와 저택은 사
라졌다. 나는 보통의 예산, 탁월한 배우들, 그리고 7~8주의 촬영
기간을 쓸 수 있었다. 나는 프란시스코 라발을 다시 만났고 난생
처음 페르난도 레이와 실비아 피날과 영화를 찍었다. 조역을 맡
은 몇몇 나이 든 배우는 〈가혹한 사람 돈 퀸틴〉과 내가 1930년대
제작한 다른 영화들 이후로 내가 아는 배우들이었다. 반은 노숙
자이고 반은 광인인 나병 환자 역을 연기한 엉뚱한 인물에 대해
나는 특별한 기억을 간직하고 있다. 우리는 그가 스튜디오의 마
당에서 기거할 수 있게 허락해 주었다. 그는 모든 배우의 연기 지
시를 거부했지만, 나는 그가 이 영화에서 탁월하게 연기했다고

생각한다. 영화를 찍고 얼마 후 그는 부르고스에서 한 벤치 위에 앉아 있었다. 〈비리디아나〉를 본 두 명의 프랑스 관광객이 그를 알아보고 그에게 축하의 말을 했다. 그는 즉시 얼마 안 되는 짐을 챙겨 어깨에 꾸러미를 메더니 이렇게 말하고 걸어서 떠났다. "파리로 가야지! 나는 파리에서 유명해!"

그러나 그는 길 가던 도중에 죽었다.

내 유년 시절에 대해 이미 인용한 글에서 여동생 콘치타는 〈비리디아나〉의 촬영에 대해 말한다. 나는 두 번째로 콘치타에게 발언권을 넘긴다.

촬영 도중 나는 오빠의 '비서' 자격으로 마드리드에 갔다. 루이스 오빠는 마드리드에서 거의 항상 은둔자의 모습으로 살았다. 우리는 마드리드에 하나밖에 없는 마천루 17층에 묵었다. 여기서 오빠는 기둥 위의 행자 시메온처럼 자기 기둥에 올라간 근엄한 수도사 같았다.

오빠의 청각 장애가 더 악화되었고, 따라서 오빠는 자신이 직접 만나지 않을 수 없었던 사람들만 만났다. 그 아파트에는 침대가 네 개 있었지만, 오빠는 침대 시트를 깔고 이불 하나만을 덮고 창문을 모두 열어 둔 채 바닥에서 잤다. 오빠는 풍경을 보려고 작업하는 책상에서 빈번하게 일어섰다. 멀리 카사 캄포와 왕궁 근처의 산이 보였다.

그는 학창 시절을 떠올렸고 행복해 보였다. 그는 마드리드의 햇살은 세상에 하나밖에 없다고 말했지만, 나는 새벽에서 황혼까지 빛이 몇 번에 걸쳐 변하는 모습을 보았다. 오빠는 아침마다 해가 뜨는 것을 보았다.

루이스 부뉴엘(왼쪽)과 〈비리디아나〉에서 '나병 환자'를 연기한 배우

우리는 저녁 7시에 식사했는데, 스페인에서는 예외적인 일이다. 신선한 채소와 치즈를 먹었고, 리오하의 몇몇 좋은 포도주를 마셨다. 정오에 우리는 항상 좋은 식당에서 점심을 먹었다. 우리가 좋아한 요리는 우유에 절여 구운 돼지고기였다. 이때부터 식인 콤플렉스가 나를 떠나지 않았고, 때로는 자기 아이를 잡아먹는 사투르누스 꿈을 꾸었다.

오빠의 청각 장애가 약간 나아졌고, 우리는 사람들, 즉 오래된 친구들, 영화연구소의 젊은이들, 촬영에 필요한 사람들을 맞이하기 시작했다. 나는 〈비리디아나〉의 시나리오를 읽었지만, 내 맘에 들지는 않았다. 내 조카 후안 루이스는 어떤 것은 자기 아버지가 쓴 시나리오고, 다른 것은 자기가 쓴 것이라고 내게 말했다. 실제로 그랬다. 나는 몇 장면을 찍는 것을 보았다. 오빠는 천사의 인내심이 있었고, 결코 화를 내는 법이 없었다. 그는 몇 번이고 되풀이하여 다시 하라고 했다.

이 영화에서 연기한 열두 명의 가난한 사람 중에서 한 명은 진짜 거지였고 '나병 환자'라고 불렸다. 오빠는 이 나병 환자가 다른 사람 임금의 3분의 1밖에 못 받는 것을 알게 되었다. 그는 제작자에게 화를 냈고, 제작자는 촬영 마지막 날 이 거지를 위해 자선 모임을 열자고 말하면서 오빠를 진정시키려 했다. 오빠는 일한 대가를 동냥으로 지급한다는 말을 받아들일 수 없어서 더 화를 냈다. 오빠는 이 부랑자가 다른 사람들처럼 매주 임금을 받아야 한다고 고집했다.

이 영화의 '의상'은 모두 진짜였다. 이 의상을 찾으려고 우리는 변두리 지역과 다리 밑을 남김없이 훑었고, 가난한 사람들과 노숙자들이 입고 있던 누더기를 받고 대신 이들에게 새 옷을 주었다. 이 누더기는 소독하기는 했지만, 배우들이 비참한 생활을 진짜로 느낄 수 있도록 빨지는 않았다.

오빠가 스튜디오에서 일할 때면 얼굴 볼 새가 없었다. 오빠는 매일 새벽 5시에 기상해 8시에 나갔고, 밤 10시나 11시에야 돌아오곤 했다. 이때가 저녁 식사 시간이었고 그는 먹자마자 자려고 즉시 바닥에 누웠다.

그러나 기분전환과 유희의 순간들도 있었다. 이 유희 중 하나는 일요일 아침 17층 높이의 우리 아파트에서 종이비행기를 날리는 것이었다. 종이비행기를 어떻게 만들었는지는 생각나지 않는다. 종이비행기는 무겁고 서투르고 기이하게 날았다. 우리는 동시에 종이비행기를 던졌다. 종이비행기가 땅에 먼저 '착륙한' 사람이 지는 놀이였다. 진 사람에 대한 벌은 비행기와 동등한 양의 종이를 먹는 것이었는데, 겨자를 묻히거나 아니면 나처럼 설탕이나 꿀을 묻혀서 먹었다. 찾기 힘든 곳이나 예측할 수 없는 곳에 돈을 숨기는 것이 오빠의 또 다른 일거리 중 하나였다. 단순한 추론을 통해 돈을 단번에 찾아야만 했다. 이렇게 나는 내 비서 임금을 현저하게 올릴 수 있었다.

콘치타는 남동생 알폰소가 사라고사에서 죽었기 때문에 촬영 중에 마드리드를 떠나야 했다. 이후에도 그녀는 마드리드의 아파트에 자주 와서 함께 지냈다. 밝고 넓은 아파트들로 이루어진 이 마천루는 슬프게도 오늘날 사무실로 바뀌어 버렸다. 콘치타를 비롯해 다른 친구들과 함께 우리는 마드리드의 가장 탁월한 대중음식점 중 하나인 도냐 훌리아의 단순하고 감미로운 음식을 맛보러 갔다. 오늘날 내 가장 좋은 친구 중 한 명인 외과 의사 호세 루이스 바로스를 알게 된 것도 이 시기다.

이 음식점 주인인 도냐 훌리아는 어느 날 2백 페스타의 계산서를 내밀었다가 8백 페스타의 팁을 준 알라트리스테 때문에 '타락해서', 다음번에 내게 '천문학적인 계산서una cuenta de gran capitan'를 내밀었다. 나는 아주 놀랐지만 따지지 않고 돈을 냈고, 이후에 그녀를 잘 아는 배우 파코[프란시스코 라발]에게 이 이야기를 했다.

그는 이 천문학적인 계산서를 요구한 이유를 그녀에게 물었다. 그녀는 아주 진솔하게 이렇게 답했다.

"그 사람이 알라트리스테 씨를 잘 아니까 백만장자인 줄 알았죠!"

이 시기 나는 아마도 마드리드의 마지막 페냐일지도 모르는 것을 발견했고 거의 매일 그곳에 갔다. 이 페냐는 예전의 오래된 카페 비엔나에서 열렸고, 호세 베르가민, 호세 루이스 바로스, 작곡가 구스타보 피탈루가Gustavo Pittaluga, 투우사 루이스미겔 도밍긴, 그리고 다른 친구들이 모였다. 카페에 들어가면서 나는 내가 한번도 속해 본 적이 없는 프리메이슨의 식별 표시를 때로 동작으로 표현하면서 이미 그곳에 있던 사람들과 은밀하게 인사했다. 프랑코 치하의 스페인에서 이 행위는 위험을 즐기는 취향을 보여주는 것이었다.

이때 스페인의 검열은 옹졸한 절차 때문에 유명했다. 〈비리디아나〉의 첫 번째 결말에서 나는 단순하게 비리디아나가 자기 사촌 집의 문을 두드리는 것만 생각했다. 문이 열리고, 그녀가 들어가고, 문이 다시 닫혔다.

검열이 이 에필로그를 거부했고, 이 때문에 나는 이전 결말보다 훨씬 더 해로운 새로운 결말을 생각해야 했다. 이것이 해로운 이유는 새로운 결말이 아주 구체적으로 세 명의 부부 관계를 암시하고 있기 때문이다. 비리디아나는 자기 사촌이 자신의 정부인 다른 여자와 벌이고 있는 카드놀이에 합류한다. 사촌이 그녀에게 말한다. "네가 결국 우리와 함께 투테tute 게임을 하리라는 것을 나는 잘 알고 있었어."

〈비리디아나〉는 스페인에서 〈황금시대〉에 비할 만큼 엄청난 추문을 불러일으켰다. 이 때문에 멕시코에 사는 공화주의자들이 나를 용서하게 되었다. 사실상 『오세르바토레 로마노Osservatore Romano』에 실린 아주 적대적인 비평 때문에 스페인 영화 자격으로 칸에서 황금종려상을 받은 이 영화는 관광과 정보 장관에 의해 스페인에서 즉시 상영 금지되었다. 이와 동시에 스페인 영화계의 총책임자는 상을 받으려고 칸 영화제의 무대에 올랐다는 이유로 조기퇴직을 하게 되었다.

이 사건은 너무도 큰 소란을 불러일으켰기 때문에 프랑코가 이 영화를 보겠다고 나섰다. 내 생각에 그는 이 영화를 심지어 두 번 보았던 것 같고, 스페인 공동제작자들이 내게 해 준 이야기에 따르면 그는 이 영화에서 비난할 만한 어떤 것도 발견하지 못했다. (솔직히 말해서 그가 본 것에 따르면 이 영화는 분명 결백한 것으로 보였다.) 그러나 그는 장관이 내린 결정을 번복하길 거부했고 〈비리디아나〉는 스페인에서 여전히 상영 금지된 채로 남아 있다.

이탈리아에서 이 영화는 먼저 로마에서 개봉되었고, 여기서 관객을 끌자 밀라노에서 상영되었다. 밀라노의 검찰총장이 이 영화를 상영 금지 조치했고 법정에서 나를 공격해서 내가 이탈리아 땅에 발을 딛게 되면 징역 1년형에 처한다는 판결을 받았다. 이 판결은 얼마 후 대법원에서 해제되었다.

구스타보 알라트리스테는 처음 이 영화를 보았을 때 약간 어안이 벙벙했고, 어떤 말도 하지 않았다. 그 다음엔 파리에서 이 영화를 보았고, 칸 영화제에서 두 번 더 보았으며, 마지막으로 멕시코에서 보았다. 그가 다섯 번째나 여섯 번째 이 영화를 본 마지막 상영회가 끝나고 밖으로 나올 때, 그는 만족해서 내게 뛰어오더니 이렇게 말했다.

"루이스, 이제 됐어, 정말 대단해, 내가 다 이해했어!"

이번에는 내가 어안이 벙벙했다. 내가 보기에 이 영화는 극도로 단순한 이야기다. 그렇게 이해하기 어려운 것이 뭐가 있는가?

비토리오 데 시카는 멕시코에서 이 영화를 보았고, 억눌리고 공포에 질린 상태로 영화관을 나왔다. 그는 한잔하러 가자고 내 아내 잔과 택시를 탔다. 가는 길에 그는 잔에게 내가 진짜로 그렇게 괴물 같은지, 둘만 있을 때 내가 아내를 때리는 일이 있는지 물었다. 잔은 이렇게 대답했다.

"거미 한 마리를 죽일 일이 생기면, 루이스는 나를 찾아요."

파리에서 머물던 호텔 근처에서 어느 날 나는 내 영화 중 하나의 포스터에 "세계에서 가장 잔인한 감독"이라는 문구가 붙어 있는 것을 보았다. 멍청한 짓은 나를 많이 슬프게 한다.

〈절멸의 천사〉

나는 〈절멸의 천사〉를 멕시코에서 찍은 것을 때때로 후회하곤 했다. 오히려 이 영화를 일정하게 사치스러운 의상과 소품들로 유럽 배우들과 함께 파리나 런던에서 찍었으면 하고 생각했다. 멕시코에서는 비록 그 저택이 무척 아름다웠고, 외모가 꼭 멕시코를 떠올리게 하지 않는 배우들을 캐스팅하고자 노력을 기울였지만, 예컨대 보잘것없는 냅킨의 질에서 드러나는 빈곤의 냄새 때문에 힘들었다. 나는 영화에서 냅킨을 하나만 보여줄 수밖에 없었다. 게다가 이 냅킨은 분장사의 것이었고 분장사가 내게 빌려준 것이다.

〈비리디아나〉의 시나리오처럼 전적으로 창작물인 〈절멸의 천사〉의 시나리오는, 어느 저녁 연극 공연이 끝난 후 이들 중 한 명의 집으로 저녁을 먹으러 온 일군의 사람들을 보여 준다. 이들은 저녁을 먹고 나서 거실로 가지만, 설명할 수 없는 이유로 거실에서 나가지 못한다. 이 상황은 『프로비당스 거리의 난파_Les Naufragés de la rue de la Providence_』의 시작 부분을 떠오르게 한다. 그러나 호세 베르가민은 그전 해 마드리드에서 그가 〈절멸의 천사〉라는 제목을 붙이고 싶은 연극 공연에 대해 내게 말해 주었다. 나는 이 제목이 멋지다고 생각해서 그에게 말했다.

"내가 포스터에서 이 제목을 본다면, 나는 즉시 연극을 보러 들어갈 거야."

멕시코에서 나는 호세 베르가민에게 그의 희곡과 그 제목에 대한 소식을 묻는 편지를 썼다. 그는 그 희곡은 결국 쓰지 못했고, 어쨌거나 그 제목은 자기 것이 아니며 「요한 묵시록」에 나오는 말이라고 대답했다. 그는 내가 아무 문제없이 이 제목을 쓸 수 있다고 말했다. 나는 그에게 감사의 말을 하고 내 영화에 그 제목을 붙였다.

뉴욕에서 화려한 만찬이 진행되는 중에 그 집의 여주인은 손님들을 놀라게 하고 즐겁게 해 주려고 어떤 개그를 실행할 생각을 했다. 예컨대 음식이 든 접시를 들고 오다가 바닥에 큰 대大자로 넘어지는 하인은 실제에서 따온 디테일이다. 이 영화에서 손님들은 이 개그를 전혀 즐기지 못한다. 그 집의 여주인은 곰 한 마리와 양 두 마리로 또 다른 개그를 준비했지만, 손님들은 이게 무슨 상황인지 전혀 모르게 된다. 그렇지만, 몇몇 광신적인 비평가는 아무런 거리낌도 없이 〈절멸의 천사〉에 나오는 곰이 자기모순에 빠져 마비된 자본주의 사회를 넘보는 볼셰비즘Bolshevism의 상징이라고 썼다.

나는 실제 삶에서도 그렇지만 영화에서도 반복되는 것들에 항상 이끌렸다. 왜 그런지도 모르고, 설명하려는 시도조차 하지 않는다. 〈절멸의 천사〉에서는 최소한 열 번가량의 반복이 나온다. 예컨대 영화에서 한 사람을 다른 사람에게 소개하고 "안녕하십니까?"라고 말하면서 서로 악수하는 두 사람이 나온다. 잠시 후 이들이 다시 만나 전혀 서로 모르는 사람처럼 한 사람을 다른 사람에게 다시금 소개한다. 마지막으로 이들은 세 번째 만나서 아주 오래 사귄 친구처럼 서로 아주 따뜻하게 인사를 한다.

손님들이 홀에 들어가고 집주인이 집사를 부르는 장면도, 앵글은 다르지만 영화에 두 차례에 걸쳐 나온다. 이 영화의 편집이 끝났을 때, 촬영 감독 가브리엘 피게로아는 나를 따로 불러내더니 이렇게 말했다.

"감독님, 아주 심각한 일이 있어요."

"무슨 일인가?"

"손님들이 집에 들어오는 숏이 두 번 나와요."

이 두 개의 숏을 직접 찍은 그가, 그처럼 엄청난 '실수'가 편집자나 감독의 눈을 벗어날 수 있다고 어떻게 잠시나마 생각할 수 있었을까?

멕시코에서 이 영화는 연기가 나쁘다는 평가를 받았다. 나는 그렇게 생각하지 않는다. 배우들은 모두 일급 배우가 아니지만, 내가 보기에는 전체적으로 상당히 잘했다. 다른 한편, 나는 어떻게 한 영화를 두고 그것이 흥미 있다고 느끼는 동시에 연기가 나쁘다고 생각할 수 있는지 이해할 수 없다.

〈절멸의 천사〉는 내 영화 중 드물게 다시 본 영화다. 볼 때마다 나는 앞서 말한 불충분한 것들이 유감스럽고, 촬영 기간이 너무 짧았던 것이 유감스럽다. 내가 여기서 보는 것은 자기들이 하고 싶은 것(방에서 나가는 것)을 할 수 없는 일군의 사람이다. 단순한 욕망마저 충족시킬 수 없는, 어찌 설명할 수 없는 불가능성. 이런 일이 상당히 자주 내 영화들에서 일어난다. 〈황금시대〉에서는 남녀가 서로 하나가 되고자 하지만 결코 여기에 이르지 못한다. 〈욕망의 모호한 대상〉에서 나이를 먹어 가는 한 남자의 성적 욕망은 결코 충족되지 못한다. 〈아르치발도의 범죄 인생〉은 죽이고자 하지만 실패한다. 〈부르주아의 은밀한 매력〉의 인물들은 저녁을 함께 먹고자 온 힘을 다하지만, 결국 저녁을 함께 먹지 못한다. 아마도 다른 예도 많이 있을 것이다.

〈사막의 시몬〉

〈절멸의 천사〉의 첫 상영을 마치고 나오는 길에 구스타보 알라트리스테는 내게 몸을 기대고 말했다.

"하나도 이해 못 하겠어요Don Luis, esto es un cañon."

여기서 '카농cañon'이란 말은 아주 강한 것, 충격, 큰 성공이라는 뜻이다.

2년 후인 1964년에 알라트리스테는 멕시코에서 기둥 위의 행자 성 시메온이라는 놀라운 인물에 대한 영화 한 편을 찍을 기회를 내게 주었다. 성 시메온은 40년 이상을 시리아 사막에 세운 기둥 꼭대기에서 지낸 4세기 때 은자다.

대학 기숙사에서 로르카가 내게 『성인전』을 읽으라고 한 이래로, 나는 성 시메온에 대해 오랫동안 생각했다. 로르카는 기둥을 따라 내려온 은자의 배설물이 초의 촛농을 닮았다는 구절을 읽으면서 아주 많이 웃었다. 사실상 성 시메온은 사람들이 바구니로 올려 보내 준 샐러드 몇 잎만 먹었으므로 그의 배설물은 촛농보다는 작은 염소 똥을 닮았음이 틀림없다.

뉴욕에서 비가 아주 많이 온 어느 날 나는 42번가 구석에 있는 도서관에 정보를 찾으러 갔다. 성 시메온에 대해 쓰인 책은 거의 없었다. 나는 오후 5시경 도서관에 들어가서 내가 열람하고 싶은 책의 도서 카드를 찾았다. 이에 대해 가장 탁월한 책은 앙드레장 페스튀기에르André-Jean Festugière 신부가 쓴 책이었는데, 이 도서 카드는 서랍에 없었다. 고개를 돌렸더니 어떤 남자가 내 곁에 서 있었다. 그가 이 도서 카드를 손에 들고 있었다. 또 다른 우연의 일치다.

나는 장편 영화를 염두에 두고 완전한 시나리오를 썼다. 불행하게도 구스타보 알라트리스테는 촬영 중에 상당한 재정상의 문제를 겪고 있었고 나는 영화를 절반으로 줄여야 했다. 내 시나리오에 눈 속에서 전개되는 장면, 순례의 장면, 심지어 비잔틴 황제의 (역사적인) 방문까지 들어 있었다. 나는 이 모든 장면을 들어내야 했는데, 이 때문에 이 영화의 결말이 약간 갑작스럽게 되어 버렸다.

〈사막의 시몬〉은 이 상태로 베니스 영화제에서 다섯 개의 상을 받았는데, 내 어떤 영화도 이렇게 많은 상을 받지는 못했다. 이 상들을 받을 사람이 아무도 없었다는 사실도 덧붙인다. 이후 이 영화는 오슨 웰스Orson Welles의 〈불멸의 이야기The Immortal Story〉와 함께 상영되었다.

오늘날 〈사막의 시몬〉은, 산티아고 데 콤포스텔라의 구불구불한 길에 나선 〈은하수〉의 두 순례자들이 이미 만났던 사람 중 한 명으로 보인다.

1963년에 나를 만나고 싶어 한 프랑스 제작자 세르주 실베르망은 마드리드의 마천루에 아파트 하나를 얻었고, 내 주소를 수소문했다. 그런데 내가 거주하던 아파트는 그의 아파트 바로 앞에 있었다. 그가 내 아파트의 벨을 울렸고 우리는 위스키 한 병을 함께 다 마셨다. 바로 이날 이후 우리 사이에 절대로 파괴되지 않은 인화人和가 생겨났다.

그는 내게 영화 한 편을 제안했고, 우리는 내가 오래전부터 알고 있던 옥타브 미르보의 『어느 하녀의 일기 *Le Journal d'une femme de chambre*』를 각색하기로 합의를 보았다. 나는 다른 이유로 이 소설의 시대적 배경을 옮겨서 우리 시대와 가깝게 만들고, 내가 잘 알고 있던 1920년대 말에 위치시키기로 마음먹었다. 이 때문에 〈황금시대〉의 기억을 떠올리면서 〈어느 시골 하녀의 일기〉 마지막에 나오는 극우 시위대가 "키아프* 만세!"라고 외치게 할 수 있었다.

〈사형대로 가는 엘리베이터 Ascenseur pour l'échafaud〉에서 잔 모로의 걸음걸이를 우리에게 알려 준 루이 말에게 감사의 말을 해야 한다. 나는 여성의 걸음걸이 및 시선에 항상 아주 민감했다. 나는 〈어느 하녀의 일기 Journal d'une femme de chambre〉(1963)의 단화短靴 장면에서 잔 모로를 걷게 하고 그녀가 걷는 모습을 찍은 데 진정한 기쁨을 누렸다. 그녀가 걸을 때 발은 단화 뒤꿈치 위에서 가볍게

---

* 1920년대 프랑스의 악명 높은 극우 경찰청장 장 키아프. 프랑스에서 〈황금시대〉를 상영 금지한 인물이기도 하다.

흔들린다. 걱정스러운 불안정성. 나는 연기 지도를 거의 하지 않고 이 탁월한 여배우가 연기하는 것을 카메라로 따라가는 것으로 만족했다. 잔 모로는 내가 짐작조차 하지 못한 일을 한 인물에 대해 내게 알려 주었다.

1963년 가을에 파리와 파리 인근 밀리라포레에서 촬영한 이 영화와 함께 나는 처음으로 프랑스 협력자들을 알게 되었고, 이들은 이후에도 계속 나와 같이 영화를 만들었다. 내 조감독 피에르 라리Pierre Lary, 탁월한 스크립터 쉬잔 뒤랑베르제Suzanne Durremberger, 사제의 역할을 연기한 장클로드 카리에르가 그들이다. 나는 이 영화의 촬영이 조용했고 잘 조직되어 있었으며 원만했다고 기억하고 있다. 이 영화를 계기로 나는 독특한 인물인 여배우 뮈니Muni를 만났는데, 아주 사적인 생활을 영위하면서 활기에 차 있던 뮈니는 내 영화에서 이후 일종의 마스코트가 되었다. 그녀는 하녀 중 가장 낮은 역할을 연기했고, 파시스트 저택 관리 책임자에게 이렇게 묻는다. (이 장면에서 주고받는 말은 내가 좋아하는 대사 중 하나다.)

"그런데 당신은 왜 항상 유대인을 죽여야 한다고 말하세요?"

"당신은 애국자가 아니지?" 저택 관리 책임자가 묻는다.

"애국자지요."

"그런데 왜?"

나는 이 영화를 찍은 이후 멕시코에서 마지막으로 작업한 영화 〈사막의 시몬〉을 찍었다. 그리고 실베르망과 그의 동업자 사프라

〈어느 하녀의 일기〉 촬영장에서 잔 모로와 루이스 부뉴엘(오른쪽)

는 내게 또 다른 영화를 제안했다. 이번에 나는 영국의 누아르 소설 중 가장 유명한 소설 중 하나인 매튜 루이스Matthew Lewis의『수도승The Monk』을 골랐다. 초현실주의자들은 이 책을 아주 소중하게 생각했고, 앙토냉 아르토가 이 책을 프랑스어로 번역했다. 이미 나는 몇 번에 걸쳐 이 소설을 각색할 생각을 했다. 심지어 몇년 전에 제라르 필립Gérard Philipe에게, 전염병 및 온갖 페스트에 대한 오래된 매혹을 보여 주는 장 지오노Jean Giono의『지붕 위의 기병Le hussard sur le toit』과 더불어 이 소설에 대해 말하기도 했다. 제라르 필립은 내 제안을 건성으로 듣더니 자기는 이보다는 훨씬 더 정치적인 영화를 좋아한다고 말한 일도 있었다. 그는 품위 있는 주제이고 상당히 잘 만들어진 〈엘 파오에서 열병의 상승〉에 출연하기로 마음먹었다. 그러나 나는 이 영화에 대해서는 별로 할 말이 없다.

〈세브린느〉

『수도승』은 좌초되었다. (아도니스 키로우Adonis A. Kyrou가 몇 년 후에 이 영화를 찍게 된다.) 1966년에 나는 조세프 케셀Joseph Kessel의『세브린느Belle de Jour』를 각색하자는 하킴 형제Robert and Raymond Hakim의 제안을 수락했다. 이 소설은 상당히 멜로드라마적이지만 구성이 잘 된 것으로 보였다. 게다가 이 소설은 카트린 드뇌브가 연기한 주인공 세브린느의 백일몽 몇 개를 영상으로 도입하고 젊은 마조히스트 부르주아 여성의 초상을 구체적으로 제시할 수 있는 여지가 있었다.

나는 또한 이 영화 덕분에 성적 변태의 몇몇 경우를 상당히 충실하게 묘사할 수 있었다. 페티시즘에 대해 내 관심이 지대하다는 것은 〈이상한 정열〉의 첫 장면과 〈어느 하녀의 일기〉의 단화短靴 장면에서 이미 느낄 수 있지만, 내가 강조해서 말하고 싶은 것은 성적 변태에 대해 내가 단지 이론적이고 외적인 매혹만을 느끼고 있다는 점이다. 성적 변태는 나를 즐겁게 하고 나는 여기에 관심이 있지만, 나 자신의 성적 행위에서는 어떤 변태적인 것도 없다. 이 차이가 놀랍게 느껴질 수도 있을 것이다. 내 생각에 진정한 변태는 자신의 비밀인 변태 행위를 공개적으로 드러내는 것을 좋아하지 않는다.

이 영화에 대해 후회 하나가 남아 있다. 나는 파리 리옹 역의 식당에서 이 영화의 첫 장면을 찍고 싶었지만, 식당 주인이 단호하게 거부했다. 이 식당은 나한테는 세상에서 가장 아름다운 장소 중 하나지만, 오늘날에도 많은 파리지앵은 이런 장소가 있다는 것을 모른다. 1900년경에 리옹 역뿐만 아니라 이 역의 이층에 화가, 조각가, 실내 장식가가 모여 기차의 영광, 그리고 기차가 닿게 될 도시의 영광을 기원하며 하나의 오페라 극장을 만들어놓았다. 파리에 있을 때 나는 이 식당에 자주 갔고, 때로는 혼자 갔다. 나는 항상 선로 옆에 있는 같은 좌석에서 점심을 먹었다.

〈세브린느〉에서 나는 〈나사린〉과 〈비리디아나〉 이후 파코 라발을 다시 만났다. 나는 이 배우를 좋아한다. 파코 라발은 나를 '삼촌'이라고 부르고 나는 그를 '조카'라고 부른다. 배우들과 작업

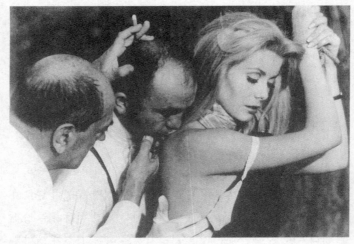

〈세브린느〉 촬영 현장의 카트린 드뇌브와 루이스 부뉴엘(왼쪽)

하는 데서 나는 어떤 특별한 테크닉도 없다. 모든 것은 배우들의 자질, 그들이 나한테 제안하는 것, 또는 캐스팅이 잘못되었을 때 연기지도를 하기 위해 내가 발휘해야 하는 노력에 달려 있다. 어쨌거나 배우들의 연기지도는 항상 감독 개인의 통찰력에 달려 있고, 이것은 감독이 느끼기는 하지만 항상 설명할 수 있는 것이 아니다.

나는 이 영화에서 검열의 요구 때문에 어처구니없게 삭제한 장면이 유감스럽다. 특히 조르주 마르샬과 카트린 드뇌브 사이에 벌어지는 장면이 그것인데, 드뇌브가 관 속에 누워 있을 때 마르샬이 그녀를 자기 딸이라고 부르는 장면은 개인 예배당에서, 그 뤼네발트Matthias Grünewald의 그리스도 그림(나는 이 그림에 나오는 고문당한 그리스도의 몸에서 항상 강한 인상을 받았다)의 탁월한 복제본 바로 밑에서 미사를 행한 후 전개된다. 그런데 이 미사 장면을 삭제함으로써 이 장면의 분위기가 눈에 띄게 변해 버렸다.

내 영화들에 대해 나한테 제기된 온갖 쓸데없는 질문 중에서 가장 빈번하고 집요한 질문 하나는 〈세브린느〉에서 아시아 고객 한 명이 매춘업소에 들고 온 작은 상자에 대한 것이다. 그는 상자를 열고 그 안에 들어 있는 것을 매춘부들에게 보여 준다. (상자에 뭐가 들었는지는 스크린에 보이지 않는다.) 세브린느를 뺀 나머지 매춘부들은 공포의 비명을 지르면서 거부하지만, 세브린느는 오히려 관심을 보인다. "이 작은 상자 안에 뭐가 들어 있어요?"라고 사람들, 특히 여자들이 우리에게 얼마나 많이 물었는지 모르겠다. 나도 뭐가 들었는지 모르기 때문에 내가 할 수 있는 유일한 대답은 이것이다. "당신이 원하는 것."

이 영화는 생모리스 스튜디오Studios de Saint-Maurice에서 촬영했다. (이 스튜디오는 오늘날에는 사라졌다. 이 책에서 '오늘날 사라졌다'라는 말은 마치 노래의 후렴구처럼 자주 나온다.) 바로 옆 플로어에서 루이 말이 〈파리의 도둑Le Voleur〉을 찍고 있었고, 이 영화에서 내 아들 후안 루이스가 조감독으로 일했다. 〈세브린느〉는 아마도 내 생애에서 가장 큰 상업적 성공을 거두었고, 이 성공은 내 작업 때문이라기보다는 이 영화에 나오는 매춘부들 덕분이다.

〈어느 하녀의 일기〉부터 내 인생은 실제로 내가 찍은 영화들과 뒤섞였다. 이 때문에 나는 점점 더 단조롭게 되어 가는 이 책의 리듬을 더 빠르게 진행한다. 나는 영화를 찍는 데서 작업상의 큰 문제가 더 이상 없었고 내 삶은 단순하게 조직되었다. 즉 멕시코에 살면서, 시나리오를 쓰거나 촬영을 하려고 매년 스페인과 프랑스에서 몇 개월씩 보냈다. 내 습관에 충실하게, 나는 똑같은 호텔에 묵었고 과거의 시간에 머물러 있는 똑같은 카페를 갔다.

유럽에서 영화를 찍을 때는 멕시코에서 내가 적응한 것에 비해 촬영 조건이 훨씬 더 쾌적했다. 이 영화들 각각에 대해 사람들이 엄청나게 많은 글을 썼다. 나는 기억을 위해 빠르게 몇 마디 말만 할 것이다.

나는 어떤 영화의 제작에서 좋은 시나리오보다 더 중요한 것은 없다고 생각하지만, 나 자신이 문인이었던 적은 한 번도 없다. 네 편의 영화를 제외하고 내 거의 모든 영화에, 이야기나 대사를 글로 표현하는 데 나를 도와줄 작가나 시나리오 작가가 필요했다. 이 협력자들은 내가 말하는 것을 기록하는 임무를 맡은 단순한 비서가 아니다. 오히려 이와 반대로 이 협력자는 내가 가진 아이디어를 토론하고 자기 아이디어를 내게 제안할 권리와 의무가 있다. 비록 최종적으로 결정은 내가 내린다고 해도 마찬가지다.

내 인생 전체를 통틀어 나는 서로 다른 스물여덟 명의 작가들과 작업했다. 나는 이들 중에서 연극인이었으며 탁월하게 대사를 쓴 훌리오 알레한드로, 열정적이었으며 자존심이 강했으며 오래전부터 자기 영화의 시나리오를 쓰고 연출한 루이스 알코리사가 특히 생각난다. 아마도 내가 가장 많이 동일시한 사람은 장클로드 카리에르다. 1963년부터 우리는 함께 여섯 편의 영화 시나리오를 썼다.

내 생각에 시나리오에서 본질적인 요건은, 훌륭한 진행을 통해 관객들이 쉴 틈 없이 주의를 기울이고 관심을 유지하는 것이다. 어떤 영화의 내용, (이런 게 있다면) 그 영화의 미학, 그 영화의 양식, 그 도덕적 경향에 대해서는 논쟁할 수는 있다. 그러나 절대로 관객을 지루하게 해서는 안 된다.

〈은하수〉

기독교의 이단에 대한 영화 한 편을 만들겠다는 생각은 내가 멕시코에 온 지 얼마 되지 않아서 메넨데스 펠라요Marcelino Menéndez Pelayo의 『스페인의 이단자들Historia de los heterodoxos españoles』 전서全書를 읽었을 때로 거슬러 올라간다. 이 독서를 통해 나는, 특히 기독교인들만큼, 아니면 기독교인들보다 더 자신의 진리를 믿은 이단의 순교자들에 대해 내가 몰랐던 많은 것을 배웠다. 이단자들의 행위에 깃든 진리를 소유하고 있다는 믿음과 어떤 기이한 발명품들은 항상 나를 매혹시켰다. 이후 나는 앙드레 브르통의 문장 하나를 찾게 되는데, 여기서 그는 종교에 대한 혐오감에도 불구하고 초현실주의가 이단들과 "일정한 접점들"이 있다고 인정한다.

〈은하수〉에서 보이는 모든 것과 들리는 모든 것은 틀림없는 원본 문서에 근거를 두고 있다. (죽은 후 자기 손으로 쓴, 이단으로 더럽혀진 글을 발견했기 때문에) 무덤이 다시 파헤쳐지고 공개적으로 화형 당한 대주교의 시체는 실제로 카란사Carranza란 이름의 톨레도 대주교의 시체였다. 우리는 긴 조사 작업에 착수했는데 이 조사 작업의 정점은 플뤼케 수도원장이 쓴 『이단 사전』이었다. 우리는 1967년 가을 스페인 하엔 지역의 카소를라 호텔에서 시나리오 초안을 썼다. 안달루시아의 산속에는 장클로드 카리에르와 나밖에 없었다. 길은 이 호텔에서 끊어져 있었다. 새벽에 사냥꾼 몇 명이 사냥을 나섰다가 때때로 야생 염소의 아직 따뜻한 사체를 가지고 날이 저물고 나서야 돌아왔다. 우리는 온종일 성삼위일체, 그리스도의 이중적 본성, 성 처녀의 신비에 관해서만 대화를 나눴다. 세르주 실베르망이 이 기획을 승인해서 우리는 아주 놀랐고 1968년 2월과 3월에 산 호세 푸루아에서 스크립트를 완성했다. 68년 5월의 바리케이드 때문에 이 기획이 잠시 위협받기도 했지만, 우리는 파리와 파리 인근 지역에서 그해 여름 이 영화를 찍었다. 폴 프랑쾨르Paul Frankeur와 로랑 테르지에프Laurent Terzieff가 우리 시대에 산티아고 데 콤포스텔라 대성당까지 걸어가는 순례자 역을 맡았다. 이들은 여행 중에 시공간의 제약을 벗어나서 주요한 이단을 보여 주는 일련의 인물을 만난다. 우리 자신도 속해 있는 은하수는 예전에 '성 자크의 길(산티아고의 길)'이라고 불렸다. 이 은하수가 북유럽 전체에서 오는 순례자들에게 스페인 쪽 방향을 알려 주었기 때문이다. 은하수란 제목은 여기서 나왔다.

피에르 클레망티Pierre Clementi, 쥘리앵 베르토, 클라우디오 브룩, 충실한 미셸 피콜리를 다시 만난 이 영화에서, 나는 제2차 세계대전 중 뉴욕에서 내 무릎에 올라온 아주 탁월한 여배우 델핀 세리그와 처음으로 영화를 찍게 된다. 두 번째이자 마지막으로 나는 (베르나르 베를리Bernard Verley가 연기한) 그리스도의 모습을 영화에서 보여 주게 되었다. 나는 그리스도를 보통의 인간으로 보여 주려고 했는데, 여기서 그는 웃고 뛰며 길을 헷갈리고, 심지어 전통적인 이미지와는 달리 스스로 면도를 할 각오까지 한다.

우리가 그리스도에 대해 말하고 있으므로 한마디 덧붙이자면, 내게는 기독교가 현대적으로 전개되면서 성삼위의 다른 두 주체보다 그리스도가 점차 특권적인 위치를 장악하게 된 것으로 보인다. 사람들은 그리스도에 대해서만 말한다. 성부인 하느님은 여전히 존재하지만, 흐릿하게 아주 멀리 있다. 불행한 성령의 경우에는 아무도 신경 쓰지 않기 때문에 사거리에서 구걸하는 신세다.

영화의 주제가 쉽지 않고 또 낯설었지만, 〈은하수〉는 언론 덕

1968년, 〈은하수〉 촬영 현장

분에, 그리고 내가 아는 가장 탁월한 영화 진흥인인 세르주 실베르망의 노력 덕분에 상당히 준수한 대중적 성공을 거두었다. 〈은하수〉는 〈나사린〉처럼 아주 모순적인 반응을 불러일으켰다. 카를로스 푸엔테스는 이 영화가 반종교적인 전투 영화라고 봤지만, 훌리오 코르타사르Julio Cortazar는 심지어 바티칸이 이 영화에 돈을 댄 것 같다고까지 말했다.

나는 의도를 둘러싼 싸움에 점점 더 무관심해졌다. 내 눈에 〈은하수〉는 이것도 아니고 저것도 아니다. 모두가 실제로 일어난 일인 이 영화가 제시한 상황들과 교리를 둘러싼 논쟁 이외에도, 내게 이 영화는 무엇보다 광신주의 속으로의 산책처럼 보인다. 광신주의에서는 각자 자기의 아주 작은 진리를 위해 죽일 준비 또는 죽을 준비를 한 채, 온 힘을 다해 완강하게 이 작은 진리에 매달린다. 따라서 두 순례자가 걸어간 길은 모든 정치적 이데올로기, 또는 심지어 모든 예술적 이데올로기에도 적용될 수 있는 것처럼 보인다.

이 영화가 코펜하겐에서 개봉되었을 때는 덴마크어로 자막 처리를 하고 프랑스어로 상영되었다. (이것은 영화관의 담당자 헤닝 칼센Henning Carlsen이 우리에게 해 준 이야기다.)

개봉한 지 얼마 되지 않아서 덴마크어도 프랑스어도 모르는 남자, 여자, 아이들로 이루어진 열다섯 명 정도의 집시가 표를 끊어서 이 영화를 봤다. 이들은 17, 18일 동안 매일같이 왔다. 칼센은 너무 당황해서 이들이 계속 찾아오는 이유를 짐작해 보려고 했다. 그는 집시의 언어를 몰랐기 때문에 그 이유를 결코 알 수 없었다. 마침내 그는 이들에게 무료로 영화관에 들어와도 된다고 했다. 그들은 다시 오지 않았다.

〈트리스타나〉

서간문 형식의 이 소설은 페레스 갈도스가 쓴 가장 탁월한 소설은 아니지만, 나는 오래전부터 돈 로페라는 인물에 매력을 느꼈다. 마드리드에서 전개되는 소설 속 행위는 톨레도로 옮길 생각이었다. 내가 그토록 좋아했던 도시에 경의를 표할 수 있다는 사실이 매력적으로 다가왔다.

나는 처음에 실비아 피날과 에르네스토 알론소를 출연시키려고 했다. 이후 스페인에서 또 다른 제작이 진행되었다. 나는 〈비리디아나〉에서 탁월한 연기를 한 페르난도 레이, 그리고 아주 많이 내 마음에 든 이탈리아의 젊은 여배우 스테파니아 산드렐리Stefania Sandrelli를 염두에 두었다.

1969년에 금지가 풀렸고, 나는 두 제작자 에두아르도 두카이Eduardo Ducay와 구루차가Joaquín Gurruchaga의 제안에 동의했다.

내 생각에는 카트린 드뇌브가 어떤 식으로든 페레스 갈도스의 세계에 속한 것처럼 보이지 않았다. 그러나 배역에 대해 이야기하려고 내게 여러 번 편지를 쓴 드뇌브를 나는 기쁘게 맞아들였다. 촬영은 거의 전적으로 톨레도(내게는 1920년대의 추억이 공명하는 도시)와 미술감독 알라르콘Enrique Alarcón이 소코도베르 광장의 카페를 정확하게 재현한 마드리드 스튜디오에서 진행되었다.

페르난도 레이가 탁월하게 연기한 주인공은 〈나사린〉에서처럼 갈도스 소설의 모델에 충실했지만, 나는 이 작품의 구조와 분위기에 상당한 변형을 가했으며, 〈어느 하녀의 일기〉에서처럼 다시 한번 작품의 시대적 배경을 사회적 소요가 선명하게 드러나는 내가 잘 아는 시대로 옮겼다.

나는 훌리오 알레한드로의 도움을 받아 〈트리스타나〉에 내 인생 전체에 걸쳐 내가 민감하게 반응한 많은 것을 집어넣었다. 톨레도의 종탑, 트리스타나가 몸을 기대는 타베라 추기경의 장례 조각상 등이 그것이다. 이 영화를 한 번도 다시 본 적이 없어서 오늘날 이 영화에 대해 다시 말하는 것은 어렵지만, 나는 트리스타나가 돌아오고 다리 하나를 자른 이후 전개되는 이 영화의 2부를 좋아했던 기억이 난다. 복도에서 울리는 트리스타나의 발소리, 목발이 또각거리는 소리, 핫초코 잔을 앞에 놓고 사제들과 나누는 차가운 대화가 아직도 귀에 생생하다.

이 영화의 촬영을 생각하면, 내가 페르난도 레이에게 했던 짓궂은 장난이 떠오른다. 그 이야기를 해도 내 아주 소중한 친구인 레이는 나를 용서해줄 것이다. 많은 배우가 그렇듯이 페르난도도 자신의 유명세를 기쁘게 생각했다. 당연하지만 그는 길거리에서 사람들이 자기를 알아보고 자신이 지나가는 쪽으로 몸을 돌리는 것을 좋아했다.

어느 날 나는 제작사 대표에게 중학교 한 반 전체를 섭외하라고 말했다. 내가 페르난도 곁에 있는 순간, 학생들이 레이는 거들떠보지도 않고 나한테만 모여들어 차례차례 사인해 달라고 요구하도록 하려는 것이었다. 그리고 그렇게 되었다.

페르난도와 나는 커피잔을 앞에 놓고 옆으로 나란히 앉아 있었다. 소년 하나가 내게 와서 사인해 달라고 했고, 나는 기꺼이 해 주었다. 이 소년은 내 곁에 앉은 페르난도는 쳐다보지도 않고 그냥 가 버렸다. 이 소년이 멀어지자마자 두 번째 중학생이 왔고 앞의 학생과 똑같은 일을 했다.

세 번째 학생이 왔을 때 페르난도가 웃음을 터트렸다. 그는 아주 단순한 이유로 이것이 장난이라는 걸 알아챘다. 그가 보기에, 학생들이 내게 사인을 해 달라고 요구하면서 내가 누군지 몰랐다는 건 전혀 이치에 맞지 않는 일이라고 했다. 이 점에서는 그의 말이 맞았다.

〈부르주아의 은밀한 매력〉

불행하게도 프랑스에서 더빙으로 개봉된 〈트리스타나〉 이후, 나는 제작자로는 실베르망하고만 작업하기로 하고 다시는 그를 떠나지 않았다. 그럼으로써 나는 파리, 내 동네였던 몽파르나스, 호텔 에글롱, 몽파르나스 묘지를 향해 있는 내 창문, 카페 라 쿠폴이나 라 팔레트나 라 클로즈리 데 릴라에서 이른 시간에 하는 점심 식사, 매일매일의 산책, 촬영 중 대부분 시간에 스스로 약간의 요리를 해 먹으며 혼자서 보내는 저녁 시간을 되찾았다. 내 아들 후안 루이스는 파리에서 자기 가족과 거주하고 있었다. 후안 루이스는 종종 나와 함께 일했다.

〈절멸의 천사〉에 대해 말하면서 내가 반복되는 행위와 대사에 얼마나 이끌리는지 이미 설명했다. 실베르망이 자신에게 벌어진 일을 말해 주었을 때, 우리는 반복되는 행위에 대한 실마리 하나를 찾았다. 그는 예컨대 화요일 저녁에 자기 집에서 저녁 식사를 하자고 사람들을 초대했지만 이에 대해 자기 부인에게 말하는 것을 잊어버렸고, 바로 이 화요일에 자신이 자기 집 바깥에서 다른 저녁 약속이 있다는 것을 잊어버렸다. 손님들이 꽃을 들고 아홉 시경에 왔다. 실베르망은 집에 없었다. 손님들이 와서 보니 그의 부인은 잠옷을 입고 있었고, 아무것도 몰랐으며, 이미 저녁을 먹었고, 잠잘 준비를 하고 있었다.

이 장면이 〈부르주아의 은밀한 매력〉의 첫 장면이 되었다. 이를 계속 이어가면 되었고, 핍진성을 너무 심하게 깨뜨리지 않으면서 일군의 친구들이 함께 저녁 식사를 하려고 하지만 결국에는 실패하고 마는 다양한 상황을 상상하면 되었다. 이 작업은 아주 오래 걸렸다. 우리는 다섯 개의 버전으로 시나리오를 썼다. 논리적이고 일상적이어야 하는 상황의 현실성과, 환상적이거나 기상천외하게 보여서는 안 되는 예기치 못한 장애물의 축적 사이에서 정확한 균형을 찾아야만 했다. 난관에 빠졌을 때 꿈을, 심지어 꿈속의 꿈을 도입하면 되겠다는 생각이 우리를 구해 주었다. 마지막으로 이 영화에서 내 드라이 마티니 제조법을 알려 줄 수 있게 되어서 나는 특히 만족했다.

촬영할 때 행복했던 기억이 하나 있다. 이 영화에서 종종 식사가 문제가 되기 때문에 배우들, 특히 스테판 오드랑Stéphane Audran

이 촬영 현장으로 우리가 먹을 것과 마실 것을 갖다 주었다는 점이다. 우리는 오후 5시경에 작은 휴식을 취하는 습관이 있었고, 이때 우리는 10여 분 동안 사라지곤 했다.

1972년에 파리에서 촬영한 〈부르주아의 은밀한 매력〉부터 나는 비디오 촬영 설비로 작업하는 습관이 생겼다. 나이가 들면서 카메라 리허설 문제를 해결하는 것에 예전처럼 유연하게 움직이지 못했다. 따라서 나는 촬영 감독이 보는 영상과 정확히 똑같은 영상을 보여 주는 기구를 설치해 그 앞에 앉았고, 내 좌석에서 프레임이나 배우들의 위치를 고쳐 주었다. 이 기술 덕분에 나는 훨씬 덜 피로했고 시간을 아낄 수 있었다.

초현실주의자들에게는 그들만의 제목 짓는 습관이 있었는데, 어떤 그림이나 책에 새로운 통찰력을 제시하는 예기치 않은 단어들을 찾으려고 한다. 나는 이 습관을 영화에 적용하려고 몇 번에 걸쳐 시도했다. 물론 〈안달루시아의 개〉와 〈황금시대〉가 그랬고, 또한 〈절멸의 천사〉도 그랬다.

시나리오 작업을 하면서 우리는 한 번도 부르주아지에 대해 생각한 적이 없었다. 마지막 날 저녁, 우리가 톨레도 호텔에 있었고 샤를 드골 대통령이 죽은 바로 그날 저녁에 우리는 제목 하나를 정하기로 했다. 프랑스 혁명 때 나온 노래 〈카르마뇰〉을 참고해서 내가 생각한 제목 중 하나는 〈레닌 타도, 또는 마구간의 성모〉였다. 또 다른 제목은 단순하게 〈부르주아지의 매력〉이었다. 카리에르는 형용사 하나가 모자란다는 지적을 해 주었고, 수천의 형용사 중에서 '은밀한'이 선택되었다. 우리가 보기에, 이 제목 〈부르주아의 은밀한 매력〉과 함께 이 영화는 또 다른 형식, 거의 완전히 다른 기반을 갖게 되었다. 사람들이 이 영화를 다르게 보았다.

1년 후 이 영화는 할리우드의 오스카상 경쟁 부문에 지명되었고, 우리는 이미 다음 기획으로 작업하고 있었다. 이때 내가 알던 멕시코 기자 네 명이 우리를 추적해서 엘 파울라 호텔로 점심을 먹으러 왔다. 식사 중 이들이 내게 질문을 던졌고 노트를 했다. 물론 이들은 잊어먹지 않고 내게 다음의 질문을 했다.

"루이스 씨, 당신이 오스카상을 받을 거라고 생각하십니까?"

나는 심각하게 말했다. "예, 확신합니다. 나한테 요구한 2만 5천 달러는 이미 지급했습니다. 미국인들은 결점이 많지만, 약속은 지키는 사람들입니다."

멕시코 기자들은 이 말이 짓궂은 장난이라고 생각하지 않았다. 나흘 후 멕시코 신문은 내가 오스카상을 2만 5천 달러에 샀다고 공표했다. 로스앤젤레스에 추문이 일었고, 전화가 끊임없이 이어졌다. 파리에서 온 실베르망은 아주 지겹다는 투로 대체 무슨 일이냐고 물었다. 나는 순진무구한 농담이었다고 그에게 대답했다.

그 후 사태가 진정되었다. 3주 후 이 영화는 오스카상을 받았다. 이 때문에 나는 내 주변 사람들에게 이 말을 되풀이할 수 있었다.

"미국인들은 결점이 많지만, 약속은 지키는 사람들입니다."

〈자유의 환영〉

〈은하수〉의 대사인 "당신의 자유는 환영일 뿐이다"에 이미 나온 이 새로운 제목은 카를 마르크스에게, 그리고 『공산당 선언*Manifest der Kommunistischen Partei*』의 시작 부분에 나오는 "유럽에 공산주의라고 불리는 유령 하나가 떠돌고 있다"라는 문장에 은밀한 경의를 바치고자 한 것이다. '자유'는 이 영화의 첫 장면에서 정치적이고 사회적인 자유를 뜻한다. (이 영화의 첫 장면은 실제 사건에 영감을 받은 것으로서, 스페인 민중은 나폴레옹이 도입한 자유주의적 이념에 대한 증오 때문에 부르봉 왕가가 되돌아오자 실제로 '예속 만세!'라고 외쳤다.) 그러나 곧 또 다른 의미를 띠게 되는데, 그것은 사회적이고 정치적인 자유만큼이나 허망한 예술가와 창조자의 자유다.

쓰기 어렵고 연출하기 어려웠던, 이 야심만만한 영화는 내 기대에 어긋났다. 어떤 에피소드가 어쩔 수 없이 다른 에피소드를 압도한 것이다. 어쨌거나 이 영화는 내가 좋아하는 내 영화 중 하나로 남아 있다. 나는 이 영화의 전개 과정이 흥미롭다고 생각한다. 이 영화에서 내가 좋아하는 장면은, 여인숙 방에서 숙모와 조카 사이에서 전개되는 사랑 장면, 실종된 여자아이를 찾지만 실제로는 그 아이가 계속 옆에 있는 장면(내가 오래전부터 생각해 왔던 아이디어), '산마르틴의 준성사'에 대한 아득한 기억인 묘지를 방문한 경찰관 두 명의 장면, 그리고 가짜 속눈썹을 끼고 있는 것 같은 타조의 집요한 시선을 보여 주는 동물원에서의 마지막 장면이다.

오늘날 이 영화에 대해 다시 생각하면, 각기 세 개의 창작 시나리오에서 생겨난 〈은하수〉, 〈부르주아의 은밀한 매력〉, 〈자유의 환영〉은 일종의 3부작, 또는 중세 때와 같은 삼면 제단화를 이룬다. 이 세 영화에 모두 동일한 테마, 때로는 동일한 문장들이 나온다. 이 세 영화는 우리가 찾았다고 생각했을 때 빠져나가 버리는 진실의 추구에 대해, 냉혹한 사회적 의례에 대해 이야기한다. 이 영화들은 우연에 대해, 개인적 도덕에 대해, 존중해야 할 신비를 향한 필수 불가결한 탐구에 대해 이야기한다.

일화 삼아 말하면, 영화가 시작될 때 프랑스인들이 총살하는 네 명의 스페인 사람은 호세 루이스 바로스(가장 키 큰 사람), 세르주 실베르망(이마에 띠를 두른 사람), 사제로 등장한 호세 베르가민, 수도사의 후드와 수염 속에 숨어 있는 나 자신이라는 점을 밝혀 둔다.

〈욕망의 모호한 대상〉

내 나이 일흔네 살이었던 1974년에 찍은 〈자유의 환영〉 이후 나는 완전히 은퇴할 생각을 했다. 그러나 내 친구들, 특히 실베르망의 집요한 설득으로 나는 다시 작업에 착수했다.

나는 피에르 루이스Pierre Louÿs의 『여자와 꼭두각시 *La Femme et le Pantin*』를 각색하겠다는 예전의 기획으로 돌아가서 이 영화를 마침내 1977년에 찍었다. 배우로는 페르난도 레이와, 동일 배역에 두 명의 여배우, 즉 앙헬라 몰리나와 캐롤 부케가 나온다. 그런데 사실, 상당히 많은 관객이 여배우가 두 명이라는 점을 알아차리

〈욕망의 모호한 대상〉의 수선 장면에 나오는 레이스를 든 루이스 부뉴엘

지 못했다.

"욕망의 창백한 대상"이라는 피에르 루이스의 표현에서 출발한 이 영화는 〈욕망의 모호한 대상〉이란 제목을 갖게 되었다. 시나리오는 상당히 잘 구축되었으며, 각 장면은 시작과 전개와 끝이 있다. 이 영화는 원작에 상당히 충실하지만, 원작의 어조를 완전히 바꿔놓는 상당수의 가필이 들어 있다. 마지막 장면은, 내가 왜 그런지는 말할 수 없지만 나를 건드린다. 마지막 폭발이 일어나기 전에 영원히 신비롭게 남아 있기 때문이다. (이 영화의 마지막 장면은 한 여자의 손이 피 묻은 레이스 옷의 찢긴 부분을 조심스럽게 손질하는 장면인데, 이것이 내가 찍은 마지막 숏이 되었다.)

〈황금시대〉 이후 오랫동안, 한 여성의 육체를 소유하지 못하는 이야기를 담은 이 영화의 진행 내내 나는 테러와 불안의 분위기, 우리 모두가 알고 있으면서 우리가 최근의 세상에 사는 분위기를 도입하려고 애를 썼다. 그런데, 1977년 10월 6일에 이 영화를 상영하고 있던 샌프란시스코의 릿지 시어터Ridge Theatre에서 폭탄이 터졌다. 필름 통 네 개가 도난당했으며, "이번에는 너무 갔어"라는 종류의 모욕적인 낙서가 벽에 쓰여 있었다. 이런 낙서 중 하나에는 '미키 마우스'라는 서명이 적혀 있었다. 다양한 지표를 종합해 보면, 이 테러는 일군의 동성애자 조직이 저지른 것이라는 생각을 하게 된다. 일반적으로 동성애자는 이 영화를 좋아하지 않았다. 나는 그 이유를 결코 알 수 없을 것이다.

21
백조의 노래

최근 뉴스에 따르면, 우리는 이제 지구상의 모든 생물을 파괴할 수 있을 뿐만 아니라, 지구를 공전 궤도에서 이탈시켜 차갑고 텅 빈 무한한 공간으로 보내 버릴 수 있을 만한 충분한 핵무기를 갖고 있다. 이것은 내게 멋진 일로 보인다. 거의 '만세'라고 외치고 싶을 심정이다. 이제부터 한 가지는 분명하다. 과학은 인류의 적이라는 것이다. 과학은 우리 안에서 우리 자신의 파괴로 이끌 전능한 본능을 일깨웠다. 다른 한편, 최근의 조사는 다음의 사실을 보여 준다. 현재 시각 일하고 있는 "고도의 자격을 갖춘" 총 70만 명의 과학자 중에서 52만 명은 살인의 수단을 개선해서 인류를 파괴하려고 애쓰고 있다. 18만 명만 우리를 보호할 방법을 찾고 있다.

묵시록의 나팔이 몇 년 전부터 우리 문 앞에서 울리고 있지만 우리는 모두 귀를 막고 있다. 예전의 묵시록과 마찬가지로, 이 새로운 묵시록도 네 기병의 질주로 우리에게 달려오고 있다. (모든 것 중 첫 번째로서 검은 깃발을 흔드는 주동자인) 인구 과잉, 과학, 테크놀로지, 그리고 정보가 그것이다. 우리를 공격하는 다른 모든 악惡은 그 귀결일 뿐이다. 나는 주저 없이 정보를 음산한 기병으로 분류한다. 내가 작업했지만 결코 연출하지 못할 시나리오 한 편은 과학, 테러리즘, 정보라는 세 요소의 공모에 기반을 두고 있다. 대부분은 정복이나 혜택, 때로는 심지어 '권리'로 제시되는 정보는 사실상 이 네 기병 중 가장 해롭다. 이 기병은 다른 세 기병을 아주 가까이에서 따라가며 이들의 폐허에서만 배를 불리기 때문이다. 화살 하나가 정보라는 기병을 쓰러뜨리면, 우리에게 쇄도하는 온갖 재앙에서 곧 휴지休止가 생겨날 것이다.

이 책에서도 자주 말한 급격한 인구 증가에 너무 크게 충격을 받은 나머지, 내가 희생자에 포함되더라도 20억 명 정도의 인구를 없애 버릴 수 있는 전 지구적 재앙을 꿈꾸곤 했다. 이 재앙은 지진, 대홍수, 파괴적인 무적의 바이러스같이 자연력에서 온 경우에 한해 내게 의미와 가치를 가질 것이라는 점을 덧붙인다. 나는 자연력을 존중하고 찬미한다. 그러나 "다른 방법은 없습니다"라고 우리에게 말하면서 매일 우리 모두가 묻힐 구덩이를 파는 이 비천한 재앙의 제조자들, 이 위선적인 범죄자들을 나는 참을 수가 없다.

상상적으로 내게 인간의 생명은 파리 한 마리의 생명보다 더 큰 가치를 갖는 건 아니다. 실제로 나는 파리 — 파리는 요정만큼이나 신비롭고 존경할 만한 동물이다 — 의 생명일지라도 모든 생명을 존중한다.

혼자 있고 또 나이가 많이 든 나는 재앙이나 혼돈만을 상상할 수 있다. 내게는 재앙이든 혼돈이든 불가피해 보인다. 늙은이들에게는 오래전 그들이 젊었을 적 태양이 더 따스했다는 것을 나는 잘 알고 있다. 또한 매 천 년이 끝나는 시기에는 종말을 예고하는 것이 관례적이라는 것도 알고 있다. 그러나 내게는 20세기 전체가 불행으로 귀결되는 것으로 보인다. 아주 오래된 이 고도의 싸움에서 악이 이겼다. 파괴와 붕괴의 힘들이 승리했다. 인간의 정신은 조금도 광명을 향해 나아가지 못했다. 심지어 후퇴했을 것이다. 나약함, 공포, 그리고 병적인 성질이 우리를 둘러싸고 있다. 여기서 어느 날 우리를 구해줄 수 있는 선과 지성의 보물들이 솟아오를 것인가? 내게는 우연마저도 무기력해 보인다.

나는, 때로는 내게 순간으로 보이는 20세기의 여명기에 태어났다. 해를 거듭할수록 시간은 더 빨리 지나간다. 아직도 가까워 보이는 내 젊은 시절의 사건을 이야기할 때면, 나는 이렇게 말할 수밖에 없다. "이때가 50년 전이나 60년 전이구나." 삶의 다른 순간들은 내게 길어 보인다. "이걸 했고 저걸 했던 이 아이, 이 젊은이는 내가 아닌 것 같아."

1975년 내가 실베르망과 뉴욕에 있을 때, 내가 30년 전에 자주 갔던 이탈리아 식당에 실베르망을 데려갔다. 주인은 죽었고, 그의 아내가 나를 즉시 알아보고 인사를 건네며 우리에게 자리를 마련해 주었다. 며칠 전에 바로 여기서 식사를 한 것 같은 인상. 시간은 항상 같은 것이 아니다.

내가 눈을 뜬 이후 지구가 변했다는 말을, 이렇게 힘주어 말해 봤자 무슨 소용이 있겠는가?

75살까지 나는 노화老化를 지독하게 싫어했다. 그러나 지금 나는 노화에서 심지어 일정한 만족감, 새로운 평온을 보았고, 성욕과 다른 모든 욕망이 사라진 것을 해방으로 인정했다. 이제 나는 아무 욕구도 없다. 바닷가의 집도, 롤스로이스도, 특히 예술작품도 바라지 않는다. 내 젊은 시절의 외침을 부정하면서 나는 이렇게 혼잣말을 한다. "광란의 사랑을 타도하라! 우정 만세!"

나는 75살까지 거리나 호텔의 홀에서 아주 많이 늙고 힘없는 사람을 볼 때면, 내 곁에 있는 친구에게 이렇게 말했다. "부뉴엘을 봤나? 믿을 수가 없어! 지난해에는 그렇게 건강했는데! 폭삭 늙었어!" 나는 조기 치매 환자를 흉내 내는 것을 좋아했다. 경탄할 만한 책인 시몬 드 보부아르Simone de Beauvoir의 『노년 La Viellesse』을 나는 읽고 또 읽었다. 내 나이의 조심성 때문에 나는 수영복을 입고 수영장에 가지도 않고, 여행은 점점 더 적게 하지만, 내 생활은 활동적이고 균형이 잡혀 있다. 77세 때 내 마지막 영화를 찍었다.

마지막 영화를 찍고 나서 최근 5년간 진정한 노쇠가 시작되었다. 극도로 위중한 일은 없었지만 다양한 골칫거리가 나를 괴롭혔다. 나는 예전에 그렇게나 강인했던 다리에 불평하기 시작했고, 눈과 심지어 머리(빈번한 망각, 통일성의 결여)에 대해서도 불평하기 시작했다. 1979년에 담낭에 문제가 생겨 링거를 꽂고 병원에서 사흘을 보내야 했다. 병원은 내게 공포다. 세 번째 날 나는 관과 튜브를 모두 뽑고 집으로 돌아왔다. 1980년에 전립선 수술을 했다. 1981년에 담낭에 다시 문제가 생겼다. 나는 온갖 곳에서 위협을 느낀다. 그리고 나는 내 노쇠를 의식한다.

나는 나를 쉽게 진단할 수 있다. 나는 늙었고, 내 주요한 질병은 노쇠다. 나는 내 집에서만, 내 일상적인 습관에 충실할 때만 편안함을 느낀다. 자리에서 일어나서 커피 한 잔을 마시고 30분 정도 운동을 하고, 씻고, 다른 것을 먹으면서 커피 한 잔을 또 마신다. 아침 9시 반이나 10시다. 주거단지 안에서 짧은 산책을 하고 나서 정오까지 지루한 시간을 보낸다. 눈이 상당히 많이 약해졌다. 나는 돋보기와 특수 조명 아래서만 글을 읽을 수 있고 이 때문에 눈이 금방 피로해진다. 오래전부터 청각 장애 때문에 나는 음악을 들을 수 없다. 이때 나는 기다리고 다시 생각하고 기억을 떠올리다가 안절부절못하고 빈번하게 시계를 쳐다본다.

정오는 식전주를 마시는 신성한 시간이다. 나는 서재에서 아주 천천히 식전주를 마신다. 점심을 먹고 3시까지 소파에 앉아 잠시 꾸벅꾸벅한다. 3시부터 5시까지는 내가 가장 지루해하는 시간이다. 글을 몇 줄 읽고, 편지에 답장을 쓰고, 물건들을 만진다. 다섯 시부터 빈번하게 시계를 쳐다본다. 내가 항상 두 번째 식전주를 마시는 6시까지 시간이 얼마나 남았지? 15분 정도 시간을 속이는 일도 있다. 5시부터 집에 친구들을 맞아 수다를 떠는 일도 있다. 내 아내와 7시에 저녁을 먹고 일찍 자리에 든다.

시력과 청각이 나빠져서, 교통 체증과 군중에 대한 공포 때문에 나는 4년 전부터 영화관에 가지 못했다. 나는 텔레비전은 절대 보지 않는다.

때로는 친구 한 명도 못 만나고 일주일이 통째로 지나간다. 버려진 것 같은 기분을 느낀다. 그런데 내가 기대하지 못했고 오래전부터 보지 못한 누군가가 찾아온다. 그다음 날은 네다섯 명의 친구들이 동시에 나를 찾아와서 한 시간가량 시간을 보낸다. 그중에는 예전에 나와 함께 시나리오를 같이 썼던 루이스 알코리사가 있다. 탁월한 연극연출가이며 온종일 코냑을 마시는 후안 이바녜스도 있다. 또한 뛰어난 화가이자 조각가이며 두 편의 독특한 영화를 만든 현대적인 도미니카 신부 훌리안도 있다. 몇 번에 걸쳐 우리는 신앙과 신의 존재에 관해 대화를 나눴다. 내 집에서 꽤 굳건한 무신론과 부딪쳤으므로 그는 어느 날 내게 말했다.

"당신을 알기 전에는 나는 이따금 내 신앙이 흔들린다고 느꼈습니다. 우리가 서로 말을 나눈 이래로, 내 신앙이 더욱더 굳건해졌습니다."

나의 무신앙에 대해서도 같은 말을 할 수 있다. 그러나 만약 자크 프레베르나 벤자민 페레가 내가 도미니카 신부와 함께 있는 것을 본다면!

이렇게 기계적이고 촘촘하게 조정된 생활을 하다가 장클로드 카리에르의 도움을 받아 이 책을 쓰는 것은 내게 순간적인 혁명이었다. 여기에 불평은 없다. 내가 문을 완전히 닫지 않게 해 주기 때문이다.

집에서의 루이스 부뉴엘

오래전부터 나는 죽은 친구들의 이름을 노트에 썼다. 나는 이 노트를 사자死者의 책이라고 부른다. 이 노트를 상당히 자주 넘겨 본다. 여기에는 알파벳 순서로 백여 명의 이름이 어깨를 나란히 하고 적혀 있다. 내가 한 번이라도 진정한 인간적인 접촉을 한 남자와 여자의 이름만 적었고, 초현실주의 모임의 회원들은 빨간 십자가로 표시했다. 1977년과 1978년은 초현실주의 모임에 치명적인 해였다. 만 레이, 콜더, 막스 에른스트, 자크 프레베르가 몇 달 사이에 모두 죽었다.

내 친구 중 어떤 사람들은 어느 날 자기 이름이 여기에 오를까 봐 이 작은 책을 극도로 싫어한다. 나는 이들의 의견에 동의하지 않는다. 나는 이 친숙한 목록 덕분에, 이 목록이 없었다면 내가 함께 나눌 것이라고는 망각밖에 없었을 이런저런 인물을 떠올릴 수 있기 때문이다. 한번은 내가 잘못 썼다. 여동생 콘치타가 나보다 훨씬 젊은 어느 스페인 작가가 죽었다고 말했다. 나는 노트에 그 이름을 썼다. 얼마 후 내가 마드리드의 한 카페에 앉아 있는데, 그 작가가 문을 지나서 나한테 오는 것을 보았다. 나는 몇 초간 내가 유령과 악수했다고 생각했다.

오래전부터 나는 죽음에 대한 생각에 익숙해졌다. 성 주간의 종교 행렬 때 칼란다의 거리를 행진하던 해골을 본 이래 죽음은 내 삶의 일부였다. 나는 죽음을 무시하지도, 부인하려고도 하지 않았다. 그러나 나처럼 무신론자라면 죽음에 대해 대단하게 할 말이 없다. 신비롭게 죽을 일이다. 나는 때때로 죽음에 대해 알고자 하지만, 뭘 안단 말인가? 죽는 동안에도, 죽은 후도 모른다. 결국 아무것도 없다. 부패 말고는, 영원의 달콤한 냄새 말고는 우리를 기다리는 것은 아무것도 없다. 부패를 피하려면 나는 아마도 화장해야 할 것이다.

그러나 나는 이 죽음의 형식에 대해 자문한다.

단순히 기분 전환을 위한 취향으로 우리의 오래된 지옥에 대해 생각을 하기도 한다. 화염과 쇠스랑이 사라졌다는 것은 이미 알려져 있고, 현대의 신학자들에게 지옥은 단순히 신성한 빛의 박탈일 뿐이라는 사실이 이미 알려져 있다. 내 몸과 함께, 최후의 부활을 위해 필요한 내 모든 근육과 함께, 무한한 어둠 속을 떠도는 나 자신의 모습을 본다. 갑자기 이 지옥의 공간에서 나는 또 다른 몸에 부딪힌다. 그것은 2천 년 전에 야자나무에서 떨어져서 죽은 샴 사람의 몸이다. 그는 어둠 속으로 멀어진다. 또다시 수백만 년이 흘러가고, 나는 등에 부딪히는 또 다른 충격을 느낀다. 나폴레옹의 식당 관리인을 했던 여자다. 이런 식이다. 나를 불안하게 하는 새로운 지옥의 어둠 속에 잠시 나를 내버려 두고, 내가 아직 발을 딛고 있는 지상으로 돌아온다.

나는 죽음에 대한 환상이 없지만, 내 죽음이 어떤 형태를 띨 것인가에 대해 자문하는 일은 있다. 카드놀이를 하다 갑자기 죽은 내 친구 막스 아우브Max Aub의 죽음처럼 죽음처럼, 때로는 갑작스러운 죽음이 바람직하다고 혼잣말을 한다. 그러나 대개 내가 선호하는 것은 우리가 알던 모든 사람에게 마지막 인사를 할 수 있는, 훨씬 느리고 훨씬 더 예측 가능한 죽음 쪽이다. 몇 년 전부터 파리, 마드리드, 톨레도, 엘 파울라, 산 호세 푸루아처럼 내가 살았거나 일을 해서 잘 알던 장소, 나 자신의 일부를 이루는 장소를 떠날 때마다 나는 잠시 길을 멈추고 이 장소에 최후의 인사를 한다. 이 장소에 나는 말을 걸고 예컨대 이렇게 말한다. "산 호세야, 영원히 안녕. 나는 여기서 행복한 시간을 보냈다. 네가 없었다면, 내 삶이 달라졌을 것이다. 지금 내가 가면 나는 다시는 너를 보지 못할 것이고, 너는 나 없이 계속 거기에 있을 것이기에 나는 네게 영원히 안녕이라고 말한다." 나는 모든 것에, 산에, 샘물에, 나무에, 개구리에게 영원히 안녕이라고 말한다.

물론 나는 영원히 안녕이라고 이미 말한 곳에 때때로 다시 가는 일도 일어난다. 그러나 전혀 대수로운 일이 아니다. 그곳을 떠나면서 나는 두 번째 인사를 한다.

나는 이처럼, 이번에는 내가 다시 오지 못할 거라는 것을 알면서 죽고 싶다. 몇 년 전부터 왜 점점 더 여행의 빈도를 줄이느냐, 왜 유럽에 아주 드물게만 오느냐는 질문을 받으면, 나는 이렇게 대답한다. "죽을까 봐 두려워서." 내가 유럽에서 죽을 가능성이 거의 없다는 답을 들으면 나는 또 이렇게 말한다. "일반적인 죽음이 무서워서가 아닙니다. 당신은 제 말을 이해하지 못했어요. 사실상 죽는 것은 다 마찬가지입니다. 그러나 이사하다가 죽는 것은 절대 안 되지요." 내게 견딜 수 없는 죽음은, 짐 가방을 모두 열어놓고 서류를 뒤죽박죽 늘어놓은 채 호텔 방에서 죽는 것이다.

아마도 내가 이만큼이나 견딜 수 없는 최악의 죽음은 의학 기술로 오래 지연된 죽음, 끝나지 않은 죽음일 것이다. 인간의 생명에 대한 존중을 가장 우선시한 히포크라테스 선서의 이름으로, 의

사들은 현대적 고문 기술의 가장 정교한 형식을 만들어 냈다. 그것이 생존의 존속이다. 이것은 내게 범죄로 보인다. 나는 프랑코가 불쌍해 보이는 지경에 이르렀다. 상상을 초월한 고통을 치르게 하고 몇 개월 동안 그의 생명을 인위적으로 유지했기 때문이다. 이래서 좋은 게 무엇인가? 의사들이 때로 우리를 도와주는 일도 있지만, 이들은 대개 과학에 굴복하고, 테크놀로지에 대한 공포에 굴복한 돈 버는 기계들moneys-makers이다. 때가 되면 우리가 그냥 죽게 내버려 두기를, 심지어 우리가 빨리 갈 수 있게 도와주기를. 아주 최근에야 나는 일정한 조건 아래 법이 안락사를 허용할 수 있게 해야 한다는 확신을 갖게 되었고, 이런 상황을 기대한다. 인간 생명에 대한 존중은 가고자 하는 사람이나 남아 있는 사람들에게 오랜 고통이 될 때는 더 이상 의미가 없다.

내 마지막 숨결이 다가오면서 나는 상당히 자주 마지막 농담을 상상한다. 나는 나처럼 신념에 찬 무신론자들인 오랜 친구들을 부른다. 그들은 슬퍼하면서 내 침대 곁에 자리를 잡는다. 이때 내가 부른 신부가 들어온다. 내가 고해성사를 하고, 지금까지 지은 죄의 사면을 요청하고, 종부성사를 받는다면 내 친구들에게는 엄청난 스캔들일 것이다. 그리고 나는 옆으로 몸을 돌리고 죽는다.

그러나 이 순간 농담을 할 힘이 내게 남아 있을까?

내 유감 하나는, 무슨 일이 벌어질지 더 이상 모른다는 점이다. 한창 진행되는 어떤 연속극의 중간에서처럼 온전하게 움직이는 세상을 떠난다는 점이다. 나는 예전처럼 거의 바뀌지 않는 세상에서는 사후에 대한 호기심이 아예 없었거나 훨씬 적었을 거라고 생각한다. 내 고백 하나는, 내가 정보에 대해 증오심을 품고 있음에도 불구하고 나는 10년에 한 번씩 죽은 자들 사이에서 일어나 신문 가판대까지 걸어가서 신문 몇 개를 사고 싶다는 것이다. 다른 어떤 것도 더 요구하지 않을 것이다. 겨드랑이에 신문 몇 개를 끼고 창백한 상태로 벽에 살짝씩 부딪치면서 나는 묘지로 돌아올 것이고, 세상의 재앙들을 읽을 것이다. 그리고 마음을 편안하게 해 주는 무덤의 안식처에서 만족한 채 다시 잠들 것이다.

부뉴엘, 이라는 모호한 대상

정성일 영화 평론가

0. 루이스 부뉴엘, 혹은 은하수

루이스 부뉴엘. 한마디로 위대한 이름. 아니, 거기서 그치면 안
된다. 영화사에는 단지 하나의 별이라기보다는 그 스스로 은하
수를 이루는 이름들이 있다. 이를테면 존 포드, 앨프리드 히치콕,
장 르누아르, 프리츠 랑, 혹은 오즈 야스지로, 그리고 루이스 부
뉴엘. 물론 누군가는 다른 명단을 제시할 것이다. 하지만 부뉴엘
의 이름을 지우는 건 불가능할 것이다. 그러므로 나는 루이스 부
뉴엘을 소개하면 된다, 라고 말하고 싶지만 이 입문 안내가 그렇
게 간단하지 않다는 것을 먼저 말해야 할 것 같다. 우선 두 가지
문제가 있다. 첫 번째, 그건 다른 이름도 마찬가지지만 그들의 공
통점은 작품의 목록 자체가 영화의 역사를 이루고 있다는 사실
이다. 단순히 작품이 훌륭할 뿐만 아니라 많다는 데서 멈추지 않
는다. 그들은 무성영화에서 시작한 다음 토키talkies로 진입했다.

그리고 (각자의 나라에서 각자의 방식으로 영향을 미친) 제2차 세계 대전을 통과한 다음 네오리얼리즘으로 시작해서 누벨바그로 이행해나간 모던 시네마의 새로운 방법론, 차라리 영화의 존재론에 관한 새로운 태도, 이 태도가 던진 새로운 질문, 질문을 통해 새롭게 정식화된 이 예술의 새로운 정의와 마주치면서 다음 영화를 만들어야 했다. 그들의 영화를 설명하는 일은 영화의 역사를 설명하는 일이다. 그것도 그 이름으로만 성립하는 고유한 역사. 그럼으로써 영화사는 그들의 이름만큼 가능한 복수複數의 역사를 갖게 된다.

루이스 부뉴엘에게는 좀 더 복잡한 이야기가 기다리고 있다. 그는 프랑코 독재 정권을 피해서 조국 스페인을 떠난 다음 할리우드로 향했다. 많은 비평가들은 만일 부뉴엘이 할리우드에서 영화를 만들었다면 세계 영화사는 어떤 변화를 맞이할 수 있었을까, 라고 가정한다. 프리츠 랑과 루이스 부뉴엘과 히치콕이 함께 있는 할리우드를 상상해 보자. 물론 거기에 막스 오퓔스Max Ophuls와 더글러스 서크Douglas Sirk를 더해야 할 것이다. 하지만 거기에 루이스 부뉴엘의 이름만이 없다. 일이 그렇게 되어 버렸다. 유럽에서의 명성은 뉴욕에서 별 도움이 되지 않았다. 그가 원한 것은 아니지만 망명길에 오르게 되었다. 하지만 아무도 그에게 관심이 없었다. 부뉴엘은 방값을 걱정하는 가난한 날들을 보내야했다. 친구 살바도르 달리는 월세를 빌리러 온 부뉴엘의 부탁을 거절하면서 쌀쌀맞게 대답했다. "너는 친구들에게 돈을 빌려주지 않잖아." (이 책에는 친구 달리에 대한 우정과 경멸을 담은 긴 대목이 나온다. 하지만 이 에피소드는 빠졌다. 왜 빠졌는지는 내가 알지 못한다. 하긴, 모든 이야기를 담을 수는 없었을 것이다. 달리와의 인연에서 이 순간이 부뉴엘에게 가장 모욕적이었기 때문에 피하고 싶었던 것은 아닐까, 라고 그저 무책임하게 상상해본다.) 루이스 부뉴엘은 멕시코에서 온 제안을 거절할 수 없었다. 그의 말에 따르면 멕시코에서 그렇게 오랜 시간을 보내게 될 것이라고는 자신도 그때 미처 알지 못했다고 대답했다. 부뉴엘의 멕시코 시절 영화에 대해서는 비평의 입장이 나뉜다. 누군가는 이 시기의 영화들이 부뉴엘의 진수라고 찬사를 바친다. 하지만 다른 누군가는 멕시코를 떠났을 때 진정한 부뉴엘의 두 번째 역사가 시작되었다고 설명한다. 누군가의 자리에는 비평의 긴 명단이 있다. 한 가지는 말하고 싶다. 나는 멕시코에서 만든 〈이상한 정열〉이 부뉴엘의 진정한 걸작이라고 생각하는 비평가다. 아마 히치콕도 동의할 것이다. 분명히 히치콕은 〈이상한 정열〉을 보았을 것이다. 〈현기증Vertigo〉에서 종탑에 올라가 스코티가 주디를 다그치는 장면과 동일한 장면이 이미 〈이상한 정열〉에 등장한다. 그렇긴 하지만 여기서는 부뉴엘의 망명 시기와 유럽으로 돌아온 이후를 비교하지는 않을 것이다. 그건 이 글의 요점이 아니다. 한 가지 사실을 더 부언해야겠다. 부뉴엘은 유럽으로 돌아오기 위해서 언젠가부터 애쓰지 않았다. 1952년에는 "멕시코 시민으로 여기서 계속해서, 아마 영원히, 살 생각을 갖고 있다"라고 말하기도 했다.

부뉴엘이 유럽으로 돌아왔을 때 다른 상황이 기다리고 있었다. 부뉴엘의 망명이 언제 끝났는지에 대한 질문은 서로 다른 설명을 하게 만들 수 있다. 왜냐하면 1955년에 프랑스의 제작자(이자 배우)인 클로드 재거가 부뉴엘을 다시 프랑스 영화계와 연결시켜서 프랑스의 코르시카에서 〈그 이름은 여명〉을 찍을 수 있었고, 그런 다음 이듬해 프랑스어로 멕시코에서 〈정원에서의 죽음〉을 찍었기 때문이다. 하지만 부뉴엘은 아직 자신이 망명을 끝내고 고향에 돌아왔다고 생각하지 않았다. (이 책의 표현을 빌리면) "1960년, 나는 24년 만에 처음으로 스페인 땅을 다시 밟았다." 1960년의 유럽 영화. 그 해 5월 칸 영화제에서 펠리니의 〈달콤한 인생〉과 안토니오니Michelangelo Antonioni의 〈정사L'Aventura〉가 환호와 야유를 받았다. 로베르 브레송Robert Bresson은 〈소매치기 Pickpocket〉를 발표했다.

잉마르 베리만은 '신의 침묵' 3부작 중 두 번째 영화 〈거울을 통해 어렴풋이Såsom i en spegel〉를 만들었다. 누벨바그의 '새로운 물결' 감독들은 벌써 두 번째 영화를 찍고 있었다. 고다르Jean Luc Godard의 〈작은 병정Le Petit Soldat〉, 트뤼포François Truffaut의 〈피아니스트를 쏴라Tirez sur le Pianiste〉, 알랭 레네Alain Resnais는 〈지난해 마리앙바드에서L'Année dernière à Marienbad〉를 누보로망 작가 알랭 로브그리예 Alain Robbe-Grillet와 준비하고 있었다. 이 영화들을 바라보는 부뉴엘의 심정은 어떤 것이었을까. 하지만 오랜 망명길에서 돌아온 부뉴엘을 유럽 영화계는 따뜻하게 맞이하였다. 스페인에 돌아와 만든 첫 번째 영화 〈비리디아나〉는 이듬해 칸 영화제에서 황금종려상을 받았다. 이 영화의 폭탄 같은 마지막 장면, 만찬이 난장판이 되는 신을 보고 봉준호는 영감을 받아서 〈기생충〉의 만찬 장면, 박 사장 가족이 캠핑을 떠나 집을 비웠을 때 김씨 가족들이 비내리는 밤 만찬을 벌이는 장면을 찍었다고 대답했다. (아무래도 역시) 누군가는 부뉴엘의 멕시코 영화들과 유럽에로 돌아온 '이후'의 영화들 사이의 연속성을 찾아낼 것이고, 다른 누군가는 그 둘 사이의 단절을 바라볼 것이다. 한 가지는 분명하다. 부뉴엘은 영화 현장이라는 장소에서 그 둘 사이에 아무 차이가 없다는 듯이 쉬지 않고 다음 영화를 만들어나갔다.

여기까지 부뉴엘에 관한 공식(적이라고 흔히 말하는) 문건들의 궤적을 따라갔다면 이번에는 한 가지 가설을 제시하고 싶다. 〈비리디아나〉와 그 다음 작품인 〈절멸의 천사〉가 굉장한 걸작이라는 데는 어떤 이견도 없다. 내 가설의 방점은 거기에 있지 않다. 여기서부터 부뉴엘의 '이후'의 영화들을 따라가면서 이상한 기시감을 느꼈다. 유럽으로 돌아온 부뉴엘은 자신의 공백을 메우거나 건너뛰기 위해서 동시대 영화들에 합류하거나 혹은 반대로 거부하는 방식을 택하지 않았다. 내가 보기에 부뉴엘은 공백 이전으로 되돌아온 것처럼 보였다. 〈절멸의 천사〉에서 아무도 거실을 떠나지 못할 때 〈황금시대〉의 마지막 파티를 다시 보는 것만 같았다. 마치 하나의 길을 가 본 다음 되돌아와서 다른 길을 다시 가 보는, 이런 표현을 쓰는 것을 허락한다면, 그래서 〈황금시대〉에서 멕시코 영화들로 이어지는 하나의 길을 가 본 다음, 부뉴엘은 마치 그 길의 어디선가 되돌아오는 지름길을 발견한 것처럼 되돌아와서, 자기가 떠난 자리에서 다시 한번 걸어가는 것처럼 보였다. 두 개의 다른 길. 이 두 개의 길은 위장과 발가벗김, 거짓과 진실, 가짜와 진짜의 문제가 아니다. 부뉴엘의 표현을 빌리면 우리는 꿈을 꿀 때 한 번에 단 하나의 꿈만을 꾸지는 않는다. 하나의 꿈 안에서 여러 개의 꿈을 꿀 수 있다. 그러므로 두 개의 길은 하나의 길이기도 하다.

여기가 이야기의 끝이 아니다. 그런 다음 '이후'의 영화들이 하나의 길을 따라간 것은 아니다. 다시 한번 부뉴엘의 영화는 두 갈래 길 앞에 선다. 그건 〈세브린느〉를 만들 때 벌어졌다. 이번에는 가던 길을 멈춰 선 다음 옆길로 들어섰다. 두 가지 설명이 있다. 하나는 시나리오 작가 장클로드 카리에르와의 작업이 다른 길이라는 설명이다. 물론 〈세브린느〉보다 먼저 만든 〈어느 하녀의 일기〉에서부터 카리에르는 부뉴엘과 함께 시나리오를 썼다. 하지만 이 영화에서 카리에르는 부뉴엘의 그림자 아래 머물고 있다. 그가 〈세브린느〉에 다시 합류했을 때 갑자기 공기의 무게에 눌려있는 것만 같았던 부뉴엘의 영화는 공기처럼 가벼워졌다. 나는 현장에 있었던 것이 아니기 때문에 그때 무슨 일이 벌어졌는지 알지 못한다. 단지 이렇게 말할 수 있을 뿐이다. 신기한 일이다. 다른 하나의 설명이 있다. 〈세브린느〉는 부뉴엘의 총천연색 영화다. 그러나 첫 번째 총천연색 영화는 아니다. 부뉴엘은 1952년 〈로빈슨 크루소의 모험〉을 컬러로 찍었다. 하지만 그런 다음 마치 잘못된 세계에 발을 들여놓은 것처럼 즉시 흑백으로 돌아왔다. 그렇게 컬러와 흑백을 다시 오가긴 했다. 그러므로 이렇게 정정해야 할 것 같다. 〈세브린느〉는 부뉴엘의 '진정한' 첫 번째 총천연색 영화다. 컬러 필름으로 찍은 이 영화는 부조리로 가득 차 있던 부뉴엘의 세계를 세계에 대한 미스터리로 옮겨 놓았다. 이 차이는 아무것도 아닌 것이 아니다. 부뉴엘은 컬러 필름을 사용해서 세계의 리얼리티에 더 가까워졌다기보다는 오히려 영화와 세계 사이에 어떤 하나의 장벽이 세워진 것처럼 만들었다. 흑백으로 찍은 부뉴엘의 영화가 현실과 꿈 사이를 오가고 있었다면 컬러로 찍은 영화들은 가짜와 가짜 같은 가짜, 마치 세트 안에 들어온 것만 같은 집, 정원, 거리, 방, 하여튼 장소, 그저 표면밖에 없는 세계가 이어지는 길을 따라가는 것만 같았다. 〈부르주아의 은밀한 매력〉의 끝도 없는 길을 떠올려 주기 바란다. 어쩌면 두 가지 설명이 그 길을 설명하는 하나일지도 모른다.

이제 이 은하수를 여행하기 전에 먼저 나의 난처한 상황을 말해야 할 것 같다. 루이스 부뉴엘에 대한 나의 이해는 당신이 들고 있는 바로 이 책에서 시작한 것이기 때문에 솔직히 말하면 여기에 더해야 할 이야기가 내게 없다. 그러므로 여기를 그냥 건너뛰어도 괜찮다. 다만 여기에 이상한 단서가 붙는다. 이 책과 함께 루이스 부뉴엘에 관한 다른 또 한 권의 책이 있다. 호세 데 라 코리나와 토마스 페레스 투렌트가 부뉴엘을 인터뷰한 『욕망의 대상들 *Luis Bunuel; Prohibido asomarse al interior*』(1986)이라는 책이다. 하나는 자서전이고, 다른 한 권은 인터뷰이다. 이 두 권의 책은 비슷한 시기에 출판되었고, 그 상황이 얼마나 당황스러웠는지에 대한 설명도 있다. 둘 사이의 차이는 글과 말에서 멈추지 않는다. 더 곤란한 것은 단지 서로 보완의 관계라기보다는 하나의 사건, 혹은 인물, 하여튼 영화에 관련하여 부뉴엘은 태연자약하게 다른 이야기를 하는 대목이 포함되어 있다는 사실이다. 물론 그날 기분에 따라서 마음이 바뀔 수 있고, 기억에 약간의 착오가 생길 수도 있으며, 지금 우리는 증언을 요청하는 것이 아니기 때문에 나는 그게 중요한 논점이라고 생각하지 않는다. 오히려 그럴 때마다 얼마나 부뉴엘다운가, 라고 (이 책의 제목을 흉내 내서) 탄식歎息, 한다. 어쩌면 부뉴엘은 그의 삶 전체가 하나의 꿈을 꾼 것, 이라고 생각하는 것인지도 모른다. 나는 장자의 말투를 흉내 내고 싶지 않다. 게다가 두 책을 대조해서 차이를 찾아내는 일 따위는 하지 않을 것이다. 처음에는 좀 망설였지만 그러므로 나는 여기서 두 권의 책을 무시하고 영화로 되돌아가기로 했다. 그런 다음 부뉴엘이라는 꿈을 꾸는 것처럼 내가 본 영화들에서 떠오르는 장면을 방문하고 그 앞의 문을 연 다음 그 안에 들어가서 거기 놓여 있는 것들에 관해서 최면에 걸린 것처럼 중얼거릴 것이다. 그러면 내 손은 내 말을 기록해나갈 것이다. 나는 순서대로 따라가기 보다는 (부뉴엘 영화의 비밀처럼 여겨지는) 디졸브의 방법에 따라 그 위에 겹쳐 놓고 다시 올려놓으면서 그 장면 바로 아래 무엇이 있었는지 물어 보는 대신 그 장면 위에 무엇을 올려놓았는지를 질문해 나갈 것이다. 그러니 부디 당신께서도 꿈을 꾸는 것처럼 따라오기 바란다. (오즈의 조언을 약간 변형시키자면) 부뉴엘의 정원에 와서 장 르누아르의 집을 찾지는 말기 바란다.

1. 안달루시아에는 개가 살지 않는다

이 책에는 루이스 부뉴엘이 좋아하는 것과 싫어하는 것, 증오하는 것의 목록을 나열하는 긴 대목이 있다. 아마 시네필이라면 영화 제목들을 차례로 호명할 때 밑줄을 그을지도 모른다. 물론 부뉴엘이 그 사실을 알면 질겁할 것이다. 그런데 이 명단에는 다른 문제가 있다. 이미 말한 두 권의 책이 중요하긴 하지만 부뉴엘은 1960년에 유럽으로 돌아온 다음 영화 잡지들의 수없이 많은 인터뷰 제안에 응했다. 게다가 종종 직접 글을 써서 기고하기도 했다. 거기에는 또 다른 명단이 있다. (나는 명단에 홀려있기 때문에 게걸스럽게 그런 명단을 모았다.) 1925년에 부뉴엘은 파리에 있었다. 그 무렵에 본 두 편의 영화가 부뉴엘에게 결정적인 영향을 미쳤다(라고 여러 자리에서 고백했다). 한 편은 프리츠 랑의 〈피곤한 죽음〉이다. 부뉴엘은 이 영화가 세 개의 꿈을 담아내는 구성에서 어떤 답을 보았다. 이미 부뉴엘은 앙드레 브르통이 이끌던 초현실주의 그룹과 어울리고 있었다. 하지만 일주일에 두 번씩 카페 시라노에 모여 앉아 그들과 나누는 대화는 무언가 만족스럽지 않았다. (대부분의 초현실주의들은 니체를 열심히 읽고 있었다.) 대신 그들의 방법에 따라 자유연상기법으로 시를 쓰곤 했다. 그때 부뉴엘은 마르크스와 프로이트를 심각하게 읽었다.

다른 한 편은 에이젠슈테인의 〈전함 포템킨〉이었다. 그러나 부뉴엘은 이 영화가 10월 혁명을 담고 있어서가 아니라 그 유명한 오데사 계단 장면에서 "위대한 초현실주의 표현을 보았기 때문", 이라고 단서를 달았다. (부뉴엘은 이상한 방식으로 독서를 했다. 그는 나중에 정신분석학자 자크 라캉의 저서와도 친숙해졌다. 그런데 그는 라캉의 저서를 초현실주의 소설이라고 불렀다.) 그리고 버스터 키튼의 활극 슬랩스틱 영화를 좋아했다. 하긴, 무성영화 전체를 회고해 보건대 버스터 키튼이야말로 진정한 초현실주의 영화의 대가일 것이다. 부뉴엘은 장 엡스탱의 영화 〈어셔 가의 몰락〉 연출부를 하기도 했지만 거의 영향을 받지 않았다. 그는 곧 장 엡스탱 곁을 떠났다. 그런 다음 친구인 화가 살바도르 달리와 엿새 만에 시나리오를 쓰고 2주일 만에 첫 번째 영화 〈안달루시아의 개〉를 찍었다. 상영 시간 16분 40초, 필름 길이 430미터. 1929년 6월 6일 파리 스튜디오 데 위르쉴린에서 첫 공개되었을 때는 말 그대로 무성영화로 상영되었다. 우리가 지금 보는 판본에 들어있는 바그너의 오페라 「트리스탄과 이졸데」의 선율과 두 곡의 탱고 음악은 1960년에 (부뉴엘의 승인 하에) 더빙된 것이다.

〈안달루시아의 개〉에 관한 수많은 해설이 있다. 여기서는 해설을 무시하고 말하고 싶다. 부뉴엘의 마지막 영화까지 본 다음 이 첫 영화로 돌아오면 이미 여기에 부뉴엘의 모든 것이 있다고 말해 보고 싶어진다. 다만 그것들이 두서없이, 아마 이렇게 말하면 좋아하지 않을 테니 다소 격식을 갖추어서, 초현실주의적으로 콜라주 되어 있다. 부뉴엘은 영화를 선택했지만 이미지에는 거의 관심이 없었다. 그는 오로지 대상에 매달렸다. 차라리 대상의 강박관념에 관한 탐구를 해 나가고 있었다. 어떤 대상? 여자. 여자의 몸, 몸 중에서도 발에 매달리다시피 했다. 그런 다음 유방을 만지고 싶어 했다. 그리고 만지고 싶어 하는 손을 찍었다. 그 손은 어떻게 해서든 여자의 몸에 가 닿으려고 애를 쓴다. 그 손에 총이 들렸다. 물론 그 총이 남성의 성기라는 것을 구태여 설명할 필요는 없을 것이다. 그 주변에 가톨릭 복장을 한 신부와 수녀들이 나타나서 방해를 할 것이다. 그들의 신앙심이 얼마나 깊은지는 알 길이 없다. 그런데 그들이 정말 신부이며 수녀이기는 한 것일까. 그들만 나타난 것은 아니다. 부뉴엘은 계속해서 신체적인 장애를 가진 사람들, 그중에도 다리를 쓰지 못하는 사람들, 혹은 왜소발육증을 지닌 이들을 불러들였다. 나는 그런 이들에게 부뉴엘이 동정심을 품는 것을 본 적이 없다. 그리고 동물들이 나타난다. 그 중에서도 암탉은 부뉴엘이 가장 사랑하는 동물이다. 더 작은 것들도 등장시켰다. 곤충들. 부뉴엘을 이야기할 때 누구나 프로이트와 마르크스를 이야기한다. 한 명을 추가하고 싶다. 〈안달루시아의 개〉를 보고 나면 도나시앵 알퐁스 프랑수아 드 사드, 우리들에게 사드 후작이라고 알려진 소설가에게 부뉴엘이 처음부터 얼마나 친근감을 느꼈는지를 즉각적으로 알아볼 수 있다.

　간단한 몽타주로 이루어진 장면이지만 열 번째 숏의 크게 벌린 눈과, 열한 번째 숏의 구름이 지나가는 달, 그리고 열두 번째 숏의 당나귀의 눈, 차라리 각막을 베는 연속적인 장면은 영화사의 가장 유명한 스캔들 중 하나가 되었다. 부뉴엘과 달리는 초현실주의 그룹의 '스타'였던 만 레이와 루이 아라공을 초대하였다. 두 사람은 이 영화가 초현실주의 영화인지 아니면 폭탄인지 구분하기 힘들었다.

부뉴엘과 달리는 이 성공에 힘입어 다음 영화 〈황금시대〉에 즉시 착수할 수 있었다. 전갈에 관한 의학 다큐멘터리 푸티지로 시작하는 이 영화는 사드 후작의 『소돔 120일』에서 가져온 것이 분명한 후반부를 향해서 어떤 망설임도 없이 나아간다. 이 소설에 파졸리니가 손대기 45년 전의 일이다. 만일 모든 일이 잘 되었다면 부뉴엘은 뒤이어 에밀리 브론테의 『폭풍의 언덕』을 만들었을 것이다. (하지만 이 영화는 멕시코에서 제작될 때까지 더 기다려야 했다) 초현실주의자 그룹은 영화가 시작하자마자 마주치는 도둑떼들이 자신들을 조롱하는 장면이라는 것을 즉시 알아차렸다. 좌파들은 이 영화가 부르주아들과 교회, 경찰, 국가를 공격하고 있다는 사실은 알겠는데 그 공격이 정확히 어떤 것인지 잘 설명할 수 없었다. 마치 열정적인 연인들 사이의 이별과 재회, 그리고 작별에 관한 이야기처럼 보이는 이 영화는 순식간에 열정을 초과해서 난장판에 가까운 카오스 속으로 들어간다. 어쩌면 이 영화의 장면들에 상징적인 해설을 부여하고 싶을지도 모른다. 하지만 바로 그것이 〈황금시대〉가 거부하는 것이다. 부뉴엘은 어디서 멈춰야 하는 줄 모르는 것처럼 보였다. 어떤 한계도 알지 못하는 저 너머까지 딱히 망설이는 듯한 순간도 없이 그냥 가 버리고 말았을 때, 바로 그때, 이 무시무시한 영화는 이상할 정도로 순진해 보인다. 그리고 그 순진함에는 공포와 연민이 함께 감돈다. 그 두 개의 감정은 부뉴엘 영화 전체에 내내 머물렀던 것이기도 하다. 〈황금시대〉는 그걸 의도하지는 않았지만 이상할 정도로 시적인 감흥을 불러일으키는 영화이다. 이 영화가 위험하다는 것을 가장 먼저 알아차린 사람은 달리였다. 그는 제일 먼저 이 영화 곁을 떠났다. 모두를 당황하게 만든 것은 마지막 장면에서 예수를 조롱할 때였다. 아직 1930년이라는 것을 생각해 주기 바란다. 〈황금시대〉는 개봉한 다음 날 상영 금지 조치를 당했다.

부뉴엘은 애매한 상태가 되었다. 그는 어쩌면 그때 자신이 어떤 상황에 놓여있었는지 잘 알지 못했던 것 같다. 다소 놀라운 이야기지만 〈황금시대〉로 파리를 쑥밭으로 만들어 버린 이 스페인 청년에게 관심을 가진 것은 할리우드였다. MGM 영화사가 그와 계약하였다. 하지만 그들은 부뉴엘을 어떻게 사용해야 할지 몰랐다. (이 책에는 부뉴엘이 할리우드에서 보낸 한 철에 관한 흥미진진한 에피소드들이 꽤 길게 담겨있다.) 결론은 그가 여기서 아무것도 배우지 못했을 뿐만 아니라 여기서 작업할 수 없다는 사실을 알게 되었다는 것이다. 하지만 그래도 나는 할리우드의 스타들, 그 스타들의 몸에 관한 영화를 '그랜드' 스튜디오에서 찍지 못한 것이 아쉽게 느껴진다. 누구보다도 그저 분장실에서 구경만 한 그레타 가르보와의 일화. 그런데 가르보보다 더 부뉴엘적인 이미지의 배우가 있을까. 무표정한 가르보. 그 자체로 너무 완전하기 때문에 조금 움직이기만 해도, 거기에 약간의 서사가 개입하기만 해도, 부서지기 시작하는 스타. 스크린에서 처음 웃었을 때 그녀의 신비로움이 사라진 것은 당연한 일이다. 이 시절의 자신에 대한 그 자신의 표현을 빌리면 "월급을 받으면서 딱히 하는 일이 없는 자신이 부끄럽게 느껴졌다"고 한다.

부뉴엘의 다음 영화는 (이런 표현을 좋아하지 않겠지만) 초현실주의 실험영화로부터 다큐멘터리로 옮겨 갔다. 아마 이 시기에 부뉴엘이 초현실주의자들의 그룹을 떠난 다음 1932년에 스페인 공산당 당원이 되었고, 그런 다음 공산주의 인터내셔널(코민테른)에 가입한 것이 (일정 정도의) 영향을 미쳤을 것이다. (그런 다음 부뉴엘은 스페인을 떠나면서 무정부주의자가 되었다.) 인민의 현실 속 삶으로 들어가라. 그들과 함께 살아라. 거기서 다시 시작하라. 공산주의 예술가의 강령. 스페인의 오지에 가까운 시골 라스 우르데스를 현지 답사한 다음 연구한 모리스 르장드르의 박사 학위 논문에서 영감을 받고 〈빵 없는 대지〉를 찍기 위해 그곳에 갔다. 부뉴엘의 마음을 움직인 것은 "라스 우르데스는 스페인의 소우주이다"라는 구절이었다. 그래서 이 영화가 스페인의 지도에서 시작했을 것이다. 이 지역은 빈곤과 의료 혜택의 무관심으로 많은 주민들이 갑상선 호르몬 결핍, 말라리아, 왜소 발육 증상에 시달렸고, 여기에 친척들 사이의 난혼으로 인해 난쟁이 기형아들이 태어났다. 부뉴엘은 이상한 스태프를 꾸려서 여기에 왔다. 두 명의 무정부주의자와 세 명의 공산주의자로 이루어진 스태프. 〈빵 없는 대지〉는 모골이 송연해지는 잔인한 영화이다. 단지 닭싸움 장면이나 (다큐멘터리 미학에서 문제가 된) 염소가 언덕에서 떨어지는 장면을 말하는 것이 아니다. 여전히 부뉴엘은 초현실주의자의 관점으로 다가갔다고 말하지만 현실 안에서 찍은 사건 이미지들이 〈안달루시아의 개〉에서는 보지 못했던 기록의 비전을 출몰시킨다. 여기서 영화의 가장 잔인한 역량은 이미지가 아니라 목소리에서 나온다. 무미건조한 목소리. 아무 감정도 없는 목소리가 길거리에 누워 있는 가난한 소녀를 보여줄 때 (화면에서는 살아 있는) 그녀가 죽었음을 알려 준다. 아마 부뉘엘도 그녀가 죽을 것이라고는 미처 생각하지 못했을 것이다. 그때 그 목소리 곁에서 요하네스 브람스의 교향곡 4번의 비통한 선율이 마치 불협화음처럼 흐른다. 목소리와 음악은 너무 이상해서 단지 이 둘 사이가 일종의 소외 효과라거나, 혹은 대상과 영화 사이의 거리를 유지하기, 라는 식으로는 설명이 되지 않는다.

상영시간 27분인 단편영화 〈빵 없는 대지〉의 가치를 즉각적으로 알아차린 이들은 스페인 우파 공화국이었다. 그들은 이 영화가 자신들에 대한 모욕이라고 생각했다. 그리고 상영 금지시켰다. 이 영화는 1936년 좌파 정부가 (잠시 동안) 정권을 잡은 다음에야 해금될 수 있었다. 부뉘엘은 자신이 만든 영화들이 연이어 상영금지를 당하자 "더 이상 영화를 만들고 싶지 않았다"라고 그때를 회고한다. 하지만 영화를 떠나지는 않았다. 파리에서 잠시 동안 공화당 정부의 일을 한 다음 1938년 '외교 사절'이라는 명분으로 할리우드에 갔다. 아무것도 잘 되지 않았다. 나는 왜 아직까지 아무도 부뉘엘이 미국에서 겪은 일을 영화로 만들지 않는지 궁금하다. 이 책은 고작 4년에 불과한 이 시기에 관한 이야기로 4분의 1을 할애하고 있다. (부뉘엘은 83세에 세상을 떠났다.) 그의 삶 전체에서 가장 힘든 시기였다는 뜻이다. 스페인은 내전에 휩싸였고, 곧 유럽은 전쟁의 한복판으로 빠져들었다. 많은 유럽 감독들이 할리우드로 왔다. 장 르누아르, 프리츠 랑, 빌리 와일더, 끝없는 열거. 하지만 루이스 부뉘엘은 멕시코로 가야만 했다.

2. 멕시코의 로빈슨 크루소

이 말이 좀 이상하게 들릴 수는 있는데 부뉴엘은 멕시코에 와서 멕시코 영화를 찍었다. 그게 무슨 말인가요. 멕시코는 유럽이 아니었다. 부뉴엘은 여기서 영화를 놓고 카페에서 매일 저녁 벌어지는 초현실주의 그룹의 지적인 대화를 기대할 수 없었다. 멕시코 영화는 멜로드라마의 전통에 충실했으며, 대중들은 1920년대 아방가르드 영화 문화의 경험을 지니고 있지 않았다. 영화는 돈이 많이 들어가는 예술이다. 한 번 더 같은 말을 해야 할 것 같다. 멕시코는 할리우드가 아니었다. 멕시코에는 훌륭한 촬영기사들이 있었다. 가브리엘 피게로아, 그리고 엘 인디오는 부뉴엘이 원하는 조명과 빛을 만들어 내서 종종 몽환적인 상태로 몰고 갔고, 다른 한편으로 정오의 눈부신 햇빛 아래서도 광선을 통제하여 인물들의 형상이 부서지지 않게 다루었다. 하지만 멕시코 영화 산업은 좋은 촬영 장비를 갖고 있지 않았다. 또한 조명 장비도 충분하지 않았다. 그리고 세트는 대부분 조잡했다. 부뉴엘은 멕시코에 와서 자기에게 주어진 한계 체험을 마치 영화의 조건인 것처럼 받아들였다. 멕시코에서의 제작 상황은 매번 달랐다. 종종 그의 영화는 대중 영화의 외피를 두르고 제작자의 요구에 굴복한 것처럼 보일 때도 있었다. 하지만 두 번째 다시 보게 될 때 비로소 유머는 당혹스럽게도 어떤 깨달음의 순간들과 맞닿아 있음을 알게 될 것이다. 그래서 부뉴엘의 멕시코 영화들은 두 번째 볼 때 종종 번개 같은 순간과 만난 듯한 쇼크를 준다. 말 그대로 쇼크의 기술. 부뉴엘은 농담 속에 자신의 냉소적인 관찰을 숨겨 놓는 기술을 여기서 몇 차례의 시행착오를 거쳐서 자신의 영화 안에 좀 더 친밀하고 기이하게 압축시키고 대체해 나갔다. 멕시코 영화에는 한결같이 어떤 시적인 농담의 기운이 감돈다. 물론 부뉴엘이 항상 성공적으로 농담의 순간에 무엇을 희생하고 무엇을 절약했는지에 관한 놀라운 장면을 만들어 낸 것은 아니다. 멕시코에 도착해서 만든 처음 두 편의 영화 〈그랑 카지노〉와 〈엄청난 난봉꾼〉은 실패했다. 부뉴엘 자신도 때로 완전히 실패했다고 생각했다. 그는 기 드 모파상의 원작소설 『피에르와 장』을 각색한 〈사랑 없는 여자〉가 자신의 가장 나쁜 영화라고 불렀다. (하지만 내 생각에 이 영화는 훌륭하다) 부뉴엘은 이 방법의 시행착오 속에서 성공의 비결은 간결한 데 있다는 것을 깨달았다. 그러면서 그 순간은 점점 더 섬광 같아졌다. 멕시코 '이전'의 영화들이 이미지에서 시적인 감흥이 감돌았다면 '이후'의 영화들에서 그 감흥이 장면들 '사이'로 옮겨 간 것엔 그런 이유가 있을 것이다. 부뉴엘이 몇 차례이고 자신에게는 스타일이 없으며 최고의 스타일은 비가시적인 것이라고 대답한 점은 그 배움의 결과일 것이다.

부뉴엘은 거기 머무는 척 하다가 아무리 예민한 비평가들도 미처 거기서 무언가를 느껴 보기 전에 재빨리 그 쇼트를 떠났다. 부뉴엘이 발명한 위대한 미학은 부주의에 대한 사려 깊은 인상을 만드는 것이었다. 그는 여전히 초현실주의자이지만 동시에 더 이상 초현실주의의 테제에 매달리지 않았다. 그렇다면 차라리 초현실주의 안의 무정부주의자라고 불러 보고 싶다. 종종 부뉴엘의 영화를 단계별로 이해하는 비평은 오해를 저질렀다. 그걸 분명하게 하고 싶다. 단순하게 멕시코 영화들이 있었기 때문에 '이후'의 영화들에서 유머와 냉소의 불협화음이 만들어진 것이 아니다. 나는 종종 멕시코 영화들의 어떤 순간들이 '이후' 영화들의 최고의 순간, 이를테면 〈은하수〉나 〈부르주아의 은밀한 매력〉의 장면들과 비견할 만하다고 생각한다. (어쩌면 더 훌륭하다.)

부뉴엘이 다시 한번 부뉴엘이 된 것은 1950년 〈잊혀진 사람들〉을 찍을 때였다. 멕시코시티의 빈민굴을 무대로 소년들을 주인공으로 한 이 영화를 그는 자신의 '개인적인 작업'이라고 불렀다. 부뉴엘은 이 영화를 위해서 6개월 동안 많은 인터뷰와 긴 조사를 했다. 이 거리에 사는 사람들을 만났고, 촬영을 위해서 장소를 사전 답사하였다. 사악한 친구 페드로는 소년원에서 나오자마자 올바른 길을 가려고 애쓰는 소년 엘 하이보를 만나러 온다. 그런 다음 페드로와 엘 하이보의 이야기를 따라 진행되지만 그 두 소년을 둘러싸고 아홉 명의 등장인물이 자리를 바꿔가면서 나타났다가 빠져나가고, 때로는 맞아 죽고, 그리고 곁에 있다가 사라지고, 예상치 않은 순간에 다시 나타난다. 거미줄에 매달린 거미들. 마치 끈끈한 줄에 엉겨 붙는 것만 같은 감촉의 서사. 이들은 번갈아 서로 오해하고, 배신하고, 속인다. 여기서는 최종 희생자라는 자리는 없다. 희생자는 다른 자리에서 누군가를 희생시킨다. 죽음의 자리에 이를 때까지 그렇게 계속해서 자리를 맞바꾼다. 소년들은 몰려다니면서 앉은뱅이가 구걸한 돈을 훔쳐 달아나고, 장님 악사의 악기를 부숴 버린다. 거기서 멈출 리가 없다. 그들은 복수의 기회를 노리면서 경찰에게 밀고한다. 이 영화는 사실주의 영화라기보다는 자연주의 영화라고 불러야 할 것이다. 부뉴엘의 영화가 다시 파리의 극장을 방문한 것을 두 팔 벌려 환영하면서 앙드레 바쟁Andre Bazin이 이 영화를 로셀리니, 혹은 데 시카가 아니라 에리히 폰 슈트로하임의 계보에 놓은 것은 정당해 보인다. 무엇보다도 인상적인 장면. 빈민가에서 네오리얼리즘처럼 전개되던 이 영화는 잠시 진행을 멈추듯 한밤중에 엘 하이보가 꿈을 꾸는 장면으로 넘어간다. 영화는 꿈을 꾸는데, 이 장면을 보는 우리는 마치 영화라는 잠에서 갑자기 깨어난 것처럼 소스라치게 놀라고 만다. 하얀 암탉이 푸드득 거리면서 날아올 때 잠자리에서 일어난 엘 하이보는 자신의 침대 밑에서 낮에 페드로에게 맞아 죽은 훌리안을 본다. 피 흘리는 훌리안은 엘 하이보를 바라보면서 웃지만 아무 말도 하지 않는다. 맞은편 침대에서 잠자던 엄마가 일어나 슬로모션으로 엘 하이보에게 다가올 때 영화는 순식간에 현실과 꿈 사이의 어떤 경계를 넘어가 버린다.

아마 부뉴엘 자신도 이 영화가 만족스러웠던 것 같다. 그는 〈잊혀진 사람들〉을 코믹한 멜로드라마 버전으로 한 번 더 만들기를 원했다. 〈수사나〉에는 훌륭한 장면들이 있지만 그러나 이 놀라운 성공은 다시 한번 이루어지지 않았다. 하지만 부뉴엘은 〈수사나〉에 애착을 가졌다. "나는 이 영화를 다시 한번 만들어 보고 싶습니다." 그는 그 소망을 프랑스에서 이루었다. 〈어느 하녀의 일기〉는 〈수사나〉의 느슨한 리메이크이다. 여기까지 따라오면 당신은 부뉴엘의 멕시코 영화들이 예외적인 작품들을 제외하고 타협의 소산이라고 결론 내릴지 모르겠다. 물론 대답은 아니라는 것이다. 부뉴엘은 자신의 초현실주의 저 밑의 뿌리에 멜로드라마가 있다는 것을 발견했다. 어쩌면 당연한 대답일지도 모른다. 꿈과 무의식의 저 아래 결국은 가족의 드라마가 있다는 것을 부뉴엘은 프로이트를 읽으면서 잘 알고 있었을 것이다. 언제나 망설이지 않고 부뉴엘은 자신이 할리우드 멜로드라마를 경애한다고 대답했다. 그리고 그것을 자신의 손으로 성공시켜보고 싶어 했다. 부뉴엘은 히치콕이 결국은 멜로드라마 감독인 것과 똑같은 의미에서 멜로드라마 감독이다. 그리고 물론 그들은 거기에 도착하는 것에 실패하는 것을 목표로 영화를 만들었다. 거의 이야기되지 않지만 〈짐승〉에서 부뉴엘은 〈수사나〉에서 실패한 〈잊혀진 사람들〉의 만회를 해 보려고 했다. 여기서 주인공 이름이 페드로이고, 그가 사랑에 빠진 소녀의 이름이 메체인 것은 그 이유이다. 이 영화가 수수께끼 같은 엔딩으로 수상쩍게 끝나긴 하지만 부뉴엘의 신비로운 마법은 벌어지지 않았다. 하지만 이 실패를 거의 개의치 않은 것 같다.

오히려 부뉴엘이 이 시기에 더 중요하게 생각한 것은 쉬지 않고 작업을 해야 한다는 것이었던 것 같)다. 〈잊혀진 사람들〉이후 부뉴엘은 10년 동안 단 한 해도 쉬지 않고 영화를 찍었다. 심지어 1953년부터 1955년까지, 3년 동안 부뉴엘은 여덟 편의 영화를 만들었다. 굉장한 일이다. 그리고 이 영화들 중에 '광기의 3부작'이라고 할 〈이상한 정열〉, 〈폭풍의 언덕〉, 〈아르치발도의 범죄 인생〉이 포함되어 있다. (나는 이 세 편의 영화가 마지막 3부작 〈부르주아의 은밀한 매력〉, 〈자유의 환영〉, 〈욕망의 모호한 대상〉과 겨룰 수 있는 부뉴엘의 걸작이라고 생각한다) 누군가는 이 영화들을 '사드 3부작'이라고 불렀다. 물론이다. 이 영화들은 그것이 모든 것을 망친다는 사실을 잘 알고 있으면서도 마치 그것이 자신의 의무처럼 수행해야만 하는 세 남자, 크루소(〈이상한 정열〉), 프란치스코(〈폭풍의 언덕〉), 아르치발도(〈아르치발도의 범죄인생〉)의 가련한 도착적 행동을 따라간다. 도덕 법칙과 싸우기 위해서 이 가련한 남자들은 무엇 뒤에 숨어야하는가. 그들은 자신의 열정에게 내리는 명령이 어디서 온 것인지를 알지 못한다. 단지 그것을 수행하는 것만이 자신에게 주어진 의무의 진리라고 믿는다. 부뉴엘은 자신이 애착을 느끼는 강박관념의 대상들을 마음껏 사용한다. 차라리 이 세 편을 '물신숭배 3부작'이라고 부르고 싶을 정도이다. 세 남자는 각자의 방식으로 자신의 의무가 단순하게 욕망에 항복한 것이 아니라고 스스로에게 다짐한다. 그런 다음 더 이상 도덕 법칙 뒤에 숨지 않겠다는 결정을 내림으로써 향락을 즐기는 주체에게 자신을 넘긴다. 쾌락과 고통. 그때 자유는 어디에 있는가. 그때 자유의 장애물은 언제 나타나는가. 그때 자유와 장애물은 혹시 동일한 것이 아닌가. 그들이 같은 경로를 따라가긴 하지만 세 남자는 서로 다른 결말을 맞이한다. 환상에 머물면서 춤을 추거나(〈이상한 정열〉), 시체와 키스를 하면서 죽음을 맞이하거나(〈폭풍의 언덕〉), 환상을 담은 상자를 버린다(〈아르치발도의 범죄인생〉).

3. 길을 잃은 돈키호테(들)

부뉴엘의 멕시코 영화들을 한 번 더 둘로 나눈 것은 여기에 어떤 분기점이 있기 때문은 아니다. 하지만 영화 제작을 둘러싼 중심부와 주변부 사이에서 벌어진 과정이 분할하는 명백히 가시적인 차이, 그 가운데 과정 안에 개입한 참조점 사이의 내재적인 거리, 그리고 상황을 둘러싼 여러 가지 불화의 이유가 있다. 이 위대한 초현실주의자의 멕시코 영화들에 관한 이론을 세워보려는 노력은 부뉴엘이 고향을 떠나서 지구 반대편에서 영화를 만들고 있는 상황에 대한 상실diaspora의 개념으로 다시 설명하려고 했으며, 다른 한편으로는 이 영화들의 지위를 월드 시네마 안에서 전복적인 하위 종속된 주체들subaltern로 재개념화 하려는 작업으로 나아갔다. 두 개의 관점은 겹치기도 하지만 각자 독립적인 작업으로 충분히 존중할 수 있다. 내가 다시 한번 두 갈래 길로 나눈 것은 이론적인 것이 아니다. 상황은 좀 더 복잡하다. 여기에는 당시 할리우드에서 블랙리스트를 피해 일시적으로 신분 위장을 하고 도망쳐 온 영화인들이 부뉴엘과 멕시코 영화 현장에서 합류했던 과정을 계산에서 놓치고 있다. 이들은 미국의 옛 동료들과 계속 연락을 주고받았으며, 할리우드는 멕시코에서 무언가 계속 만들면서 유럽의 주목을 끄는 스페인 사람에게 관심이 있었다. 그때 유럽 영화들은 미국의 지식인들에게 환영받고 있었다. 특히 이탈리아 영화들. 그중에서도 네오리얼리즘 영화들. 할리우드 스타 잉그리드 버그만Ingrid Bergman은 〈무방비 도시〉를 본 다음 이탈리아어라고는 "티아모(당신을 사랑해요)"밖에 모르면서 로셀리니에게 달려갔다. 거의 관심이 없던 일본 영화가 〈라쇼몽羅生門〉을 시작으로 서방세계의 극장에 차례로 도착했다. 그리고 인도 영화. 〈길의 노래Pather Panchali〉. 단지 시네필들의 제한적인 관심이 아니라 영화 문화 전체가 무언가 바뀌고 있었다. 부뉴엘의 프로듀서인 오스카 댄시거즈는 (말을 우회할 필요 없이) 공산주의자였다. 그리고 할리우드에서 FBI의 '빨갱이' 블랙리스트에 이름이 올라 청문회를 피해서 멕시코로 온 미국인 친구들이 모였다. 조지 페퍼와 시나리오 작가인 휴고 버틀러는 루이스 부뉴엘과 잘 어울렸다. 아마도 고향을 잃었다는 상실의 감정도 포함되었을 것이다. 그들은 할리우드의 유나이티드 아티스트와 연락하면서 멕시코에서 제작하고 국제적인 배급이 가능한 영화를 준비했다. 그때 부뉴엘은 오랜 꿈이었던 대니얼 디포의 소설 『로빈슨 크루소』를 꺼내 들었다. 할리우드에서도 긍정적인 답장이 왔다. 〈로빈슨 크루소〉는 영어와 스페인어로 제작되었고, 컬러 필름으로 촬영되었다. 하지만 이들이 모두 이 소설에 대해서 동일한 해석의 비전을 품었는지는 알 수 없다. 무인도에 표류한 인간이 노동의 시간을 통하여 경험을 얻고, 자연 위에 자기 문명을 만들어 내고, 자기에게 주어진 조건 안에서 새로운 삶의 과정을 세워 나가는 이야기는 서구 제국주의의 식민지에 관한 알레고리이기도 하지만, 정반대로 새로운 신세계를 노동을 통해 세워 나가는 근대의 신화로도 읽어 나갈 수 있을 것이다. 설명을 망설이는 이유가 있다. 시작하고 50분이 넘게 화면에 등장인물이라고는 로빈슨 크루소뿐인 거의 실험

영화에 가까운 이 영화의 구성에도 불구하고 〈로빈슨 크루소〉는 모든 면에서 이상할 정도로 평범하게 진행된다. 누군가는 이 영화가 모험 활극의 스펙터클, 혹은 개척 드라마를 모두 지워 버리고 평범한 정도를 지나쳐가면서 평범하기 때문에 시적이라고 설명했다. 아무래도 나는 동의하기 힘들다. 물론 부뉴엘은 이 영화에 정성을 기울였다. 로빈슨 크루소의 고독을 찍기 위해 촬영 중에 누구도 로빈슨 크루소를 연기하는 댄 오헐리에게 말을 걸지 못하게 했다. 무인도에 온 로빈슨 크루소는 마치 광야에서 시련에 던져진 예수처럼 보이기는 한다. 그는 점점 시간이 지나면서 수염이 자라고 머리가 길어지면서 예수의 아이코노그래피를 표현한다. 어쩌면 평범한, 지나치게 평범한 진행을 따라가면서 할리우드 영화처럼 보일 때가 있을 것이다. 그때 성경 구절의 의미를 잊어버렸다면서 절규하는 장면은 이 영화가 부뉴엘의 세계라는 걸 일깨워준다. 하지만 그런 순간은 너무 가끔 나타난다. 그런 다음 로빈슨 크루소는 프라이데이를 구조하고 그와 선문답을 나눈다. "하느님은 악마가 우리를 유혹하게 만드신 건가요?" "그렇지." "그렇다면 우리가 죄를 지었을 때 왜 화를 내시나요?" 어쩌면 부뉴엘은 서구 문명과 자연 사이의 대화를 찍기 위해서 이 영화를 만들고 싶어 했을 것이다. 이때 두 사람의 대화는 곤경에 빠진 예수라기보다는 돈키호테와 산초 판사가 세계라는 약속을 사이에 두고 벌이는 대결처럼 보인다. 부뉴엘은 일깨우는 산초 판사 대신 기꺼이 자신의 자리를 세계의 심연 속에 들어가 꿈꾸는 돈키호테 쪽에 놓는다. 〈로빈슨 크루소〉는, 하여튼, 국제적인 흥행

성공을 거두었다. 할리우드는 원하는 것을 손에 넣었다.

하지만 부뉴엘은 이 성공을 따라가지 않았다. 그는 재빨리 자신이 가장 잘 할 수 있는 세계로 돌아왔다. 〈나사린〉은 종종 이어지는 〈비리디아나〉와 〈절멸의 천사〉에게 (부당하게도) 가려지곤 하지만 이 영화가 없다면 멕시코와 스페인의 부뉴엘의 작업은 서로 공명의 부피를 잃었을 것이며, 그 사이의 상응도 사라져 버렸을 것이다. 오로지 이 영화가 있어야만 그 사이를 넘어갈 수 있는 가까움의 상응의 순간들이 거기에 머물기 때문이다. 어쩌면 〈그 이름은 여명〉과 〈젊은 여자〉를 포함하여 이 세 편은 부뉴엘의 영화를 따라가다 말고 왠지 낯선 곳에 머물게 되었다는 기분을 느낄지도 모른다. 나도 그런 기분에 빠져들었다. 이 세 편은 갑자기 이제까지의 영화들과 달리 (부뉴엘의 영화를 이렇게 부르는 것을 허락한다면) 어떤 경향에로 빠져들어 갔다. (나는 일부러 경향이라는 단어를 사용했다) 어떤 경향? 사회주의 리얼리즘의 관점. 그래서 부뉴엘의 영화에 대해 부주의한 비평 중에는 〈정원에서의 죽음〉이 너무 실망스러웠기 때문에 이 영화들을 하나로 묶는 경향이 있다. 하지만 그건 완전히 잘못된 주장이다. 〈그 이름은 여명〉은 누구라도 보고 나면 〈게임의 규칙La Regle Du Jeu〉이 떠오를 것이다. 두 영화는 완전히 다르지만 부뉴엘은 여기서 공장이 있는 지중해의 작은 섬에서 일하는 유일한 의사 발레리오의 심리를 따라가면서 그것이 어떻게 사회적인 관계의 무게 아래 일그러져 가는지를 본다. 아마 이 영화가 싫다면 그건 부뉴엘의 영화에서 뜻밖에도 거의 유일하게 행복한 기분이 감돌기 때문일 것이다. (그건 나

도 이상하다고 생각한다.) 망설였던 당신도 〈나사린〉이 걸작이라는
데 동의할 것이다. 신앙심 깊은 젊은 신부 나사린은 우연히 매춘
부 안다라와 얽히게 된다. 그런 다음 나사린의 고난에 찬 여정이
시작된다. 물론 누구라도 이것이 예수와 막달라 마리아의 관계처
럼 보이겠지만 부뉴엘은 그들의 여행을 다시 한번 돈키호테와 산
초 판사처럼 만든다. 성경이 나사린의 유일한 힘이지만 그 언어
들은 나사린을 점점 더 곤경으로 밀어 넣는다. 말씀과 세상은 점
점 멀어진다. 그리고 마침내 나사린이 거리의 부랑아로 추락하게
되었을 때, 그래서 그에게 모욕이 가해지고 세상이 폭력을 베풀
때 나사린은 고통스럽게 말한다. "내 삶에서 처음으로 용서하기
힘들다는 것을 알게 되었습니다. 하지만 당신을 용서합니다. 그
것이 기독교인의 의무이기 때문입니다. 그러나 당신을 경멸합니
다. 용서와 경멸을 분리할 수 없기 때문에 저는 죄책감을 느낍니
다." 그리고 나서 심장이 부서지는 것만 같은 마지막 장면의 나사
린의 행진. 부뉴엘은 〈나사린〉의 속편을 만들고 싶을 만큼 애착을
느꼈다. 아쉽게도 그 영화는 만들어지지 않았다. 그런 다음 〈젊은
여자〉는 무대를 미국 남부로 옮겨 가 흑인 남자와 백인 남자가 만
난 백인 소녀 에벌린과의 이야기를 다룬다. 1960년, 미국 남부. 강
간 혐의로 쫓기는 흑인 재즈 뮤지션. 무언가 이 영화는 부뉴엘이
먼 길을 우회해서 동시대에 합류하고 있다는 기분으로 진행된다.
그러면서 〈젊은 여자〉는 다시 한번 돈키호테와 산초 판사의 우스
꽝스러운 여행을 재현한다. 가볍게 진행되고 있지만 내내 감도는
기운은 여기서 이상하게도 세상이 몰락하고 있다는 기분을 불러

일으키면서 어떤 목적도 없이 사라져 가는 유한성으로 빨려 들어
간다. 순결한 무언가가 더럽혀지는 것은 부뉘엘의 영화에서 낯설
지 않다. 하지만 이 영화는 화면이 더럽혀지고 있다는 기분을 불
러일으킨다. 왜 그런 기분을 불러들이는지 오랫동안 생각했다.
〈젊은 여자〉는 남부 지대의 늪에서 사람들을 벌레처럼 찍고 있는
것만 같은 관찰의 장면들이 있다. 하지만 부뉘엘은 이 길을 따라
가지 않았다. 다시 한번 길이 두 갈래로 갈라진다.

4. 저들은 자기가 어디에 왔는지 모르나이다

〈비리디아나〉은 스펙터클의 영화이다. 이때 부뉘엘은 우리가 마
주 보지 말아야 할 것 앞으로 데려다놓는다. 그래서 보고 있는 동
안 누가 와서 내 목을 조르는 상태로 내내 영화를 맞닥뜨리는 경
험을 하게 된다. 비리디아나는 자기가 무엇을 원하는지 잘 알고
있다고 생각한다. 그런데 잘 안다는 것은 무엇일까. 그것을 실천
하는 것은 그녀에게 무엇을 약속할 수 있을까. 그 실천은 쾌락과
맞바꿀만한 가치가 있는 것일까. 그런데 그 실천의 밑바닥에 있
는 것이 쾌락이라면 어떻게 하겠는가. 여기서 충동이 그 둘 사이
를 오가는 다리 역할을 하게 될 것이다. 순결한 비리디아나는 삼
촌 저택에 와서 마지막 인사를 드리고 수녀원에 들어가 하느님
의 아들, 그 분의 신부가 되기로 결심한다. 하지만 비리디아나의
삼촌은 그녀를 보는 순간 죽은 자신의 아내가 돌아왔다고 믿는
다. 밤마다 모차르트의 〈레퀴엠Requiem〉을 들으면서 죽은 아내의

신부복을 자기가 걸쳐보던 삼촌은 조카 비리디아나에게 수면제를 탄 커피를 마시게 한 다음 아내의 신부복을 입혀서 침대에 눕힌다. 그리고 그녀를 겁탈하려고 한다. 하지만 마지막 순간에 중단한 삼촌은 자신의 재산을 비리디아나와 아들 호르헤에게 나눠주고 자살한다. 이 자살에 관한 긴 이론이 있다. 그 중의 하나. 단순하게 부끄러움에서 온 자기 파괴가 아니라 충동의 대상에 지나치게 가까이 다가간 강박증 증상이 욕망을 부정하기 위해 자신의 자아를 파편화시킨 것이라고 설명해 버리면 무슨 일이 벌어질까. 물론 부뉴엘은 이런 설명을 경계한다. 비리디아나는 삼촌의 재산을 가난한 거지들, 빈자, 거리의 매춘부들을 위해서 쓰기로 결심한다. 비리디아나는 성녀聖女가 된다. 그리고 대부분의 영화는 여기서 끝난다. 그런데 부뉴엘은 비리디아나를 통해 반문한다. 당신은 이제 만족하십니까. 그런 다음 그녀가 대면하는 기도의 대상들에게 다가간다. 〈비리디아나〉는 우리를 레오나르도 다빈치가 1494년에 시작해서 1497년에 완성한 위대한 걸작 〈최후의 만찬〉 앞으로 데려간다. 밀라노의 산타 마리아 델레 그라치에에 있는 그림. 가로 8미터 80센티미터, 세로 4미터 60센티미터. 부뉴엘이 재현한 이 그림의 장면은 비리디아나와 호르헤가 저택을 비운 동안 그녀가 아낌없이 베푼 거지들, 빈자, 거리의 매춘부들이 몰려와 만찬을 난장판으로 만드는 스펙터클로 우리와 마주하게 된다. 그들은 비리디아나를 배신한 것일까. 그런데 다빈치의 이 그림이 정확하게 예수께서 유다를 지목하기 전 열두 제자가 각자 배신의 첫 표시로 흩어지는 순간을 그리면서 전반적으로 중심 구도를 잡았다는 것을 생각해야 한다. 거지, 빈자, 매춘부들의 배신은 정확하게 2천 년 전 배신의 반복인 것이다. 세 개의 배신, 성경, 다빈치, 부뉴엘. 종종 〈비리디아나〉의 이 장면이 신성모독이라고 말하지만 부뉴엘은 사실상 여기에 아무것도 더하지 않은 것이다. 그건 이 그림을 오해한 것이다. 〈비리디아나〉는 무언가를 상징하거나 의미를 전달하려는 것이 아니다. 반대로 여기서 부뉴엘은 상징이 오작동을 일으키면서 의미를 중단시켜야만 질문을 받아들일 준비가 된 것이라고 믿는다. 하지만 반문할 것이다. 그런데 어떤 질문? 이 수수께끼.

부뉴엘은 〈비리디아나〉를 스페인에 돌아와서 찍었지만 그렇다고 해서 그 다음 부뉴엘이 멕시코를 떠났다든가, 유럽에서의 새로운 작업이 시작되었다든가, 하는 식의 과정이 이어지지는 않았다. 부뉴엘은 멕시코로 돌아와서 다음 영화 〈절멸의 천사〉를 찍었다. 이 영화는 부뉴엘 판본의 사드 후작의 『소돔 120일』이다. 부르주아지들이 오페라를 보고 온 다음 저녁 파티에 초대받는데 그들은 알 수 없는 이유로 이 장소를 떠나는 것이 불가능해진다. 부뉴엘은 '장소의 3부작'을 찍었는데 〈황금시대〉(의 후반부), 그리고 〈절멸의 천사〉, 이제 찍게 될 〈부르주아의 은밀한 매력〉으로 이어졌다. 하지만 이 이야기의 출발은 단지 사드의 원작 소설에만 있는 것은 아니다. 부뉴엘은 〈빵 없는 대지〉를 찍으면서 라스 우르데스 주민들에게 질문을 던졌다. 이토록 척박하고 잔인한 토양과 환경이라면 조금이라도 더 나은 곳으로 왜 이주하지 않는 것입니까. 왜 떠난 이들은 결국 다시 돌아오는 것입니까. 부뉴엘은 〈절멸의 천사〉에 대해서 몇 번이고 반복해서 경고했다. 제발 부탁이에요, 이 영화를 상징적으로 해석하지 마세요. 한 가지는 분명하게 알겠다. 라스 우르데스의 주민들이 갈 데가 없기 때문에 거기를 떠나지 못하는 것과 (아이러니하게도) 똑같은 의미에서 부르주아지들은 여기를 떠나지 못하는 것이다. 부르주아지들은 부르주아지들의 세계 바깥으로 나가기를 원치 않는다. 그들은 자발적으로 감금당한다. 차라리 이렇게 말해 보고 싶어진다. 계급은 감금이다. 〈절멸의 천사〉와 완전히 다른 영화이면서 (그러나) 거의 동시에 폐소공포증에 사로잡힌 것처럼 붙들려 있는 알랭 레네의 두 편의 영화 〈지난해 마리앙바드에서〉와 〈뮈리엘Muriel ou Le temps d'un retour〉이 거의 동시에 영화사에 나타난 것은 (내가 보기에) 신기한 일이다.

5. 여성들, 또는 욕망의 은밀한 매력

부뉴엘에게 이상한 표현이기는 하지만 〈세브린느〉는 그의 영화 중 박스 오피스에서 가장 성공적인 영화가 되었다. 하지만 부뉴엘 자신은 이 영화를 좋아하지 않았다. "지나치게 통속극에 가깝다"고 생각했다. 영화를 보고 나면 어리둥절해질 것이다. 원래의 제목은 두 가지 의미로 번역된다. 원제 'Belle de jour'는 '메꽃'이지만 문자 그대로à la lettre 읽으면 '한낮의 예쁜이'가 된다. 낮에는 사창가에서 일을 하고 저녁이 되면 집에 돌아가 피에르의 정숙한 아내가 되는 세브린느의 직업상 이름이다. 그러므로 번역할 수 없는 '벨 드 주르'이기도 하다. 그저 표면적으로는 마조히즘의 욕망을 채우기 위한 위험한 탈선을 하는 주부의 이야기처럼 보이지만 〈세브린느〉는 성적인 쾌락 없이 진행된다. 세브린느는 저녁이 되면 집에 돌아가야 하는 의무를 반드시 수행하기 위해서라는 듯이 옷을 모두 벗어도 신발을 벗지는 않는다. 세브린느는 어떤 의미에서 신데렐라이다. 이때 부뉴엘은 그 발을 거의 애무하듯이 찍었다. 세브린느 역을 맡은 카트린 드뇌브는 여기서 연기를 한다기보다는 마치 옷을 입혀놓은 인형처럼 보인다. 이 말을 오해하면 안 된다. 연기를 못한다는 뜻이 아니라 부뉴엘은 최고급 의상을 입혀 놓은 다음 (의상 감독을 이브 생 로랑Yves Saint Laurent에게 맡겼다) 그 옷을 하나씩 벗겨 나가는 연출을 하고 있다. 물론 세브린느의 꿈속에서 마차를 타고 어디론가 끌려간 그녀가 밧줄에 묶인 채로 날아온 똥에 맞아 하얀 드레스가 더럽혀지는 장면을 잊지 않았다. (이 똥은 최고급 초콜릿과 꿀로 만들어진 소품이라고 한다.) 세브린느는 이상한 취향의 손님을 차례로 맞이한다. 그리고 작은 구멍으로 옆방의 동료가 맞이하는 이상한 고객들의 취향을 감상한다. 여기서 이야기가 진행되는 것인지 이 꿈에서 저 꿈으로 옮겨 가는 것인지 애매해진다. 어느 쪽이 환상이고 어느 쪽이 현실인 것일까. 그런데 현실이란 무엇인가. 그래서 욕망이 미친 듯이 날뛰는 것일까. 부뉴엘은 정반대 방향으로 밀고 나아간다. 예외 없이 모두가 도덕의 환상 속으로 떨어진다. 그리고 거기서 아무도 자유를 얻지 못한다. 그러므로 세브린느는 먼 길을 돌아서 대가를 치르고 해피 엔딩(부뉴엘은 이렇게 불렀다)을 맞이한다. 혹은 감금 상태가 기다리는 집으로 안전하게 귀가한다.

부뉴엘과 시나리오 작가 장클로드 카리에르는 함께 고다르의 〈중국 여인La Chinoise〉을 보러갔다. 고다르는 여기서 중국의 '붉은 책'에 영향 받은 젊은 마오이스트毛澤東主義者들의 학습과 우스꽝스러운 테러의 실천과 실패를 찍었다. 두 사람은 그렇게 시대의 공기를 느껴 보았다. 하지만 다음 영화보다 시대가 먼저 도착했다. 1968년 5월 파리에서는 혁명이 벌어졌다. 〈은하수〉는 5월 혁명의 자장권 아래서 만들어졌다. 두 명의 부랑자 장과 피에르는 파리에서 산티아고 데 콤포스텔라까지 순례길을 떠나기로 결심한다. 성경 속의 타임머신을 타기라도 한 것처럼 두 사람은 예수에서 중세를 거쳐 현대에 이르기까지 비연대기적으로 수많은 사건과 인물과 장소와 마주치고 머물고 그리고 다시 떠난다. 그들은 많은 것을 보고 장면들은 파노라마처럼 이어진다. 명백히 초현실주의가 열어놓은 자유연상을 따라가는 이 로드 무비가 난해한 것은 아니지만 종종 무얼 건드리고 있는지는 의문스러워진다.

부뉴엘은 가끔 왔던 길을 되돌아가기를 원했던 것처럼 보일 때가 있다. 〈트리스타나〉는 분명히 그러했다. 페레스 갈도스의 원작 소설 『트리스타나』를 훌리오 알레한드로의 각색으로 〈비리디아나〉 직후에 찍으려고 했지만 스페인에서의 작업은 검열로 계속 미루어졌다. 모두들 포기했다고 생각했는데 부뉴엘은 갑자기 다시 이 시나리오로 되돌아왔다. 1892년을 무대로 한 소설을 1929년 스페인 군주제의 마지막 시기로 옮겨 온 이야기는 가난한 고아 트리스타나가 그녀의 삼촌 돈 로페의 손에 양육되는 데서 시작한다. 돈 로페는 트리스타나를 자신의 딸이자 미래의 아내로 생각하면서 키운다. 1931년, 공화국의 새로운 시대. 성장한 트리스타나는 돈 로페를 거절하고 젊은 화가 호라시오와 함께 파리로 떠난다. 1933년, 우익 공화국이 정권을 찬탈한 시대. 그녀는 다리에 악성 종양을 안고 다시 고향으로 돌아온다. 1935년. 한쪽 다리마저 잃고 절망한 트리스타나는 교회에 헌신하면서 자포자기하는 마음으로 유산을 상속받고 부자가 된 돈 로페의 청혼을 받아들인다. 돈 로페가 병에 걸려 침대에서 하소연하던 눈이 펑펑 내리는 밤, 트리스타나는 의사에게 전화를 하는 척 한 다음 차가운 공기가 방 안을 가득 채우게 창문을 활짝 열어놓는다. 부뉴엘은 여기서 원작과 마치 게임을 하는 것처럼 트리스타나에 대한 해석을 놓고 다툼을 벌인다. 분명히 트리스타나의 운명과 복수는 스페인 공화정의 역사와 평행선을 긋고 있지만 종종 부뉴엘은 트리스타나의 운명에 더 관심이 있다는 듯이 그녀의 선택에 관한 사드적 버전에 이끌린다. 여기서 부뉴엘은 지속적으로 어떤 주춤거림을 찍는다. 왜 그녀의 정념적인 행위는 악에 이끌리는가. 왜 하나의 환상에 굴복하면서 다른 하나의 환상을 대체할 수 있다고 믿게 되는가. 트리스타나는 그 앞에서 주춤거린다. 트리스타나를 내내 고문하는 것은 무엇인가. 그녀는 언제 자유로워지는가. 그녀는 어떻게 자유로워지는가. 그녀를 바라보는 시선에 붙잡힌 주인은 언제 자유로워지는가.

　아마 여기까지 따라왔다면 어딘가 이미 본 영화를 또 본 느낌을 받을지 모르겠다. 똑같은 기분을 부뉴엘도 가졌다. 자신이 매너리즘에 빠졌다고 생각했다. 그래서 〈트리스타나〉가 자신의 마지막 영화가 될 것이라고 말했다. 부뉴엘을 설득한 사람은 시나리오 작가 장클로드 카리에르와 제작자 세르주 실베르망이었다. 〈부르주아의 은밀한 매력〉은 여섯 명의 부르주아지 커플이 저녁을 먹기 위해서 애를 쓰는 이야기이다. 그들이 저녁을 먹으려고 할 때마다 무언가 문제가 생긴다. 중단이 중단되고, 중단 속에서 중단된다. 〈절멸의 천사〉에서 부르주아지들이 그 집에서 나갈 수 없다면 여기서는 저녁을 먹는 그 순간에 이르지 못한다. 그들은 다섯 번의 모임을 갖고 그들 각자의 상대방의 네 개의 꿈을 오가게 된다. 그리고 무더운 날에 허허벌판을 목적지도 알지 못한 채 하염없이 걸어가는 장면이 마치 침입하듯이 그 사이에 반복된다. 단지 이 영화를 부르주아지들에 대한 풍자라고 부르기에는 무언가 표현이 부족하다. 말 그대로 허기진 영화에서 거의 고문하듯이 진행되는 반복에도 불구하고 세계는 완강하게 버티면서 그들에게 계속해서 시련을 안겨준다. 피카레스크 풍의 부조리. 그들은 저녁을 먹어야하기 때문에 세계를 폭파시킬 겨를이 없다. 그런 의미에서 〈부르주아의 은밀한 매력〉은 〈절멸의 천사〉와 원형이판본이라고도 할 수 있다. 말 그대로 곤경의 영화. 〈자유의 환영〉은 마치 〈부르주아의 은밀한 매력〉에 대한 메아리처럼 이어진다. (대답이 아니다!) 프란시스코 호세 데 고야의 그림 〈1808년 5월 3일〉을 가져온 첫 장면으로 시작한다. 처형당하는 자들은 외친다. (스페인어로) "영원하라, 족쇄여Vivan las caenas!" (그런데 프랑스어로는 이 대사를 "자유를 타도하라"라고 옮겼다.) 그런 다음 현대로 옮겨온다. 여기서부터 이 영화의 줄거리를 옮겨 쓰는 방법은 영화 전체를 장면 단위로 쫓아가는 도리밖에 없다. 〈자유의 환영〉은 에 피소드를 따라가는데 이 에피소드를 누군가는 14개로, 누군가는 12개로, 그리고 또 누군가는 8개로 나누었다. 이유가 있다. 하나 의 이야기가 끝나고 다음 이야기가 이어지는 것이 아니라 사건이 뒤이어 펼쳐지는 사건 속으로 치환되어서 그 안에서 이야기가 지 속되는 것인지 아니면 그 일부인지 그도 아니면 이미 중단된 것 인지 결정할 수 없기 때문이다. 물론 〈부르주아의 은밀한 매력〉도 마찬가지이지만 여기서 부뉴엘은 그걸 더 밀고 나아간다. 이야기 안의 편집의 개념이 거의 사라지고 하나의 에피소드 안의 인물이 다음 에피소드 안으로 들어간 다음 아무렇지도 않게 그 역할이 바뀌게 될 때 경계를 구별하기 힘들어진다. 차라리 문이 열릴 때 마다 새로운 가능성이 열리고, 문이 닫힐 때마다 매번 하나의 세 계가 시작한다고 말해야 할 것 같다. 그러면서 영화가 앞으로 나 아갈수록 자꾸 인물들은 뒤로 되돌아가려고 애쓴다. 이 종잡을 수 없는 이야기는 마지막에 우리를 동물원으로 데려간다. 그리고 그 앞에 세워놓는다. 우리에 갇힌 동물들. 자유의 환영, 자유라는 환영, 부뉴엘의 큰 웃음소리가 들리는 것만 같은 마지막 장면.

부뉴엘은 〈자유의 환영〉이 자신의 마지막 영화라고 생각했다. 몸이 너무 아팠기 때문이다. 하지만 장클로드 카리에르는 이제야 진정한 부뉴엘 영화의 세계가 시작되었다고 믿었다. 그는 간곡 하게 다음 작업을 설득했다. 정말 위대한 작품, 하지만 정말 마지 막 영화 〈욕망의 모호한 대상〉은 모든 부뉴엘의 영화를 보고 나면 가장 순수하게 부뉴엘의 진수만을 담아 놓았다고 말하고 싶어진다. 마테오라는 사내가 기차를 올라탈 때 한 젊은 여자가 쫓아온다. 마테오는 그녀에게 들통에 담긴 물을 쏟아 붓는다. 그런 다음 자기 자리에 앉아서 다른 승객들에게 콘치타라는 이 여자에 관한 이야기를 늘어놓기 시작한다. 부뉴엘은 콘치타를 캐롤 부케와 앙헬라 몰리나의 2인 1역으로 캐스팅했다. 처음 보면 두 배우는 콘치타의 자리에 (이런 표현을 용서해 주길 바라는데) 중구난방으로 번갈아 나온다. 여기에 무슨 논리를 찾으려고 하면 할수록 바보가 될 것이다. 부뉴엘은 질문이 나올 때마다 미소 지으면서 대답했다. "배우들이 시간이 되는 대로 현장에 왔어요." 물론 그렇지 않다. 마테오는 자기를 사로잡았던 여자 콘치타의 고향으로부터 멀어지기 위해 도망치듯이 지금 이 기차에 올라탄 것이다. 그런데 멀어지면 멀어질수록 마치 더 가까워지려는 듯, 자기와 같은 칸에 앉은 승객들에게 콘치타의 이야기를 함으로써 욕망이 머무는 과거의 고향으로 플래시백하며 되돌아가려고 애쓴다. 이야기 속에서 마테오는 계속해서 자기를 속이고 바람을 피우는 콘치타를 본다. 그런데 창문 너머에서 훔쳐보는 마테오는 시선의 주인이기는커녕 창살 때문에 마치 자신의 욕망의 감옥에 갇힌 것처럼 보인다. 말 그대로 아이러니에 빠진 욕망의 원근법. 아니, 욕망의 왕복운동. 그러면서 마테오가 자신의 이야기 속에 콘치타에 대한 욕망을 덮어 씌워서 '모호한 대상'으로 각색하는 중이다, 좀 더 정확하게 콘치타는 대상이 아니라 대상의 원인이자 효과인 욕망이 된다. 물론 지금 그 이야기가 진행되고 있는 기차가 남근phallus

의 상징이라는 것은 구태여 설명할 필요도 없을 것이다. 루이스 부뉴엘의 영화에 아무리 익숙해졌다고 말하는 누구라도 〈욕망의 모호한 대상〉은 다시 처음 그 자리로 되돌려 놓을 것이다. 거의 붙잡았다고 생각하는 순간 하늘로 비상하듯이 치솟으며, 그 자리에 큰 웃음소리만 남겨놓은 채 우리의 손을 허공에 허우적거리게 만들고는 떠나 버린 그의 작별 인사.

6. 미처 가지 않은 길

루이스 부뉴엘을 따라가는 길은 길을 잃는 방법에 능수능란해지는 것이다. 하지만 아무도 그 방법을 익히지는 못할 것이다. 나는 이미 몇 차례나 길을 잃었다. 그래서 처음부터 다시 시작하곤 하였다. 나는 부뉴엘의 지도를 끝내 완성하지 못할 것이다. 하여튼 그 길이 끝나는 데 이른 것일까. 그렇지 않다. (이 책에는 미처 쓰지 못했지만) 부뉴엘은 다음 영화의 계획이 있었다. 자신을 허무주의 무정부주의자라고 부르는 여자 테러리스트에 관한 이야기였다. 하지만 부뉴엘은 1983년 7월 29일 멕시코시티에서 세상을 떠났다. 이 책이 나온 지 1년 뒤의 일이다. 어쩌면 루이스 부뉴엘에게는 그가 이미 간 길과 미처 가지 못한 길이라는 두 갈래 길이 다시 펼쳐지고 있는 것만 같다. 그러므로 우리가 할 수 있는 일은 그 길 위에서 서성거리는 것뿐이다. 그러면 언젠가 한 번 쯤 어둑어둑한 저녁에 잠시 묘에서 나와 시내에 가서 석간신문을 사들고 재빨리 되돌아가는 루이스 부뉴엘과 마주칠지도 모른다. (이 책의 마지막에 부뉴엘은 그것이 자신이 묘지에 묻힌 다음의 소망이라고 말했다.) 그래서 그 뒤를 몰래 쫓아가 보면 그는 가던 길에 성당에 잠시 들를지 모른다. 거기서 부뉴엘은 이렇게 기도할 것이다. "저는 아직도 무신론자입니다, 아, 하느님, 감사합니다." 한마디로, 루이스 부뉴엘, 이 사람을 보라. 한 번 더, 한마디로 굉장한 고백록.

필모그래피

루이스 부뉴엘이 감독한 영화

안달루시아의 개 Un chien Andalou (1929, 프랑스)
감독 루이스 부뉴엘
시나리오 루이스 부뉴엘, 살바도르 달리
촬영 알베르 뒤베르제
미술 피에르 쉴츠넥
음악 리하르트 바그너의 「트리스탄과 이졸데」의 일부, 아르헨티나 탱고 음악 발췌곡
편집 루이스 부뉴엘
출연 피에르 바셰프, 시몬 마레유, 하이메 미라비예스Jaime Miravilles, 살바도르 달리,
　　루이스 부뉴엘
촬영 포맷 / 상영 시간 흑백, 17분, 무성 (1960년에 유성화)

황금시대L'Âge d'or (1930, 프랑스)
감독 루이스 부뉴엘
시나리오 루이스 부뉴엘, 살바도르 달리
촬영 알베르 뒤베르제
미술 피에르 쉴츠넥
음악 멘델스존Felix Mendelssohn, 모차르트Wolfgang Amadeus Mozart, 드뷔시,
　　바그너의 발췌곡 편집본, 조르주 반 파리Georges Van Parys의 〈파소 도블레Paso
　　Doble〉
편집 루이스 부뉴엘

출연 리아 리스, 가스통 모도, 카리다드 드 라베르데스크Caridad de Laberdesque,
 리오넬 살렘, 막스 에른스트, 피에르 프레베르, 제르맨 누아제Germaine Noizet
촬영 포맷 / 상영 시간 흑백, 61분

빵 없는 대지Las Hurdes (1932, 스페인)
감독 루이스 부뉴엘
시나리오 루이스 부뉴엘 (모리스 르장드르의 저작 각색)
텍스트 피에르 위닉, 훌리오 아신
내레이션 아벨 하킨Abel Jacquin
촬영 엘리 로타르
음향 찰스 골드블라트Charles Goldblatt, 피에르 브롱베르제
음악 브람스Johannes Brahms 《교향곡 4번Symphony No. 4 in E Minor, Op. 98》
편집 루이스 부뉴엘
촬영 포맷 / 상영 시간 흑백, 27분

그랑 카지노Gran Casino (1947, 멕시코)
감독 루이스 부뉴엘
시나리오 마우리시오 마그달레노Mauricio Magdaleno, 에드문도 바에스Edmundo Báez
원작 미첼 웨버Michel Weber의 『낙원의 포효El Rugido del Paraiso』
대사 하비에르 마테오스Javier Mateos
촬영 잭 드래퍼Jack Draper
음향 하비에르 마테오스
미술 하비에르 토레스 토리하Javier Torres Torija
음악 마누엘 에스페론Manuel Esperón
편집 글로리아 스초에만Gloria Schoemann
출연 리베르타드 라마르케, 호르헤 네그레테, 메르세데스 바르바Mercedes Barba,
 아구스틴 인순사Agustín Insunza, 호세 바비에라José Baviera, 프란시스코
 함브리나Franisco Jambrina, 샤를 로너Charles Rooner
촬영 포맷 / 상영 시간 흑백, 85분

엄청난 난봉꾼El gran calavera (1949, 멕시코)
감독 루이스 부뉴엘
시나리오 루이스 알코리사, 자넷 알코리사Janet Alcoriza, 라켈 로하스Raquel Rojas
원작 아돌포 토라도Adolfo Torrado의 희곡

촬영 에세키엘 카라스코Ezequiel Carrasco

음향 라파엘 루이스Rafael Ruiz

미술 루이스 모야Luis Moya, 다리오 카바나스Dario Cabanas

음악 마누엘 에스페론

편집 카를로스 사바헤Carlos Savage

출연 페르난도 솔레르, 로사리오 그라나도스Rosario Granados, 루벤 로호Rubén Rojo, 마루하 그리펠Maruja Grifell, 안드레스 솔레르Andrés Soler, 호르헤 네그레테, 메르세데스 바르바, 아구스틴 인순사, 호세 바비에라, 프란시스코 함브리나, 샤를 로너

촬영 포맷 / 상영 시간 흑백, 85분

잊혀진 사람들Los Olvidados (1950, 멕시코)

감독 루이스 부뉴엘

시나리오 루이스 부뉴엘, 루이스 알코리사 (막스 아우브와 페드로 데 우르디말라스의 협력)

촬영 가브리엘 피게로아

음향 헤수스 곤살레스 간시Jesus Gonzales Gancy, 호세 B. 카를로스José B. Carlos

미술 에드워드 피츠제럴드Edward Fitzgerald

음악 로돌포 알프테르Rodolfo Halffter (구스타보 피탈루가의 테마)

편집 카를로스 사바헤

출연 에스텔라 인다Estela Inda, 미겔 인클란Miguel Inclán, 알폰소 메히아Alfonso Mejía, 로베르토 코보Roberto Cobo, 알마 델리아 푸엔테스Alma Delia Fuentes

촬영 포맷 / 상영 시간 흑백, 90분

수사나Suzana (1950, 멕시코)

감독 루이스 부뉴엘

시나리오 루이스 부뉴엘, 하이메 살바도르Jaime Salvador

원작 마누엘 레아치Manuel Reachi의 소설

대사 로돌포 우시글리Rodolfo Usigli

촬영 호세 오르티스 라모스José Ortiz Ramos

음향 니콜라스 데 라 로사Nicholás de la Rosa

미술 군테르 헤르소Gunther Gerzso

음악 라울 라비스타Raúl Lavista

편집 호르헤 부스토스Jorg Bustos

출연 로시타 킨타나Rosita Quintana, 빅토르 마누엘 멘도사Victor Manuel Mendoza,

페르난도 솔레르, 마리아 헨틸Maria Gentil, 루이스 로페스 소모사Luis Lopez Somoza, 마틸데 팔라우Matilde Palau
촬영 포맷 / 상영 시간 흑백, 82분

실수로 낳은 자식La Hija del engaño (1951, 멕시코)
감독 루이스 부뉴엘
시나리오 루이스 알코리사, 자넷 알코리사
원작 카를로스 아르니체스의 희곡「가혹한 사람 돈 퀸틴」에 영감을 받은 카를로스 아르니체스와 호세 에스트레메라José Estremera의 코미디 뮤지컬
촬영 호세 오르티스 라모스
음향 에두아르도 아르호나Eduardo Arjona, 헤수스 곤살레스 간시
미술 에드워드 피츠제럴드
음악 마누엘 에스페론
편집 카를로스 사바헤
출연 페르난도 솔레르, 루벤 로호Rubén Rojo, 알리시아 카로Alicia Caro, 나초 콘트라Nacho Contra, 페르난도 소토Fernando Soto, 릴리 아클레마르Lily Aclemar, 암파로 가리올로Amparo Garriolo, 알바로 마투테Alvaro Matute, 로베르토 메이예르Roberto Meyer
촬영 포맷 / 상영 시간 흑백, 78분

사랑 없는 여자Una mujer sin amor (1951, 멕시코)
감독 루이스 부뉴엘
시나리오 하이메 살바도르
원작 기 드 모파상의 소설『피에르와 장』
촬영 라울 마르티네스 솔라레스Raúl Martinez Solares
음향 로돌포 베니테스Rodolfo Benitez
미술 군테르 헤르소
음악 라울 라비스타Raul Lavista
편집 호르헤 부스토스Jorge Bustos
출연 훌리오 빌라레알Julio Villarea, 로사리오 그라나도스Rosario Granados, 시토 훈코Tito Junco, 호아킨 코르데로Joaquin Cordero, 하이메 칼페Jaime Calpe, 엘다 페랄타Elda Peralta
촬영 포맷 / 상영 시간 흑백, 84분

승천Subida al cielo (1951, 멕시코)
감독 루이스 부뉴엘
시나리오 후안 데 라 카바다Juan de la Cabada, 마누엘 알톨라기레, 루이스 부뉴엘
원작 마누엘 알톨라기레의 이야기
대사 후안 데 라 카바다
촬영 알렉스 필립스
음향 에두아르도 아르호나Eduardo Arjona, 헤수스 곤살레스 간시
미술 호세 로드리게스 그라나다José Rodriguez Granada, 에드워드 피츠제럴드
음악 구스타보 피탈루가
노래 아구스틴 히메네스의 〈라 사마르케냐La Samarqueña〉
편집 라파엘 포르티요Rafael Portillo
출연 릴리아 프라도, 에스테반 마르케스Esteban Marquez, 카르멘 곤살레스Carmen
    Gonzales, 레오노르 고메스Léonor Gomez, 루이스 아세베스 카스타네다Luis Aceves
    Castañeda, 페드로 엘비로 피토우토Pedro Elviro Pitouto, 마누엘 돈데Manuel Dondé
촬영 포맷 / 상영 시간 흑백, 85분

짐승El bruto (1952, 멕시코)
감독 루이스 부뉴엘
시나리오 루이스 부뉴엘, 루이스 알코리사
촬영 아구스틴 히메네스
음향 하비에르 마테오스, 갈디노 삼피에로Galdino Sampiero
미술 군테르 헤르소
음악 라울 라비스타
편집 호르헤 부스토스
출연 페드로 아르멘다리스, 카티 후라도Katy Jurado, 안드레스 솔레르, 로시타
    아레나스Rosita Arenas, 로베르토 메이예르, 베아트라스 라모스Beatriz Ramos
촬영 포맷 / 상영 시간 흑백, 83분

로빈슨 크루소Robinson Crusoe (1952, 멕시코·미국)
감독 루이스 부뉴엘
시나리오 루이스 부뉴엘, 필립 A. 롤Philippe A. Roll
원작 다니엘 디포의 소설
촬영 알렉스 필립스
음향 하비에르 마테오스

미술 에드워드 피츠제럴드
음악 루이스 에르난데스 브레톤Luis Hernandez Breton, 앤서니 콜린스Anthony Collins
편집 카를로스 사바헤, 알베르토 발렌수엘라Alberto Valenzuela
출연 페댄 오헐리Dan O'Herlihy, 하이메 페르난데스Jaime Fernandez, 펠리페 데
　　알바Felipe de Alba, 첼 로페스Chel Lopez, 호세 차베스José Chavez, 에밀리오
　　가리바이Emilio Garibay
촬영 포맷 / 상영 시간 컬러, 83분

이상한 정열티 (1952, 멕시코)
감독 루이스 부뉴엘
시나리오 루이스 부뉴엘, 루이스 알코리사
원작 메르세데스 핀토Mercedes Pinto의 소설 『의심Pensamientos』
촬영 가브리엘 피게로아
음향 호세 데 페레스José de Pérez, 헤수스 곤살레스 간시
미술 에드워드 피츠제럴드, 페드로 갈반Pedro Galvan
음악 루이스 에르난데스 브레톤
편집 카를로스 사바헤
출연 아르투로 데 코르도바Arturo de Cordoba, 델리아 가르세스Delia Garces, 루이스
　　베리스타인Luis Beristain, 아우로라 왈케르Aurora Walker, 카를로스 마르티네스
　　베에나Carlos Martinez Baena, 마누엘 돈데, 페르난도 카사노바Fernando Casanova,
　　라파엘 반겔스Rafael Banquells
촬영 포맷 / 상영 시간 컬러, 89분

폭풍의 언덕Abismos de Pasión (1953, 멕시코)
감독 루이스 부뉴엘
시나리오 루이스 부뉴엘, 아르두이노 마이우리Arduino Maiuri, 훌리오 알레한드로
원작 에밀리 브론테의 『폭풍의 언덕』
각색 루이스 부뉴엘, 피에르 위닉
촬영 아구스틴 히메네스
음향 에두아르도 아르호나, 갈디노 삼피에로
미술 에드워드 피츠제럴드, 라이문도 오르티스Raymundo Ortiz
의상 아르만도 발데스 페사Armando Valdes Peza
음악 라울 라비스타 (리하르트 바그너의 「트리스탄과 이졸데」의 모티프 차용)
편집 카를로스 사바헤

출연 호르헤 미스트랄, 이라즈마 딜리안Irasema Dilian, 릴리아 프라도, 에르네스토
   알론소Ernesto Alonso, 루이스 아세베스 카스타녜다, 프란시스코 레게이라Francisco
   Regueira
촬영 포맷 / 상영 시간 흑백, 90분

없었던 일이 된 전차의 시내 주행La illusión viaja en tranvia (1953, 멕시코)
감독 루이스 부뉴엘
시나리오 루이스 부뉴엘, 루이스 알코리사, 호세 레벨타스José Revueltas, 마우리코 데
   라 세마Maurico de la Serna
원작 마우리코 데 라 세르나의 소설
촬영 라울 마르티네스 솔라레스
음향 호세 데 페레스, 라파엘 루이스 에스파르사Rafael Ruiz Esparza
미술 에드워드 피츠제럴드
음악 루이스 에르난데스 브레톤
편집 호르헤 부스토스
출연 릴리아 프라도, 카를로스 나바로Carlos Navarro, 도밍고 솔레르Domingo Soler,
   아구스틴 인순사, 미겔 만사노Miguel Manzano
촬영 포맷 / 상영 시간 흑백, 82분

강과 죽음El Rio y la muerte (1954, 멕시코)
감독 루이스 부뉴엘
시나리오 루이스 부뉴엘, 루이스 알코리사
원작 미겔 알바레스 아코스타Miguel Alvarez Acosta의 소설 『검은 바위 위의 흰 벽*Muro
   blanco sobre roca negra*』
촬영 라울 마르티네스 솔라레스
음향 호세 데 페레스, 라파엘 루이스 에스파르사
미술 에드워드 피츠제럴드, 군테르 헤르소
음악 라울 라비스타
편집 호르헤 부스토스
출연 콜룸바 도밍게스Columba Domínguez, 미겔 토루코Miguel Torruco, 호아킨
   코르데로Joaquin Cordero, 하이메 페르난데스, 빅토르 알코세르Victor Alcolcer
촬영 포맷 / 상영 시간 흑백, 90분

아르치발도의 범죄 인생La vida criminal de Archibaldo de la Cruz (1955, 멕시코)

감독 루이스 부뉴엘

시나리오 루이스 부뉴엘, 에두아르도 우가르테

원작 로돌포 우시글리의 소설

촬영 아구스틴 히메네스

음향 로돌포 베니테스

미술 헤수스 브라초Jesus Bracho

음악 호르헤 페레스 에레라Jorge Pérez Herrera

편집 호르헤 부스토스

출연 미로슬라바 스테른Miroslava Stern, 에르네스토 알론소, 아리아드나
웰테르Ariadna Welter, 리타 마세도Rita Macedo, 호세 마리아 리나레스 리바스José
Maria Linares Rivas, 안드레아 팔마Andrea Palma, 카를로스 리켈메Carlos Riquelme,
로돌포 란다Rodolfo Landa

촬영 포맷 / 상영 시간 흑백, 90분

그 이름은 여명Cela s'appelle l'aurore (1955, 프랑스·이탈리아)

감독 루이스 부뉴엘

시나리오 루이스 부뉴엘, 장 페리Jean Ferry

원작 에마뉘엘 로블레스의 소설

대사 장 페리

조감독 마르셀 카뮈, 자크 드레

촬영 로베르 르페브르Robert Lefebvre

음향 앙투안 프티장Antoine Petitjean

미술 막스 두이Max Douy

음악 요셉 코스마Joseph Kosma

편집 마르그리트 르누아르Marguerite Renoir

출연 조르주 마르샬, 루시아 보세, 잔니 에스포지토Gianni Esposito, 쥘리앵
베르토Julien Bertheau, 넬리 보르고Nelly Borgeaud, 장자크 델보Jean-Jacques Delbo,
앙리 나시에Henri Nassiet, 로베르 르 포르Robert Le Fort

촬영 포맷 / 상영 시간 흑백, 102분

정원에서의 죽음La mort en ce jardin (1956, 프랑스·멕시코)

감독 루이스 부뉴엘

시나리오 루이스 부뉴엘, 루이스 알코리사, 레이몽 크노, 가브리엘 아루

촬영 호르헤 스탈 2세Jorge Stahl Jr.

음향 호세 데 페레스, 갈디노 삼피에로

미술 에드워드 피츠제럴드

음악 파울 미스라키Paul Misraki

편집 마르그리트 르누아르

출연 조르주 마샬, 시몬 시뇨레, 샤를 바넬Charles Vanel, 미셸 지라르동Michèle
Girardon, 미셸 피콜리, 루이스 아세베스 카스타녜다

촬영 포맷 / 상영 시간 컬러, 102분

나사린Nazarin (1958, 멕시코)

감독 루이스 부뉴엘

시나리오 루이스 부뉴엘, 훌리오 알레한드로

원작 베니토 페레스 갈도스의 소설

대사 에밀리오 코바디요Emilio Cobadillo

촬영 가브리엘 피게로아

음향 호세 데 페레스, 갈디노 삼피에로

미술 에드워드 피츠제럴드

의상 헤오르헤테 소모아노Georgette Somohano

음악 마세디오 알칼라Macedio Alcala의 노래 〈신은 불멸이다Dios nunca muere〉,
칼란다의 북

편집 카를로스 사바헤

출연 프란시스코 라발, 마르가 로페스Marga Lopez, 리타 마세도, 헤수스
페르난데스Jesus Fernandez, 오펠리아 길마인Ofelia Guilmain, 노에 무라야마, 루이스
아세베스 카스타녜다, 이냐시오 로페스 타르소Ignacio Lopez Tarso

촬영 포맷 / 상영 시간 흑백, 94분

엘 파오에서 열병의 상승La Fièvre Monte à El Pao (1959, 프랑스·멕시코)

감독 루이스 부뉴엘

시나리오 루이스 부뉴엘, 루이스 알코리사, 루이 사팽Louis Sapin, 샤를 도라Charles
Dorat, 앙리 카스티유Henri Castillou

원작 앙리 카스티유의 소설

대사 루이 사팽 (프랑스어판), 호세 루이스 곤살레스 데 레옹José Luis Gonzalez de León
(멕시코판)

촬영 가브리엘 피게로아

음향 윌리엄로버트 시벨William-Robert Sivel, 엔리케 로드리게스Enrique Rodriguez, 로베르토 카메초Roberto Camecho

미술 호르헤 페르난데스Jorge Fernandez

음악 파울 미스라키

편집 제임스 큐넷James Cuenet, 라파엘 로페스 세바요스Rafael Lopez Ceballos

출연 제라르 필립Gérard Philipe, 마리아 펠릭스Maria Felix, 장 세르베Jean Servais, 미겔 앙헬 페리스Miguel Angel Ferriz, 라울 단테스Raul Dantes, 도밍고 솔레르, 빅토르 준코, 로베르토 카녜도Robert Cañedo, 안드레스 솔레르,

촬영 포맷 / 상영 시간 흑백, 97분

젊은 여자The Young One (1960, 멕시코·미국)

감독 루이스 부뉴엘

시나리오 루이스 부뉴엘, 휴고 버틀러

원작 피터 매치슨Peter Matthiessen의 소설 『여행자Travellin' Man』

촬영 가브리엘 피게로아

음향 호세 B. 카리에스José B. Caries, 갈디노 삼피에로

미술 헤수스 브라초

음악 헤수스 사르소사Jesus Zarzosa (레옹 비브Léon Bibb가 부르는 〈죄인Sinner Mann〉)

편집 카를로스 사바헤

출연 자차리 스콧Zachary Scott, 키 미어스먼Key Meersman, 버니 해밀턴Bernie Hamilton, 크래헌 덴튼Crahan Denton, 클라우디오 브룩

촬영 포맷 / 상영 시간 흑백, 95분

비리디아나Viridiana (1961, 스페인)

감독 루이스 부뉴엘

시나리오 루이스 부뉴엘, 훌리오 알레한드로

촬영 호세 F. 아과요José F. Aguayo

미술 프란시스코 카네트Francisco Canet

음악 헨델Georg Friedrich Händel의 〈메시아Messiah〉 및 모차르트의 〈레퀴엠Requiem〉의 발췌곡. 구스타보 피탈루가의 선별

편집 페드로 델 레이Pedro del Rey

출연 실비아 피날, 프란시스코 라발, 페르난도 레이, 마르가리타 로사노Margarita Lozano, 빅토리아 시니Victoria Zinny, 테레사 라발Teresita Rabal, 호세 칼보José Calvo, 호아킨 로아Joaquin Roa, 루이스 에레디아Luis Heredia

촬영 포맷 / 상영 시간 흑백, 90분

절멸의 천사 El ángel exterminador (1962, 멕시코)
감독 루이스 부뉴엘
시나리오 루이스 부뉴엘, 루이스 알코리사
원작 루이스 부뉴엘과 루이스 알코리사의 영화-드라마 『프로비당스 거리의 난파』를
　　다시 호세 베르가민이 연극으로 각색한 「조난자들Los naufragos」
촬영 가브리엘 피게로아
음향 호세 B. 카리에스José B. Caries
의상 헤오르헤테 소모아노Georgette Somohano
음악 라울 라비스타. 도메니코 스카를라티Domenico Scarlatti와 다양한 〈테 데움Te
　　deum〉, 피에트로 도메니코 파리디시Pietro Domenico Paridisi의 소나타 등의 발췌곡
편집 카를로스 사바헤 후니오르Carlos Savage Junior
출연 실비아 피날, 하켈리네 안데레Jacqueline Andere, 엔리케 람발Enrique Rambal,
　　아우구스토 베네디코Augusto Bendedico, 루이스 베리스타인Luis Beristain, 안토니오
　　브라보Antonio Bravo, 클라우디오 브룩, 세자르 델 캄포César del Campo
촬영 포맷 / 상영 시간 흑백, 95분

어느 하녀의 일기 Le Journal d'une femme de chambre (1963, 프랑스)
감독 루이스 부뉴엘
시나리오 루이스 부뉴엘, 장클로드 카리에르
원작 옥타브 미르보의 소설 『어느 하녀의 일기』
촬영 로제 펠루스Roger Fellous
음향 앙투안 프티장Antoine Petitjean, 로베르 캄부라키스Robert Kambourakis
미술 조르주 와케비치Georges Wakhevitch
의상 자클린 모로Jacqueline Moreau
편집 루이제트 오트쾨르Louisette Hautecœur
출연 잔 모로, 조르주 제레Georges Géret, 미셸 피콜리, 프랑수아즈 뤼가뉴Françoise
　　Lugagne, 잔 오젠Jeanne Ozenne, 다니엘 이베르넬Daniel Ivernel, 질베르트
　　제니아Gilberte Géniat, 베르나르 뮈송, 장클로드 카리에르
촬영 포맷 / 상영 시간 흑백, 98분

사막의 시몬 Simón del desierto (1965, 멕시코)
감독 루이스 부뉴엘

시나리오 루이스 부뉴엘, 훌리오 알레한드로 (페데리코 가르시아 로르카가 제시한 테마에 기반함)
촬영 가브리엘 피게로아
음향 제임스 L. 필즈James L. Fields
음악 라울 라비스타의 〈순례자의 송가Hymne des Pèlerins〉, 칼란다의 북
편집 카를로스 사바헤
출연 클라우디오 브룩, 오르텐시아 산토베냐Hortensia Santoveña, 헤수스 페르난데스, 실비아 피날, 루이스 아세베스 카스타녜다
촬영 포맷 / 상영 시간 흑백, 42분

세브린느Belle de jour (1966, 프랑스)
감독 루이스 부뉴엘
시나리오 루이스 부뉴엘, 장클로드 카리에르
원작 조세프 케셀의 소설 『세브린느』
스크립트 쉬잔 뒤랑베르제
촬영 사샤 비에르니
음향 르네 롱게René Longuet
미술 로베르 클라벨Robert Clavel
의상 엘렌 누리Hélène Nourry
분장 자닌 자로Janine Jarreau, 이브 생 로랑Yves Saint Laurent
편집 루이제트 오트쾨르Louisette Hautecœur
출연 카트린 드뇌브, 장 소렐Jean Sorel, 미셸 피콜리, 준비에브 파주Geneviève Page, 프란시스코 라발, 피에르 클레망티, 프랑수아즈 파비앙Françoise Fabian, 마리아 라투르Maria Latour, 프랑시스 블랑슈Francis Blanche, 조르주 마르샬, 마샤 메릴Macha Méril
촬영 포맷 / 상영 시간 컬러, 100분

은하수La Voie lactée (1969, 프랑스)
감독 루이스 부뉴엘
시나리오 루이스 부뉴엘, 장클로드 카리에르
촬영 크리스티앙 마트라스Christian Matras
음향 자크 갈루아Jacques Gallois
미술 피에르 귀프루아Pierre Guffroy
의상 자클린 귀요Jacqueline Guyot

편집 루이제트 오트쾨르
출연 폴 프랑쾨르Paul Frankeur, 로랑 테르지에프Laurent Terzieff, 알랭 퀴니Alain Cuny, 에디트 스콥Edith Scob, 베르나르 베를리Bernard Verley, 프랑수아 메스트르François Maistre, 클로드 세르발Claude Cerval, 미셸 피콜리, 피에르 클레망티
촬영 포맷 / 상영 시간 컬러, 92분

트리스타나Tristana (1970, 프랑스·이탈리아·스페인)
감독 루이스 부뉴엘
시나리오 루이스 부뉴엘, 훌리오 알레한드로
원작 베니토 페레스 갈도스의 소설
촬영 호세 F. 아과요José F. Aguayo
음향 호세 노게이라José Nogueira, 디노 프론제티Dino Fronzetti
미술 엔리케 알라르콘
의상 로사 가르시아Rosa Garcia
편집 페드로 델 레이
출연 카트린 드뇌브, 페르난도 레이, 프랑코 네로Franco Nero, 롤라 가오스Lola Gaos, 안토니오 카사스Antonio Casas, 헤수스 페르난데스, 비센테 솔레르Vicente Soler, 호세 칼보José Calvo, 페르난도 카브리안Fernando Cabrian
촬영 포맷 / 상영 시간 컬러, 105분

부르주아의 은밀한 매력Le Charme discret de la bourgeoisie (1972, 프랑스)
감독 루이스 부뉴엘
시나리오 루이스 부뉴엘, 장클로드 카리에르
대사 루이스 부뉴엘, 장클로드 카리에르
스크립트 쉬잔 뒤랑베르제
촬영 에드몽 리샤르Edmond Richard
음향 기 빌레트Guy Villette
음향 효과 루이스 부뉴엘
미술 피에르 귀프루아
의상 자클린 귀요
음악 갈락시 뮈직Galaxie Musique
편집 엘렌 플레미아니코프Hélène Plemianikov
출연 페르난도 레이, 폴 프랑쾨르, 델핀 세리그, 뷜 오지에Bulle Ogier, 스테판 오드랑, 장피에르 카셀Jean-Pierre Cassel, 쥘리앵 베르토, 클로드 피에플뤼Claude Piéplu,

미셸 피콜리
촬영 포맷 / 상영 시간 컬러, 105분

자유의 환영Le Fantôme de la liberté (1974, 프랑스)
감독 루이스 부뉴엘
시나리오 루이스 부뉴엘, 장클로드 카리에르
스크립트 쉬잔 뒤랑베르제
촬영 에드몽 리샤르
음향 기 빌레트, 장 라부렐Jean Labourel
음향효과 루이스 부뉴엘
미술 피에르 귀프루아
의상 자클린 귀요
음악 갈락시 뮈직Galaxie Musique
편집 엘렌 플레니아니코프
출연 앙드리아나 아스티Andriana Asti, 쥘리앵 베르토, 장클로드 브리알리Jean-Claude
    Brialy, 아돌포 셀리Adolfo Celi, 폴 프랑쾨르, 미셸 롱스달Michel Lonsdale, 피에르
    마글롱Pierre Maguelon, 프랑수아 메스트르François Maistre, 미셸 피콜리, 클로드
    피에르플뤼, 장 로슈포르Jean Rochefort, 모니카 비티Monica Vitti
촬영 포맷 / 상영 시간 컬러, 103분

욕망의 모호한 대상Cet obscur objet du désir (1977, 프랑스)
감독 루이스 부뉴엘
시나리오 루이스 부뉴엘, 장클로드 카리에르
원작 피에르 루이스의 『여자와 꼭두각시』
촬영 에드몽 리샤르
음향 기 빌레트, 올리비에 빌레트Olivier Villette
미술 피에르 귀프루아
의상 실비 드 세공작Sylvie de Ségonzac
음악 플라멩코와 리하르트 바그너의 발췌곡
편집 엘렌 플레니아니코프
출연 페르난도 레이(미셸 피콜리의 목소리), 캐롤 부케, 앙헬라 몰리나, 쥘리앵 베르토,
    앙드레 웨버André Weber, 피에랄Piéral, 베르나르 뮈송Bernard Musson, 뮈니, 자크
    드바리Jacques Debary
촬영 포맷 / 상영 시간 컬러, 105분

루이스 부뉴엘이 조감독으로 참여한 영화

모프라Mauprat (1926, 프랑스)
감독 장 엡스탱
조감독 루이스 부뉴엘
촬영 알베르 뒤베르제
미술 피에르 키에페르Pierre Kiéfer
출연 산드라 밀로바노프Sandra Milovanoff, 모리스 쉴츠Maurice Schultz, 니노
　콩스탕티니Nino Constantini, 르네 페르테René Ferté, 알렉스 알랭Alex Allain,
　봉디레프Bondireff, 장 티에리Jean Thiery, 알모 도레Almo Doré, 리나 도레Lina Doré
촬영 포맷 흑백

열대의 사이렌La Sirène des Tropiques (1926, 프랑스)
감독 앙리 에티에방, 마리오 날파스
조감독 루이스 부뉴엘
출연 조세핀 베이커, 피에르 바셰프
촬영 포맷 흑백

어셔 가의 몰락La Chute de la Maison Usher (1928, 프랑스)
감독 장 엡스탱
조감독 루이스 부뉴엘
원작 에드거 앨런 포
촬영 조르주 뤼카Georges Lucas
미술 피에르 키에페르Pierre Kiéfer
의상 오클리즈Oclise
출연 장 드뷔쿠르, 마르그리트 강스, 샤를 라미Charles Lamy, 피에르 오Pierre Hot,
　푸르네즈고페르Fournez-Goffert
촬영 포맷 / 상영 시간 흑백, 46분

루이스 부뉴엘이 제작한 영화

가혹한 사람 돈 퀸틴Don Quintín el Amargao (1935, 스페인)
제작 총감독 루이스 부뉴엘
시나리오 루이스 부뉴엘, 에두아르도 우가르테
원작 카를로스 아르니체스의 동명 희곡 「가혹한 사람 ehs 퀸틴」
타이틀상 감독 루이스 마르키나Luis Marquina
촬영 호세 마리아 벨트란José Maria Beltran
미술 마리오 에스피노사Mario Espinosa
음악 하신토 게레로Jacinto Guerrero
편집 에두아르도 G. 마로토Eduardo G. Maroto
출연 알폰소 무뇨스Alfonso Muñoz, 안나마리아 쿠스토디오, 루이시타 에스테소Luisita
　　Esteso, 페르난도 그라나다Fernando Granada
촬영 포맷 흑백

후안 시몬의 딸La hija de Juan Simon (1935, 스페인)
제작 총감독 루이스 부뉴엘
감독 네메시오 소브레비야, 루이스 부뉴엘
시나리오 네메시오 소브레비야
원작 네메시오 소브레비야의 동명희곡 『후안 시몬의 딸』
타이틀상 감독 호세 루이스 사엔스 데 에레디아
촬영 호세 마리아 벨트란
미술 네메시오 소브레비야, 마리아노 에스피노사Mariano Espinosa
음악 다니엘 몬토리오Daniel Montorio, 페르난도 레마차
편집 에두아르도 G. 마로토
출연 안헬리요, 필라르 무뇨스Pilar Muñoz, 카르멘 아마야, 마누엘 아르보Manuel Arbo,
　　에나 세데뇨Ena Sedeño, 페르피로 산체스Perfiro Sanchez, 루이스 부뉴엘(단역)
촬영 포맷 / 상영 시간 흑백, 69분

나를 사랑하는 사람은 누구?¿Quién me quiere a mi? (1935, 스페인)
제작 총감독 루이스 부뉴엘
감독 호세 루이스 사엔스 데 에레디아
시나리오 엔리케 펠라요 이 카바예로Enrique Pelayo y Caballero
타이틀상 감독 호세 루이스 사엔스 데 에레디아

촬영 호세 마리아 벨트란

음악 페르난도 레마차, 후안 테예비아Juan Tellevia

출연 리나 예그로스Lina Yegros, 마리테레 파체코Mari-Tere Pacheco, 마리오
파체코Mario Pacheco, 호세 바비에라José Baviera, 호세 마리아 리나레스 리바스José
Maria Linares Rivas

촬영 포맷 / 상영 시간 흑백, 85분

보초병, 경계를 늦추지 마시오!¡Centinela alerta! (1936, 스페인)

제작 총감독 루이스 부뉴엘

감독 장 그레미용, 루이스 부뉴엘(익명)

시나리오 에두아르도 우가르테

원작 카를로스 아르니체스의 『보병대대의 환희La alegría del batallón』

타이틀상 감독 호세 루이스 사엔스 데 에레디아

촬영 호세 마리아 벨트란

음향 안토니네 F. 로세스Antoine F. Roces

음악 페르난도 레마차, 다니엘 몬토리오

출연 안헬리요, 아나 마리아 쿠스토디오, 루이스 에레디아, 니나 마리테레Nina Mari-
Tere, 라울 칸시오Raul Cancio

촬영 포맷 / 상영 시간 흑백, 85분

스페인 1937España leal en armas (1937, 스페인)

구상 루이스 부뉴엘(시각자료 수집)

제작 시네-리베르테Ciné-Liberté

내레이션 피에르 위닉, 루이스 부뉴엘

촬영 로만 카르멘Roman Karmen과 두 명의 스페인 촬영기사

선곡 루이스 부뉴엘(베토벤의 《교향곡 7번Symphony No.7》,《교향곡 8번Symphony
No.8》)

편집 장폴 드레퓌스Jean-Paul Dreyfus(장폴 르 샤누아Jean-Paul Le Chanois)

촬영 포맷 / 상영 시간 흑백, 40분

의지의 승리 Triumph of Will [•](1939, 미국)
제작 뉴욕 현대 미술관Museum of Modern Art of New York
감독 루이스 부뉴엘
내레이션 루이스 부뉴엘
촬영 포맷 흑백

• 레니 리펜슈탈의 〈의지의 승리〉(1934)와 독일의 폴란드 침공을 다룬 한스 베르트람Han Bertram의 〈폴란드의 불 세례Feuertaufe in Polen〉(1939)라는 두 영화 자료를 기반으로 한 몽타주 영화

찾아보기

지은이 루이스 부뉴엘 Luis Buñuel

1900년 2월 22일 스페인 아라곤에서 태어났다. 데뷔작 〈안달루시아의 개〉로
주목받았고, 총 32편의 영화를 만들었다. 〈비리디아나〉로 1961년 칸 영화제 황금종려상을,
〈세브린느〉로 1967년 베니스 영화제 황금사자상을 수상했다. 그 외 대표작으로
〈트리스타나〉, 〈부르주아의 은밀한 매력〉, 〈욕망의 모호한 대상〉 등이 있다.
1983년 7월 29일 멕시코에서 생을 마감했다.

옮긴이 이윤영

영화학자. 연세대학교 커뮤니케이션대학원 영화 전공 교수.
『시네마토그라프에 대한 노트』, 『영화의 실천』, 『사유 속의 영화』 등을 옮겼다.

현대 예술의 거장 시리즈
우리에게 새로운 세상을 열어 준 위대한 인간과 예술 세계로의 오디세이

구스타프 말러 1·2, 프랭크 로이드 라이트, 알렉산더 맥퀸, 시나트라, 메이플소프, 빌 에반스,
앙리 카르티에 브레송, 조니 미첼, 짐 모리슨, 코코 샤넬, 스트라빈스키, 니진스키, 에릭 로메르,
자코메티, 루이스 부뉴엘, 에드워드 호퍼, 프랭크 게리, 트뤼포, 찰스 밍거스, 글렌 굴드,
페기 구겐하임, 이브 생 로랑, 마르셀 뒤샹, 에드바르트 뭉크, 오즈 야스지로, 카라얀,
잉마르 베리만, 타르코프스키, 리게티 등

현대 예술의 거장 시리즈는 계속 출간됩니다.